Revista de Direito Tributário

83

MALHEIROS EDITORES

Revista de Direito Tributário

Publicada sob os auspícios do

Instituto Geraldo Ataliba — IDEPE — Instituto Internacional de Direito Público e Empresarial e do
IBET — Instituto Brasileiro de Estudos Tributários

ISS 0102-7956

REVISTA DE DIREITO TRIBUTÁRIO
publicação trimestral de
MALHEIROS EDITORES LTDA.
Rua Paes de Araújo, 29, 17º andar - conj. 171
CEP: 04531-940 - São Paulo, SP
Tel. (0xx) 3078-7205
Fax. (0xx) 3168-5495
Diretor Responsável: Álvaro Malheiros
Diretora: Suzana Fleury Malheiros

Assinaturas e comercialização:
CATAVENTO DISTRIBUIDORA
DE LIVROS S.A.
Rua Conselheiro Ramalho, 928
CEP 01325-000 - São Paulo - SP
Tel. 289-0811 - Fax. 251-3756
Supervisão Gráfica: Vânia Lúcia Amato
Composição: *Scripta*
Impressão: Paym Gráfica e Editora Ltda.

Revista de Direito Tributário

CADERNOS DE DIREITO TRIBUTÁRIO

Fundador: Rubens Gomes de Souza (✝)

CADERNOS DE DIREITO TRIBUTÁRIO

SUMÁRIO

CADERNOS DE DIREITO TRIBUTÁRIO

NÃO INCIDÊNCIA DO ICMS NA ATIVIDADE DOS PROVEDORES DE ACESSO À INTERNET
— PAULO DE BARROS CARVALHO 7

LOS ENTES DE HECHO COMO SUJETOS PASIVOS DE LA OBLIGACIÓN TRIBUTARIA
— RAMÓN FALCÓN Y TELLA 14

TRATADO DE DIREITO TRIBUTÁRIO CONTEMPORÂNEO
Dos Princípios Gerais do Direito Tributário
— MISABEL ABREU MACHADO DERZI 26

O LANÇAMENTO E O CRÉDITO TRIBUTÁRIO: MODALIDADES, PRESCRIÇÃO E DECADÊNCIA
— SACHA CALMON NAVARRO COÊLHO 73

THE NATIONAL POWER OF TAXATION AND THE FUNDAMENTAL FREEDOMS AND NON-DISCRIMINATION CLAUSES OF THE EC TREATY
— MORIS LEHNER 87

A CONVENÇÃO BRASIL-ALEMANHA E SUA APLICAÇÃO EM FACE DO DIREITO BRASILEIRO
— HELENO TAVEIRA TÔRRES 102

NOTAS EN TORNO A LA NECESARIA SUPRESIÓN DEL INSTITUTO DEL FRAUDE DE LEY EN MATERIA TRIBUTARIA EN LA LEGISLACIÓN ESPAÑOLA
— CÉSAR GARCÍA NOVOA 134

ASPECTOS GERAIS DA PROTEÇÃO DA CONCORRÊNCIA NO MERCOSUL
— PAULO CALIENDO 143

ESTUDOS E COMENTÁRIOS

NOTAS PARA O ESTUDO DA INCIDÊNCIA TRIBUTÁRIA
— ROBERTO WAGNER LIMA NOGUEIRA 183

COMPETÊNCIA TRIBUTÁRIA RESIDUAL E OS LIMITES CONSTITUCIONAIS À INSTITUIÇÃO DE NOVOS TRIBUTOS
— FERNANDA MAIA S. ALVES 189

INCIDÊNCIA DO IPI NA IMPORTAÇÃO
— CLÁUDIA GUERRA 202

MODERNAS FORMAS DE CONTROLE DE CONSTITUCIONALIDADE À LUZ DO CONSTRUTIVISMO DE PAULO DE BARROS CARVALHO
— MARIANA OITICICA RAMALHO 217

DA UTILIZAÇÃO DA AÇÃO CIVIL PÚBLICA EM MATÉRIA TRIBUTÁRIA
— RICARDO BEZOSA SALIBA 230

IPI — DESCONTOS INCONDICIONAIS
— DANIELA DE ANDRADE BRAGHETTA 248

A SUJEIÇÃO PASSIVA TRIBUTÁRIA DA FONTE PAGADORA E DO BENEFICIÁRIO DOS RENDIMENTOS NAS REGRAS-MATRIZES DE DOIS "IMPOSTOS SOBRE A RENDA". Um caso de pagamento de rendimentos supostamente isentos por pessoa jurídica a pessoa física
— JÚLIA DE MENEZES NOGUEIRA 260

CADERNOS DE DIREITO TRIBUTÁRIO

NÃO INCIDÊNCIA DO ICMS NA ATIVIDADE DOS PROVEDORES DE ACESSO À INTERNET

PAULO DE BARROS CARVALHO
Professor Titular de Direito Tributário da PUC/SP e da USP

1. Considerações introdutórias

Atual e relevantíssimo debate é aquele referente à tributação das atividades praticadas pelos provedores de acesso à Internet. Trata-se de tema controvertido, suscitando entendimentos doutrinários e jurisprudenciais diversos. Enquanto alguns pregam a incidência do ICMS,[1] entendendo haver prestação de serviço de comunicação, outros alegam tratar-se de fato jurídico tributável pelo ISSQN, por configurar prestação de serviço não comunicacional. Outros, ainda, argumentam no sentido de não incidirem nenhuma das referidas espécies tributárias. Vê-se, pois, serem várias as possibilidades interpretativas, o que provoca estudo mais aprofundado do assunto, com objetivo de tentar uma exegese compatível com o sistema constitucional brasileiro. É o que farei, voltando a atenção especificamente ao possível âmbito de incidência do ICMS, nos termos previstos pelo Texto Maior.

2. A repartição constitucional das competências como indicadora dos campos para possíveis incidências tributárias

Competência legislativa, numa de suas acepções, é a aptidão de que são dotadas as pessoas políticas para expedir regras jurídicas, inovando o ordenamento positivo. A competência tributária, por seu turno, é apenas uma das parcelas entre as prerrogativas legiferantes de que são portadoras aquelas pessoas, consubstanciada na possibilidade de legislar para a produção de normas jurídicas sobre tributos.

O tema das competências legislativas, entre elas o da competência tributária, é, eminentemente, constitucional. Uma vez cristalizada a limitação do poder legiferan-

1. Recentemente, o Superior Tribunal de Justiça manifestou-se no sentido de serem os provedores de acesso à Internet contribuintes do ICMS, entendendo que haveria, no caso, prestação de serviço comunicacional. O assunto, entretanto, não se encontra pacificado, até mesmo porque, como envolve matéria constitucional, o Supremo Tribunal Federal é quem deverá pronunciar-se definitivamente sobre o tema.

te, pelo seu legítimo agente (o constituinte), a matéria se dá por pronta e acabada, carecendo de sentido sua reabertura em nível infraconstitucional. A Constituição da República é extremamente analítica, relacionando as hipóteses em que as pessoas jurídicas de direito público, por intermédio dos respectivos poderes legislativos, estão habilitadas à instituição de tributos. E, no que concerne aos tributos não-vinculados (de acordo com a classificação de Geraldo Ataliba), os elementos relevantes para sua fisionomia jurídica encontram-se estipulados no sistema constitucional tributário brasileiro de modo minucioso, uma vez que as situações susceptíveis de integrarem o critério material dos impostos de competência da União, dos Estados, do Distrito Federal e dos Municípios foram previstas, respectivamente, nos arts. 153, 155 e 156, remanescendo aberta tão-só a faixa de competência tributária da União, em face da possibilidade residual estabelecida no art. 154, I, do Texto Supremo.

Nesses termos, observa-se quão rígido é o sistema constitucional tributário brasileiro, o que não pode ser ignorado pelo legislador (em sentido amplo) infraconstitucional.

Diante de tanta minúcia e da rigidez inerente à Carta Magna brasileira, a questão relativa à incidência ou não da norma jurídica de um imposto sobre determinado acontecimento do mundo social pressupõe a análise preliminar das disposições constitucionais correspondentes à figura do tributo. É o que farei em seguida, a fim de examinar se pode ter-se como válida a percussão das regras-matrizes do ICMS e do ISSQN sobre a atividade desenvolvida pelos provedores de acesso à Internet.

3. O âmbito de incidência do ICMS, consoante a previsão constitucional

Nos termos do art. 155, II, da Constituição de 1988, compete aos Estados e ao Distrito Federal instituir impostos sobre "operações relativas à circulação de mercadorias e sobre prestações de serviços de transporte interestadual e intermunicipal e de comunicação, ainda que as operações e as prestações se iniciem no exterior". Dentro da materialidade do mencionado imposto, conhecido por ICMS, inclui-se a "prestação de serviço de comunicação". É nessa parcela da competência impositiva do Estado que focalizarei o pensamento, tendo em vista demarcar o domínio de sua abrangência. Torna-se imperioso, para tanto, uma análise mais atilada do significado de "prestação de serviço de comunicação", frase empregada pelo constituinte. Apenas por esse meio será possível identificar, com certeza, o quadro de eventos que integram o critério material da regra-matriz de incidência desse imposto.

3.1 Conteúdo semântico do vocábulo "comunicação"

Partindo da premissa de que, ao interpretarmos os textos jurídico-positivos, devemos buscar no discurso mais apropriado em termos semântico e pragmático o conteúdo significativo dos vocábulos, passarei a fazê-lo no que tange ao termo "comunicação". Animado por tal propósito, impõe-se observar os valores a ele atribuído pela Semiótica, disciplina que estuda os elementos representativos no processo comunicacional, pois essa matéria, na qualidade de Teoria Geral dos Signos, estará mais autorizada a dizer, de forma precisa, que é e como funciona o fenômeno da comunicação.

A palavra "comunicação", assim como a quase totalidade dos termos idiomáticos conhecidos, padece do problema da ambigüidade. No falar quotidiano, e até mesmo em obras que pretendem esclarecer o significado dos vocábulos (dicionários), "comunicação" seria uma palavra utilizada em ocasiões diversas, com sentidos variados. Cientificamente, porém, a situação é outra. "Comunicação" deve ser entendida em conformidade com a ciência que estuda os signos, isto é, a Semiótica, abandonando-se os sentidos resultantes dos usos comuns. Sobre sua amplitude, devo dizer que para fins do Direito a tarefa fica, de certa forma, facilitada, uma vez o fenômeno jurídico parte, com axiomática exclusividade, do relacionamento entre sujeitos de direito. Fora a variável relacional, sempre expressa em formulação deôntica (obrigatório, proibido e permitido), as variáveis serão substituídas por entidades dotadas de personalidade de direito (pessoas físicas ou jurídicas), privadas ou públicas, de direito interno ou de direito internacional.

Ora, isso já corta radicalmente o campo de possibilidade semântica do vocábulo que analisamos, pois ficarão afastadas, desde logo, as cogitações a respeito da comunicação simplesmente entre seres vivos, como dos animais entre si e de organismos biológicos em que se incluem as plantas. Remanesce, para efeito de nossas preocupações, o vínculo que vai se instalar entre seres humanos, aptos para o relacionamento social, com o que se excluem pessoas que mantém vida meramente vegetativa, cessadas as manifestações concretas de intercâmbio de mensagens com a sociedade. É nessa dimensão que Lúcia Santaella[2] assinala, entre as proporções cabíveis, aquela de G. Klaus, em seu dicionário de cibernética: "a troca de informação entre sistemas dinâmicos capazes de receber, estocar ou transformar informação".

Na acepção mais geral, o termo "comunicação" designa qualquer processo de intercâmbio de uma mensagem entre um emissor e um receptor.[3] Para que isso seja possível, porém, necessária se faz a coalescência de determinados componentes que, segundo Roman Jakobson,[4] são seis: *remetente, mensagem, destinatário, contexto, código* e *contacto*. Utilizando esses elementos para descrever o processo da interação comunicacional, temos a seguinte situação: o (1) *remetente* envia uma (2) *mensagem* ao (3) *destinatário*. Para ser eficaz, a mensagem requer um (4) *contexto* a que se refere, apreensível pelo destinatário, e que seja verbal ou susceptível de verbalização; um (5) *código* total ou parcialmente comum ao remetente e ao destinatário; e, finalmente, um (6) *contacto*, um canal físico e uma conexão psicológica entre o remetente e o destinatário, que os capacite a entrar e permanecer em comunicação.

Umberto Eco,[5] estudioso do assunto, define o processo comunicativo como a passagem de um sinal que parte de uma fonte, mediante um transmissor, ao longo de um canal, até o destinatário. J. Teixeira Coelho Netto[6] também adota semelhante definição de processo comunicacional. Segundo esse autor, u'a mensagem é elaborada pela *fonte*, com elementos extraídos de um determinado *repertório*, sendo transmitida por um *canal* e decodificada por um *receptor*, que, para tanto, utilizará elementos extraídos de outro *repertório*, que tenha algum ponto em comum com o repertório da fonte.

Em síntese, o processo comunicacional, seja ele de que espécie for, apresenta a seguinte esquematização:

emissor → canal → mensagem → código → receptor

O significado de cada um desses elementos deve ser delimitado: (1) *emissor*: é a fonte da mensagem, aquele que comporta as informações a serem transmitidas; (2) *canal*: é o suporte físico necessário à transmissão da mensagem, sendo o meio pelo qual os sinais são transmitidos (é o ar para o caso da comunicação verbal, mas pode apresentar-se em formas diversas, como faixas de freqüência de rádio, luzes, sistemas mecânicos ou eletrônicos etc.); (3) *mensagem*: é a informação transmitida; (4)

2. *Comunicação & Pesquisa*, Hacker Editora, São Paulo, 2001, p. 18.

3. Gérard Durozoi e André Roussel, *Dicionário de Filosofia*, trad. Marinha Appenzeller, Campinas, Papirus, 1993, p. 95.

4. *Lingüística e Comunicação*, São Paulo, Cultrix, p. 123.

5. *Tratado Geral de Semiótica*, 2ª ed., São Paulo, Perspectiva, 1991, p. 5.

6. *Semiótica, Informação e Comunicação*, 3ª ed., São Paulo, Perspectiva, 1990, p. 123.

código ou repertório: é o conjunto de signos e regras de combinações próprias a um sistema de sinais, conhecido e utilizado por um grupo de indivíduos ou, em outras palavras, é o quadro das regras de formação (morfologia) e de transformação (sintaxe) de signos; (5) *receptor*: a pessoa que recebe a mensagem, o destinatário da informação.

É forçoso concluir que o processo comunicativo, segundo teóricos das comunicações e lingüistas, consiste na transmissão, de uma pessoa para outra, de informação codificada. O esquema da comunicação supõe, portanto, a transmissão de u'a mensagem, por meio de um canal, entre um emissor e um receptor, que possuem em comum, ao menos parcialmente, o repertório necessário para a decodificação da mensagem. Eis o conteúdo semântico cientificamente atribuído ao vocábulo "comunicação".

3.2 "Comunicação" e "prestação de serviços de comunicação": realidades distintas

Como afirmado, o vínculo comunicacional se instaura com o ciclo formado pela emissão, transmissão e recepção de mensagens, de modo intencionado ou não. Apresenta enorme amplitude, verificando-se sempre que houver dois ou mais sujeitos em contingência de interação. Toda vez, portanto, que alguém difundir informação, ainda que não destinada a receptor determinado (porém, determinável) e mesmo que de forma inconsciente, esse alguém estará realizando um processo de comunicação.

Prestar serviço de comunicação, por seu turno, consiste na atividade de colocar à disposição do usuário os meios e modos necessários à transmissão e recepção de mensagens, diferindo, nessa medida, da singela realização do fato comunicacional.

Para que se possa perceber com maior nitidez a distinção acima referida, convém examinar mais de perto o conceito de "prestação de serviço", fazendo o contraponto com os significados dos termos "comunicação" e "prestação de serviço de comunicação".

"Prestação de serviço", define Aires Barreto,[7] é o "esforço de pessoas desenvolvido em favor de outrem, com conteúdo econômico, sob regime de direito privado, em caráter negocial, tendente a produzir uma utilidade material ou imaterial". Configura-se, em outras palavras, no exercício, por alguém (prestador), de uma atividade que tem por escopo produzir benefício relativamente a outra pessoa (tomador), a qual remunera o prestador (preço do serviço).[8]

Desde logo se vê, na definição de "prestação de serviço" oferecida pelo mencionado autor, o caráter de necessidade absoluta da coexistência dos três elementos que a compõem, quais sejam: o *prestador*, o *tomador* e o *preço do serviço*. Ao mesmo tempo, recordando os elementos do processo comunicacional, observamos a presença de um emissor, de um canal ou transmissor, de u'a mensagem, de um código comum ao emissor e ao receptor, e de um destinatário.

A prestação de serviço de comunicação só se verificará quando houver a junção simultânea dos elementos constitutivos da prestação de serviço, de um lado, e do processo comunicacional, do outro, de tal forma que a atividade exercida pelo prestador tenha por escopo realizar a comunicação entre o tomador do serviço e terceira pessoa, mediante pagamento de um valor. Pode falar-se em prestação de serviço de comunicação quando o emissor da mensagem aparece como tomador do serviço, que, mediante pagamento de remuneração, contrata o prestador para que este exerça a função de canal, proporcionando os meios que tornem possível a transmissão de mensagens ao destinatário.

7. "Imposto sobre serviço de qualquer natureza", *RDT* 29-30/188.

8. A expressão "prestação de serviço", assim como o vocábulo "comunicação", padece do problema da ambigüidade, comportando sentidos diversos. Todavia, em se tratando de interpretação de um texto jurídico, produzido em linguagem técnica, o sentido atribuído deve decorrer de uma construção harmônica do sistema normativo, cientificamente estabelecida.

Do que foi dito infere-se que a comunicação pode ocorrer de dois modos: (1) de forma pessoal, havendo transmissão de mensagem própria; e (2) com intermediação, em que há transmissão da mensagem de terceiros. Apenas na segunda hipótese incidirá o ICMS, pois como ninguém presta serviço a si mesmo, unicamente se o canal transmissor configurar pessoa diversa do emissor é que teremos a prestação de serviço comunicacional. Enquanto na comunicação a mensagem é recebida diretamente do emissor, na prestação de serviço de comunicação a mensagem, de propriedade do emissor, é transmitida por um indivíduo diverso (prestador de serviços). Sintetizando: no processo comunicativo, quem efetua a transmissão da mensagem é o próprio emissor; na prestação de serviço de comunicação, o emissor contrata alguém (prestador do serviço) para que este transmita sua mensagem.

3.3 Conclusões acerca da materialidade do ICMS

Firmados tais critérios, creio ser difícil persistirem dúvidas sobre o conceito de "prestação de serviço de comunicação". Por conseguinte, consistindo a materialidade do ICMS na "prestação de serviço de comunicação", nos termos do art. 155, II, da Lei Fundamental, somente quando houver serviço de comunicação poderá dar-se a incidência daquele imposto. Para que isso ocorra, porém, exige-se que o laço comunicacional seja instalado mediante fornecimento, pelo contratado (prestador de serviço), dos meios e modos necessários à transmissão e à recepção de mensagens entre o emissor (contratante) e uma terceira pessoa (receptor), apresentando-se o contratado como transmissor de informações entre o emitente e a terceira pessoa que, com ele, pretende comunicar-se. Logo, *a hipótese de incidência do ICMS consistiria, para esse caso, no ato de intermediar a emissão e recepção de mensagens entre duas ou mais pessoas*, podendo dar-se a percussão do imposto apenas na contingência de verificar-se uma atividade em que, por força de remuneração, um indivíduo (A) forneça condições materiais a outro indivíduo (B) a fim de que este se comunique com uma terceira pessoa (C), funcionando como transmissor da mensagem na relação comunicacional. Só será possível haver incidência do ICMS se houver um prestador de serviço intermediando a comunicação entre emissor e receptor.

4. A atividade dos provedores de acesso à Internet e a não incidência do ICMS

Os provedores de acesso à Internet têm, dentre seus objetivos sociais, viabilizar o acesso à rede de comunicação mundial — Internet. Nos termos da Portaria 148/95, do Ministério das Comunicações, que aprovou a Norma 004/95, Internet é o "o nome genérico que designa o conjunto de redes, os meios de transmissão e comutação, roteadores, equipamentos e protocolos necessários à comunicação entre computadores, bem como o *software* e os dados contidos nestes computadores". Trata-se de um sistema que interliga computadores por meio dos chamados "protocolos TCP/IP", responsáveis por uniformizar a transmissão de informações das diversas redes.

O serviço de conexão à Internet, por si só, não possibilita a emissão, transmissão ou recepção de informações, deixando de enquadrar-se, por isso, no conceito de serviço comunicacional. Para ter acesso à Internet, o usuário deve conectar-se a um sistema de telefonia ou outro meio eletrônico, e, este sim, estaria em condições de prestar o serviço de comunicação, ficando sujeito à incidência do ICMS. O provedor, portanto, precisa de uma terceira pessoa que efetue esse serviço, servindo como canal físico, para que, desse modo, fique estabelecido o vínculo comunicacional entre o usuário e a Internet.[9] É esse canal físico

9. No Brasil, os provedores de acesso à Internet costumam contratar a Embratel, que cobra pelo uso de seus *backbones* (tronco de comunicação essencial ao funcionamento da Internet).

(empresa de telefonia ou outro meio comunicacional) o verdadeiro prestador de serviço de comunicação, pois é ele quem efetua a transmissão, emissão e recepção de mensagens.

A atividade exercida pelo provedor de acesso à Internet configura, na realidade, um "serviço de valor adicionado", pois aproveita um meio físico de comunicação preexistente, a ele acrescentando elementos que agilizam o fenômeno comunicacional. A própria Norma 004/95, aprovada pela Portaria 148/95, do Ministério das Comunicações, define o serviço de conexão à Internet, em seu item 3, alínea *c*, como "serviço de valor agregado, que possibilita o acesso à Internet a usuários e provedores de serviços de informações" e, ao definir "serviço de valor agregado", esclarece, nesse mesmo item, alínea *b*, tratar-se de "serviço que acrescenta a uma rede preexistente de serviço de telecomunicações, meios ou recursos que criam novas utilidades específicas, ou novas atividades produtivas, relacionadas com o acesso, movimentação e recuperação de informações".

A Lei 9.472/97 (Lei Geral de Telecomunicações) ao definir, no art. 61, o que é o serviço de valor adicionado, registra: "Serviço de valor adicionado é a atividade que acrescenta, a um serviço de telecomunicação, que lhe dá suporte e com o qual não se confunde, novas utilidades relacionadas ao acesso, armazenamento, apresentação, movimentação ou recuperação de mensagens". E dessa menção ao direito positivo já se percebe que o serviço de valor adicionado, embora dê suporte a um serviço de comunicação (telecomunicação), com ele não se confunde, pois seu objetivo não é a transmissão, emissão ou recepção de mensagens, o que, nos termos do § 1º, do art. 60, desse diploma legal, é atribuição do serviço de telecomunicação. A função do provedor de acesso à Internet não é efetuar a comunicação, mas apenas facilitar o serviço comunicacional prestado por outrem, no caso, a companhia telefônica. Aproveita uma rede de comunicação em funcionamento e a ela agrega mecanismos adequados ao trato do armazenamento, movimentação e recuperação de informações.

Vale registrar que quando assevero instalar-se o laço comunicacional mediante o fornecimento, pelo contratado (prestador de serviço), dos meios e modos necessários à transmissão e à recepção de mensagens entre o emissor (contratante) e uma terceira pessoa (receptor), não quero afirmar que o mero fornecimento de um aparelho ou serviço que facilite a comunicação seja o suficiente para caracterizar prestação de serviço comunicacional. A entender-se desse modo, estaria obrigado a concluir que quando um indivíduo "A" aluga aparelho e linha telefônica de "B", este estaria obrigado a recolher ICMS relativamente ao valor recebido em decorrência da citada locação, já que somente por meio do aparelho e da linha telefônica de propriedade de "B" é possível efetivarem-se laços comunicacionais entre "A" e outros indivíduos. Isso seria absurdo!

O exemplo acima aplica-se integralmente no caso dos provedores de acesso à Internet. Estes não integram o processo comunicacional, sendo sua função apenas permitir, mediante sua aparelhagem, conexão à rede. Assim como na locação de equipamentos telefônicos, o prestador de serviço de comunicação continua sendo, unicamente, a empresa de telefonia. É ela quem transmite informações entre os usuários da Internet, e não os provedores de acesso, que apenas agilizam a função do prestador de serviço.

Logo, ao argumentar só existir incidência do ICMS quando se verificar uma atividade em que, por força de remuneração, um indivíduo (A) forneça condições materiais a outro indivíduo (B) a fim de que este se comunique com uma terceira pessoa (C), funcionando como transmissor da mensagem na relação comunicacional, estou afirmando que o prestador do serviço é tão-somente aquele que *transporta a mensagem*. A idéia de prestador de serviço de comunicação está ligada, irremediavelmente, à noção de canal.

Façamos uma comparação com a prestação de serviço de transportes. Suponhamos que um indivíduo "A", pretendendo mudar-se, contrata duas empresas, sendo uma com a finalidade de organizar os bens a serem transportados e colocá-los no caminhão de mudanças, e outra com a função de levar esses bens até outro Município. Pergunta-se: ambas as empresas contratadas sujeitam-se à incidência do ICMS, em decorrência da prestação de serviço de transporte intermunicipal? Resposta: obviamente que não. Apenas quem foi contratado para transportar efetivamente os bens é que se sujeitará a esse tributo. A outra empresa, responsável pela organização dos objetos, tornando mais rápida a mudança, não presta qualquer espécie de serviço de transporte.

Analogicamente, é isso o que ocorre com o serviço de acesso prestado pelo provedor: restringe-se a criar condições mais objetivas, facilitando, com isso, a instalação do liame comunicacional. Porém, não presta, efetivamente, serviço de comunicação, sendo este praticado por terceiro, geralmente, uma empresa de telefonia. É o que registra Clélio Chiesa:[10] "Nota-se que os provedores de acesso não realizam o transporte de sinais de comunicação, mas utilizam-se dos sistemas de transporte já existentes para o fim de estabelecer o elo de ligação do usuário com a Internet. Há, portanto, dois serviços distintos: um de transporte de sinais, viabilizado pelas empresas de telecomunicações, e outro proporcionado pelos provedores de acesso, representado pela conexão do usuário à Internet".

Seguindo essa mesma linha de raciocínio, Júlio Maria de Oliveira[11] assevera que "o referido provimento de acesso não pode ser enquadrado, assim, como um serviço de comunicação, pois não atende aos requisitos mínimos que, técnica e legalmente, são exigidos para tanto, ou seja, o serviço de conexão à Internet não pode executar as atividades necessárias e suficientes para resultarem na emissão, na transmissão, ou na recepção de sinais de telecomunicação. Nos moldes regulamentares, é um serviço de valor adicionado, pois aproveita de uma rede de comunicação em funcionamento e agrega mecanismos adequados ao trato do armazenamento, movimentação e recuperação de informações".

Claro está, portanto, que o serviço prestado pelo provedor não é de comunicação. Tendo em vista a necessidade de um emissor, um canal e um receptor, a fim de que essa espécie de serviço se efetive, o canal, ou seja, o transportador dos sinais, é que será o prestador. E, no caso, essa atividade não é praticada pelo provedor de acesso, mas sim pela companhia telefônica (ou outro meio que lhe faça as vezes).

Em conclusão, os provedores de acesso à Internet não configuram o "canal" realizador da comunicação; não colocam à disposição do usuário os meios e modos necessários à transmissão e recepção de mensagens. Sua tarefa, por conseguinte, não é prestar serviço de comunicação, mas tornar mais eficiente o serviço comunicacional prestado por outra empresa. É, simplesmente, um serviço de valor adicionado, ou seja, serviço agregado a outro serviço, este sim de comunicação. Não pode, por tais motivos, ser objeto de tributação pelo ICMS.

10. "A tributação dos serviços de Internet prestados pelos provedores: ICMS ou ISS", *RDT* 74/202.

11. *Internet e Competência Tributária*, São Paulo, Dialética, 2001, p. 123.

CADERNOS DE DIREITO TRIBUTÁRIO

LOS ENTES DE HECHO COMO SUJETOS PASIVOS DE LA OBLIGACIÓN TRIBUTARIA

Ramón Falcón y Tella
Professor Titular de Direito Tributário da Universidad Complutense de Madrid, Espanha

1. Los entes de hecho como realidad jurídico-privada, aunque su condición de sujetos pasivos sólo se regule expresamente en el ámbito tributario. 2. La "persona" como ténica jurídica para acotar el patrimonio que responde del cumplimiento de la obligación. 3. La imposibilidad lógica y práctica de una capacidad jurídica sectorial y la distinción entre sujeto pasivo y elemento subjetivo del hecho imponible: la unidad familiar y la comunidad de bienes. 4. Las sociedades irregulares y otros entes colectivos carentes de personalidad jurídica como sujetos pasivos de la obligación tributaria: régimen tributario aplicable. 5. La herencia yacente y las situaciones jurídicas de pendencia o indeterminación transitoria del titular: la necesidad de un tratamiento tributario coherente con la naturaleza de estas situaciones. 6. La imposibilidad de considerar a la empresa como sujeto pasivo. 7. La incoherencia con el derecho común no radica en la pretendida extensión de la personalidad jurídica en el ámbito tributario sino en el desconocimiento de la heterogénea naturaleza de las entidades carentes de personalidad. 8. Nota bibliográfica.

1. Los entes de hecho como realidad jurídico-privada, aunque su condición de sujetos pasivos sólo se regule expresamente en el ámbito tributario

Los textos positivos atribuyen la condición de sujeto pasivo de la obligación tributaria, en la práctica totalidad de los ordenamientos, tanto a las personas, físicas o jurídicas, como a determinados "entes de hecho" carentes de capacidad jurídica. Es el caso, por ejemplo, del art. 33 de nuestra Ley General Tributaria o del Modelo de Código Tributario para América Latina, cuyo art. 24 considera *contribuyentes*, además de las personas, a las "entidades o colectividades que constituyan una unidad económica, dispongan de patrimonio y tengan autonomía funcional.

En ello se ha querido ver un ejemplo de como el derecho tributario se adelanta a otras ramas del ordenamiento, en las que la norma escrita rara vez hace referencia expresa a la eventual asunción de relaciones jurídicas por entidades carentes de personalidad. Ciertamente, el legislador tributario ha sido en esta materia, como en tantas otras, más agil de reflejos que el ordenamiento privado, en un loable afán de adaptarse con prontitud a la realidad económica con objeto de que ninguna manifiestación de riqueza escape – so pretexto de la ausencia de personalidad – al tributo. Ahora bien, es igualmente evidente que los "entes de hecho" no surgen en la realidad social y económica con la finalidad de pagar tributos. No los crea la ley tributaria. Antes al contrario, si el legislador tributario repara en ellos, para someterlos a tributación, es porque dichos entes, de una manera u otra, "poseen" un patrimonio, contratan con terceros, obtienen ingresos y, en definitiva, están presentes en el tráfico civil y mercantil. Es decir, porque las entidades sin personalidad, cuya susceptibilidad de imposición asegura la ley tributaria, existen previamente en las relaciones reguladas por el derecho privado; existencia jurídico-privada que precisamente es la que pone de manifiesto la capacidad contributiva que aconseja su sometimiento al impuesto.

Por ello, aunque el ordenamiento privado no los regule en detalle, y a veces ni siquiera los contemple expresamente, los entes de hecho son también – incluso me atrevería a decir *fundamentalmente* – "sujetos" activos y pasivos de relaciones de derecho privado. Lógicamente, por tanto, al jurista interesan no sólo en su condición de sujetos pasivos frente a la Hacienda Pública sino también en cuanto acreedores y deudores frente a otras personas, públicas y privadas, físicas y jurídicas, distintas de la Hacienda. Y aunque el derecho positivo normalmente sólo se ocupa de la primera cuestión, tanto la doctrina como la jurisprudencia han ido elaborando cuidadosamente, también en el ámbito privado, las categorías que en cada caso aseguran – por ceñirnos a lo que ahora nos interesa – la posición de los particulares cuando, en el tráfico privado, asumen la posición de acreedores respecto a una entidad carente de personalidad jurídica.

El hecho de que en el ordenamiento privado falte una regulación positiva no permite, pues, desconocer los importantes esfuerzos que doctrina y jueces han desarrollado para solucionar los problemas que plantea la asunción de una posición deudora por los entes de hecho. Y las solucines que la práctica ha ido aportando para garantizar, en estos casos, la posición del acreedor son perfectamente trasladables, en mi opinión, al supuesto en que dicho acreedor resulta ser la Hacienda Pública. Precisamente si algo puede criticarse a la ley tributaria, en ese afán de no dejar fuera de los posibles sujetos pasivos del tributo a los entes de hecho, es el desconocimiento de las soluciones que la doctrina y la jurisprudencia ofrecen en otros sectores del ordenamiento. La ley fiscal ha sido, efectivamente, más agil. Pero el apresuramiento ha llevado a recoger en la norma tributaria soluciones técnicamente deficientes, de modo que, en ocasiones, la posición que según la ley ocupa la Hacienda Pública acreedora es más endeble que la garantizada por la doctrina y la jurisprudencia, en el ámbito privado, a los acreedores particulares. Y lo que es más grave, ese mismo apresuramiento ha llevado al legislador tributario a englobar en un mismo saco a la totalidad de las entidades sin personalidad, mientras que en el ámbito privado se ha sabido diseñar un régimen jurídico de actuación y responsabilidad ajustado a cada tipo de "sujeto". Pues evidentemente no cabe dar la misma solución a situaciones heterogéneas como, por ejemplo, una sociedad carente de personalidad jurídica o irregular, caracterizada por la puesta en común de dinero, bienes o industria entre *varias personas*, con ánimo de partir entre sí las ganancias pero sin llegar a constituir una persona independiente, y una herencia yacente, en la que el dato jurídicamente relevante no es la pluralidad de personas sino la *indeterminación transitoria del titular* de los bienes, que puede ser uno o varios.

2. *La "persona" como ténica jurídica para acotar el patrimonio que responde del cumplimiento de la obligación*

Prescindiendo de sutilezas teóricas, importa señalar que, tanto en el ámbito tributario como en el privado, la determinación del sujeto pasivo implica ante todo la identificación de un patrimonio con el que se asegura la satisfacción del interés del acreedor en caso de incumplimiento de la obligación. En efecto, pese a lo que parece deducirse de la terminología empleada – sujeto pasivo, deudor, "obligado", etc. –, más importante que identificar a quien ha de cumplir en período voluntario es acotar los bienes sobre los que puede efectuarse un eventual embargo, en caso de que éste llegue a ser necesario, y tal es precisamente el papel que juega la designación del sujeto pasivo de la oligación. Pues en caso de cumplimiento voluntario el Derecho admite el pago por cualquier persona, "tenga o no interés en el cumplimiento de la obligación, ya lo conozca y lo apruebe, ya lo ignore el obligado al pago", como reza el art. 1.158 del Código Civil Español, también aplicable en el ámbito tributario, según la doctrina mayoritaria y la jurisprudencia. Ello no supone desconocer, desde luego, la importancia de la distinción entre los sujetos obligados al pago y los meramente legitimados (cualquiera, incluso un tercero) para efectuarlo. Pero tanto o más importante – desde la perspectiva de asegurar la satisfacción del acreedor, que es a lo que en definitiva debe tender la construcción jurídica de la obligación – es delimitar los bienes sobre los que puede recaer la ejecución forzosa del crédito.

Al margen de otras garantías reales o personales, la noción misma de obligación conlleva en este sentido la responsabilidad patrimonial universal del deudor. Del cumplimiento responde, en efecto, el deudor con todos sus bienes presentes y futuros. De modo que la identificación del deudor o sujeto pasivo sirve al Derecho precisamente para identificar los bienes sobre los que puede recaer la ejecución. El acreedor puede solicitar al juez (y la Hacienda Pública proceder por sí misma en los sistemas que otorgan a la Administración el privilegio de autotutela) el embargo y la consiguiente realización de cualquier bien del deudor, sin perjuicio de los derechos preferentes de otros acreedores que pueden hacerse valer a través de la correspondiente tercería de mejor derecho; mientras que en principio no es posible hacer recaer la ejecución forzosa sobre bienes de personas distintas al obligado (protegidas frente a ello por la tercería de dominio), salvo que exista una garantía real o personal que lo justifique.

En este contexto se explica la creación por los juristas del concepto de persona moral o jurídica, junto a la persona física, lo que como indica Ripert supuso un paso fundamental en el desarrollo económico capitalista. Con la atribución de personalidad a entes distintos del hombre, admitiendo a la sociedad anónima como persona jurídica, no se pretende en definitiva otra cosa que acotar una masa patrimonial a la que han de ceñirse los acreedores del comerciante o empresario, limitando así su responsabilidad. La Dogmática del siglo XIX creyó encontrar el progreso en una asimilación de las personas jurídicas a las físicas tan completa como fuera posible, predicando de unas y otras los mismos atributos: la nacionalidad, el nombre, y hasta los derechos de la personalidad... pero en todo caso – quizá lo más importante – el patrimonio personal.

Ahora bien, todo admite matices y lógicamente la doctrina posterior, y el derecho positivo, ha sabido ver que el régimen de las personas jurídicas no debe ni puede calcarse sobre el de las personas físicas, ni tiene por qué ser el mismo en todos los casos. Cada tipo de persona – persona física, fundación, asociación, sociedad colectiva, comanditaria, limitada, anónima etc. – tiene sus propias características intrínsecas que han de establecerse en función de las normas que regulan su actuación y responsabilidad. Pero en todo caso la atribución de personalidad o capacidad jurídica por el ordenamiento positivo supone una cierta autonomía patrimonial. En unos casos los acreedores sólo pueden hacer efectivo su derecho, en principio, sobre los bienes del deudor, como ocurre cuando éste es una persona física o una sociedad que limita la responsabilidad de los socios. En otros el acreedor cuenta con una responsabilidad solidaria de segundo grado que le permite dirigirse frente a cualquier socio en caso de insolvencia de la sociedad, como ocurre con las colectivas. Caben, en definitiva, las más diversas fórmulas y matices, que dependen de cada ordenamiento positivo, pero la personalidad jurídica supone siempre una cierta autonomía patrimonial, es decir el acotamiento de unos bienes sobre los que, al menos en un primer momento, ha de intentarse el cobro por los acreedores. El ordenamiento puede prever garantías adicionales – la responsabilidad solidaria o mancomunada, principal o subisidiaria, de otras personas (socios, administradores, fiadores etc.), la afección de determinados bienes al cumplimiento de la obligación aunque estén en porder de terceros etc., pero en todo caso la "persona" del deudor garantiza la existencia, al menos, de un patrimonio – de unos bienes "presentes o futuros" – que responde de la obligación.

3. *La imposibilidad lógica y práctica de una capacidad jurídica sectorial y la distinción entre sujeto pasivo y elemento subjetivo del hecho imponible: la unidad familiar y la comunidad de bienes*

Lo que acaba de decirse permite concluir que no tiene sentido alguno la afirmación de una capacidad jurídico-tributaria especial, distinta de la de derecho privado. Con el concepto de *capacidad tributaria especial* la doctrina clásica pretendía explicar en términos jurídicos los preceptos que, en el derecho positivo, atribuyen la condición de sujeto pasivo de la obligación tributaria a entes carentes de personalidad jurídica, esto es de capacidad jurídica general. La esfera de figuras económicas consideradas por la ley tributaria deudoras del impuesto es más amplia que la de las personas dotadas de capacidad jurídica según el derecho común – afirmaban Hensel en su *Steuerrecht* y Giannini en sus *Instituciones*. Pero una explicación de este tipo resulta incongruente en aspectos tan reales y tan importantes para la vida de la obligación tributaria como el pago y, sobre todo, la ejecución forzosa, como supo ver con acierto Luigi V. Berliri, pues carece de sentido atribuir la titularidad pasiva de la obligación tributaria a un ente que, de acuerdo con el derecho común, no puede ser titular de dinero o bienes que permitan satisfacer el interés del acredor.

Es por ello que a partir de la década de los 60 se produjo un movimiento "revisionista", en palabras del profesor Ramón Valdés Costa, que busca una explicación más satisfactoria de los sujetos pasivos carentes de personalidad. Así, son varios los autores que señalan como, en muchas ocasiones, lo que ocurre es simplemente que la ley tributaria refiere el hecho imponible a una entidad de hecho, que se configura como elemento subjetivo del presupuesto, asumiendo la condición de sujetos pasivos, en realidad, las personas físicas o jurídicas que integran dicha entidad. La ley tributaria utilizaría en estos casos la expresión "sujeto pasivo" en un sentido impropio, para referirse no al deudor o deudores – que son siempre personas –, sino al elemento personal o subjetivo configurador del hecho imponible. La referencia al ente carente de personalidad jurídica sería, pues, relevante a efectos del nacimiento de la obligación, pero no del cumplimiento, encomendado siempre, sobre todo en vía de apremio, a verdaderas personas.

Esta distinción entre sujetos pasivos – siempre una o varias personas – y elemento subjetivo del hecho imponible explica suficientemente, a mi juicio, supuestos tales como la comunidad de bienes en sentido estricto o copropiedad, y la unidad familiar.

En efecto, si una ley tributaria estableciera en su tenor literal que es sujeto pasivo de un determinado tributo la unidad familiar – por ejemplo, los cónyuges con los hijos menores no emancipados –, ello sólo podría interpretarse en el sentido de que el hecho imponible se entiende realizado respecto a la familia, es decir en el sentido de que las rentas o patrimonios de todos los miembros de la unidad familiar se acumulan a efectos de determinar si ha nacido o no la obligación (si existe renta positiva o patrimonio neto) e incluso a efectos de cuantificación de la misma, con la consiguiente trascendencia cuando el impuesto es progresivo. Lo que, por cierto, puede plantear problemas de constitucionalidad – si no se adoptan ténicas correctoras – desde la perspectiva de la capacidad contributiva entendida como atributo del individuo o de otras normas constitucionales como las que, en su caso, ordenan la protección de la familia. Pero, ciñéndonos a lo que ahora nos interesa, en ningún caso puede el intérprete, cualquiera que sea el tenor literal de la ley, considerar como sujeto pasivo a la familia ya que el Derecho no reconoce la existencia de un patrimonio familiar. Ni siquiera en los supuestos de "sociedad de gananciales", pues los gananciales son, en definitiva, bienes de los cónyuges, aunque su titularidad sea compartida. Los sujetos pasivos han de ser necesariamente las personas integrantes de la unidad familiar, bien sea mancomunadamente o – lo que es más frecuente – solidariamente.

Algo similar acontece con el mero condominio. Así por ejemplo, en un impuesto que grave la titularidad de bienes inmuebles, no cabe que la ley considere sujeto pasivo a la comunidad o copropiedad, pues los copropietarios son ciertamente titulares de derechos reales que recaen sobre un mismo bien – por lo qué el derecho positivo establece las normas necesarias para hacer posible la concurrencia de los recíprocos e individuales intereses, asegurando el uso común y la conservación de la cosa – pero no existe un patrimonio común. Se trata simplemente de una cosa sobre la que recaen varios derechos, y carecería de sentido que, para hacer frente al pago del impuesto, la ley pretendiera la venta de la cosa o el embargo de la misma con preferencia a la satisfacción del interés del acreedor sobre, por ejemplo, dinero o cuentas a nombre de cualquiera de los copropietarios. Por ello en los supuestos de copropiedad no cabe – cualquiera que sea el tenor literal de la ley – atribuir la condición de sujeto pasivo a la comunidad de bienes. El hecho imponible se puede realizar, en determinados tributos, respecto a la comunidad, pero los sujetos pasivos (deudores) han de ser siempre los copropietarios, surgiendo así una concurrencia de varias personas en la realización del hecho imponible – pluralidad de contribuyentes – que normalmente determina la solidaridad pasiva de todos ellos frente a la Hacienda Pública (art. 34 LGT).

4. Las sociedades irregulares y otros entes colectivos carentes de personalidad jurídica como sujetos pasivos de la obligación tributaria: régimen tributario aplicable

Ahora bien, la comunidad de bienes o copropiedad debe distinguirse claramente de las sociedades carentes de personalidad jurídica o comunidades societarias, a veces denominadas también comunidades de bienes. Se trata de los casos en que varias personas ponen en común dinero, bienes o industria, con ánimo de partir entre sí las ganancias, actuando en el tráfico de forma unitaria pese a que el ordenamiento no les atribuya una personalidad jurídica distinta a la de sus miembros. Estos supuestos son muy frecuentes en aquellos ordenamientos, como el italiano o el alemán, que no reconocen personalidad jurídica a las sociedades de personas. Pero también son habituales en aquellos, como el francés o el español, que extienden la personalidad jurídica a todas las sociedades, salvo incumplimiento de algún requisito, como la inscripción en el Registro (sociedades irregulares).

Independientemente de la atribución, más o menos amplia, de personalidad jurídica conforme al derecho común, en todos los sitemas coexisten con las personas jurídicas o morales entidades colectivas que, aún sin personalidad, tienen un patrimonio común, ya sean todas las sociedades de personas o sólo las irregulares. En estos casos tiene perfecto sentido que los eventuales acreedores de la entidad puedan o deban hacer efectivo su derecho, en un primer momento, sobre los bienes en mano común. Ciertamente, al carecer la entidad de personalidad jurídica, los sujetos pasivos son sus miembros, pero considerados de forma unitaria, en cuanto socios, y no *uti singuli*, es decir que los socios responden inicialmente sólo con el patrimonio común, y no con todos sus bienes presentes y futuros. Es en este sentido impropio en el que se afirma que la entidad colectiva actúa como sujeto pasivo, y no sólo constituye el elemento subjetivo del hecho imponible. Pero en realidad lo que quiere decirse al considerar deudora a la entidad colectiva es que la responsabilidad de los verdadersos sujetos – los miembros de la entidad – se limita inicialmente al patrimonio común. La referencia a la entidad como sujeto sirve, pues, únicamente para designar un patrimonio, del mismo modo que cuando la condición de sujeto pasivo se predica de los socios, y no de la entidad, lo que quiere decirse es que en este caso los socios responden con todos sus bienes, presentes y futuros, y no sólo con los puestos en común.

En el ámbito jurídico-privado, el régimen de actuación y responsabilidad de estas entidades – o más propiamiente del conjunto de personas que las integran, pues como se ha dicho son éstas los verdaderos sujetos – varía en cada ordenamiento. Pero el régimen de responsabilidad más riguroso, es decir, el que mejor asegura el interés de eventuales acreedores, es la responsabilidad solidaria de segundo grado de los miembros de la entidad. Primero responde ésta – o, lo que es lo mismo, responden los socios con el patrimonio común – y en su defecto puede el acreedor dirigirse frente a cualquiera de los socios, exigiéndole la totalidad de la deuda, sin perjuicio de la acción de regreso de éste frente a los demás. Este es el régimen previsto para las sociedades colectivas, que se extiende por la doctrina y la jurisprudencia a las sociedades irregulares, añadiendo en este último caso la responsabilidad solidaria de los gestores.

Parece lógico que el crédito tributario disfrute del régimen de garantía más riguroso de entre los previstos en beneficio de los acreedores privados, por lo qué cuando la ley tributaria considera sujeto pasivo a una sociedad carente de personalidad jurídica hay que entender que, en realidad, lo que pretende es establecer incialmente una responsabilidad limitada al patrimonio común y, en caso de insuficiencia de los bienes integrantes de éste, la responsabilidad solidaria de los socios con todos sus bienes presentes y futuros. Cabe pues decir que la entidad es sujeto pasivo y los socios responsables subsidiarios respecto a la entidad (y solidarios entre sí).

Aunque el legislador puede considerar oportuno un régimen distinto. Por ejemplo puede reforzar aún más la posición de la Hacienda permitiendo a ésta, desde el vencimiento de la obligación, dirigirse frente a cualquiera de los socios sin necesidad de declarar previamente insolvente a la entidad. En este caso cabría decir que la sociedad es sujeto pasivo y los socios responsables solidarios, en el sentido de que éstos tendrían siempre una acción de regreso, frente al patrimonio común, para resarcirse de la carga tributaria soportada con sus bienes personales, como normalmente tiene el responsable frente al contribuyente. Aunque hay que reconocer que estos supuestos se aproximan mucho, en sus consecuencias prácticas, a la solidaridad pasiva aplicable a la pluralidad de contribuyentes, con la única diferencia de que en este último caso no existe patrimonio común, sino que la acción de regreso se ejercta por el contribuyente que paga respecto a los demás.

Cuanto acaba de decirse es aplicable, *mutatis mutandis*, a otras entidades colectivas que, de una u otra forma, son reconducibles a la sociedad irregular: la comunidad hereditaria, la comunidad de buques, la cuenta en participación, las agrupaciones y uniones temporales de empresas, los fondos de inversión mobiliaria... En todos los casos en que exista una pluralidad de personas titulares de un patrimonio en mano común separado de sus respectivos patrimonios personales, la consideración de la entidad como sujeto pasivo no supone otra cosa que limitar las posibilidades de ejecución, inicialmente, al patrimonio común, sin perjuicio de la responsabilidad subsidiaria o solidaria respecto a la entidad (pero normalmente solidaria entre sí) de los socios con sus patrimonios personales.

A ello es precisamente a lo que se refieren tanto la Ley General Tributaria como el Modelo de Código Tributario para América Latina cuando hablan de "unidad económica". Un conjunto de personas constituyen una "unidad económica" susceptible de imposición cuando tienen un patrimonio común frente al que puede dirigirse, al menos inicialmente, la Hacienda Pública. Desde esta perspectiva el requisito de la "autonomía funcional", al que expresamente se refiere al Modelo de Código Tributario, y que Sainz de Bujanda entiende implícito en la susceptibilidad de imposición de que habla la LGT, poco o nada añade. Dicha autonomía funcional hace referencia a la existencia de un mínimo de organización que permita a ese conjunto de personas una actuación unitaria frente al exterior, lo que por definición es siempre el caso de las entidades dotadas de autonomía patrimonial, ya que de una u otra forma el ordenamiento dota a las mismas de mecanismos de actuación para gestionar dicho patrimonio y cumplir el fin común. El reconocimiento jurídico de la autonomía patrimonial conlleva, pues, la autonomía funcional. Y cuando falta la primera, como según dijimos es el caso del mero condominio, tampoco el ordenamiento prevé una organización *ad extra*, sino la mínima e indispensable para evitar, en las relaciones internas, el conflicto entre los derechos concurrentes. Frente a terceros, en cambio, es cada titular el que dispone de su derecho, sin perjuicio de la posibilidad de tanteo o retracto de los condueños.

Volviendo a las comunidades societarias, dotadas de autonomía patrimonial y funcional, importa notar que la ausencia de personalidad no constituye ningún obstáculo para configurar a las mismas no sólo como elemento subjetivo – papel al que queda limitado el mero condominio – sino también como sujeto pasivo, en el sentido de que el impuesto ha de recaer sobre el patrimonio común. Desde esta perspectiva resulta criticable el prejuicio dogmático que, en el caso español, lleva a establecer un régimen de atribución de rentas en virtud del cual no se grava la renta de las sociedades carentes de personalidad jurídica en cabeza de la sociedad, sino que la misma se incluye en la base imponible de cada socio en función de su porcentaje de participación. No parece que la ausencia de personalidad deba suponer un tratamiento tributario distinto según que la sociedad goce o no de personalidad jurídica, y menos aún cuando la ausencia de personalidad – derivada de la falta de inscripción en el Registro – es imputable a los socios.

Como afirmaba Euclide Antonini respecto al ordenamiento italiano, en el que ocurre algo parecido, "hay que rechazar cualquier fatalismo en el campo de la opción legislativa, ya que los institutos jurídicos dejan un amplio margen de libertad al legislador". De la presencia o ausencia de personalidad "no se deriva la imposibilidad de una imposición sobre la renta global a cargo de la sociedad de personas – que en el ordenamiento italiano carece de personalidad – como lo demuestra el hecho de que las sociedades de personas no residentes en Italia sean sujetos pasivos". Lo mismo ocurre en el caso español, pues al margen del régimen de atribución de rentas, previsto en principio para las entidades carentes de personalidad, algunas de ellas, como los fondos de inversión mobiliaria, quedan sujetos al impuesto sobre sociedades. Y desde luego, en la práctica totalidad de ordenamientos, las sociedades de personas se consideran sujetos pasivos en los impuestos indirectos, tales como transmisiones patrimoniales o IVA, que se devengan con motivo de las operaciones que constituyen su tráfico; e incluso con motivo de la constitución de la sociedad sin personalidad, que el principio de neutralidad del impuesto aconseja someter al gravamen sobre las aportaciones de capital (operaciones societarias) al igual que la constitución de una persona jurídica.

5. *La herencia yacente y las situaciones jurídicas de pendencia o indeterminación transitoria del titular: la necesidad de un tratamiento tributario coherente con la naturaleza de estas situaciones*

Un supuesto totalmente distinto al de los entes colectivos a que acaba de hacerse referencia es el constituido por la herencia yacente, en la que el dato jurídicamente relevante no es la existencia de una pluralidad de personas, sino la *indeterminación transitoria del titular* – que puede ser uno o varios – de la masa hereditaria durante el intervalo de tiempo que media entre la muerte del causante (apertura de la sucesión) y la adquisición de la herencia por el o los herederos. Prescindiendo de explicaciones históricas hoy superadas – como atribuir la titularidad de la herencia al difunto o considerar como sujeto a la propia herencia –, la doctrina y la jurisprudencia civil construyen normalmente la herencia como una *situación jurídica de pendencia*, es decir como una fase provisional de indeterminación de la persona del titular de los bienes. No es obstáculo a esta construcción el efecto retroactivo que tiene la aceptación de la herencia, pues aunque ello supone que la misma se reputa adquirida en el momento de fallecer el causante, hasta que la aceptación se produce existe un titular – transitóriamente indeterminado – de derechos y obligaciones que se ejercitan y cumplen, respectivamente, en favor y con cargo a ese patrimonio. Obviamente el titular es el heredero que acepta, pero mientras el llamado en primer lugar tenga abierta la posibilidad de aceptar o renunciar (situación que en el caso español puede extenderse durante 15 años) no se puede identificar a dicha persona.

Lógicamente la solución adecuanda en el ámbito tributario ha de ser la prevista en el campo civil. Las obligaciones tributarias que surjan con cargo a la herencia yacente, por haber realizado ésta el hecho imponible (obtención de rendimientos, titularidad de bienes...), sólo pueden hacerse efectivas con cargo a la masa hereditaria, pues a los herederos no puede exigírseles pago alguno en tanto no acepten la herencia. También aquí la consideración de la herencia como sujeto pasivo – además de elemento subjetivo del hecho imponible – cumple el papel de acotar los bienes que responden del cumplimiento de la obligación. El verdadero sujeto es un persona – quien finalmente acepte, conviertiéndose con ello en titular de los bienes desde el momento del fallecimiento del causante –, pero hasta que dicha persona quede definitivamente identificada a través de la aceptación no cabe sino hacer efectiva la obligación sobre los bienes que integran la masa hereditaria.

En los impuestos subjetivos, que modulan la carga tributaria en función de las circunstancias personales y familiares del sujeto pasivo, así como en los progresivos, la consideración como sujeto de la herencia puede suponer unas cuotas distintas de las que corresponderían si en la liquidación se tienen en cuenta todas las rentas o todos los bienes de la persona que finalmente deviene titular de la herencia, y no sólo los integrantes de ésta, así como las circunstancias de dicha persona. Por ello parece legítimo que, si bien mientras la herencia esté yacente sólo puede considerarse como sujeto pasivo a la herencia y calcularse el impuesto respecto a la misma, todas las liquidaciones que se practiquen en esta situación tengan el carácter de provisionales, practicándose las correspondientes liquidaciones definitivas una vez que la aceptación se produzca, procediéndose entonces al ingreso del gravamen complementario o a las devoluciones que procedan. Incluso, si el legislador pretende reforzar la posición de la Hacienda, puede suspender la prescripción de las obligaciones tributarias devengadas durante la situación de pendencia, u obligar a la herencia a practicar las liquidaciones provisinales al tipo máximo del impuesto, de forma que en ningún caso el retraso en la aceptación pueda beneficiar al sujeto pasivo.

Cuanto acaba de decirse es extensible también a otras situaciones de indeterminación transitoria del titular de los bienes, como la herencia dejada al *nasciturus*, a una persona jurídica todavía no constituida, a una persona desconocida, la herencia *sub conditione* o el patrimonio del ausente.

6. La imposibilidad de considerar a la empresa como sujeto pasivo

Dentro de las entidades que habitualmente se citan como sujetos pasivos del tributo carentes de personalidad jurídica hemos de hacer referencia, por último, a la empresa. Algún autor y alguna jurisprudencia afirman, con manifiesta impropiedad, que la empresa constituye una modalidad de "unión económica" y como tal puede considerarse sujeto pasivo en las leyes tributarias en que así se establezca. En mi opinión, el sujeto será, en estos casos, cualquiera que sea el tenor de la ley, el empresario, ya sea una persona, física o jurídica, o una entidad sin personalidad de las antes examinadas; nunca la empresa como tal, que no es un concepto subjetivo sino objetivo.

7. La incoherencia con el derecho común no radica en la pretendida extensión de la personalidad jurídica en el ámbito tributario sino en el desconocimiento de la heterogénea naturaleza de las entidades carentes de personalidad

De lo expuesto hasta ahora podemos concluir que no existe peculiaridad alguna en el ámbito tributario en relación con el reconocimiento de capacidad o personalidad jurídica. Siempre son sujetos pasivos del tributo en concepto de contribuyente las personas y sólo las personas, físicas o jurídicas. O bien una persona determinada que responde del cumplimiento de la obligación con todos sus bienes presentes y futuros (o varias personas en régimen de solidaridad o mancomunidad); o bien un conjunto de personas que detentan un patrimonio común, sobre el cual debe hacerse efectiva la obligación tributaria al menos en un primer momento, sin perjuicio de la posibilidad adicional de la Hacienda de dirigirse también contra los restantes bienes que integran el patrimonio personal de cada una de dichas personas, es decir contra los bienes que no han sido puestos en común; o bien, por último, una persona o varias transitoriamente indeterminadas, en cuyo caso inicialmente la obligación sólo puede hacerse efectiva sobre los bienes que el ordenamiento privado reserva a dicha persona o personas, sin perjuicio de que una vez determinada la identidad de ésta pueda procederse también contra cualquier otro bien que integre su patrimonio.

Estas tres posibilidades – persona determinada, conjunto de personas con un patrimonio común y persona transitoriamente indeterminada – se extienden también a la determinación legal del sustituto (en los ordenamiento que recogen esta figura) y de los responsables. La aplicación de estas categorías de obligados a entes carentes de personalidad ha de construirse por el intérprete en términos similares a lo expuesto en los apartados precedentes.

La incongruencia entre la ley tributaria y el ordenamiento privado no radica, por tanto, en la extensión por la primera de los conceptos de persona y capacidad jurídica, sino en el hecho de dar un tratamiento unitario a las entidades colectivas y a las situaciones de indeterminación transitoria del sujeto, cuando lo cierto es que la heterogénea naturaleza de unas y otras reclama un tratamiento específico distinto en uno y otro caso. Tratamiento específico que en principio coincide con el previsto por el derecho común, sin perjuicio de que el legislador tributario opte por reforzar la posición de la Hacienda Pública respecto a eventuales acreedores privados.

8. Nota bibliográfica

La tesis de una capacidad jurídica especial distinta de la reconocida en el derecho común tiene su antecedente en las concepciones de Griziotti y la Escuela Integralista de Pavía, pero se acepta sin dificultad, aunque parezca paradójico, tanto por los autores formados en dicha Escuela como por quienes optan por una metodología estrictamente jurídica. En la literatura italiana destaca A. D. Giannini, en la p. 80 de la 1ª edición de sus *Instituciones*, Milán, Giuffrè, 1937, y en la p. 97 de la edición en Castellano publicada por Edersa, Madrid, 1957. Además, G. Ingrosso, *Istituzioni di Diritto Finanziario*, v. II, Nápoles, 1937, p. 17; M. Pugliese, *Istituzioni di Diritto Finanzziario*, Pádua, 1937, pp. 45 y ss.; G. Tesor, *Principii di Diritto Tributario*, Bari, 1938, pp. 110 y ss.; Giusanni, "La capacità giuridica tributaria dei consorzi", *Riv. Dir. Trib. Sc. Fin.*, 1939 (n. 3), II, pp. 194 y ss.; Arena, *Corso di Scienze delle Fin. e Dir. Fin.*, Nápoles, 1940, p. 471; E. Vanoni, "Note introduttive allo studio della capacità degli enti morali nel diritto tributario", *Riv. Dir. Fin. Sc. Fin.*, 1941 (n. 1), II, pp. 1 y ss.

En la doctrina de lengua alemana véase A. Hensel, *Steuerrecht*, 3ª ed., 1933, p. 65 (trad. italiana de D. Jarach, *Diritto Tributario*, Milán, 1956, pp. 85 y ss.).

En la literatura latinoamericana esta es la postura mantenida por Giuliani Fonrouge, en su *Anteproyecto de Código Fiscal de 1942*, por Gomes de Sousa e, inicialmente, por Ramón Valdés Costa. Véase el trabajo de este último sobre "El sujeto pasivo de la relación jurídica tributaria", en *Estudios de Derecho Tributario Latinoamericano*, Montevideo, 1982, pp. 89 y ss., donde expone detalladamente la doctrina clásica y los movimientos revisionistas. En la 5ª edición, de 1993, del *Derecho Financiero* de Carlos M. Giuliani Fonrouge, Buenos Aires, Depalma, todavía puede leerse que "en ciertos casos quien tiene capacidad civil no es sujeto de obligaciones tributarias e, inversamente, puede serlo el que carezca de esa capacidad" (p. 408).

En España la tesis de la capacidad tributaria especial se defiende por L. Coronel de Palma, *Relaciones entre el Derecho Tributario y el Derecho Privado*, Madri, VI SEDF, 1958, p. 132; L. Muñoz del Castillo, *Las Sociedades en el Impuesto sobre Transmisiones Patrimoniales*, Madrid, IEF, 1975, p. 67; y N. Amorós Rica, *Ley General Tributaria*, Madrid, Ed. Der. Fin., 1967, p. 488.

La crítica de L. V. Berliri al concepto de capacidad tributaria especial en "Note alla Decisione della Commissione Centrale per le Imposte Dirette (22 de novembre, 1939), n. 19.471", en *Giurisprudenza delle Imposte Dirette*, 1940, pp. 495 y ss.; y, del mismo autor, "Capacità giuridica tributaria o concurso di debitori d'imposta?", *Riv. It. Dir. Fin.*, 1940, p. 237. También A. Berliri, *Principi*, v. I, Milán, Giuffrè, 1952, pp. 180 y ss., aunque este autor modifica posteriormente su postura al publicarse *Il Testo Unico delle Imposte Dirette*, Milán, Giuffrè, 1960, a la vista del art. 8 de este cuerpo legal.

El abandono de la tesis de la capacidad especial lleva a formular una serie de construcciones que podríamos calificar de "intermedias", pues no llegan a reconocer plenamente la univocidad de los conceptos de persona y capacidad en todas las ramas del ordenamiento. Así, Carlo Lavagna acuede a la distinción entre sujetos típicos y atípicos ("Teoria dei soggetti e diritto tributario", *Riv. Dir. Fin. Sc. Fin.*, 1961 (n. 1), pp. 3 y ss.), y E. Giardina a las categorías de persona y sujeto de derecho, entendiendo que la segunda es más amplia que la primera ("La capacità giuridica tributaria degli enti colletivi non personificati", *Riv. Dir. Fin. Sc. Fin.*, 1962 (n. 3), pp. 269 y ss., en especial pp. 280-281). Posteriormente A. Amatucci afirma la existencia de una capacidad jurídica limitada a las situaciones jurídicas específicas que el ordenamiento prevé, pero vinculando potencialmente a todas las ramas del Derecho, con lo qué desaparecería el problema de la relatividad de los conceptos jurídicos pues no se trataría ya de una capacidad limitada a una sóla rama ("Observaciones en torno a la subjetividad tributaria", *RDFHP* 159/833 y ss., 1982). Véase también F. Fabricius, *Relativitat der Rechtsfähigkeit*, Münich/Berlín, 1963, en quien se inspira esta postura.

En la literatura latinoamericana destaca Valdés Costa, "Nuevas aportaciones en el Derecho vigente acerca del sujeto pasivo", II Semana Tributaria, *Bol. IUDT* 14/76, 1962, así como el trabajo "El sujeto pasivo ...", cit. En España, la unicidad de los conceptos de persona y capacidad jurídica como categorías propias de la Teoría General del Derecho se defiende por M. Cortés Domínguez, "Una contribución al estudio de la capcidad jurídica tributaria", *Moneda y Crédito*, 1965 (n. 94), pp. 87 y ss., el cual formula con precisión la distinción entre elemento subjetivo del hecho imponible y sujeto pasivo; y F. Sainz de Bujanda, "La capacidad jurídica tributaria de los entes colectivos no dotados de personalidad", *Hacienda y Derecho*, v. V, Madrid, 1967, pp. 319 y ss.

La cita de Ripert corresponde a *Aspects Juridiques du Capitalisme Moderne*, 1946, pp. 48 y ss. Sobre el concepto de persona constituye un clásico la obra colectiva "La personalité morale et ses limites", *Études de Droit Comparé et de Droit International Public* (*Travaux et Recherches de l'Institut de Droit Comparé de l'Université de Paris*, XVIII, París, 1960), que contiene los estudios de diversos autores de distintos países. El ponente general, el profesor René David deduce de su comparación "las tendencias o los principios generales del Derecho sobre la materia, comunes a todas las naciones civilizadas". El libro suscitó una viva crítica de F. de Castro, publicada en *Anuario de Derecho Civil*, octubre-diciembre/1961, XIV-XV, bajo el significativo título "Ofensiva contra el concepto de persona jurídica", y recogida en *La Persona Jurídica*, Madrid, Civitas, 1981, pp. 115 y ss.

En el ámbito tributario la validez de los conceptos de *persona* y *capacidad* tal como se utilizan en el serecho civil se defiende, además de otros autores citados, por E. Antonini, *La Soggettività Tributaria*, Nápoles, Morano, 1965. En un breve escrito posterior confirma la "esclusività all'ordinamento generale" de la categoría de *persona*, lo cual deriva de la "absoluta independencia de la misma de todo dato prenormativo" ("Personalità giuridica e imposta sulle persone giuridiche", *Riv. Dir. Fin. Sc. Fin.*, 1978 (n. 3), pp. 381 y ss., en especial p. 394).

Respecto a la *unidad familiar*, véanse los trabajos de C. Palao Taboada, *La Unidad Familiar como Sujeto Fiscal*, Madri, Memoria de la AEDF, 1981; "¿Quiénes son sujetos pasivos en la unidad familiar?", *GF* 59 (1988); y *La Unidad Familiar ante el Tribunal Constitucional, La Ley 2.139, de 9 de Enero de 1989*. Asimismo, C. Pérez de Ayala, "Notas sobre la solidaridad tributaria con especial referencia a la unidad familiar", *REDF* 49 (1986), y Ramallo Massanet, "La unidad familiar como sujeto en el ordenamiento tributario español", *Civitas REDF* 29/43 y ss. (1981).

Respecto a las comunidades societarias, Sainz de Bujanda, "La capacidad jurídica tributaria de los entes colectivos ...", cit., pp. 319 y ss., quien distingue cuidadosamente estas entidades de la merca comunidad de bienes, reconducible al art. 34 LGT y no al 33. La cita de Antonini se refiere a "L'imposta sul reddito delle persone fisiche. Profili giuridici", *Dir. Prat. Trib.*, 1972 (n. 2), pp. 228 y ss. Del mismo autor "Le società a base personale: trasparenza fiscale del reddito", en *Il Reddito d'Imposta (Incontri con il Banco di Roma)*, II, 1974, pp. 89 y ss.; así como "Personalità giuridica e imposta sulle persone giuridiche", *Riv. Dir. Fin. Sc. Fin.*, 1978 (n. 3), pp. 386 y ss.

En el sistema español las entidades del art. 33 habían venido siendo tradicionalmente sujetos pasivos del impuesto sobre sociedades, en igualdad de trato con las personas jurídicas, pero desde 1978 tributan en régimen de atribución de rentas. En la imposición indirecta se consideran, en cambio, sujetos pasivos de diversos tributos, respondiendo el patrimonio social y solidariamente, en proporción a sus respectivas participaciones, los socios, según la redacción actual del art. 39 LGT. Sobre la incoherencia de esta responsabilidad solidaria respecto a la entidad pero mancomunada de los socios entre sí, me remito a mi trabajo "La responsabilidad de los copartícipes de las entidades sin personalidad", *Impuestos* 7/41 y ss., 1985. En el ámbito jurídico-privado tanto la doctrina como la jurisprudencia propugnan la aplicación a la sociedad irregular del régimen de responsabilidad solidaria de segundo grado previsto para las colectivas, por lo qué paradójicamente un acreedor privado puede exigir a cualquiera de los socios, en caso de insolvencia de la entidad, la totalidad de la deuda, mientras que la Hacienda Pública, si bien puede dirigirse frente a los miembros de la entidad aunque ésta no sea insolvente, sin embargo cada uno sólo responde en proporción a su participación. Véase: M. Utande, "Sociedades mercantiles irregulares", *RDP* (1944), pp. 123 y ss.; A. Polo, "Comentarios a la sentencia de 14 de febrero de 1945", *RDP* (1945), pp. 327 y ss.; E. Langle, "La compañía mercantil irregular", *RDM* 25/7 y ss. (1950); J. Girón Tena, "Las sociedades irregulares", *ADC* (1951), pp. 1.291 y ss.; y de este último *Derecho de Sociedades*, I, Madrid, 1976, pp. 230 y ss.

Respecto a la herencia yacente y situaciones jurídicas de pendencia en el ámbito jurídico-privado, F. de Castro, *Derecho Civil de España*, Madrid, 1949, p. 581; Roca Sastre, *Derecho Hipotecario*, I, Barcelona, 1948, p. 768, y II, p. 236, a quienes sigue la práctica totalidad de la doctrina española (Gitrama, Lacruz, Albaladejo...). La conveniencia de trasladar al ámbito tributario la solución civil se afirma respecto al Derecho Italiano por G. A. Micheli, "Soggettività tributaria e categorie civilistiche", *Riv. Dir. Fin. Sc. Fin.*, 1977 (n. 3), p. 431. También respecto a las situaciones jurídicas de pendencia se manifiesta en ocasiones el prejuicio dogmático según el cual la ausencia de personalidad determina la imposibilidad de imposición. Así, respecto a los impuestos directos, C. Magnani entiende que falta el presupuesto personal ("I soggetti passivi dell'imposta sul reddito delle persone giuridiche", *Dir. Prat. Trib.*, 1973 (n. 6), p. 495). En cambio, en línea con la postura mantenida en el texto, D'Amati considera que la herencia yacente debe ser sujeto pasivo en la imposición sobre la renta (*La Trama Giuridica del Reddito*, Bari, 1972, p. 222). Sobre el carácter problemático de la atribución de rentas, que en el sistema español se extiende a la herencia yacente, C. Albiñana, *Derecho Financiero y Tributario*, 1979, p. 495.

Respecto a la empresa, se considera sujeto pasivo por Amorós Rica (*Ley General Tributaria*, Madrid, Edersa, 1967, p. 491), el cual recoge la clásica distinción de Wurdinger entre comunidades de derecho y comunidades de fin. Respecto al Derecho Argentino, véase la exposición de Giuliani Fonrouge, *Derecho Financiero*, cit., pp. 411 y ss., donde también se señala que mientras el derecho privado sólo toma en cuenta la personalidad del empresario, al legislador fiscal interesa la empresa como realidad económica, prescindiendo de su caracterización jurídica, si bien aparentemente se trata de una situación superada en el derecho positivo. Un detenido estudio sobre el tema, manteniendo la opinión contraria, es decir en la línea seguida en el texto, en D. Ketchedjian, "L'entreprise individuelle et le droit fiscal: un nouveau sujet de droit?", *Revue de Droit Financier* 2/415 y ss. En la jurisprudencia del Tribunal Supremo ha llegado a afirmarse que la empresa, "en cuanto implique un conjunto de elementos económicos con coherencia funcional y finalidad lucrativa, es un sujeto pasivo de la tributación" (STS de 25.4.1956), pero se trata de un pronunciamiento aislado. Como afirma la Resolución TEAC de 2.7.1957 no existe ninguna "personalidad jurídico-patrimonial de los negocios".

CADERNOS DE DIREITO TRIBUTÁRIO

TRATADO DE DIREITO TRIBUTÁRIO CONTEMPORÂNEO

Dos Princípios Gerais do Direito Tributário

MISABEL ABREU MACHADO DERZI

Professora e Coordenadora dos Cursos de Mestrado e Doutorado da Faculdade de Direito da UFMG.
Professora Titular de Direito Tributário e Financeiro da Faculdade de Direito Milton Campos.
Advogada, Parecerista e Consultora

1. *Introdução*

Diversificadas são as escolas de política econômica, as ideologias sociais e os valores e princípios que as orientam. Não obstante, certas regras econômicas atravessaram a prova dos séculos, incorporando-se às experiências jurídicas dos povos e foram, não raramente, erigidas em normas constitucionais de contenção do poder tributário estatal. E, assim aconteceu, porque tais regras, buscadas à Ciência das Finanças, respondem a necessidades técnicas ou a universais de justiça, igualdade e dignidade do ser humano, que o Direito busca realizar, mas que não são domínio exclusivo dessa ou daquela ciência, porém fundamento ético comum a todas as demais.

Os princípios básicos ou gerais do sistema tributário, expressados pelo economista alemão von Justi, e difundidos por Adam Smith, em seu clássico *An Inquiry into the Nature and Causes of the Wealth of Nations* (Londres, 1776), a saber, capacidade contributiva, certeza (ou segurança), comodidade ou economicidade, já inspiram códigos e constituições por mais de duzentos anos, porque mesclam não só padrões mínimos de ética e de justiça, como de técnica e razoabilidade. O professor alemão Frank Newmark (*Principios de la Imposición*, Ed. Instituto de Estudios Fiscales, Madrid, 1974) também deduziu princípios fundamentais, a fim de "armar um quadro impositivo ideal como termo de referência para criticar a imposição existente e propor alternativas para modificá-las (...)", inspirado pela realidade econômico-política dos países europeus e dos Estados Unidos da América do Norte (cf. Horacio Garcia Belsunce, *Temas de Direito Tributário*, Buenos Aires, Abeledo-Perrot, 1982, p. 67). Ao todo sugere dezoito princípios, dentre os quais destacamos a generalidade, a igualdade, a proporcionalidade e a redistribuição ou progressividade que são apenas manifestação da *justiça tributária*, fim ético a ser buscado pelo sistema.

Portanto, os princípios gerais são manifestações de valores fundantes gerais, que se concretizam em *direitos humanos*, em acepção ampla, ou seja, em direitos individuais, direitos da liberdade ou direitos fundamentais, inclusive sociais e liberdades públicas, tão extensos que, neles certamente se incluem as garantias institucionais e processuais da liberdade e ainda a tutela jurisdicional dos direitos e a autotutela da legalidade pela administração.

No Brasil, desde a Constituição de 1946, são fartas as normas principiológicas, muitas vezes minuciosamente regradas e balanceadas em contraprincípios expressos. Desde então, alertava Aliomar Baleeiro para o fato de que nenhuma outra Constituição "excede a brasileira, a partir da redação de 1946, pelo zelo com que reduziu a disposições jurídicas aqueles princípios tributários (...)". A Constituição do Brasil, de 1988, em vigor, ao erigir a República Federativa em Estado Democrático de Direito e, ao construir um sistema tributário, norteado pelo reforço ao federalismo e dirigido pela igualdade, capacidade contributiva, segurança e certeza do direito, mostrou-se ainda mais pródiga do que as anteriores em normas e princípios limitadores do poder de tributar e secularmente inspiradas pela Ciência das Finanças. Estudálas em suas causas, funções e origens históricas, somente pode ser enriquecedor para o intérprete, mas não se deve descurar de que o fio condutor é o *valor jurídico, a diretriz posta pelo Direito*.

A partir da opção jurídica positivamente feita, não importa quão diversificadas possam ser as posturas ideológicas, a metodologia, os meios e os fins buscados em Adam Smith, Ricardo, Engels ou Karl Marx, trabalhados por J. M. Keynes ou pelo liberalismo pós-modernista de Hayek. O plano econômico, a reforma tributária, fiscal ou administrativa terão de se submeter aos valores e princípios da Constituição. Por isso, são com ela inconciliáveis, quaisquer planos, projetos e reformas recessivos, que acentuem o desemprego, a miséria e a desigualdade social entre grupos e regiões, pois, quer o preâmbulo da Constituição Federal de 1988, quer seus arts. 1º a 3º, constituem a República Federativa do Brasil em *Estado Democrático de Direito*.

Do Federalismo Republicano e do Estado Democrático de Direito se extraem os princípios gerais do Direito Tributário mais relevantes, como a liberdade, a segurança (e suas manifestações na legalidade formal e material, anterioridade, irretroatividade e proibição do confisco), a capacidade econômica, a igualdade, a progressividade e a proteção da família, expressos na Constituição, além daqueles implícitos e igualmente importantes (a proteção da confiança, a boa-fé e a praticidade, entre outros).

É claro que a extensão do tema recomenda as reduções. Não cuidaremos dos princípios estruturais de governo e regime político como separação de poderes, direito ao devido processo legal administrativo e judicial, à liberdade, à igualdade, à segurança e propriedade do art. 5º (em manifestações estranhas ao Direito Tributário) e da forma federal de Estado em sua ampla acepção, embora neles se situem as grandes vertentes, que geram os desdobramentos específicos, limitativos do poder de tributar, e expressamente referidos na Constituição de 1988. Nem tampouco outros implícitos, não menos importantes, como a proibição de excesso na administração e na cobrança dos tributos, a publicidade, a legitimidade, a boa-fé e a moralidade dos atos administrativos de cobrança dos tributos, vistos pela maioria com a mesma eficácia e efetividade dos demais princípios constitucionais, assim como os marcos de equilíbrio e balanço das limitações ao poder de tributar, a saber, a superioridade do interesse público sobre o privado, a economicidade e a praticidade.

Com essas reduções acima definidas, de fato, a abordagem do tema aproxima-se bastante do tradicional tratamento conferido pelo direito positivo brasileiro às limitações constitucionais ao poder de tributar (imunidades e direitos fundamentais de segurança jurídica e igualdade), tradicional e sistematicamente consagrados, há mais de cem anos, em nossas Constituições e, afinal, organizados, embora não exaustivamente como é da natureza desses princípios e direitos, na Seção I e II do Capítulo I — Sistema Tributário Nacional — do Título VI da Constituição da República.

2. *Índole dos princípios no constitucionalismo atual*

Existem duas posições extremas e opostas na análise das normas constitucionais, que se refletem na abordagem dos princípios que as embasam. Ao enfoque que despreza a Constituição nominal-formal, em sociologismo que somente se prende às reais forças políticas e às condições sócio-econômicas que se produzem na realidade (v. Ferdinand Lassalle, *Qué es una Constitución?*, prod. Wenceslão Roces, Barcelona, Ed. Ariel, 1989) contrapõe-se o normativismo da ciência pura do Direito, o qual faz abstração total dos fenômenos concretos, tal como se dão no mundo do ser (cf. Hans Kelsen, *Teoría General del Derecho y del Estado*, trad. Eduardo García Maynez, 2ª ed., México, Imprensa Universitaria, 1958).

Não nos interessa a discussão tormentosa entre essas rígidas posições. Como lembra José Afonso da Silva, a Constituição é principalmente normativa, tem como forma "um complexo de normas (escritas ou costumeiras); como conteúdo a conduta motivada pelas relações sociais (econômicas, políticas, religiosas etc.), como fim a realização dos valores que apontam para o existir da comunidade e, finalmente, como causa criadora e recriadora do poder (...) estrutura considerada como conexão de sentido (...). Isso não impede que o estudioso dê preferência a dada perspectiva. Pode estudá-la sob o ângulo predominantemente formal, ou do lado do conteúdo, ou dos valores assegurados ou da interferência do poder" (cf. *Aplicabilidade das Normas Constitucionais*, São Paulo, Ed. RT, 1968, p. 26).

E, conforme magistralmente leciona Lourival Vilanova, "a Constituição do Estado é bem uma dessas formações de cultura objetiva que, se estão vinculadas ao real pela gênese, dispõem de uma legalidade imanente de ser irredutível a fatos" (cf. *O Problema do Objeto da Teoria Geral do Estado*, Recife, Imprensa Oficial, 1959, p. 191).

A Constituição é, pois, normatividade, dever-ser. Também os princípios gerais que disciplinam o Direito Tributário encontram-se expressa ou implicitamente na Constituição, são normatividade, dever-ser.

Sem dúvida alguma, a era pós-moderna, ao substituir os paradigmas existentes por um outro paradigma, o da informalidade, o da deslegalização, pôs em questão a força normativa do Direito. Gomes Canotilho observa, com pertinência, que, na hora atual, o Direito passou a ser concebido como um processo dessubstantivado e reflexivo, profundamente autolimitado pela informação e redução das interferências entre os vários sistemas autônomos da sociedade, o jurídico, o econômico-social, o político e o cultural. A teoria dos sistemas insiste nos procedimentos de auto-regulação e, citando Teubner, lembra Canotilho que, na concepção pós-moderna, "o Direito só regula a sociedade organizando-se a si mesmo" (cf. *Direito Constitucional*, 5ª ed., Coimbra, Almedina, 1991, pp. 12-22).

Em Hans Kelsen somente norma jurídica produz norma jurídica, cindindo-se o sistema normativo (dever-ser) em relação ao mundo do ser (ambiente restante). Mas os traços de contato entre o diferenciado sistema normativo e o restante indiferenciado ficam implícitos e obscuros, quer nos pontos limites da norma fundamental, quer naqueles da eficácia da norma no plano social ou ainda no estreito espaço hierarquizado com que se criam novas normas a partir de outras, segundo as várias possibilidades de sentido.

Já na teoria dos sistemas de Luhmann, muito mais universal, elaborado como reação ao "vale-tudo" e ao extremo relativismo pós-moderno, o fechamento é mais radical pois o conhecimento somente é possível "porque não tem nenhum acesso à realidade exterior a ele" (cf. Niklas Luhmann, *A Nova Teoria dos Sistemas*, coord. Clarissa Baeta Neves e outra, Ed. UFRGS/Goethe Institut, 1977, p. 93). Não se trata mais, como no idealismo, de explicar como, *apesar da diferenciação entre conhecimento e objeto*, poderia o conhecimento alcançar um objeto exterior a ele mesmo, mas de assentar nessa diferenciação a própria possibilidade. Ou seja, enquanto o sistema não se fecha, produzindo, a partir de si mesmo, operações próprias e reproduzindo em rede seus recursivos avanços e recuos, não é possível o conhecimento. O conhecimento depende, pois, da diferenciação entre o próprio sistema e o ambiente e do fechamento. "Maturana chamou isto de *autopoiésis*; mas também Lyotard chega ao mesmo resultado a partir da lingüística com conceitos como *phrase*, *enchainement*, *différend*" (cf. Niklas Luhmann, ob. cit., p. 95).

Na teoria dos sistemas, a interação entre sistema e ambiente depende da inclusão ou exclusão de elementos, acoplados ou desacoplados estruturalmente, por meio de *equivalentes funcionais* e *seletividade*. Avanços e recuos somente são produzidos dentro do próprio sistema, de modo que dados referenciais são introjetados, transformados em dados operáveis intrasistematicamente. Mesmo as *irritações* que podem provocar mudanças, a partir da comunicação, atuam na consciência social, mas tornam-se eficientes, se transformadas em *irritações para dentro do sistema*. Conclui Luhmann: "Uma tal mudança tem amplas conseqüências, atualmente ainda não de todo visíveis. Ela conduz a teoria do conhecimento para a tese construtivista radical, segundo a qual o conhecimento só é possível se e porque os sistemas se fecham operacionalmente ao nível de seu diferenciar e designar, tornando-se deste modo indiferentes frente àquilo que, com isto, é excluído como ambiente. A concepção de que o conhecimento só é alcançável através da ruptura de relações operacionais com o mundo externo, nem por isso significa que o conhecimento não seja algo real ou não designe algo real; ela apenas indica que, para as operações, com as quais um sistema de conhecimento se diferencia, não pode existir no ambiente nenhum equivalente, porque se assim o fosse, o sistema se dissolveria, continuamente, no seu ambiente, tornando, com isso, o conhecimento impossível" (cf. ob. cit., pp. 109-110).

Seja como for, não importa que adotemos a teoria do sistema normativista de Hans Kelsen (*Teoria Pura do Direito*, trad. João Baptista Machado, Coimbra, Armênio Amado, 1976), ou aberto (como foi difundido por Karl Larenz, em sua *Metodologia*) ou ainda problematizado (na versão de Recaséns Siches). Nem mesmo importa que nos prendamos aos pressupostos metodológicos amplos da visão "autopoiética" da teoria do sistema do conhecimento de Niklas Luhmann. Toda abordagem jurídica procura afastar e diferenciar o enfoque jurídico de outros, procedimento útil, à luz do normativismo ou da teoria do sistema aberto ou essencialmente necessário, do ponto de vista da teoria do sistema autopoiético de Luhmann. O progresso do conhecimento no campo do Direito depende do sistematizar e do diferenciar a abordagem jurídica das demais, ou seja, do apontar os equivalentes, os operadores e os critérios de seleção, que modificam em substância, limitam ou ampliam os princípios colhidos à ciência econômica ou social.

Sem negar a interação (que veste distintas roupagens e formas) entre os vários sistemas, pois a realidade é contínua (o mundo, ou o ambiente), sem negar a realimentação de um sistema a outro por meio da comunicação ou por meio do discurso comunicativo (no sentido de Habermas), que legitima e molda a integridade do sistema e a própria identidade de cada cidadão, deve-se partir do pressuposto de que o princípio jurídico é normativo e, como tal, um fenômeno irredutível a fatos, mas um dever-ser.

3. Internacionalização, prevalência, irreversibilidade e inesgotabilidade dos princípios que se concretizaram em direitos individuais fundamentais, ou direitos humanos

Um longo caminho foi percorrido, desde a Carta de João Sem Terra, de 1215, em seguida passa, a partir do século XIX, pelo início da internacionalização dos direitos fundamentais, até que se reconhece a prevalência dos direitos humanos, em caso de conflito com o direito interno. Em tais questões, têm especial importância a Declaração Universal dos Direitos do Homem (1948), O Pacto Internacional sobre Direitos Econômicos, Sociais e Culturais (ONU — 1966) e a Convenção Americana sobre Direitos Humanos (San José da Costa Rica — 1969).

Seguindo tendências manifestadas em Constituições européias, em especial na Lei Fundamental alemã, depois na América Latina, nas Constituições da Guatemala (1985) e Nicarágua (1987), a Constituição brasileira de 1988 declara a aplicação imediata das normas definidoras dos direitos e garantias fundamentais (art. 5º, § 1º) e a integração dos direitos humanos reconhecidos em "tratados internacionais em que a República Federativa do Brasil seja parte" (art. 5º, § 2º). A prevalência e a integração são admitidas em doutrina cada vez mais consolidada (cf. A. A. Cançado Trindade, *Tratado de Direito Internacional dos Direitos Humanos*, v. I, Porto Alegre, S. A. Fabris Ed., 1997; Flávia Piovesan, *Direitos Humanos e o Direito Constitucional Internacional*, São Paulo, Max Limonad, 1996).

Da constatação de que os direitos humanos, como aliás os direitos em geral, são continuamente confirmados e descobertos pela humanidade (o homem conhece a si mesmo) em um permanente evolver histórico, decorrem sua *irreversibilidade* e *inesgotabilidade*, como atributos inerentes. Esse o caminho adotado pela Constituição brasileira, que, em seu art. 60, enrijece-os solidamente, estabelecendo:

"§ 4º. Não será objeto de deliberação a proposta de emenda tendente a abolir:

"I — a forma federativa de Estado;

"II — o voto direto, secreto, universal e periódico;

"III — a separação dos Poderes;

"IV — os direitos e garantias individuais."

Núcleo irreversível da Constituição, os direitos humanos são ainda inesgotáveis, como dispõe o art. 5º, § 2º: "Os direitos e garantias expressos nesta Constituição não excluem outros decorrentes do regime e dos princípios por ela adotados, ou dos tratados internacionais em que a República Federativa do Brasil seja parte". Como, expressamente, a Constituição dotou de irreversibilidade os direitos fundamentais já revelados (quer constantes de norma interna, quer constantes de tratados internacionais) ou a revelar, por dedução lógica se vem concluindo que são renunciáveis ou denunciáveis apenas os atos internacionais que versem sobre direitos disponíveis "(...) o poder de denunciar uma convenção internacional só faz sentido quando esta cuida de direitos disponíveis. Em matéria de tratados internacionais de direitos humanos, não há nenhuma possibilidade jurídica de denúncia, ou de cessação convencional da vigência, porque se está diante de direitos indisponíveis e, correlatamente, de deveres insuprimíveis" (cf. F. Konder Comparato, *A Afirmação Histórica dos Direitos Humanos*, São Paulo, Saraiva, 1999, p. 54).

Tais características tão relevantes (internacionalização e prevalência, irreversibilidade e inesgotabilidade) estendem-se às limitações constitucionais ao poder de tributar, na medida em que configuram elas verdadeiros direitos e garantias fundamentais (revelação de direitos humanos). O caráter de inesgotabilidade está expresso, pois diz a Constituição: "Sem prejuízo de outras garantias asseguradas ao contribuinte, é vedado à União, aos Estados, ao Distrito Federal e aos Municípios (...)" mas os demais aspectos resultam do fato de que os direitos e garantias dos contribuintes são especializações dos direitos humanos no campo tributário. (Leia-se, entre todos, Ricardo Lobo Torres, *Tratado de Direito Constitucional Financeiro Tributário*, v. III, "Os Direitos Humanos e a Tributação", Rio de Janeiro, Renovar, 1999.) A partir do julgamento da ADIn 9.397 (15.12.1993), confirmado em outros, em especial na PET 1.466-PB (28.8.1998), o Supremo Tribunal Federal identificou e acolheu as limitações constitucionais ao poder de tributar, tanto as *imunidades*, como os *direitos do contribuinte* (à legalidade, irretroatividade, anterioridade, igualdade e não confisco), consagrados na Seção II do Capítulo do Sistema Tributário, como direitos humanos irreversíveis, imodificáveis por meio do poder derivado de emenda e reforma, conferido ao legislador.

Entretanto, mesmo com a vigência, no País, da Convenção Americana de São José da Costa Rica (que, em seu art. 7º, n.7, estabelece: "ninguém deve ser detido por dívidas. Este princípio não limita os mandados de autoridade judiciária competente expedidos em virtude de inadimplemento de obrigação alimentar"), o Supremo Tribunal Federal considerou que a vedação de prisão por dívida deve ser interpretada com as limitações impostas pelo art. 5º, LXVII, da Constituição Federal, a saber: "não haverá prisão civil por dívida, salvo a do responsável pelo inadimplemento voluntário e inescusável de obrigação alimentícia e a do depositário infiel". Firmou-se o entendimento de que é constitucional a prisão civil do depositário infiel, inclusive do devedor fiduciante (HC 72.131, em 22.11.1995, e RE 206.482, de 27.5.1998, Plenário do STF). Na última hipótese, da alienação fiduciária em garantia, alguns julgadores, em seus votos vencidos, enxergaram na autorização para a prisão civil uma extensão analógica ao depósito e se disseram convictos de sua inconformidade com a Constituição (cf. RE 209958-SP, 1ª T., rel. Min. Sepúlveda Pertence, STF).

4. Efetividade dos princípios gerais constitucionais. Balanceamento e integridade constitucional

O Direito Constitucional, em especial no que toca aos direitos e garantias fundamentais, nos quais se enraízam muitas das limitações constitucionais ao poder de tributar, passou por uma evolução em direção à busca de eficácia e efetividade.

As constituições atuais, sobretudo advindas após a Segunda Grande Guerra, pelo menos dos países desenvolvidos, repousam na democracia, no pluralismo político e social, têm âmbito muito mais abrangente e possuem um grau de normatividade muito superior às anteriores. Ao contrário, nas Cartas liberais, dos séculos XVIII e XIX, que respondiam diretamente aos interesses da burguesia, explica Eliseo Aja, os direitos fundamentais dos cidadãos não tinham, paradoxalmente, valor jurídico, pois sua eficácia dependia do desdobramento realizado pelas leis do parlamento, que era o representante fiel desses mesmos interesses. Com essa posição, "o esforço dos liberais se direcionava para impor o princípio da legalidade e impedir que o Governo e a Administração, acaso dirigidos pelo rei, restringissem o conteúdo dos direitos reconhecidos pela lei" (cf. *Estudio Preliminar a Ferdinand Lassale in "Qué és una Constitución?"*, Barcelona, Ed. Ariel, 1989, p. 53).

Nesse contexto, o princípio fundamental mais importante, que ligava a Constituição às normas inferiores, era o da legalidade. À Administração cabia executar fielmente a lei e ao juiz aplicá-la, sem discussão, na grande massa dos países europeus. Ora, nas Constituições atuais se desenvolveu, de forma jamais vista, a eficácia dos direitos fundamentais, que nelas encontram sua fonte direta, sem qualquer mediação legal e perde expressão a idéia de norma programática, que já se lhes aplicou em larga extensão. Sobre a legalidade, sobrepõe-se, então, o princípio da constitucionalidade, instituindo-se mecanismos de controle por meio de Cortes Constitucionais.

"Mas, certamente, a mudança mais importante se produziu nos princípios gerais e nos direitos fundamentais. Até época recente, o princípio que relacionava a Constituição e o resto do ordenamento jurídico era o princípio da legalidade: à lei, portanto ao Parlamento, cabia estabelecer os mandados gerais obrigatórios para os cidadãos, que a Administração devia executar e o juiz tinha que aplicar. O juiz (salvo nos EEUU), não podia questionar a validade da lei em relação à Constituição, nem tampouco aplicá-la diretamente onde o legislador não tivesse intervindo. Por sua vez, a submissão da Administração à lei tem sido a principal linha na construção da Administração moderna (...)" (cf. Eliseo Aja, ob. cit., p. 37). "A própria dinâmica dos Tribunais Constitucionais conduz a um desenvolvimento progressivo da eficácia dos preceitos constitucionais, inclusive daqueles mais gerais e abstratos, como em sua curta jurisprudência mostrou o Tribunal Constitucional espanhol em relação ao princípio da igualdade do art. 14 da Constituição espanhola, que graças a sua interpretação está penetrando os rincões mais difíceis do ordenamento jurídico" (cf. ob. cit., pp. 39-40).

O constitucionalismo do século XX pode ser marcado, pelo menos, como já salientamos anteriormente, por duas posições nitidamente identificáveis, desde a Constituição de Weimar, especialmente na Alemanha. A primeira, inaugural e relativa a uma primeira fase, compreende o Estado de Direito *em oposição* ao Estado Social. Nessa corrente, podemos destacar, sobretudo, Carl Schmitt (v. Nehmen/Teilen/Weiden, in *Extrato de Textos do Direito Constitucional dos Anos de 1924 até 1954*, Berlin, Duncker & Humblot, 1968, pp. 95-113) e Ernst Forsthoff ("Begriff und Wesen des sozialen Rechtsstaat", in *Rechtsstaatlichkeit und Sozialstaatlichkeit. Herausgegeben von Konrad Hesse*, Darmstadt, Wissenschaftliche Buchgesellschaft, 1968). É interessante observar que essa cisão, feita por correntes opostas, é identificável mesmo em relação a Constituições de formação nitidamente liberal, como a norte-americana.

4.1 A restrição da efetividade ao núcleo do Estado de Direito e o positivismo textualista

Na Alemanha, como já anotamos, em uma primeira fase, se compreende o Estado de Direito em *oposição* ao Estado Social. Ou seja, não se dá ao Estado Social o *status* de norma constitucional eficaz, pensamento representado sobretudo por Carl Schmitt e Ernst Forsthoff.

Carl Schmitt, a partir do estudo aprofundado da palavra de origem grega *nomos*, destaca três significados, relacionados ao contexto da língua alemã, que podem, não obstante, explicar a história das ordens jurídicas existentes, de forma quase universal: tomar (*nehmen*); dividir (*teilen*); *weiden* (produzir, pastar, tirar proveito). A base de todo o direito de propriedade esconde um tomar prévio, para posterior divisão e produção. E cita Karl Marx, em *O Capital*, que, por sua vez, reproduz o seguinte diálogo referido por Goethe:

"Professor: Raciocine ó filho, de onde vêm esses presentes? Você não os ganhou de você próprio.

"Criança: É verdade: ganhei tudo do papai!

"Professor: E ele, de onde os obteve?

"Criança: Do vovô.

"Professor: E de onde o vovô obteve as coisas?

"Criança: Ele as tirou!" (cf. ob. cit., p. 107).

Opondo Estado de Direito a Estado social, prossegue Carl Schmitt lembrando que um Estado, que pretenda distribuir ou redistribuir o produto social, tem que "tomá-lo", seja por meio de impostos ou taxas, seja pela distribuição das vagas de trabalho, seja pela emissão de dinheiro, ou de outra forma direta ou indireta. Em qualquer caso, "os distribuidores e as posições de redistribuição são reais posições de poder político, igualmente 'tomadas' ou 'distribuídas'. A questão do tomar não deixou de existir mesmo aqui" (cf. ob. cit., p. 112).

O confronto se manifesta em que nenhuma pessoa pode dar sem antes ter "tomado", de alguma forma. Completa o famoso jurista germânico que apenas um Deus que cria o mundo do nada é capaz de dar sem tirar e, mesmo ele, apenas no contexto do mundo criado do nada (cf. ob. cit., p. 113).

Ernst Forsthoff coloca especificamente a questão se é possível a fusão entre o Estado de Direito e o Estado social (formando um novo tipo constitucional de caráter jurídico-estatal). Ao decidir-se pela impossibilidade dessa fusão explica: "(...) o Estado de Direito é antes de tudo uma delimitação, uma barreira à atuação estatal, uma garantia à liberdade. Liberdade assegurada através de delimitação, se refere a um estado que impõe limites, que deixa o indivíduo à mercê de sua situação na sociedade como ela é, ou seja, um estado que permite, nessa relação de liberdade, valer o *status quo*. A participação como direito e exigência se refere a um estado prestador, distribuidor, divisor, que não deixa o indivíduo à mercê de sua situação na sociedade, socorrendo-o através de garantias. Esse é o Estado social.

"(...) Por isso, direitos sociais, como o direito ao trabalho, à assistência, à educação, à formação e a aulas, à proteção à família, à maternidade e à juventude não podem ser incluídos em uma norma abstrata, pronta para ser executada (...).

"(...) O Estado de Direito e o Estado social não se fundiram então no plano da Constituição (...).

"(...) Resulta então uma uniformidade das constituições (...) sublinhadas por Löwenstein e explicada principalmente com base no fato de que realmente só deve existir *uma* constituição de Estado de Direito, que pode ser circundada por preâmbulo, frases programáticas e vínculos do Estado social, mas que permanece mais ou menos igual quanto à sua estrutura.

"(...) A autonomia das instituições do Estado de Direito frente à mudança de ambiente só foi possível através da tecnização das mesmas.

"Mas o estado não é em nenhum momento algo apenas técnico. Por isto o ordenamento estatal não pode se esgotar na tecnicidade de uma constituição do Estado de Direito. Uma tal constituição precisa, por isso, de uma complementação dos conteúdos materiais. Essa complementação é oferecida hoje em dia pelo Estado social. Porém significa um desconhecimento da constituição do Estado de Direito, tentarmos projetar o Estado social para dentro da Constituição" (cf. ob. cit., pp. 178-194).

Como se pode observar, os autores citados, Carl Schmitt e Ernst Forsthoff, perante um texto constitucional socializante como o alemão, negam ao Estado Social o *status* de Constituição. O Estado Social fica reduzido a um complexo de normas, útil sem dúvida à realização dos desígnios maiores da Carta, mas sem a efetividade, sem a executoriedade de que são dotadas as normas do Estado de Direito, essas últimas sim, a verdadeira Constituição, no sentido técnico.

O neoliberalismo, a era dos mercados livres e integrados e o recuo do Estado como prestador de serviços explicam o renascimento das posições desses autores na hora presente, em alguns setores doutrinários. Para tais juristas, liberais ou neoliberais, os direitos sociais não integrariam o rol dos direitos fundamentais. Nesse contexto, os princípios gerais mais relevantes seriam apenas aqueles representativos do Estado de Direito (como segurança e legalidade, irretroatividade e proibição do confisco). A igualdade — como princípio jurídico integrado à Constituição, dotado de eficácia — estaria restrita à proibição de distinguir entre iguais, no sentido isonômico formal, ou seja, mera proibição de alteração de *status* ***econômico***. "Leave them as you find them", o famoso princípio de Edinburg, representa o equivalente dessas teorias no seio do Direito Tributário.

Também nos EEUU, posições similares, francamente restritivas do texto Constitucional, já se manifestaram. Para alguns juristas e juízes, a Constituição consiste apenas no sentido literal do texto escrito e de suas emendas, sentido esse rígido e não cambiante, fixado em regras que devem ser seguidas, mais ou menos rigorosamente.

Uma vez estabelecido o sentido de certa regra, a alteração dependerá de uma emenda à Constituição. Em geral, essa compreensão restrita não atribui peso importante ao Preâmbulo da Carta, e sim meramente retórico. Tal textualismo, que atribui sentido fixo e imutável ao conteúdo das normas, pode combinar diferentes *modos* e *técnicas* de interpretação.

O caso Trop *vs.* Dulles, de 1958, ilustra a posição textualista, representada por George Sutherland (a que se opôs Earl Warren) e que também supõe um sentido único e fixo às palavras escritas do texto: "Uma norma da Constituição não admite duas interpretações diferentemente opostas. Ela não pode significar uma coisa em uma época e coisa inteiramente diferente em outra".

Nesse contexto, a análise literal do texto pode ser o início e o fim da interpretação. Mas, em que acepção, qual o sentido prevalente? Alguns textualistas se socorrem de uma análise histórica para buscar o significado tradicional ou mesmo *pensado* pelos constituintes. Porém, mesmo em se tratando de um textualista restrito, nada impede que se utilize também de uma análise estrutural literal, segundo a qual se extrairia, por meio da unidade inteligível da Constituição, o sentido de uma norma ou a conciliação de suas partes, aparentemente controvertidas, desde que as fontes utilizadas fossem apenas o próprio documento básico e suas emendas. Estando à frente de termos vagos ou ambíguos, de conceitos indeterminados, muitos desses aplicadores da Constituição procuram descobrir o sentido "autêntico", ou originariamente pensado pelos Constituintes. O juiz Sutherland assim se expressou no caso Moratorium: "O objetivo inteiro da construção (...) é descobrir o significado, é acertar e dar efeito à intenção de seus fundadores (da Constituição) e do povo que a adotou" (*apud* Murphy, Fleming e Harris, ob. cit., p. 303).

Mas especialmente nos países do *common law*, mais do que no nosso (apesar de nossa conhecida uniformização de interpretação por meio de súmulas), a rigidez de sentido pode ser facilitada pelo *stare decisis*, ou "prévia decisão já adotada", técnica segundo a qual se procede indutiva e analogicamente. Em primeiro lugar, se observa a similitude entre os casos, ou seja, entre a questão *sub iudice* e aquela primitivamente já resolvida pelo Tribunal; busca-se então a regra, o princípio e/ou o modo de raciocinar que serviram de solução para o caso concreto anterior, a fim de aplicá-los também à espécie em exame.

4.2 A reação à redução da efetividade. Expansionismo, concretismo, abordagens transcendentes e integridade constitucional

Opõem-se a tais doutrinas restritivas da efetividade das normas constitucionais, todos aqueles que defendem a integração da Democracia Social e do Estado de Direito, na fórmula *Estado Democrático de Direito*, literalmente consagrada na Constituição da República Federativa do Brasil e vêm os princípios da progressividade — instrumento de redistribuição de renda — assim como da proteção da família, como normas cogentes. No Brasil, em que o texto escrito da Constituição Federal obriga literalmente à progressividade, como instrumento de preservar a função social da propriedade ou de redistribuição da renda, além de consagrar a proteção da família, a discussão assume especial importância. Todos os neoliberais, adeptos das conclusões de Edimburgo, lêem tais princípios, como se estivessem materialmente excluídos da Constituição, e lhes atribuem papel programático, de eficácia reduzida ou nula, valendo apenas o que o legislador infraconstitucional contemplar casuisticamente como seu conteúdo. Sob o ponto de vista dos demais, que projetam o Estado Social para dentro da Constituição (de forma material e efetiva e não somente formal), os direitos sociais, a igualdade, a progressividade e a proteção da família configuram importantes normas constitucionais, cogentes para o legislador, o juiz, o intérprete da

Constituição enfim e, sobretudo, formulam críticas à abordagem textual, à técnica de interpretação literal-restritiva da Constituição ou à pesquisa histórica da intenção do constituinte.

Entre nós, Aliomar Baleeiro deixou sua indelével marca nesse tema ao ensinar que "não cabe ao intérprete psicoanalisar o legislador". Como disse Madison (v. *O Federalista*, n. 37), a linguagem é sempre *nublada*.

De fato, o velho brocardo *interpretatio cessat in claris* encontra suas grandes limitações nas mudanças de sentido dentro de um contexto literário, ou advindas do exame da totalidade ou do meio social. Acresce ainda que nem mesmo os teóricos da Constituição textual ou literal negam as omissões, a vagueza e a ambigüidade inerentes à linguagem do Direito, razão pela qual se socorrem das discussões da Constituinte, dos debates em procedimento legislativo, para perquirir das pretensas "intenções" dos legisladores, fontes aliás estranhas ao documento básico, em sentido estrito. Portanto, a aparente objetividade compreensiva das técnicas analisadas esconde posicionamentos políticos e sociais diversificados, mas sempre não revelados. Como anotou o juiz Jackson da Suprema Corte norte-americana, no Steel Seizure Case, de 1952: "Exatamente o que nossos antepassados visaram ou deveriam ter visualizado se eles tivessem previsto condições modernas, deve ser adivinhado de material quase tão enigmático quanto os sonhos que José teve de interpretar para o Faraó. Um século e meio de debates e especulações acadêmicas não produziram resultados concretos, mas só forneceram parcelas mais ou menos aptas, de fontes respeitadas, de cada um dos lados opostos da questão. Com isso eles cancelaram largamente cada um deles" (dos lados da questão) (v. Gerald Gunther, *Constitutional Law*, 12ª ed., NY, The Foundation Press Inc., 1992, p. 300).

Explicam Murphy, Fleming e Harris (cf. ob. cit., pp. 304-305) que os escritos de *O Federalista*, de John Jay, Madison e Hamilton são brilhantes ensaios, mas comprovam a inconsistência de certas afirmações dos fundadores da Constituição norte-americana, porque algumas vezes eles contradizem a si mesmos, assim como uns aos outros. Além disso, os registros existentes das discussões congressuais são fartos, porém tanto dissipam como suscitam dúvidas, pois membros de um mesmo partido também discordam entre si.

O mais sério é que as dificuldades de aplicação prática são evidentes, quando se procura cristalizar rigidamente um único sentido ou a *mens legislatoris*, embora possa o mesmo dispositivo constitucional permanecer com a mesma redação por décadas, sendo porém a interpretação feita a partir do mundo do intérprete, de sua época e de seu meio. Aliás, explica H. Gadamer que toda interpretação, inclusive a jurídica, "é uma intermediação entre a nossa visão lingüística do mundo e a linguagem do texto" (v. *Le Problème Hermeneutique*, Archives de Philosophie, Paris, 33:3-27, 1970, p. 24).

Perguntam Murphy, Fleming e Harris se poderia uma Constituição "perdurar por anos, de modo que o poder de regular o comércio, os direitos de livre expressão, de igual proteção ou outros não enumerados tivessem que significar exatamente o mesmo que homens brancos de 1787 ou 1868 tivessem em mente"? (cf. ob. cit., p. 306).

Cada geração reinterpreta as palavras jurídicas com seus problemas, sua cultura e seu meio ambiente, que são condições prévias ao conhecimento, sentido histórico a que se referiu Gadamer, *hic et nunc*. "Uma vez escrito, o trabalho sai do controle do escritor. As palavras da Constituição, uma vez iniciado seu trabalho de pôr uma política em vigor, perdem seu vínculo com o pensamento de seus autores e estabelecem um vínculo com a ordem política" (v. William Harris, "Bonding word and policy. The logic of American Constitucionalism", *Am. Pol. Sci. Rev.* 76, pp. 34-44, 1982, *apud* Murphy, Fleming e Harris, ob. cit., p. 306).

Enfim, o que se percebe é que, por detrás de uma pretensa cientificidade objetiva, há sempre uma escolha de valores sociais e políticos. Se alguém interpreta restritivamente os direitos e garantias individuais, significa que, para ser coerente, atribui poderes mais latos aos entes governamentais. Ao contrário, se outro interpreta restritivamente os poderes governamentais, isso significa que tenderá a ser mais liberal com a compreensão dos direitos e garantias individuais.

"Tal espécie de dificuldade cresce nos conflitos entre órgãos governamentais. Normalmente, construir mais largamente os poderes de um significa interpretar restritivamente os poderes de outro" (cf. Murphy, Fleming e Harris, ob. cit., p. 314).

Portanto, ninguém pode ser, sem perda de consistência, totalmente liberal ou expansionista na leitura das palavras constitucionais, ou completamente textual-restritivo etc. (v. Laurence Tribe, *Choices*, Cambridge, Mass. Harvard University Press, 1985).

Muitas Cartas de pós-guerra dispõem sobre o Estado Social como a Constituição da Alemanha e estabelecem que os direitos fundamentais são diretamente aplicáveis (art. 1.3). A Carta italiana, em seu art. 3º, 2, pretende mais ainda, como missão da República, remover os obstáculos de ordem econômica e social que, "limitando de fato a liberdade e a igualdade dos cidadãos, impeçam o pleno desenvolvimento da personalidade humana e a efetiva participação de todos os trabalhadores na organização política e social do País". No mesmo sentido, estabeleceu a posterior e vigente Constituição da Espanha, em seu art. 9º.

Portanto, as fórmulas de Estado Democrático e Social da Constituição da República Federal da Alemanha e do Estado Democrático de Direito da Constituição brasileira envolvem as mesmas implicações e efeitos. Por essa razão, sem dúvida, o art. 5º, § 1º da nossa Constituição de 1988 dispõe: "As normas definidoras dos direitos e garantias fundamentais têm aplicação imediata". E o seu § 2º completa: "Os direitos e garantias expressos nessa Constituição não excluem outros decorrentes do regime e dos princípios por ela adotados, ou dos Tratados internacionais em que a República Federativa do Brasil seja parte".

Uma segunda corrente, hoje dominante, manifesta-se contra a cisão de Forsthoff, já abordada. Diz Konrad Hesse: "Com a cláusula do Estado social, a lei fundamental absorve os fatos do desenvolvimento moderno técnico, econômico e social, normatiza objetivos resultantes em função dessa evolução e subordina o cumprimento destes objetivos aos regulamentos do Estado de Direito" ("Der Rechtsstaat im Verfassungssystem des Grundsetzes", in *Rechtsstaat und Sozialstaatlichkeit. Herausgegeben von Forsthoff*, ob. cit., p. 565).

Mas como se dá o *processo de concretização*? Leciona Konrad Hesse: "Se, como demonstrado, a Constituição não contém um sistema fechado, axiomático-uniforme ou em valores hierarquicamente definidos e a interpretação de suas normas não pode consistir apenas em arrancar algo antecipadamente dado, então ela exige *um processo de concretização*, que corresponda àquele *Tatbestand*: por meio de um proceder 'tópico' porém normativamente limitado e vinculado, precisam ser encontrados e demonstrados aspectos-diretores, que, procurados criativamente, devem ser usados contra ou a favor da moderação do pensamento, e que fundamentam (*topoi*) a decisão da forma mais clara e comprovada possível. Se esses aspectos-diretrizes contêm *premissas* produtivas e adequadas, então eles possibilitam *conseqüências*, que conduzem ou contribuem para a solução do problema. Por isso, seguramente, não depende da preferência do intérprete, qual *topoi* ele quer empregar, dentre os numerosos pontos de vista possíveis. Ele deve, por um lado, apenas aplicar na concretização aqueles pontos de vista que são *relativos ao problema*; a determinação por meio do problema exclui *topoi* estranho. Por outro lado, ele deve demonstrar, pela abrangência desses (pontos-diretores) que a norma constitucional a ser concretizada, seu *programa-normativo*, e seu *campo normativo*, aptos à concretização, contém a ordenação e a valoração desses elementos para a solução do problema" (cf. *Verfassungsrecht*, ob. cit., p. 25).

Para Stein, entretanto, *o processo de concretização* é supletivo. "Se o caso concreto a decidir não se deixa subsumir indubitavelmente em um *Tatbestand* das normas constitucionais correspondentes, *segundo as quais* sua interpretação seria realizada, é necessária sua concretização. Ela então é sempre obrigatória quando o conflito a decidir ou nem foi visto e decidido na Constituição nem na aplicação anterior da Constituição até então vinculativa. O objetivo da concretização é o *desenvolvimento de uma nova regra de decisão* para o caso em pauta.

"Aqui, parece-me, há de ter início uma análise de conflitos, ou seja, antes os interesses ou pontos de vista objetivos que estão em conflito uns com os outros devem ser trabalhados e serem comparados naquele caso de conflito com outros análogos. Com base nessa análise, devem ser traçadas as alternativas para a solução do conflito (delineamento da solução).

"Por fim, precisa-se procurar os efeitos das diversas alternativas de decisão nos interesses e pontos de vista a declarar (análise das conseqüências) (...).

"As conseqüências apuradas das alternativas diversas de decisão devem ser avaliadas segundo os critérios que, por meio da interpretação das normas correspondentes da Constituição foram verificados. Essa avaliação conseqüente possibilita a escolha daquela alternativa de decisão, que, na valoração da Lei Fundamental é a mais correta possível, e com isso a decisão tomada na espécie, segundo a Constituição" (cf. Stein, AKGG, Enleitung II, 85, *apud* Richter-Schuppert, ob. cit., p. 10).

Como se vê, K. Hesse assenta a interpretação constitucional em um *concretismo* necessário, que ele concebe como a própria compreensão da norma, na abrangência da realidade ordenada por ela. Já Stein apenas completa a interpretação da Constituição, supletivamente, na falta de regulação direta, por meio de *concreção*.

Mas como observam Richter e Schuppert, embora tanto em Hesse se parta para um "compreender a norma", como em Stein, para um "desenvolvimento de uma nova regra de decisão", "ambas as concepções contêm elementos comuns que reconduzem à interpretação tradicional:

"— a realidade na qual a norma da Constituição deve atuar, precisa estar abrangida na interpretação e aplicação da norma;

"— pressupostos e conseqüências da decisão do caso devem ser abrangidos e avaliados;

"— a decisão é conceituada como solução de problema, em que as alternativas da decisão devem ser avaliadas objetivamente" (cf. ob. cit., p. 10).

Como se pode perceber dos textos citados, a Constituição é concebida como uma lei, mas uma lei muito especial, porque nela se encontram expressos — mais do que em qualquer outra — grandes compromissos políticos, grandes decisões de valores e de contradições, como fruto de um grave e profundo sopesamento social. O concretismo alemão é, assim, a consciência plena desse fenômeno — de que, entre nós, Aliomar Baleeiro, às vezes intuitivamente, na maioria das vezes com franca objetividade, dá notícia — pelo qual se dá efetividade aos dispositivos constitucionais em geral, expandindo o Texto, *balanceando valores* e *princípios* ou *topoi* adequados ao caso, e cujo método exige plena investigação da pertinência e das conseqüências da solução adotada.

Também nos EEUU, existem intérpretes oficiais da Constituição que a expandem a fim de incluir nela, não apenas os documentos escritos tradicionais, como ainda as práticas do sistema político e os princípios da teoria democrática e constitucionalista (implícitos), enxergando por detrás de suas normas, aspirações maiores como a dignidade humana e autonomia. Falam no *espírito da Constituição* e atribuem às metas do Preâmbulo de promover a união, a justiça, a tranqüilidade, a defesa nacional, o bem estar geral e a liberdade, normatividade própria e efetiva, que aponta na direção de valores a serem prestigiados. Em geral, esses mesmos intérpretes expansionistas enxergam nos conceitos constitucionais abertos, indeterminados ou vagos, a possibilidade de mutações de sentido advindas "do progresso de uma sociedade madura", como na posição de Warren do Tribunal Constitucional norte-americano (v. caso Trop *vs.* Dulles, de 1958, *apud* Murphy, Fleming e Harris, ob. cit., p. 294).

Embora nada impeça que a corrente literal-restritiva adote uma análise estrutural totalizante (desde que reduzida ao documento básico e suas emendas), o reconhecimento de um círculo hermenêutico, segundo o qual não se pode entender o todo sem compreender-lhe as partes, nem se pode entender as partes sem compreender-lhes o todo, essa é comumente a posição abraçada pelos juristas que ampliam o texto da Carta Magna para acolher, com a mesma força normativa, seu Preâmbulo e os princípios implícitos, extraídos da compreensão global do texto como das formas e práticas do sistema político, adaptáveis ao paulatino progresso social. Como observam Murphy, Fleming e Harris, essa última abordagem é sistêmica, pois considera que a Constituição tenha uma unidade interna, que se deve necessariamente desenvolver, combinando o todo, em vez de isolar pedaços individuais. Ela concilia as partes, dando coerência à interpretação (cf. ob. cit., p. 294).

4.3 Interpretação. Balanceamento de princípios. Integridade constitucional

Em regra, os tribunais constitucionais não fazem uma opção clara por uma técnica ou método de interpretação. Assim acontece no Tribunal Constitucional norte-americano, no alemão e no brasileiro. Na Alemanha, o Tribunal não adota nenhum método de interpretação determinado, ao contrário, costuma fundamentar suas decisões se socorrendo da combinação de técnicas diferentes e pontos de vista distintos. Entretanto, apesar disso, o BVerfG já reconheceu expressamente as seguintes regras de interpretação e aplicação da Constituição, como observam Richter e Schuppert:

"(...) — Atrás da fórmula do 'querer objetivado do legislador', impõe-se a chamada teoria objetiva, que é a vontade do legislador *expressa* na Constituição, não prevalecendo a 'vontade real'; o BVerfG recusa expressamente a teoria subjetiva.

"— A interpretação da 'vontade objetivada' dirige-se segundo:

"a) a *palavra* (interpretação literal ou gramatical);

"b) o *contexto* no qual a norma se insere (na Constituição ou no Direito, ou seja, *pela interpretação sistemática*);

"c) o *fim* (interpretação teleológica), sendo que esses três pontos se completam uns aos outros" (cf. ob. cit., p. 9).

Pode-se observar pela criteriosa análise da jurisprudência, feita acima por Richter e Schuppert, que, pelo menos três modos de análise e técnicas, estão definitivamente afastados da interpretação constitucional na Alemanha:

a) a redução da compreensão à literalidade da palavra;

b) a fixação de um determinado sentido único, extraído da intenção e subjetividade anímica dos autores da Constituição;

c) a interpretação de cada parte sem a sua integração sistemática ao todo-contextual e à finalidade.

Para o Tribunal alemão, a Constituição tem uma unidade interna e o sentido de cada uma das partes é ligado de cada uma às demais. A unidade é dada por meio de princípios básicos e decisões fundamentadas a que estão subordinados os dispositivos isolados. Além disso, embora o mesmo Tribunal alemão não se tenha manifestado de forma genérica sobre a *concretização* apregoada por Hesse e Stein, todavia nas suas decisões encontram-se elementos da chamada *concretização*, como se percebe em exemplos de casos, anotados por Richter-Schuppert (cf. ob. cit., p. 10).

Também a Suprema Corte dos EEUU não se fixou em nenhum modo de análise, técnica ou método isoladamente. Ora adota o estruturalismo sistemático, buscando a unidade de sentido, por meio de princípios fundamentais, ora o método analítico do razoável, partindo da premissa de que a Constituição não é um "pacto suicida". Busca, ainda, às vezes se utilizar da interpretação teleológica seja para *reforçar a democracia no sentido de separação de poderes, a fim de retrair a criatividade do Poder Judiciário* (como o fez o juiz Félix Frankfurter, ao invocar a presunção de constitucionalidade em favor do legislador) seja para *reforçar a democracia representativa dos processos políticos abertos* (como o consentiu o juiz Harlan Stone, no caso dos produtos Carolene, de 1938). O juiz Stone recomendou que se deve desconsiderar a presunção de constitucionalidade naqueles casos em que "a legislação restringe o processo político (...) e deve ser submetida a julgamento judicial mais rigoroso (...) do que a maioria dos outros tipos de legislação" (cf. Murphy, Fleming e Harris, ob. cit., p. 298).

E, mesmo nos países do *common law*, em que o *stare decisis* é a característica que mais os distingue dos demais, essa técnica avança caso a caso, vagarosamente, servindo para construir um princípio ou regra, ou, ao contrário, para explodir e repelir regras em vez de leis integrais.

"Os juízes americanos, historicamente, assentaram autoridade mudando a si mesmos; mas, às vezes, sem regular contra eles mesmos, eles usaram o *stare decisis* para mudar a lei, assim como para preservar o *status quo*. É uma boa forma para a Corte restringir ou estender o raciocínio, por detrás de regras antigas".

"(...) O mais importante é que a filosofia do *stare decisis* do expansionismo garante que o juiz valide a continuidade com velhas razões, mesmo quando formula novas regras, e mostra o sentido de comunicar fidelidade à tradição mesmo quando se adapta a tradição" (cf. Murphy, Fleming e Harris, ob. cit., pp. 307-309).

Também já registramos que a visão concretista de Constituição não se opõe radicalmente à interpretação tradicional, dela contendo alguns elementos comuns. Apenas trata de dar efetividade aos preceitos da Carta, através de criatividade estruturadora e sistemática, ou por meio de um certo balanceamento controlado de valores e de interesses.

Hoje, o constitucionalismo vê a Constituição como um sistema de normas que aspira a uma unidade de sentido e de compreensão, unidade essa que somente pode ser dada por meio de princípios, continuamente revistos, recompreendidos e reexpressos pelos intérpretes e aplicadores do Texto Magno. Ou seja a análise estruturadora sistêmica é, necessariamente aberta, visto que, não raramente, normas e princípios estão em tensão e aparentam conflito. Chamamos tais conflitos e tensões de "aparentes", porque a compreensão profunda da Constituição é sempre buscada, sempre *descoberta*, de forma contínua.

Esclarece Gomes Canotilho: "O fato de a Constituição constituir um sistema aberto de princípios insinua já que podem existir *fenômenos de tensão* entre os vários princípios constitucionais ou entre os restantes princípios constitucionais gerais e especiais. Considerar a Constituição como uma ordem ou sistema de ordenação totalmente fechado e harmonizante significaria esquecer, desde logo, que ela é, muitas vezes, o resultado de um *compromisso* entre vários atores sociais, transportadores de idéias, aspirações e interesses substancialmente diferenciados e até antagônicos ou contraditórios. O *consenso fundamental* quanto a princípios e normas positivo-constitucionalmente plasmados não pode apagar, como é óbvio, o pluralismo e antagonismo de idéias subjacentes ao pacto fundador" (cf. *Direito Constitucional*, Coimbra, Almedina, 1991, p. 196).

Portanto, a própria noção de interpretação sempre norteada pela vontade *objetivada* do Constituinte (jamais a subjetiva), e compreendida dentro de um *sistema* normativo em que os *princípios e os fins* norteiam o sentido — como já reconheceu publicamente o Tribunal Constitucional da Alemanha — *leva* ao concretismo, a uma força normativa da Constituição (erradicadas as normas simplesmente programáticas) e a um sopesamento contínuo de princípios e valores, ou *balanceamento* de que nos fala Dworkin. Entre nós dá notícia da tensão entre princípios e valores e do seu necessário sopesamento, sem radicalismos do "tudo ou nada", Eros R. Grau (v. *A Ordem Econômica na Constituição de 1988*, São Paulo, 1990).

4.4 Os equívocos na interpretação e no balanceamento de princípios e valores. As peculiaridades da Constituição da República Federativa do Brasil

Como a Constituição é um pacto, um compromisso que funde valores e interesses antagônicos, muitas vezes é necessário balancear princípios, conceitos, na busca da melhor solução (v. Ronald Dworkin, *Taking Rights Seriously*, Cambridge, Mass. Harvard University Press, 1977).

O balanceamento pode se dar para

a) atribuir sentido na interpretação de um conceito aberto, na escolha da melhor alternativa, dentre várias possíveis;

b) resolver conflitos aparentes entre distintas partes da Constituição, quando, aliás, o balanceamento envolverá, sem dúvida, uma visão sistemática do Direito e de sua estrutura.

Os juízes e os tribunais, independentemente das diferenças de ordenamento a que se vinculam em diferentes países, mesmo que não o digam, mesmo que não distingam entre as várias espécies de balanceamento, sopesam continuamente normas, valores, princípios, em busca da melhor solução, do sentido excelente. Isso deve estar sempre claro.

Não obstante, para ordens jurídicas como na nossa, em que a Constituição é minuciosa e disciplina seus princípios e contraprincípios, traduzindo-os em normas expressas, regrando-os de forma concreta e pormenorizadamente, o sopesamento é, em grande parte dos casos não previstos em outras Cartas, prévia e legislativamente feito. A Constituição da República Federativa do Brasil, como já anotamos, é a mais rica das Cartas, em princípios gerais, muitas vezes convertidos em regras e direitos individuais e sociais fundamentais expressos. Caberá ao intérprete e juiz, supervenientemente, iluminada a questão pelas peculiaridades do caso isolado, balancear em espaço bem mais estreito do que aquele deixado em outras ordens jurídicas. Basta exemplificar com o fato de que, se algumas das Cartas Políticas existentes se contentam em consagrar o princípio da legalidade como direito individual ou como princípio do Direito Administrativo, a Constituição brasileira é insistente, pois a legalidade nela encontra consagração expressa no rol dos direitos individuais gerais (art. 5º, II), para a administração (art. 37) e integra novamente os direitos fundamentais do cidadão contribuinte (art. 150, I), com a enumeração de suas exceções ou atenuações de forma explícita. Idêntico tratamento mereceram os princípios da anterioridade, da irretroatividade e da capacidade econômica, exaustivamente regrados nas questões de índole tributária.

Assim, certos princípios constitucionais expressos ou implícitos, estruturais-fundamentais, formulados em normas vagas, altamente abstratas em ordens jurídicas como a norte-americana (a saber, segurança jurídica, legalidade, irretroatividade, anterioridade ou progressividade) são densificados na Constituição brasileira, sendo dotados de maior concreção.

Examinando os princípios vazados em conceitos que contêm vagos *standards* —

como o *due process of law* e a *igual proteção para todos* — Ronald Dworkin pondera, à luz da Constituição dos EEUU, que foram assim escolhidos deliberadamente... exatamente para possibilitar a textura aberta, adaptável às circunstâncias do caso e do meio e ao progresso social. Lembra, então, que os advogados têm ignorado uma distinção feita pelos filósofos, aquela entre conceito e concepção. Argumenta:

"(...) Suponha que eu diga para meus filhos simplesmente que eu espero deles não tratar os outros injustamente. Eu, sem dúvida, tenho em mente exemplos de conduta que eu penso desencorajar, mas eu não aceito que meu pensamento esteja limitado a tais exemplos por duas razões. Primeiro eu esperaria que meus filhos aplicassem minhas instruções em casos que eu não tivesse pensado ou pudesse ter pensado. Segundo, eu admito que algum ato particular que eu tenha pensado como justo, na realidade, fosse injusto ou vice-versa, se um de meus filhos está apto a me convencer disso mais tarde; nesse caso, eu gostaria de dizer que minhas instruções cobriam o caso por ele citado, não que eu tivesse mudado minhas instruções. Eu diria que eu penso que a família deve ser guiada pelo *conceito de justiça*, não por uma específica concepção de justiça que eu tinha em mente.

"Essa é a distinção crucial (...).

"Assim, os membros de uma comunidade que dão instrução ou estabelecem padrões em nome da justiça podem estar fazendo duas coisas diferentes. Primeiro apelando para o conceito de justiça, simplesmente instruindo os outros a agir justamente, caso em que eles encarregam aqueles a quem instruem com a responsabilidade de desenvolver e aplicar a sua própria concepção de justiça, à medida em que os casos controversos aumentam. Não é a mesma coisa, é claro, de lhes permitir a discricionariedade de agir como quiserem: isso estabelece um *standard* que eles devem tentar — e podem falhar — em encontrar (...).

"O homem que invoca o conceito dessa forma, pode ter sua própria concepção, mas ele conserva sua concepção apenas enquanto sua própria teoria de como o *standard* que ele estabeleceu deve ser encontrado, de forma que quando ele muda sua teoria, ele não muda seu *standard*.

"Por outro lado, os membros podem renunciar a uma concepção particular de justiça. Eu teria feito isso, p. ex., se eu tivesse listado meus pontos de vista a respeito de exemplos controvertidos ou se eu tivesse especificado alguma teoria controversa e explícita de justiça.

"A diferença é uma diferença não apenas no detalhe das instruções dadas, mas no tipo de instruções dadas. Ao invocar o conceito de justiça, eu apelo para o que a justiça significa e não dou à minha opinião, nessa decisão, uma posição especial. Ao renunciar à concepção de justiça, eu renuncio àquilo que entendo por justiça, e minha visão é o cerne da questão (...).

"Feita esta distinção, parece óbvio que nós devemos tomar o que eu tenho chamado de cláusulas 'vagas' constitucionais, como representando apelos a conceitos empregados como legalidade, igualdade e crueldade" (cf. ob. cit., reproduzido por Murphy, Fleming e Harris, ob. cit., pp. 169-171).

Com isso Dworkin pretende explicar a abertura do sistema jurídico em seu País, norteado muitas vezes, por conceitos deliberadamente postos vagos (e não por concepções concretizadoras, densificadas ou definidas), para permitir as mutações evolutivas do Direito, sem rupturas estruturais.

Portanto, a importação de certas teorias, úteis a outros ordenamentos, mesmo a do balanceamento de princípios, deve ser ponderada e necessariamente adaptada às peculiaridades da ordem jurídica nacional. Não tem cabimento, entre nós, utilizando-se o intérprete, no Brasil, pretensamente, de nobres valores e princípios, invocar uma solução jurisprudencial, tomada à luz da Constituição norte-americana ou alemã. Na maioria das vezes, o que se pretende, com *balanceamento importado*, é substituir-se a vontade da Constituição, pela arbitrária vontade do intérprete, seu querer qualquer.

Feitas essas ponderações, relevantes em relação à Constituição da República Federativa do Brasil, é evidente que o balanceamento sempre terá lugar (a questão será de espaço mais estreito), pois a norma adequada a cada caso isolado, depende de concreção e integração constitucionais constantes.

Valem assim, ainda, as várias objeções contra o balanceamento, de caráter geral, aplicáveis a qualquer ordenamento, como argutamente observam Murphy, Fleming e Harris, a saber:

1. ele mascara como o juiz realmente interpreta, pois em geral os julgadores não explicam a escala com a qual eles realmente pesam os princípios e os valores em conflito, nem o peso relativo de cada um;

2. ele envolve profundamente o juiz em escolhas políticas, exigindo dele a difícil tarefa de escolher a melhor alternativa, do ponto de vista jurídico;

3. ele se presta a erros e usos equivocados encobertos, na medida em que, de um lado, se põe a vantagem marginal de um interesse contra o custo total de um outro. Entre excluir provas obtidas ilegalmente em certo caso concreto e o custo dessa perda para a sociedade, somente se pode balancear *a total vantagem da aplicação da regra excludente* — detendo-se a má conduta policial — contra *o custo total social de perder evidências probatórias* (v. ob. cit., p. 311).

De fato, quando se coloca na balança, de um lado, *v.g.*, a violação, na arrecadação tributária, de um interesse particular, de um direito ou garantia individual de certo contribuinte Y e, de outro lado, o interesse superior da coletividade nos recursos dela advindos, a preferência já está antecipadamente demonstrada pela simples escolha desproporcional dos princípios e valores em jogo. Somente se poderia balancear, nesse caso, o peso dos interesses arrecadatórios para a sociedade contra o peso do custo social total da violação de um direito e garantia individual, do desrespeito de um princípio constitucional (de todos os cidadãos, como contribuintes potenciais).

É costume buscarem as Fazendas Públicas, exatamente no desequilíbrio de uma equação inadequadamente posta (desrespeito a direito individual de determinado contribuinte X interesses gerais da arrecadação), leitura mais favorável dos princípios gerais do Direito Tributário aos interesses fiscais. É evidente o equívoco a que balanceamentos dessa natureza podem levar. Ao se preferirem as vantagens imediatistas dos compromissos fiscais, ao argumento de que prejudica-se apenas um contribuinte em benefício do povo em geral, esconde-se o fato relevante da *similaridade*. É que por detrás de cada direito individual fundamental, em certo caso concreto, está o precedente, o critério principiológico aplicável a todos os demais cidadãos. A afronta a um direito individual abala certamente os princípios estruturais, alicerces da República e do Estado Democrático de Direito.

5. Os princípios gerais do Direito Tributário são normas ou proposições que contêm conceitos, concepções ou tipos?

É voz corrente afirmar, do ponto de vista das funções e do sentido, que os princípios constitucionais tributários, expressos ou implícitos, são "mandamento nuclear de um sistema, verdadeiro alicerce dele, disposição fundamental que se irradia sobre diferentes normas, compondo-lhes o espírito e servindo de critério para sua exata compreensão e inteligência, exatamente porque define a lógica e a racionalidade do sistema normativo, conferindo-lhe a tônica que lhe dá sentido harmônico" (cf. Celso Antônio Bandeira de Mello, *apud* Geraldo Ataliba, *Instituições de Direito Público e República*, São Paulo, 1984, pp. 35-36).

Do ponto de vista de sua concretude, salienta Larenz que os princípios jurídicos podem ter o caráter de simples idéias retoras, ainda carecidas de acabamento mais preciso. Há, no entanto, "princípios que estão condensados em um critério imediatamente aplicável, e que têm por isso a função de normas (não são só *ratio legis*, mas a própria *lex*). Chamo-lhes *princípios com a forma de proposição jurídica*.

"(...) Quanto aos princípios de nível constitucional que revistam a forma de proposições jurídicas, prevalecem sobre o Direito legislado ordinário, como normas hierarquicamente superiores. Os princípios abertos que tenham nível constitucional ou assumam um valor ético-jurídico especial, como por exemplo o princípio da 'boa-fé', exercem uma 'função limitadora' na medida em que são capazes de infirmar o Direito legislado ordinário quando não possa conciliar-se com eles por os contradizer inequivocamente" (cf. Karl Larenz, *Metodologia da Ciência do Direito*, 2ª ed., Lisboa, F. C. Gulbenkian, 1969, pp. 576 e 583).

Os princípios gerais podem, assim, ser expressos ou implícitos, formulados de forma vaga e altamente abstrata, ou podem estar densificados em regras concretas, como registra Larenz ou Canotilho. Na Constituição do Brasil, não raramente (como é o caso da segurança) desenvolvem-se em proposições concretas ou regras densificadas.

Alguns juristas buscam ainda analisar a extensão, compreensão de sentido e concreção. Serão os princípios, postos em normas expressas ou não, conceitos, concepções ou tipos?

Já mencionamos a posição de Dworkin, para quem o sistema jurídico norte-americano utiliza conceitos deliberadamente vagos, a fim de que, por meio de mutações evolutivas de interpretação do Direito, sem rupturas estruturais, sejam os princípios concretizados por meio de concepções densificadoras, que adaptam os vagos conceitos da norma escrita ao caso, ao meio e ao progresso social. Assenta Dworkin na diferenciação entre *conceito* e *concepção* a abertura do sistema jurídico e a constante descoberta ou criação do Direito (v. tópico anterior).

Mas dessa forma não explica a questão nem do ponto de vista da Dogmática, nem da Filosofia jurídica. Pois, do ponto de vista da Dogmática, os princípios podem ser conceitos ou tipos. E, como anota Larenz, a questão constitucional é muito mais complexa porque abrange as relações do sistema jurídico interno com o externo, os conceitos e os tipos (cf. ob. cit., pp. 556-608).

O objeto material de um conceito é o ser existente em sua concreta totalidade. O objeto formal (aquele que representa o objeto no conceito) são as notas ou características do objeto, apreendidas no conceito, e, portanto, apenas um conteúdo parcial ou corte feito na realidade.

A compreensão, como se sabe, se distingue da extensão de um conceito abstrato. A compreensão é o conjunto de dados referenciais e conotativos do objeto, enquanto a extensão designa o número de coisas ou indivíduos abrangidos pelo conceito. Quanto maior a compreensão do conceito, ou seja, a sua determinação por características ricas da realidade pensada, menor a sua extensão e vice-versa. O conceito secciona, seleciona. Quanto maior for a abstração, tanto mais abrangente será o conceito, porque abrigará um maior número de objetos e, em contrapartida, tanto mais vazio será de conteúdo e significado.

Larenz explica que a ciência dos conceitos, como propõe Puchta, é exemplo da idéia de sistema formal e racional, herança da escola do direito natural e do idealismo alemão. O sistema, nesse modelo, assemelha-se a uma pirâmide, a cuja largura ou base corresponde a compreensão do conceito (conteúdo semântico) e a cuja altura eqüivale a extensão. À medida que se sobe da base para o vértice, perde o conceito em abundância de matéria e riqueza de conteúdo, o que ganha, proporcionalmente, em altura, isto é, abrangência de indivíduos, de modo que o mais alto abarca os demais inferiores (cf. ob. cit., pp. 13-14). O conceito menos geral pertence ao gênero do mais abrangente. O menos abrangente denomina-se espécie e aquilo que diferencia uma espécie de outras, situadas sob um mesmo gênero, designa-se por "diferença de espécie". Definir será determinar um gênero a um conceito e acrescentar-lhe a diferença de espécie (cf. Aristóteles, *Tratados de Lógica*, 5ª ed., México, Porrúa, 1979; v. também Rode Karlheinz, "Begriffiche und Typologische Gesetzeinterpretation", *Juristische Rundschau*, Berlin, Heft 11:401-407, nov. 1968). Só um conceito geral abstrato se deixa definir, pois, para isso, é necessário fixá-lo através de determinadas características. Se o conceito abstrato A possui as notas "a, b, c", na investigação jurídica, somente se afirma o conceito A, se o conceito do fato contiver as mesmas características "a, b, c". Diz-se, então, que há subsunção. Para o conceito de classe vale a proposição lógica do terceiro excluído: "cada X é A ou não-A. *Tertium non datur*". Não tem cabida aqui o mais ou menos, mas a relação de exclusão "ou um (...) ou outro". Porque ou o conceito do objeto corresponde integralmente às características do conceito abstrato nele se subsumindo, ou não.

Portanto, para quem supõe o Direito Tributário como um sistema fechado, o conceito de classe e suas especificações (que Dworkin poderia chamar de concepções) são ainda a velha noção da Lógica como metodologia que haverá de imperar. Em nosso *Direito Tributário, Direito Penal e Tipo* (v. Misabel Derzi, São Paulo, Ed. RT, 1988), admitimos tanto a presença dos conceitos como as dos tipos, prevalecendo, no entanto, no Direito Tributário, graças aos princípios de segurança jurídica, legalidade, especificidade conceitual dos conceitos legais, anterioridade, irretroatividade, rígida discriminação de rendas constitucional etc., a tendência para o raciocínio conceitual classificatório.

Ora, o tipo não é um conceito de classe, mas uma ordem mais adequada para captar as fluidas transições da vida. Multiplicaram-se os estudos metódicos sobre tipo, destacando-se, sobretudo, a obra de Carl Hempel e Paul Oppenheim que mereceu o tão lembrado artigo de Radbruch, em 1936 (v. "Klassenbegriffe und Ordnungsbegriffe im Rechtsdenken", *Internationale Zeitschrift für Theorie des Rechtes*, v. XII:166-175, 1936). À luz dessas concepções, um conceito de ordem distingue-se de um conceito de classe. Caracteriza-se em que as suas propriedades são graduáveis, estando em diferente intensidade, em maior ou menor grau, nos casos isolados. De suas características fala-se no comparativo: "o quartzo é mais duro que o calcário". Em uma série assim ordenada, por comparação, escolhem-se certos fenômenos, especialmente pronunciados que sejam formas representativas ou médias para servir de medida a outros fenômenos. São os *tipos*, os quais não dão, por si, o conhecimento da realidade, mas são instrumento para o reconhecimento dos fenômenos isolados e sua ordenação. Ao contrário dos conceitos de classe, os tipos se interpenetram em ordenação gradativa, sem limites rigorosos; "os conceitos de classe dividem, os de tipo unem" (v. Radbruch, ob. cit., p. 168).

Além disso, o conceito de classe é definido em um número limitado e necessário de características. Entretanto, o tipo não é definido, mas apenas descrito, suas características não são indispensáveis, sendo que algumas delas podem faltar (ou mesmo todas). Ele está na imagem geral, na visão ou intuição do total.

Estaria Dworkin pensando em tipos, quando analisa o Direito Constitucional de uma forma geral?

Entretanto, pode ser ainda que a idéia de concepção de Dworkin procure um geral, que não seja um geral de um conceito abstrato, mas um geral concreto, ou seja, o conceito geral concreto hegeliano. Nesse sentido, o pensar humano total e o pensar pré-científico são preponderantemente concretos. Segundo Hegel, "o concreto é o conceito completado pelos momentos evolutivos do sistema, sinônimo, portanto, do metafisicamente supremo, em oposição ao abstrato, conceito despojado da plenitude dos momentos evolutivos" (cf. Brugger, *Dicionário de Filosofia*, São Paulo, Ed. Herder, 1962, pp. 118-119).

Igualmente Larenz, do ponto de vista total, embora identifique tanto a presença de conceitos abstratos como de tipos dentro da ordem jurídica, adota globalmente a idéia de conceito geral concreto de Hegel.

Como veremos, o Direito Tributário na Constituição está informado por princípios normativos, que contêm conceitos abstratos, de forma prevalente, como ainda admite a presença de tipos, que dão certa fluidez ao sistema, embora de forma residual.

6. Rol dos princípios e das demais limitações na Constituição de 1988

A grande massa dos princípios gerais, consagrados na Constituição de 1988, dos quais decorrem limitações ao poder de tributar, convertem-se em imunidades ou são meras especializações ou explicitações dos direitos e garantias fundamentais (legalidade, irretroatividade, igualdade, generalidade, capacidade econômica de contribuir etc.), ou de outros grandes princípios estruturais como a forma federal de Estado (imunidade recíproca dos entes públicos estatais). Como já realçamos, são imodificáveis por emenda, ou mesmo por revisão, já que fazem parte daquele núcleo de normas irredutível, a que se refere o art. 60, § 4º da Constituição.

Tanto os princípios como as imunidades produzem efeitos similares: limitam o poder de tributar. Mas a cultura jurídica nacional, tradicionalmente, apesar dos efeitos comuns, distingue imunidade, de princípio.

Prevalece, na comunidade jurídica nacional, o entendimento de que a imunidade é sempre norma constitucional, denegatória de poder tributário. Entre outros, além de Aliomar Baleeiro, assim lecionam Pontes de Miranda, Geraldo Ataliba, Gilberto de Ulhôa Canto, José Souto Maior Borges, Sacha Calmon, Paulo de Barros Carvalho, Roque Antonio Carrazza.

Esse modo de conceituar a imunidade não obscurece o fato de que ela se alimenta dos direitos humanos mais fundamentais. Os direitos à liberdade (de autodeterminação, de religião, de escolha profissional, de ir e vir, de expressão e de acesso à informação e à cultura), à segurança, à isonomia e à capacidade contributiva são os valores espirituais mais relevantes e prioritários a nortear tanto as imunidades como os princípios. Na verdade, a escolha pela forma federal de Estado é uma decisão pela liberdade, da qual resulta a distribuição do poder entre a União, os Estados e os Municípios e suas limitações, ou seja, a própria imunidade recíproca.

As normas de princípios tanto são os alicerces

a) de normas atributivas de poder (citemos como exemplo o princípio federal que inspira a distribuição de renda, quanto às fontes políticas impositivas, entre os entes estatais que compõem a Federação);

b) de normas denegatórias de poder como as imunidades (que ora são mero corolário do princípio federal, como a recíproca, ora da ausência de capacidade econômica, como a imunidade de instituições de educação e assistência social sem finalidade lucrativa);

c) como também de requisitos ao bom exercício (válido) da competência que respondem a valores de segurança e igualdade, a saber, legalidade, anterioridade, capacidade contributiva etc.

É preciso compreender, portanto, que as concretizações dos princípios, sua evolução e a sua relação com outros princípios já conhecidos e fundamentais resultam sempre de análise sistemática, da compreensão das partes com o todo normativo da Constituição. Por isso é possível dizer, sem nenhuma contradição, que o *princípio federal* explica e dá sentido às normas atributivas de poder à União, Estados e Municípios para criar tributos, como também simultaneamente impõe a imunidade recíproca dos entes políticos, imunidade que é uma negação de poder para tributar, uma redução ou aspecto negativo de competência. Ou seja, dentro do conceito de federalismo tanto se encaixam os conceitos necessariamente complementares de descentralização político-legislativa, como de relativa autonomia e isonomia dos entes políticos, que ditam ora a regra positiva de atribuição de poder para criar tributos, ora a regra denegatória limitada para criar tributos (imunidades) sobre a renda e patrimônio uns dos outros. Configura portanto um erro, advindo de uma análise simplesmente tópica e superficial, supor no exemplo dado um conflito a ser conciliado. Urge realçar que a massa das limitações ao poder de tributar são *princípios-normativos, formulados expressamente na Constituição* (ou *inspiram imunidades*), que têm caráter estrutural, básico e fundamental, não restringíveis por meio de emendas. Passemos à enumeração das imunidades e dos princípios mais importantes na Constituição de 1988, lembrando que muitos daqueles, antes meramente implícitos, voltaram a receber consagração expressa:

1. legalidade da tributação (arts. 5º, II e 150, I);

2. irretroatividade (arts. 5º, XXXVI e 150, III, *a*);

3. anterioridade da lei tributária em relação ao exercício financeiro, ressalvadas as exceções taxativas ao art. 150, III, *b*; ou interstício de noventa dias entre a data da publicação da lei que houver instituído ou modificado as contribuições sociais, destinadas ao custeio da seguridade social e a sua aplicação (art. 195, § 6º);

4. anualidade ou periodização anual dos impostos incidentes sobre a renda e o patrimônio (arts. 150, III, *b* e 165);

5. imunidade tributária recíproca das pessoas de Direito Público interno, quanto ao patrimônio, a renda ou os serviços uns dos outros (arts. 1º e 150, VI, *a*);

6. imunidade tributária dos templos de qualquer culto (art. 150, VI, *b*);

7. imunidade relativa a impostos incidentes sobre o patrimônio, a renda, ou serviços dos partidos políticos, inclusive suas fundações, das entidades sindicais dos trabalhadores, das instituições de educação e de assistência social, sem fins lucrativos, atendidos os requisitos da lei (art. 150, VI, *c*);

8. imunidade do livro, do jornal, dos periódicos e do papel destinado a sua impressão (art. 150, VI, *d*);

9. princípio da integração nacional de pessoas e bens, livres de barreiras, com a imunidade do tráfego de pessoas ou mercadorias a tributos interestaduais ou intermunicipais, ressalvada a cobrança de pedágios pela utilização de vias conservadas pelo Poder Público (art. 150, V) e a cobrança do imposto sobre os serviços de transporte de competência do Estado-membro (art. 155, I, *b*);

10. princípio que veda impostos federais novos que sejam cumulativos ou tenham a mesma base de cálculo ou fato gerador daqueles previstos na Constituição (art. 154, I);

11. princípio que veda novas contribuições sociais, de competência da União, que sejam cumulativas ou que tenham a mesma base de cálculo ou fato gerador daquelas já previstas na Constituição (art. 195, § 4º);

12. princípio de rigidez do sistema, que veda a criação de quaisquer novos tributos, além daqueles já atribuídos aos Estados-membros, Distrito Federal e Municípios pelos arts. 145, 149, parágrafo único, 155 e 156;

13. princípio que proíbe a cobrança de taxas com base de cálculo própria de impostos (art. 145, § 2º);

14. princípio da transparência e da publicidade que obrigam o legislador a informar ao consumidor os impostos que oneram as mercadorias e serviços a serem adquiridos (art. 150, § 5º);

15. princípio da unidade político-econômica do território, pela uniformidade dos tributos federais em todo o território nacional, inclusive a vedação de distinção ou preferência em relação a Estado, ao Distrito Federal ou a Município, em detrimento de outro, admitida a concessão de incentivos fiscais, destinados a promover o equi-

líbrio do desenvolvimento sócio-econômico entre as diferentes regiões do País (art. 151, I);

16. princípio da uniformidade dos tributos dos Estados, do Distrito Federal e dos Municípios entre bens e serviços, vedadas as distinções quanto à procedência ou destino (art. 152);

17. princípio da uniformidade do imposto de renda sobre créditos oriundos das obrigações da dívida pública estadual ou municipal ou sobre proventos dos agentes dos Estados, do Distrito Federal e dos Municípios, estabelecendo a Constituição o mesmo teto fixado para as obrigações federais e proventos dos agentes da União (art. 151, II);

18. imunidade dos vencimentos dos magistrados e dos ministros do Tribunal de Contas a impostos que não sejam gerais *a contrario sensu* do art. 95.

19. princípio da uniformidade do regime tributário quer para as empresas públicas quer para as empresas privadas, isto é, vedação de discriminações pró ou contra umas ou outras, exceção feita às micro e pequenas empresas (arts. 150, § 3º; 170, IX; 173, §§ 1º e 2º e 179);

20. princípio de rigidez do sistema com a vedação de impostos estranhos à competência constitucional da pessoa de Direito Público que o decreta e, portanto, também da cobrança de falsas taxas, de falsa contribuição de melhoria ou de falsa contribuição, para disfarce desses impostos inconstitucionais, vedada a transferência do seu exercício (arts. 154, I; 153; 155 e 156);

21. proibição de instituição de contribuições especiais — sociais, de intervenção no domínio econômico e no interesse de categorias profissionais ou econômicas — aos Estados, Distrito Federal e Municípios, exceto para custeio de sistemas de previdência e assistência social dos seus próprios servidores (art. 149);

22. igualdade em relação a pessoas físicas ou jurídicas nas mesmas situações (art. 5º, I), proibindo-se qualquer distinção em razão de ocupação profissional ou função (art. 150, II);

23. pessoalidade de impostos — inclusive proteção à família do contribuinte — e graduação de acordo com a capacidade econômica (arts. 145, § 1º e 226);

24. proibição de efeito confiscatório dos tributos (arts. 5º e 150, IV);

25. imunidade do proprietário que só possua pequena gleba rural, que explore só ou com sua família, em relação ao imposto federal incidente (art. 153, § 4º);

26. imunidade de impostos federais, estaduais e municipais incidentes sobre operações de imóveis desapropriados para fins de reforma agrária (art. 184, § 5º);

27. imunidade dos produtos industrializados, que se destinam ao exterior, tanto em relação ao imposto incidente sobre a industrialização como em relação ao imposto estadual sobre operação de circulação de mercadorias (arts. 153, § 3º, III e 155, X);

28. imunidade, em relação ao imposto sobre operação de circulação de mercadorias, das operações que destinam a outros Estados petróleo, inclusive lubrificantes, combustíveis líquidos e gasosos dele derivados, e energia elétrica (art. 155, § 2º, X, *b*);

29. aos Estados e ao Distrito Federal, proibição de alíquotas do imposto sobre circulação de mercadorias e serviços de transporte e comunicação abaixo dos patamares mínimos ou acima dos tetos máximos obrigatórios (art. 155, § 2º, V, *a*, *b*); aos Municípios, proibição de alíquotas do imposto sobre serviços acima dos tetos máximos obrigatórios (art. 156, § 4º, I);

30. princípio da não cumulatividade cogente no IPI (de competência da União) e no ICMS (de competência dos Estados), com a proibição de sua cobrança em cascata, de forma cumulativa, sendo obrigatória a compensação total do que foi pago, a título desses tributos, nas operações anteriores (arts. 153, § 3º, II e 155, § 2º), princípio também extensiva a novos impostos

ou contribuições incidentes sobre o consumo, que vierem a ser criados pela União;

31. seletividade do imposto sobre produtos industrializados, em função da essencialidade dos produtos (art. 153, § 3º, I) e do imposto sobre operações de circulação de mercadorias e serviços estadual (art. 155, § 2º, III);

32. generalidade, uniformidade e progressividade no imposto sobre a renda, assim como progressividade nos impostos sobre a propriedade rural ou urbana para assegurar o cumprimento da função social da propriedade (arts. 153, §§ 2º e 4º e 156, § 1º);

33. imunidade das entidades beneficentes de assistência social, em relação à contribuição para o custeio da seguridade social, atendidas as exigências legais (art. 195, § 7º);

34. incidência das operações relativas a energia elétrica, combustíveis líqüidos e gasosos, lubrificantes e minerais do País restrita aos impostos federais de importação, exportação e ao imposto estadual sobre operações de circulação de mercadorias, vedada a imposição de quaisquer outros impostos sobre as mesmas operações (art. 155, § 3º).

Uma série de outros princípios são referidos pela Constituição, sendo cogentes para a Administração em geral e, por isso devem ser colocados no rol das limitações, a saber, a proibição de excesso na cobrança dos tributos, a publicidade, legitimidade, a boa-fé e a moralidade dos atos administrativos. Implícitos estão outros, apontados pela doutrina ou pela jurisprudência, que não *limitam* propriamente o poder de tributar como a superioridade do interesse público sobre o privado, a economicidade, a praticidade etc. meros marcos de equilíbrio e balanço das limitações em geral, vistos pela maioria com a mesma eficácia e efetividade dos demais princípios constitucionais (v. Josef Isensee, *Die Typisierende Verwaltung*, 1ª ed., Berlin, Duncker & Humblot, 1976; Hans W. Arndt, *Praktikabilität und Effizienz*, 1ª ed., Koln, Dr. Peter Deubner Verlag, Dr. Otto Schmidt KG, 1983; K. Tipke, *Steuerrecht*, 9, Köln, Otto Schmidt KG, 1983).

7. Os princípios estruturais do Estado Democrático de Direito e do Federalismo Cooperativo de Participação e de Equilíbrio

De acordo com a Constituição em vigor no Brasil, todos os direitos fundamentais e demais subprincípios tributários devem ser implementados sob a égide do Estado Democrático de Direito e do Federalismo cooperativo de participação (ou de equilíbrio). Na verdade, tanto a forma de governo, como a forma de estado adotadas no País, devem assegurar as liberdades públicas, que têm suas raízes nos direitos humanos.

A doutrina constitucional reconhece que ao Estado Federal não cabe apenas uma função histórica tradicional, de preservação das diferenças sociológicas, culturais, éticas e econômicas regionais ou locais. Em países, como no Brasil, em que ele resultou menos da pressão da realidade como um fato sociológico anteposto, e mais de uma decisão político-jurídica, passou a cumprir uma importante função adicional, que não pode ser negligenciada: a de configurar uma evasão do poder vertical e uma preservação da democracia, da liberdade. Analisando fenômeno similar, por que passou a Alemanha, pois embora tivesse dado origem a uma confederação de Estados independentes (de 1815 a 1866), esteve unificada por mais de dez anos, durante a ditadura do nacional socialismo de 1934 a 1945, o constitucionalista Stein conclui: "O sentido do princípio federal é visto, hoje, menos na manutenção de peculiaridades regionais do que em uma segurança adicional da liberdade. A divisão dos poderes, segundo Montesquieu, quase não tem mais significado prático. A tendência do moderno Estado administrativo a uma acumulação de poder cada vez maior, que já levou, na Alemanha, uma vez, a um totalitarismo funesto, precisa ser detida por isto com outros contrapesos. A isso serve também, entre outros, a distribuição do poder estatal entre a Federação e os Estados. Como nova forma de evasão da força ela deu bons resultados nas décadas passadas em muitas oportunidades. Isso não deveria ser esquecido, quando se acentuam, por outro lado, as muitas desvantagens do princípio estatal federativo" (cf. *Staatsrecht*, *apud* Richter e Schuppert, *Casebook Verfassungsrecht*, München, Verlag C. H. Beck, 1987, p. 358).

Com certeza, o princípio federal serve à democracia social. Ambos alimentam a unidade do povo brasileiro, não importa que eventualmente sediado no Piauí, Goiás ou Minas Gerais, na indissolubilidade do vínculo federativo, na integridade do território nacional e do mercado interno. A união federativa fortalece a ordem democrática porque desenvolve a independência e a autonomia entre os Entes Federados, diluindo o poder no território, tem efeito protetor das minorias políticas regionais e assenta a vida estatal muito mais sobre entendimento e colaboração recíproca do que sobre ordem e coação (cf. Konrad Hesse, *Elementos de Direito Constitucional da República Federal da Alemanha*, trad. Luís Afonso Heck, Porto Alegre, S. A. Fabris Editor, 1998, pp. 184-188).

Do ponto de vista da democracia social, a que se vincula o Estado Democrático de Direito, a busca da justiça se assenta no dever de se favorecer a igualdade de oportunidades de todo cidadão e de propiciar a cada um uma existência digna, não importando o Estado Federado a que se vincule ou a comunidade regional a que pertença. Todos os Estados e a União entre si têm o dever recíproco e solidário de auxílio político, administrativo e financeiro, de modo que se reduzam substancialmente as grandes desigualdades regionais e locais. A conjugação dessas metas e princípios redunda no federalismo cooperativo, segundo o qual a diferente capacidade financeira dos Estados para prestar os serviços públicos deve ser compensada por meio de uma ordem democrática coletiva. Por tal razão, assegura-se a independência financeira de Estados e Municípios por meio da distribuição das receitas tributárias, complementada com compensação financeira (participação em fundos, criação de fundos especiais para os Estados do Norte, Nordeste e Centro-Oeste, art. 159, entre outras) ou com incentivos federais regionais, destinados a reduzir desigualdades inter-regionais (arts. 151, I e 165, § 7º).

Desde a proclamação da República, sucessivas constituições brasileiras consagram o federalismo como forma de estado e a república democrática como forma de governo. Mas a Constituição de 1988, mais do que as anteriores, coloca a perseguição e a efetivação dos direitos humanos sob a égide do Estado Democrático de Direito e do Federalismo cooperativo de participação. Ela estabelece, em seu art. 1º, que a República Federativa do Brasil, é "formada pela união indissolúvel dos Estados e Municípios e do Distrito Federal, constitui-se em Estado Democrático de Direito (...)" e tem como objetivos fundamentais, segundo o art. 3º:

"I — *construir uma sociedade livre, justa e solidária*;

"II — *garantir o desenvolvimento nacional*;

"III — *erradicar a pobreza e a marginalização e reduzir as desigualdades sociais e regionais*;

"IV — *promover o bem de todos, sem preconceitos de origem, raça, sexo, cor, idade e quaisquer outras formas de discriminação*."

Ao erigir a República Federativa em Estado Democrático de Direito e, ao construir um sistema tributário norteado pelo reforço ao federalismo e dirigido pela liberdade, igualdade, capacidade contributiva, segurança e certeza do direito, a Carta brasileira atual mostrou-se pródiga em normas limitadoras do poder de tributar, que centralizam o sistema jurídico nos direitos humanos — nas liberdades fundamentais.

Nesse passo, não se trata apenas de reconhecer a existência de desigualdades, o Estado Democrático de Direito impõe que se utilize o Direito Tributário como instrumento de política social, atenuadora das grandes diferenças econômicas ocorrentes entre pessoas, grupos e regiões. O princípio da igualdade adquire, nessa fase, o caráter positivo — dever de distinguir — para conceder tratamento menos gravoso àqueles que detêm menor capacidade econômica ou, já no campo financeiro, para distribuir rendas mais generosas às regiões mais pobres ou menos desenvolvidas, no federalismo cooperativo. Princípios como progressividade e pessoalidade (arts. 145, § 1º e 153, § 2º, I, da Constituição) devem (ou deveriam) ser obrigatoriamente observados no imposto sobre a renda, e a seletividade quanto à essencialidade dos produtos é princípio a nortear os maiores impostos incidentes sobre o consumo, como o imposto federal sobre produtos industrializados e o estadual sobre operações de circulação de mercadorias e prestação de serviços de transporte e comunicação (cf. arts. 153, § 3º, I e 155, § 2º, I).

Com toda razão, sustenta Tipke que, no Estado social em que se converteu o Estado de Direito, a progressividade de alíquotas não decorre do princípio da capacidade contributiva pois esse apenas obriga a que o economicamente mais capaz pague correspondentemente mais do que o economicamente mais fraco. O princípio do Estado Social que constrange à redistribuição, por meio da progressividade e da tributação do patrimônio e de seus acréscimos, pressupõe não ser justa a distribuição espontaneamente ocorrida. Mas é ainda esse mesmo princípio que considera intocável (tabu) o mínimo indispensável à sobrevivência do contribuinte e de sua família, assim como admite subvenções de caráter sócio-econômico, através do imposto (cf. *Steuerrecht*, 9, Auflage, Köln, Verlag Dr. Otto Schmidt KG, 1983, pp. 30-31).

Ora, não se satisfez a Constituição em consagrar o Brasil, República Federativa, mas colocou a forma de estado federal e a forma de governo, republicana, a serviço de um "Estado Democrático de Direito", que busca, segundo seu art. 3º, garantir a independência e o desenvolvimento nacionais; construir uma sociedade livre, justa e solidária; erradicar a pobreza e a marginalização e reduzir as desigualdades entre as pessoas e as regiões; promover o bem de todos, sem preconceitos de origem, raça, sexo, cor, idade e quaisquer outras formas de discriminação.

A expressão Estado Democrático de Direito é, assim, amplíssima. Segundo a Constituição brasileira, nem pode ser reduzido a uma concepção meramente formal, mas aproxima-se antes da fórmula preconizada por Perez Luño, desde 1963 desenvolvida por Elías Díaz. Enquanto o Estado social de Direito é uma fórmula que concilia neocapitalismo com Estado intervencionista, o Estado Democrático de Direito é uma fórmula alternativa que reenvia "a um tipo de Estado apenas iniciado em nosso tempo e com freqüência de modo irregular, no qual se pretende precisamente a transformação em profundidade do modo de produção capitalista e sua substituição progressiva no tempo por uma organização social de caracteres flexivelmente socialistas (...)" (v. E. Díaz, "Estado de Derecho y sociedad democrática", p. 181, *apud* A. E. Perez Luño, *Derechos Humanos, Estado de Derecho y Constitución*, 2ª ed., Madrid, Tecnos, 1986, p. 230).

Estado Democrático de Direito é, pois, estado que mantém clássicas instituições governamentais e princípios como o da separação de poderes e da segurança jurídica. Erige-se sob o império da lei, a qual deve resultar da reflexão e codecisão de todos. Mas não é forma oca de governo, na qual possam conviver privilégios, desigualdades e oligocracias. Nele, há compromisso incindível com a liberdade e a igualdade, concretamente concebidas, com a evolução qualitativa da democracia e com a erradicação daquilo que o grande Pontes de Miranda chamou de o "ser oligárquico" subsistente em quase todas as democracias (cf. ob. cit., p. 149).

Essas pois as duas grandes vertentes, Federalismo e Estado Democrático de Direito, das quais se extraem os princípios gerais do Direito Tributário, seus subprincípios, seus contraprincípios e a partir das quais se concretizam vários desses princípios em *imunidades* e *direitos e garantias individuais*.

8. *Os valores e princípios gerais fundantes das imunidades mais importantes*

Acabamos de constatar que os princípios gerais tributários (assim como os direitos fundamentais dos contribuintes) emanam do Estado Democrático de Direito e do Federalismo Cooperativo de participação. Na verdade, tanto a forma de governo, como a forma de estado adotadas no País, asseguram as liberdades públicas, a igualdade e a justiça. As principais imunidades tributárias, constitucionalmente adotadas, são apenas reflexos dessas opções feitas. São elas, entre outras:

"Art. 150. Sem prejuízo de outras garantias asseguradas ao contribuinte, é vedado à União, aos Estados, ao Distrito Federal e aos Municípios:

"I — (*omissis*)

"VI — instituir impostos sobre:

"a) patrimônio, renda ou serviços, uns dos outros;

"b) templos de qualquer culto;

"c) patrimônio, renda ou serviços dos partidos políticos, inclusive suas fundações, das entidades sindicais dos trabalhadores, das instituições de educação e de assistência social, sem fins lucrativos, atendidos os requisitos da lei;

"d) livros, jornais, periódicos e o papel destinado a sua impressão."

Portanto, se *a decisão por um Estado federal, é uma decisão pela liberdade e deve servir a um Estado Democrático de Direito*, esses também são valores fundantes das imunidades. A evolução do princípio federal, compreendido como garantia adicional da liberdade — forma de evasão da concentração de poder — e profundamente impregnado da igualdade, da redução das grandes disparidades econômico-materiais, em favor de um desenvolvimento harmonioso e solidário — Federalismo cooperativo de participação (ou de equilíbrio) — se faz sentir, como demonstra Aliomar Baleeiro, na teoria da imunidade recíproca.

A imunidade recíproca assenta-se, pois, na liberdade, na autonomia das pessoas estatais, necessária decorrência da opção pela forma federal de Estado. Por essa razão, estende-se a imunidade apenas a impostos, espécie de tributo na qual o poder de império do Estado tributante se manifesta em grau máximo, o que é incompatível com o Federalismo (v. Geraldo Ataliba, *Apontamentos de Ciência das Finanças, Direito Financeiro e Tributário*, São Paulo, Ed. RT, 1969, p. 265). Por essa mesma razão, as modificações evolutivas da imunidade recíproca podem ser explicadas de acordo com as alterações por que passou o Estado Federal. Garantia adicional da liberdade e da democracia, o Estado Federal se compenetrou da igualdade, da necessidade de redução das grandes disparidades regionais e das metas intervencionistas que caracterizam o Federalismo integrativo e cooperativo, trazendo limitações à imunidade recíproca: ela não se estende a particulares, nem deve beneficiá-los, de modo que são tributáveis as remunerações de servidores públicos, sem distinção de cargo ou função e a renda dos títulos da dívida pública; igualmente se excluem da imunidade recíproca os serviços públicos concedidos a particulares e a atividade empresarial do Estado, na qual ele persegue o lucro e se submete às regras do Direito Privado, despindo-se do seu poder de império.

Outros juristas, no entanto, preferem fundamentar as imunidades dos entes estatais na ausência de capacidade contributiva. Nesse caso, o princípio se estenderia às municipalidades e entes autárquicos, mesmo sendo unitária a forma de Estado, uma vez que a riqueza estatal se destina a fins públicos (cf. Dino Jarach, *El Hecho Imponible*, Buenos Aires, Abeledo Perrot, p. 199; também Sacha Calmon N. Coelho, *Comentários à Constituição de 1988. Sistema Tributário*, Rio de Janeiro, Forense, 1991). De fato esse é outro prisma pelo qual a questão também deve ser examinada, não se podendo reconhecer nas atividades estatais próprias, como instrumentalidades governamentais, a capacidade inerente às atividades econômicas de fins lucrativos. Nem seria razoável tributar, decepando a renda, aquela atividade para cuja manutenção compulsoriamente devem contribuir os cidadãos. Tal ângulo de análise também explica por que motivo se excluem da imunidade, as empresas públicas, organizadas em regime de Direito Privado.

Por si, o argumento da ausência de capacidade econômica, hoje requisito expresso no art. 145 da Constituição para a imposição tributária por meio de impostos, seria suficiente para justificar e deduzir a imunidade recíproca dos entes estatais. Mas ele deve ser utilizado complementarmente, porque se presta também a explicar a imunidade das instituições de educação, de assistência social, dos sindicatos e dos partidos políticos, a qual não pode ser colocada no mesmo plano comum àquele da recíproca. É que a imunidade recíproca, assentada apenas na ausência de capacidade contributiva, fica empobrecida em sua importância prevalente e em seus distintos desdobramentos. A imunidade recíproca responde a dois princípios constitucionais igualmente intangíveis, por meio de emenda constitucional: ao princípio federal e ao princípio da capacidade contributiva. Quer se examine o tema sob um ângulo — o da isonomia política dos entes da Federação — quer sob outro — o da inexistência de capacidade econômica, a imunidade intergovernamental obriga e não pode ser reduzida por modificação posterior que altere o Texto Constitucional originário. Na Constituição brasileira, a imunidade recíproca não se fundamenta em um ou outro, mas ao contrário, no duplo princípio, no federal e na ausência de capacidade econômica, ambos limitadores da faculdade de emendar ou de revisar a Carta, própria do Poder Legislativo derivado.

Além disso, a Constituição Federal protege liberdades fundamentais como o pluralismo político-ideológico, religioso, educacional, assistencial e prestigia o valor-trabalho, reconhecendo a imunidade às entidades sindicais de trabalhadores. Não se pode dizer que as atividades imunes, nos incisos citados, sejam instrumentos de governo. Não o são, mas configuram atividades protegidas por realizarem valores fundamentais de "interesse público". Enquanto atividades que, em sua essência, não configuram exploração econômica, são despidas de capacidade contributiva. Essa conjugação de fatores, interesse público e inexistência de capacidade econômica ao pagamento de tributos, acarreta em muitos países, que não consagram a exoneração de impostos em regra constitucional, a concessão de isenção por meio de lei, como lembra Aliomar Baleeiro. Em outros, se chega mesmo à criação de imposto em favor das Igrejas, apesar de se consagrar a liberdade religiosa e a separação entre Estado e Igreja. Assim, o art. 140 da Lei Fundamental da Alemanha, em vigor, convalida diversos dispositivos da Constituição de Weimar de 1919, entre os quais se estabelece: "As sociedades religiosas que forem corporações de direito público têm o direito de cobrar impostos de acordo com as disposições legais dos Estados, com base nas listas de contribuintes civis" (art. 137, VI).

Em geral, além do caso alemão, muitos outros sistemas jurídicos favorecem as ordens religiosas com isenções e mesmo subsídios, por meio de transferências orçamentárias. Mas isso somente acontece quando tais corporações ou instituições desenvolvem atividades filantrópicas e caritativas, seja no campo da educação, da saúde ou da assistência social. Vale dizer, auxiliam o Estado no cumprimento de tarefas de natureza pública e, ao mesmo tempo, demonstram total desinteresse econômico, são *non profits*.

Finalmente, para assegurar um dos direitos humanos mais fundamentais, o pleno desenvolvimento da personalidade, a Constituição prestigia a liberdade de expressão e de ensino e o dever de informar, por meio da imunidade dos jornais, do livro e do papel destinado a sua impressão. A autonomia universitária didático-científico e administrativa, consagrada no art. 207 do Constituição, complementam o direito por meio da independência e da crítica, inerentes à produção do conhecimento científico. Portanto, a imunidade em tela visa a obter a redução do custo do livro, do jornal e do papel, favorecendo a veiculação de informações, do ensino, da educação e da cultura. Por isso está destinada, em primeiro lugar, a beneficiar o consumidor que sofrerá, finalmente, pelo mecanismo dos preços, a transferência do encargo financeiro dos impostos incidentes sobre a produção e a comercialização do papel, do livro, dos jornais e periódicos. A imunidade sobre o papel, os livros, os jornais e os periódicos é considerada objetiva, no sentido de que alcança somente os impostos incidentes sobre a importação, a produção industrial, a operação de circulação de mercadorias e os serviços inerentes (II, IPI, ICMS e ISS), ou seja, repousa no pressuposto da repercussão econômica dos impostos incidentes sobre o consumo.

9. Os princípios gerais fundantes dos direitos fundamentais dos contribuintes

A Constituição brasileira contém, pois, além da declaração dos direitos e garantias dos cidadãos, uma declaração formal de direitos dos contribuintes, a que o Supremo Tribunal Federal já conferiu o caráter de *irreversibilidade* e de *inesgotabilidade*. Princípios como legalidade, irretroatividade, anterioridade ou da não surpresa tributária, vedação do confisco, tributação conforme a capacidade contributiva e igualdade, que são formalmente declarados na Constituição Federal para reger as relações tributárias no art. 150, completam-se com os demais direitos e garantias do art. 5º, entre os quais se destaca o direito substantivo do *due process of law*. Examinemos alguns dos mais importantes:

9.1 Segurança jurídica. Legalidade, anualidade e anterioridade

A concepção de Estado de Direito liga-se à de democracia e de contenção do arbítrio. A segurança jurídica fica, então, hipertrofiada e a lei parece o caminho mais idôneo para alcançá-la. Indagações mais profundas sobre a legitimidade, lei e representação se fazem em uma recolocação da questão, assim como se evolui para o Estado da Constituição.

Por ora, apenas vale observar que anterioridade, previsibilidade, irretroatividade, jurisdição, processo devido e especialidade ou determinação conceitual (impropriamente denominada tipicidade) são conceitos por meio dos quais se manifesta um dos fins objetivados no Estado de Direito: a segurança jurídica.

Não são poucos os juristas que os consideram, a todos, como desdobramentos ou meras formas de manifestação da legalidade a qual seria, em conseqüência, norma fundamental de que se desprenderiam. Assim, é costume partir o aforismo latino: *Nullum crimen, nulla poena sine lege*, em quatro outros:

a) *Nullum crimen sine praevia lege*, vale dizer, que não se dará o fato delituoso, sem que a lei, anteriormente à sua ocorrência, o declare expressamente como tal;

b) *Nulla poena sine praevia lege*, no sentido de que nenhuma pena será imputada se lei anterior expressamente não a tiver cominado;

c) *Nemo iudex sine lege*, correspondendo à jurisdicionalização exclusiva do Direito Penal, vez que este somente pode ser aplicado através de juízes e órgãos instituídos e designados para essa função, por lei expressa:

d) *Nemo damnetur nisi per legale iudicum*, uma vez que o devido processo, ou o juízo regrado em lei, dever ser observado em qualquer condenação penal.

Os quatro aforismos latinos, que têm ampla aplicação à matéria tributária, cumprem a mesma função: a de segurança jurídica, completando-se uns aos outros. E, em determinados sistemas jurídicos, nos quais se inclui o nosso, a segurança jurídica esteia-se na limitação das fontes formais de criação jurídica, a qual, por sua vez, só se viabiliza na separação e no equilíbrio das funções estatais (a questão assume características um tanto diversas nos países do *common law*, nos quais o papel criador do juiz é mais acentuado. Não obstante, o precedente judicial, as garantias gerais de legalidade e o *due process of law* são substitutivos eficazes dos demais mecanismos, próprios dos sistemas jurídicos escritos, contra o arbítrio na criação e aplicação do Direito).

Como limitação às fontes de criação jurídica, o *nullum tributum sine lege* significa, pois, que o tributo somente pode ganhar existência se estiver expressa e previamente indicado na lei, como ato próprio do Poder Legislativo. (Como se vê, o princípio da legalidade, estudado mais profundamente, envolve também o da irretroatividade, estando a ele indissoluvelmente ligado. Entretanto, o princípio da irretroatividade estudamos no próximo Capítulo.)

E a lei, como fonte formal, é sempre compreendida no sentido temporal, como sua origem e fundamento. Sendo, necessariamente, o antecedente no tempo da obrigação tributária, tanto a anterioridade como a irretroatividade da lei tornam-se, apenas, limites temporais ao âmbito de validade para a aplicação das leis. Afastar-se-ão, por conseguinte, atos normativos emanados de outros órgãos do Estado, inaptos para legislar, assim como aqueles que, embora oriundos do Poder Legislativo, sejam posteriores ao fato: da mesma forma têm sido rejeitados, tradicionalmente, pela doutrina e pela jurisprudência, a analogia e os costumes como fontes diretas de criação de delitos, de penas e de tributos.

Igualmente, os juízes-executores do Direito Tributário (e Penal) recebem sua função e competência diretamente da lei (senão da Constituição), assim como devem aplicá-la, por meio de processo legalmente disciplinado.

É de se concluir, portanto, que tais garantias materiais e processuais do Direito são expressão do princípio da legalidade, formalmente considerado.

A legalidade tributária foi erigida ao nível constitucional, mas, historicamente, precede ao constitucionalismo do século XIX. Manifesta-se aqui, também, como aliás não poderia deixar de ser, uma limitação formal das fontes de criação jurídica. Somente a lei, formalmente compreendida, vale dizer, como ato oriundo do Poder Legislativo, é ato normativo próprio à criação dos fatos jurígenos, deveres e sanções tributárias. A anterioridade e a irretroatividade, o afastamento da analogia e dos costumes, no que concerne à instituição dos tributos e sua quantificação, reforçam, com extrema energia, a segurança jurídica.

Os arts. 150, I e 5º, II, da Constituição vigente referem-se à legalidade, como princípio necessário à instituição e majoração de tributos, tanto do ponto de vista formal — ato próprio, emanado do Poder Legislativo — como do ponto de vista material, determinação conceitual específica, dada pela lei aos aspectos substanciais dos tributos, como hipótese material, espacial e temporal, conseqüências obrigacionais, como sujeição passiva e quantificação do dever tributário (alíquotas e bases de cálculo), além das sanções pecuniárias, dos deveres acessórios, da suspensão, extinção e exclusão do crédito tributário.

O princípio da legalidade refere-se à lei tributária própria, estranha à lei orçamentária. É absolutamente independente e não se satisfaz com a inclusão de normas na lei orçamentária. Ao contrário, desde a Reforma Constitucional de 1925/26, os Textos Constitucionais brasileiros vêm repetindo, sucessivamente, o princípio da exclusividade orçamentária, inserido no art.

165, § 8º, da Constituição de 1988, por força do qual a lei orçamentária não modifica o direito civil, comercial, administrativo ou tributário. Apenas prevê a arrecadação e fixa gastos pelo período de um ano, com base nas leis tributárias anteriormente existentes. Razões técnico-jurídicas levaram o Brasil e outros países à consagração do princípio.

A regra da anualidade não mais vigora, entre nós, como autorização orçamentária. As leis tributárias, uma vez publicadas, vigentes e eficazes, não estão sujeitas, ano a ano, a uma prévia autorização contida na lei orçamentária, para que possam surtir efeitos. Não sobreviveu, na Constituição de 1988, o antigo princípio da autorização orçamentária, que foi substituído pelo da simples anterioridade.

A anterioridade desvincula da lei orçamentária, a eficácia e a aplicação das leis tributárias. Limita-se a adiar a eficácia e a aplicação da lei, que institui tributo novo, ou majora um já existente, para o exercício financeiro subseqüente ao de sua publicação, sendo irrelevante o fato de a lei orçamentária ter ou não previsto e autorizado a arrecadação do novo tributo, conforme art. 150, III, *b*.

Foi exatamente a separação absoluta entre legalidade, anualidade e anterioridade, que não permitiu à doutrina e à jurisprudência cedo enxergarem a total inadequação do decreto-lei e da medida provisória, à criação e disciplinação dos tributos. Somente a compreensão do princípio da legalidade, associado ao da anterioridade, permite entender que, tendo vigência imediata as medidas provisórias, mesmo antes de convertidas em lei, e podendo ser editadas somente em caso de urgência e relevância pelo Presidente da República, desencadeiam uma antecipação de efeitos à existência da própria lei por força do art. 62 da Constituição. Já o princípio da anterioridade, que está ligado indissociavelmente ao da legalidade tributária no art. 150, III, *b*, adia a eficácia e aplicação da lei tributária já existente para o exercício financeiro subseqüente ao de sua publicação, o que torna incompatível o procedimento das medidas provisórias com a criação e majoração de tributos.

O princípio da legalidade, embora já consignado no art. 5º da Constituição, vem repetido no Capítulo do Sistema Tributário, seção "Das Limitações ao Poder de Tributar", art. 150, I, onde também se inseriram os da anterioridade e da irretroatividade, em inciso próprio (art. 150, III, *b*). Não obstante, são meros desdobramentos dos direitos e garantias fundamentais do cidadão, explicitamente repetidos para o cidadão-contribuinte. O *caput* do art. 150 é claro ao dispor:

"Sem prejuízo de outras garantias asseguradas ao contribuinte, é vedado à União, aos Estados, ao Distrito Federal e aos Municípios:

"I — exigir ou aumentar tributo sem lei que o estabeleça;

"III — (...)

"b) no mesmo exercício financeiro em que haja sido publicada a lei que os instituiu ou aumentou."

Por sua vez, o art. 165, § 5º, consagra a obrigatoriedade da periodização anual, o ciclo orçamentário anual e o princípio da universalidade, ou seja, a lei orçamentária deverá incluir toda a espécie de receita e de despesa. O art. 165, § 2º, ainda dispõe:

"A lei de diretrizes orçamentárias compreenderá as metas e prioridades da administração pública federal, incluindo as despesas de capital para o exercício financeiro subseqüente, orientará a elaboração da lei orçamentária anual, disporá sobre as alterações na legislação tributária e estabelecerá a política de aplicação das agências financeiras oficiais de fomento."

Com isso, sem dúvida, a Constituição mantém a anualidade, apenas para fins de periodização dos impostos incidentes sobre a renda e o patrimônio, assim como para o planejamento das mudanças legislativo-tributárias.

Efetivamente não existem exceções quer na Constituição anterior, quer na atual, à legalidade pois todo o tributo somente pode ser disciplinado, em seus aspectos substanciais (material, temporal, espacial, subjetivo e quantitativo) por diploma legal, emanado do Poder Legislativo. Não obstante, em certas hipóteses excepcionais, contempladas na Constituição, a legalidade absoluta é quebrada, estabelecendo o legislador apenas os limites mínimo e máximo, dentro dos quais o Poder Executivo poderá alterar quantitativamente o dever tributário. Trata-se de mera atenuação do princípio da especificidade conceitual ou da legalidade rígida.

Mas a Constituição de 1988 restringiu o rol de tributos exceptivo da legalidade rígida ou especificidade e da anterioridade. A associação entre legalidade e anterioridade torna evidente que a exceção à rigidez do primeiro princípio resulta também em uma ruptura com o segundo. É razoável que, uma vez quebrada a legalidade absoluta em certas espécies tributárias ou em certas circunstâncias (guerra), em nome da celeridade e da urgência, para se permitir certa margem de liberdade de ação à Administração Pública, também se abram exceções à anterioridade. É lógico então que os impostos excepcionados da legalidade rígida sejam também excluídos da anterioridade, a fim de que os atos do Executivo que lhes alteram as alíquotas possam gerar efeitos imediatos, sem necessidade de se aguardar, para isso, o exercício financeiro subseqüente ao de sua publicação.

No que tange à especificidade legal quantitativa, a Carta Magna vigente concede ao Poder Executivo a faculdade de graduar as alíquotas, dentro dos limites previamente postos pela lei disciplinadora dos impostos e, coerentemente, excepciona-os do princípio da anterioridade a saber:

a) imposto de importação e exportação;

b) imposto sobre produtos industrializados;

c) imposto sobre operações de crédito, câmbio, seguros, títulos e valores mobiliários(art. 153, § 1º);

d) empréstimos compulsórios, instituídos em caso de guerra e calamidade pública (art. 148 da CF).

Mas a Emenda Constitucional 3/1993 acrescentou o imposto provisório sobre movimentação financeira (IPMF) ao rol das exceções, em inovação de discutível constitucionalidade, uma vez que atinge os direitos e garantias fundamentais do contribuinte, irredutíveis segundo o art. 60, § 4º. De fato, o Supremo Tribunal Federal, em decisão histórica, considerou inconstitucional a referida Emenda, na parte em que cria uma nova exceção ao princípio da não surpresa tributária, inadmitindo que o legislador derivado (não originário) possa reduzir a extensão do princípio da anterioridade.

Portanto, a licença concedida pela Constituição ao Poder Executivo, que flexibiliza o princípio da legalidade em relação aos impostos citados, exclui também o da anterioridade. A quebra da legalidade — formal e material absoluta — está mais restrita na Constituição Federal de 1988, uma vez que a faculdade concedida ao Poder Executivo para variar as alíquotas daqueles impostos excepcionados não mais se estende às modificações de bases de cálculo, as quais somente por ato do Poder Legislativo podem ser alteradas. Acresce ainda que foram eliminadas as impropriedades técnicas existentes nos Textos anteriores, como as "tarifas" aduaneiras e de transportes; reduziu-se o número de exceções à legalidade e à anterioridade; eliminou-se ainda a possibilidade, introduzida pela Emenda Constitucional 8, de 17.4.1977, de ampliação do rol exceptivo, mediante a edição de lei complementar. As contribuições de toda a natureza, de melhoria ou especiais (sociais, de intervenção no domínio econômico e instituídas no interesse de categorias profissionais e econômicas), conforme dispõe o art. 149, submetem-se, rigorosamente, sem qualquer atenuação, à legalidade e à anterioridade.

Apenas as contribuições sociais, destinadas ao custeio da Seguridade Social, escapam ao clássico princípio da anterioridade da lei ao exercício financeiro de aplicação, sucedâneo imperfeito da autorização orçamentária. No entanto, a Carta Magna resguarda o contribuinte contra a surpresa tributária, impondo um interstício de noventa dias, entre a data da publicação da lei e a de sua eficácia e aplicação, segundo reza o art. 195, § 6º, a saber: "As contribuições sociais de que trata este artigo só poderão ser exigidas após decorridos noventa dias da data da publicação da lei que as houver instituído ou modificado, não se lhes aplicando o disposto no art. 150, III, *b*".

Assim as contribuições sociais, que não se destinam ao custeio da Seguridade Social, como também as de intervenção no domínio econômico e aquelas instituídas no interesse das categorias profissionais ou econômicas continuam regidas pelo princípio da anterioridade e outros comuns aos demais tributos, inclusive a uma parafiscalidade facultativa, pois podem ser arrecadadas diretamente pela União, integrarem o seu orçamento fiscal e depois, pelo mecanismo das transferências, serem repassadas ao órgão ou pessoa criada para administrar o serviço.

Entretanto as contribuições sociais, especializadas pelo custeio da Seguridade Social, escapam ao clássico princípio da anterioridade da lei tributária ao exercício de sua aplicação (art. 195, § 6º); não podem integrar o orçamento fiscal da União (arts. 165, § 5º, III; 167, VI e VIII; 194 e 195 CF); sujeitam-se ao mesmo regime dos impostos residuais, quanto à instituição de novas fontes (art. 195, § 4º). Nesse mesmo sentido, já decidiu o Supremo Tribunal Federal (STF, Pleno, RE 138284-8-CE, decisão unânime, *DJ* 28.8.1992).

Pode-se concluir que a Constituição de 1988 restringiu as exceções à legalidade rígida e à anterioridade, além de ter bloqueado qualquer possibilidade de ampliação do rol exceptivo como permitia o texto anterior, fechando-o em enumeração taxativa e *numerus clausus*. Aliás a exclusão do imposto sobre as operações de crédito, câmbio, seguro, títulos e valores mobiliários do abrigo do princípio da legalidade absoluta e da anterioridade legitimou prática inconstitucional, por meio da qual circulares do Banco Central, implementando resoluções do Conselho Monetário Nacional, variavam continuamente os aspectos quantitativos desse imposto, em afronta direta à Constituição de 1969. Quando do advento da Emenda Constitucional 8/1977, que previa a possibilidade *ad futurum* de lei complementar criar novas exceções à anterioridade e à legalidade rígida, o art. 65 do Código Tributário Nacional já estava inteiramente superado por falta de suporte constitucional. Tal artigo permitia ao Poder Executivo variar as alíquotas ou as bases de cálculo daquele imposto "a fim de ajustá-lo aos objetivos da política monetária".

A Constituição de 1988, ao incluir o imposto sobre operações de crédito, câmbio e seguros na lista taxativa de exceções à legalidade rígida e à anterioridade, apenas "constitucionalizou" uma prática que, abusivamente, se impusera.

Uma última ressalva. Os empréstimos compulsórios, segundo a Constituição de 1988, se instituídos no caso de investimento público de caráter "urgente e de relevante interesse" nacional não escapam ao princípio da legalidade rígida — nem ao da anterioridade. A Carta Constitucional exige em seu art. 148, II, a edição de lei complementar, expressamente adiando a eficácia da lei instituidora para o exercício financeiro subseqüente ao de sua publicação (observância do art. 150, III, *b*). Mas os empréstimos compulsórios, criados para fazer face a despesas extraordinárias, decorrentes de calamidade pública, guerra externa ou sua iminência, embora somente devam ser regulados por lei complementar federal, são exceção ao princípio da anterioridade. A extrema gravidade ou o imprevisto das causas que motivam a sua instituição — guerra e calamidade pública — configuram justificação amplamente aceitável para a exceção à anterioridade. O que não se explica é a exigência da edição de lei complementar para instituição do empréstimo compulsório nesses casos, referidos no art. 148, I.

9.2 Irretroatividade

A Constituição de 1988 consagra o princípio da irretroatividade, de forma ampla, como direito fundamental do cidadão (art. 5º, XXXVI) e, de forma específica, como direito fundamental do cidadão-contribuinte (art. 150, III, *a*). Mas a Constituição brasileira ainda consagra o princípio da anterioridade (art. 150, III, *b*) e, em seu art. 145, § 1º, a pessoalidade e o caráter gradualístico da imposição, segundo a capacidade econômica do sujeito passivo.

Muitas Cartas Constitucionais não consagram nenhum dos citados princípios expressamente para o campo do Direito Tributário (EEUU e Espanha) havendo, não obstante, algumas que elegem a irretroatividade apenas para os delitos e as penas (Constituição da República Federal Alemã e dos EEUU) e outras que estabelecem a irretroatividade só para as leis sancionatórias, além do princípio da capacidade contributiva (Constituição da Itália). Essa forma de se tratar o tema, no direito positivo interno, de modo tão radicalmente diferente do nosso, traz conseqüências práticas de suma relevância.

Os germânicos, por exemplo, extraem a irretroatividade do Direito (não apenas das leis, mas também dos atos administrativos e da jurisprudência) do princípio do Estado de Direito. Mas a maioria dos textos doutrinários italianos, calcados na jurisprudência daquele País, extraem os fundamentos da irretroatividade tributária do princípio da capacidade contributiva, o qual apenas pode ser concebido, de forma concreta e atual, se existente no momento da ocorrência do fato jurídico.

Já tivemos, em textos constitucionais anteriores, o princípio da capacidade contributiva expresso ao lado do princípio da autorização orçamentária e do princípio da irretroatividade das leis (Constituição de 1946). Mas não tínhamos tido antes, ao mesmo tempo, como na Constituição de 1988, o estabelecimento da irretroatividade da lei em geral (art. 5º, XXXVI), da lei penal, por duas vezes (art. 5º, XXXIX e XL) e da lei tributária especificamente (art. 150, III, *a*), além da consagração do princípio da capacidade econômica (art. 145, § 1º) e da anterioridade do art. 150, III.

Essa peculiar insistência da Constituição brasileira na segurança jurídica, na previsibilidade, na "não surpresa" deve bastar para se construir uma ordem jurídica, voltada à proteção da confiança na lei, diferente do passado, assim como para afastar posições teóricas ou jurisprudenciais estranhas, inconciliáveis com nosso direito positivo.

Portanto, se a doutrina estruturada no século passado por Gabba (*Teoria della Retroatività delle Leggi*), posteriormente revista e desdobrada por Paul Roubier, Planiol, Ferrara, Josserand, von Thur e outros, foi decisiva para a sedimentação do tema, hoje demanda visão própria e reclama por um tratamento peculiar, que o enfoque à luz da Constituição de 1988, especialmente no campo do Direito Público.

Muitos doutrinadores, como Geraldo Ataliba ("O princípio da irretroatividade das leis em matéria tributária. O caso do Imposto sobre a Renda", *RDM* 56/5-24); Carlos Mário Velloso (*Temas de Direito Público*, Belo Horizonte, Del Rey, 1994, pp. 293-313); Roque Antonio Carrazza (*Princípios Constitucionais Tributários e Competência Tributária*, São Paulo, Ed. RT, 1986); Luciano da Silva Amaro ("O imposto de renda e os princípios da irretroatividade e da anterioridade", *RDT* 25-26/140-154); Sacha Calmon Navarro Coelho (*Comentários à Constituição de 1988 — Sistema Tributário*, 3ª ed., Rio de Janeiro, Forense, 1991); Ives Gandra da Silva Martins ("O fato gerador do imposto de renda e proventos de qualquer natureza",

Caderno de Pesquisas Tributárias 11) e outros têm procurado tratar o assunto com os cuidados especiais que merece no Direito Tributário, mas o tema está longe de ser pacificado.

Cumpre, de plano, afastar algumas colocações nascidas em outros países e moldadas à luz de ordenamento jurídico diferente do nosso. Por exemplo, em alguns países costuma-se distinguir entre retroatividade propriamente dita (ou autêntica) e a retroatividade imprópria (ou retrospectiva). É que lá, na ausência de norma constitucional sobre o princípio da irretroatividade, ficou o legislador bem mais livre para alcançar certos fatos pretéritos ou para atingir-lhes os efeitos. Constituiu-se, então, uma distinção entre retroatividade própria e imprópria. A retroatividade própria ou autêntica apresenta-se quando a lei alcança fatos e relações jurídicas inteiramente ocorridos no passado, ou seja, anteriormente à sua vigência. Ela está vedada porque a segurança jurídica e a confiança na lei são limitações para o legislador alemão, decorrentes do Estado de Direito. Segundo a jurisprudência do Tribunal Constitucional tedesco, admite-se a retroatividade autêntica apenas naquelas circunstâncias em que o direito vigente à época da ocorrência do fato era lacunoso ou tão obscuro que nenhuma situação de confiança se criava com base nele; a confiança não seria digna de proteção, pois de acordo com a situação jurídica existente à época da mudança da lei, o cidadão deveria esperar a nova regra; finalmente, razões de extrema gravidade, decorrentes do bem geral ou coletivo, podem se sobrepor ao mandamento da irretroatividade (Hans Spanner, *Rückwirkung in Handwörterbuch des Steuerrechts in der Steuerwissenschaften* 2, A. C. H. Beck, 1981, p. 1.161).

A retroatividade será imprópria ou "retrospectiva", se a lei não atuar nem sobre o passado nem também sobre o futuro mas "em um presente ainda não concluído, porém em vias de formar o fato jurídico e as relações jurídicas (...) no caso dos impostos periódicos, ela é editada no curso do ano, antes do termo final do nascimento do direito. Na verdade, isso foi deduzido da técnica do parágrafo 38 AO e não da realidade dos fatos. Aumentos do imposto de renda e das sociedades para o ano de 1980 são admitidos também ainda em 20 de dezembro de 1980" (Klaus Tipke, *Steuerrecht*, Köln, Otto Schmidt KG, 1983, p. 46).

Essa diferenciação entre retroatividade autêntica e imprópria ou "retrospectiva" é aceita pelo Tribunal Constitucional alemão, sob as críticas de grande parte da doutrina, porque, como diz Tipke, ela não convence, especialmente se considerarmos que o princípio da irretroatividade visa à proteção da confiança (cf. ob. cit., p. 47).

Ora, à luz da Constituição brasileira, além do princípio expresso da irretroatividade, impõe-se ainda o da anterioridade, que leva ao adiamento da eficácia da norma tributária modificadora do imposto sobre a renda, para o exercício financeiro subseqüente. Portanto, a singela existência da anterioridade, por si só, impede em qualquer circunstância, a adoção da tese que permite a retrospectiva ou retroatividade imprópria. Não há possibilidade de uma lei nova, majoradora do tributo, sendo publicada no curso do período, desencadear efeitos no mesmo ano, graças ao citado princípio da anterioridade. A lei nova não haveria de ser aplicada por força inclusive da anterioridade, pois estando seus efeitos necessariamente procrastinados para o exercício financeiro seguinte, somente a lei velha e anterior estaria a reger os fatos ao encerramento do período.

Ainda mais. O princípio da irretroatividade não deve ser limitado às leis, mas estendido às normas e atos administrativos ou judiciais. O que vale para o legislador precisa valer para a Administração e os Tribunais. O que significa que a Administração e o Poder Judiciário não podem tratar os casos que estão no passado de modo que se desviem da prática até então utilizada, na qual o contribuinte tinha confiado.

"Isso não significa uma solidificação da jurisprudência, pois uma jurisprudência alterada pode ser aplicada *pro* futuro. O parágrafo 176 AO é resultado desse princípio" (K. Tipke, ob. cit., p. 47).

As decisões judiciais irrecorríveis (que passaram em julgado) não podem ser atingidas quer por uma lei nova, quer por uma alteração jurisprudencial superveniente.

Assim, o art. 150, III, *a*, da Constituição veda "cobrar tributos em relação a fatos geradores ocorridos antes do início da vigência da lei que os houver instituído ou aumentado".

Conclui-se que o princípio da irretroatividade no Direito Positivo brasileiro não é relativo (como em outros países, em que não obteve consagração constitucional) mas amplo e insistentemente repetido nos Textos Magnos nacionais. Mesmo antes da Constituição de 1988, na qual, pela primeira vez, o princípio da irretroatividade foi especificamente expresso para o Direito Tributário, o Supremo Tribunal Federal acolheu esse entendimento repelindo empréstimos compulsórios retroativos embora criados em situações excepcionais de calamidade pública ou urgente absorção temporária do poder aquisitivo (com base na Constituição de 1967/1969).

Ainda antes da Constituição de 1988, em casos mais sutis, em que a lei nova não atingiu diretamente o fato jurídico pretérito e sua base de cálculo, mas só indiretamente, por meio de seus efeitos já desencadeados, a mais alta Corte do País reconheceu a inconstitucionalidade por retroação. É memorável o voto do Ministro Moreira Alves como relator, no julgamento da ação de representação de inconstitucionalidade 1.451-7, do art. 18 do Decreto-lei 2.323/1987. O art. 18 supra-referido determinou a transformação, em OTN, do montante do imposto de renda a pagar pelas pessoas jurídicas, apurado em 31 de dezembro do ano anterior. Portanto esse dispositivo, declarado inconstitucional pelo STF, não atingiu diretamente o fato gerador ou a base de cálculo do imposto, mas apenas indiretamente, porque mandou atualizar o débito em situação jurídica já consolidada. Escreveu Moreira Alves, em voto unanimemente adotado por seus pares:

"A questão é a de se saber se, no caso, ocorre direito adquirido ou ato jurídico perfeito em favor do contribuinte, porque, em representação de inconstitucionalidade em tese, não há que se tratar de irretroatividade em decorrência de coisa julgada que haja ocorrido concretamente nesse ou naquele caso.

"Sendo o contribuinte o devedor do imposto, para verificar-se a ocorrência, ou não, de direito adquirido, seria mister, preliminarmente, dilucidar a questão relativa a ter ele, ou não, o denominado direito à liberação do débito, matéria controvertida, em que se contrapõem duas correntes radicalmente antagônicas: a que sustenta a existência de um direito do devedor à liberação (e seus adeptos não são acordes quanto à natureza desse direito — se subjetivo, com caráter afim ao dos direitos reais; ou se potestativo extintivo, como defendem, entre outros, von Thur, *Der Allgemeine Teil des Deutschen Bürgerlichenrechts*, v. I, § 10, p. 196, e Andreoli, *Contributo alla Teoria dell'Adempimento*, n. 564, pp. 88-90) e a que nega ocorrência desse direito à liberação (entendendo vários seguidores, entre os quais Molitor, *Schuldrecht*, v. I, § 14, p. 77, que, nesse caso, não há dever ou sujeição do credor, mas tem este apenas um ônus para não sofrer as desvantagens da *mora creditoris*).

"Para o problema posto nesta representação, não há necessidade de enfrentar-se essa questão, que é mais delicada do que pode parecer à primeira vista.

"E não há necessidade de enfrentá-la, porque o fato gerador já ocorrido se enquadra na noção ampla de ato jurídico perfeito, como decorre inequivocamente, dos arts. 105, 116 e 144 do Código Tributário Nacional, os quais, interpretando o alcance do art. 153, § 3º da Carta Magna no terreno tributário, se adstringem a esse aspecto. Como bem acentua Pontes de Miranda (*Comentários à Constituição de 1967 com a Emenda n. 1, de 1969*, t. V, n. 139, pp. 67-68), esse texto constitucional alcança, indubitavelmente, o fato jurídico já ocorrido no passado:

"'O ato jurídico perfeito é fato jurídico, que tem o seu momento-ponto, no espaço-tempo: entrou em algum sistema jurídico, em dado lugar e data (...). Em verdade, a lei nova não incide sobre fatos pretéritos, sejam eles, ou não, atos, e — por conseguinte — não pode prejudicar os direitos adquiridos, isto é, os direitos já irradiados e os que terão de irradiar-se (...). É claro, que o art. 153, § 3º, poderia ter dito que a lei nova não incide sobre o ato jurídico perfeito ou outro fato jurídico já ocorrido. Não nos disse por influência histórica e, antes de se referir ao ato jurídico perfeito, referiu-se à eficácia dos fatos jurídicos em geral: 'não prejudicará o direito adquirido, o ato jurídico perfeito (...)'. Melhor teria dito: 'não incidirá sobre os fatos jurídicos pretéritos, inclusive atos jurídicos perfeitos'.

"Ora, no caso é indiscutível que se consumaram em momento anterior ao do início da vigência do art. 18 do Decreto-lei 2.323/1987, não só o fato gerador do imposto de renda relativo ao exercício financeiro de 1987 (fato esse que se produziu em 31.12.1986), mas também seu efeito imediato que foi a relação obrigacional tributária nesse instante nascida (...)

"Se o fato gerador dava nascimento — como deu — a obrigação de uma natureza, não pode a lei nova transformá-la em obrigação de natureza diversa, porquanto a modificação do efeito alcança, prejudicando-o, o fato jurídico consumado de que ele resultou" (STF, Plenário, 25.5.1988).

Ora, a afronta ao fato jurídico perfeito, segundo o entendimento do Supremo Tribunal Federal, se deu por meio da modificação dos efeitos já desencadeados pelo fato, atingindo-o de forma indireta. É inequívoca a correção desse pensamento, do ponto de vista lógico-jurídico.

Sempre entendemos, e já o sustentamos (v. Misabel Derzi, *Direito Tributário, Direito Penal e Tipo*, São Paulo, Ed. RT, 1988, pp. 230-231), que o fato gerador não é uma categoria ontológica, que subsiste de *per se*. É uma categoria funcional que se explica na medida em que produza efeitos jurídicos. Mudados os efeitos a serem desencadeados pelo fato jurídico (nascimento de uma obrigação em dinheiro, pelo seu valor nominal, ou seja, sem correção monetária) ou já desencadeados (retroativamente), altera-se o próprio fato, pois a relação de implicação lógica entre hipótese e conseqüência, segundo a qual, dado um fato A será a conseqüência (então deve ser C), é recíproca e intensiva. Isso significa que se não é C (se não ocorrem os mesmos efeitos anteriores da conseqüência) então não A, o fato gerador será outro, alterado.

A Constituição Federal brasileira, por meio da irretroatividade, protege tanto os efeitos irradiados pelo fato, como o próprio fato, o que está de acordo não apenas com a lógica jurídica, mas, sobretudo com os valores que o princípio abriga. O art. 5º, XXXVI, por tradição histórica, refere os efeitos, mas o art. 150, III, *a*, destaca o fato jurídico, vedando a retroação da lei. Em um ou outro caso, as conseqüências são as mesmas, porque alterando-se os efeitos jurídicos já desencadeados, a lei nova terá modificado fato pretérito.

São inaproveitáveis, entre nós, aquelas teorias desenvolvidas em ordens jurídicas que não dão ao princípio da irretroatividade a projeção e a importância que merecem na nossa, especialmente a chamada irretroatividade imprópria ou retrospectiva. Também não pode ter acolhida, entre nós, aquela teoria que distingue, indevidamente, entre fato jurídico e seus efeitos, permitindo uma cisão profunda entre a hipótese e a conseqüência da norma. Essa última teoria não desatende apenas à proteção da confiança no Direito, mas ofende à lógica e se assenta na falsa premissa de que os fatos, independentemente de seus efeitos, são bastantes em si, em sua faticidade pura. Ao contrário, como alertava Pontes de Miranda, e como ratificou, em seus julgados, o Ministro Moreira Alves, um fato só é jurídico, porque a lei atribui o desencadeamento de determinados efeitos à sua ocorrência. Anulados, por lei nova, esses efeitos, ou modificados tais efeitos, já nascidos no passado, será necessariamente atingido o fato jurídico pretérito, em ação retroativa.

9.3 Princípios que garantem a integração do mercado interno; a unidade econômico política nacional e a isonomia entre as pessoas estatais. A neutralidade dos impostos sobre o consumo

A Constituição de 1988 ainda declara indissolúvel a união dos Estados, Distrito Federal e Municípios que compõem a República Federativa do Brasil (art. 1º) e põe normas que determinam a integração do mercado interno. O direito fundamental de ir e vir, conjugado à unidade econômico-política do território nacional e à isonomia têm profundos reflexos no Direito Tributário. Nele se apresentam por meio de princípios que

• proíbem as limitações ao tráfego de pessoas e bens (o art. 150, V, veda "estabelecer limitações ao tráfego de pessoas ou bens, por meio de tributos interestaduais ou intermunicipais, ressalvada a cobrança de pedágio pela utilização de vias conservadas pelo Poder Público");

• coíbem os privilégios, as distinções e as preferências entre os entes políticos da Federação, pessoas ou bens, em razão de sua procedência ou destino (o art. 151 estabelece que é vedado à União "I — instituir tributo que não seja uniforme em todo o território nacional ou que implique distinção ou preferência em relação a Estado, Distrito Federal ou Município, em detrimento de outro, admitida a concessão de incentivos fiscais destinados a promover o equilíbrio do desenvolvimento sócio-econômico entre as diferentes regiões do País");

• vedam aos Estados, ao Distrito Federal e aos Municípios "estabelecer diferença tributária entre bens e serviços, de qualquer natureza, em razão de sua procedência ou destino" (art. 152);

• asseguram a unidade do mercado interno nacional, como é o caso da adoção do princípio da tributação na origem, em se tratando de operações interestaduais sujeitas ao ICMS (o art. 155, § 2º, dispõe no inciso I, que o imposto estadual "será não cumulativo, compensando-se o que for devido em cada operação relativa à circulação de mercadorias ou prestação de serviços com o montante cobrado nas anteriores pelo *mesmo ou outro Estado ou pelo Distrito Federal*");

• garantem regras isonômicas de livre competição em relação ao mercado externo, por meio da exoneração de impostos em relação às vendas de produtos nacionais, especialmente industrializados (arts. 153, § 2º, III e 155, § 2º, X, *a*) e contém implícita a sistemática imposição dos importados aos mesmos tributos internos, que onerarem a produção nacional;

• finalmente, facilitam o livre trânsito de mercadorias e serviços em um mercado integrado, garantindo-se a neutralidade dos impostos incidentes sobre o consumo, por meio da adoção do princípio da não-cumulatividade (arts. 153 e 155, § 2º, I).

9.4 Capacidade contributiva, vedação do confisco, igualdade e pessoalidade

Finalmente, a igualdade, a capacidade contributiva, a pessoalidade e a vedação do confisco não são mais princípios implícitos na Constituição de 1988, mas expressos e integrantes dos direitos e garantias fundamentais do cidadão contribuinte. E como direitos e garantias fundamentais são também autoaplicáveis, efetivos e voltados à concretização do Estado Democrático de Direito. Têm, no Poder Judiciário, não apenas o legislador negativo, mas também o legislador positivo-supletivo, todas as vezes que a omissão do Poder Legislativo comprometer a plenitude de seu exercício. Confiram-se as normas constitucionais: "Art. 145. (...). § 1º. Sempre que possível, os impostos terão caráter pessoal e serão graduados segundo a capacidade econômica do contribuinte, facultado à administração tributária, especialmente para conferir efetividade a esses objetivos, identificar, respeitados os direitos individuais e nos termos da lei, o patrimônio, os rendimentos e as atividades econômicas do contribuinte".

Sobre a isonomia, estabelece a Constituição:

"Art. 150. Sem prejuízo de outras garantias asseguradas ao contribuinte, é vedado à União, aos Estados, ao Distrito Federal e aos Municípios:

"I — (*omissis*);

"II — instituir tratamento desigual entre contribuintes que se encontrem em situação equivalente, proibida qualquer distinção em razão de ocupação profissional ou função por eles exercida, independentemente da denominação jurídica dos rendimentos, títulos ou direitos."

E, embora a Carta de 1988 obrigue à observância da progressividade, da generalidade e da universalidade no imposto sobre a renda, veda "utilizar tributo com efeito de confisco", no art. 150, IV.

Do ponto de vista da igualdade formal, a Constituição brasileira não conhece exceções. Mas do ponto de vista da igualdade material, como não poderia deixar de ser, os critérios de comparação, como variáveis, cristalizam a escala de valores constitucionalmente adotada. De cinco maneiras se situam os critérios de comparação, segundo a Constituição Federal:

1. na proibição de distinguir (universalmente) na aplicação da lei, cujo valor básico protegido é a segurança jurídica (art. 5º, *caput*);

2. na proibição de distinguir, no teor da lei, vedação que salvaguarda valores democráticos como abolição de privilégios e de arbítrio. Os princípios da generalidade e da universalidade estão a seu serviço e têm como destinatários todos aqueles considerados iguais (arts. 5º e 153, § 2º, I);

3. no dever de distinguir no conteúdo da lei entre desiguais, e na medida dessa desigualdade. No Direito Tributário, o critério básico que mensura a igualdade ou a desigualdade é a capacidade econômica do contribuinte (arts. 145, § 1º e 150, II);

4. no dever de diferenciar as grandes desigualdades econômico-materiais advindas dos fatos, com o fim de atenuá-las e restabelecer o equilíbrio social. O direito ao mínimo existencial, a seletividade e a progressividade dos tributos favorecem a igualação das díspares condições concretas, ao invés de conservá-las ou acentuá-las (arts. 7º, IV; 145, § 1º; 153, §§ 2º, I e 3º, I e 155, § 2º, III);

5. na possibilidade de derrogações parciais ou totais ao princípio da capacidade contributiva pelo acolhimento de outros valores constitucionais como critérios de comparação, os quais podem inspirar progressividade, regressividade, isenções e benefícios, na busca de um melhor padrão de vida para todos, dentro dos planos de desenvolvimento nacional integrado e harmonioso (arts. 151, I e 165, § 7º).

Em nenhuma dessas cinco maneiras, por meio das quais agrupamos os distintos critérios de comparação (igualdade material), quebra-se o conceito de igualdade formal. Do ponto de vista da igualdade material, os diferentes aspectos, os distintos critérios de comparação não são incompossíveis ou contraditórios. São apenas aspectos de um mesmo fenômeno, compondo um todo unitário de sentido e de valor, que se complementam: segurança jurídica, generalidade e abolição de privilégios, graduação de tributos de acordo com a capacidade contributiva, igualação de oportunidades e redução das grandes disparidades sócio-econômicas para o desenvolvimento nacional harmonioso (progressividade, incentivos, prêmio e extrafiscalidade). A unidade está na construção do Estado Democrático de Direito de que a igualdade é esteio fundamental (arts. 1º a 3º da Constituição).

10. Os Estatutos do cidadão-contribuinte. E o cidadão-consumidor?

A Constituição brasileira contém, pois, além da declaração dos direitos e garantias dos cidadãos, uma declaração formal de direitos dos contribuintes, a que o Supremo Tribunal Federal já conferiu o caráter de *irreversibilidade* e de *inesgotabilidade*. Trata-se, sem dúvida, da mais ampla declaração de direitos, contemplada em Constituição escrita, que, além de não ser exaustiva, se completa com os demais direitos e garantias individuais fundamentais do art. 5º.

Apesar disso, projetos de lei — com declarações mais amplas de direitos e garantias — têm sido oferecidos, quer no âmbito federal, quer nas esferas estaduais. Manifestação de certa tendência atual, seguida em outros países, objetivam eles dotar aqueles direitos e garantias de *maior efetividade*. Recentemente, o Estado de Minas Gerais aprovou também um polêmico Código de Defesa do Contribuinte. Em regra, as declarações de direitos oferecidas em projetos de lei complementar federal ou estadual marcam avanços, mas também consolidam recuos.

Por meio de projetos elaborados pelo governo federal de alteração do Código Tributário Nacional ou por meio de leis ordinárias já em vigor, surge verdadeiro cipoal de normas adversas aos direitos do contribuinte, em especial a exigência de garantia de instância, ou seja, o depósito de 30% do valor devido, como condição à admissibilidade de recurso ao Conselho de Contribuintes (Medida Provisória 1.863, sucessivamente reeditada, art. 32), exigência considerada, em abstrato, constitucional pelo Supremo Tribunal Federal, conforme julgamento das ADIn 1.922-9 e 1.976-7. Alguns Estados da Federação, seguindo os caminhos da União, já fizeram aprovar leis de igual teor. Nesse contexto, aparece como um avanço, difícil de ser concretizado na mesma casa legislativa federal, o projeto de lei complementar em curso no Congresso Nacional (declaração de direitos dos contribuintes), que propõe vedar qualquer exigência dessa natureza para o exercício do direito do duplo grau de jurisdição e da ampla defesa nos processos administrativos.

Em geral, as propostas de lei em discussão nos legislativos federal e estaduais que pretendem codificar os direitos dos contribuintes, são uma necessária iniciativa de harmonização das relações tributárias, que contêm avanços louváveis, mas, em contrapartida, consagram vícios imperdoáveis, que mereceriam total erradicação. Em nosso País, de grandes contrastes sociais, elevadíssima concentração de renda, que alimenta uma larga faixa de miseráveis e altos índices de sonegação, a arrecadação provém, sobretudo, dos impostos incidentes economicamente sobre o consumo, embora ostentando nomes e qualificação jurídica diversa (imposto sobre a importação, sobre produtos industrializados, sobre operações de circulação de mercadorias e sobre prestação de serviços, contribuições sociais sobre o faturamento etc.). Realiza-se, entre nós, de maneira perfeita, o disfarce, que o legislador costuma utilizar sem tanto sucesso em outros países, para vincular, por motivos psicológico-tributários, o imposto ao empresário, tornando-o pouco perceptível aos olhos dos consumidores-leigos e não empresários. Como explica Klaus Tipke, a cobrança se torna mais simples, possibilitando "de plumer l'oie sans trop la faire crier" (cf. *Steuerrecht. Ein Systematischer Grundriss*, 9, Auf. Köln, Otto Schmidt KG, 1983, p. 408).

Pois bem, os mesmos consumidores, por mais miseráveis que sejam, fazendo jus a um salário mínimo de cerca de 86 dólares mensais, ignoram que suportam elevados encargos tributários a onerar a cesta básica e a energia elétrica, não exigem nota fiscal em suas compras e olham indiferentes aos aumentos de imposto, como se fora *res inter alios*. Auxiliada por um sistema de cobrança (em especial o maior imposto sobre vendas — ICMS), em que o tributo não vem destacado por fora do preço na nota fiscal, mas já está incluído no valor das mercadorias e serviços vendidos, a sonegação somente tende a aumentar com prejuízo para todos.

Com isso, o consumidor nunca é informado dos impostos que suporta nas mercadorias e serviços que adquire, como determina peremptoriamente o art. 150, § 5º da Constituição ("a lei determinará medidas para que os consumidores sejam esclarecidos acerca dos impostos que incidam sobre mercadorias e serviços"); nem vê cumprido, no ICMS, o princípio da seletividade segundo a essencialidade dos produtos (art. 155, § 2º, III); nem tampouco vê respeitado o direito fundamental a um mínimo existencial digno. Por sua vez, o Estado, em um País carente de serviços públicos inafastáveis à massa dos cidadãos (segurança, saúde e educação), priva-se de recursos, desviados pela evasão ilícita. Os contribuintes honestos se vêem desestimulados pela concorrência desleal ou prejudicados pela elevação dos tributos ou pela ação insistente dos fiscais, ávidos a compensar de forma justa ou injusta a sonegação. Em conseqüência, as declarações de direitos dos contribuintes não deveriam, entre nós, copiar modelos de outras ordens jurídicas, em que não se põem as mesmas premissas.

Ao contrário, as declarações de direitos deveriam ser complementadas com declarações de deveres, a fim de que se cumprissem o princípio constitucional da seletividade no ICMS e o dever de informar ao consumidor sobre os impostos incidentes nas mercadorias e serviços. Somente assentados no tripé (Estado, contribuinte, consumidor), os chamados códigos de defesa do contribuinte criarão verdadeira consciência de cidadania, tanto marcada pela liberdade como simultaneamente pelo dever de solidariedade. As declarações aprovadas ou em discussão, a partir do ano 2000, especialmente em nosso País, tão acentuadamente injusto, não podem continuar corporativas, como se ainda repetíssemos a Carta de João Sem Terra, de 1215, oito séculos depois.

11. Conclusões. Avanços e retrocessos nas práticas constitucionais ou nas recentes reformas da ordem tributária

Vários dos princípios gerais imperantes no sistema tributário têm sofrido reduções quer por meio de práticas equivocadas, quer por meio de reformas constitucionais, nem sempre repelidas pelo Supremo Tribunal Federal. Analisemos as mais importantes:

11.1 Legalidade, anterioridade e medidas provisórias

Exatamente sob a vigência da Constituição da República de 1988 que, em nosso País, introduziu um dos mais abrangentes leques de direitos e garantias do contribuinte, elenco mais completo do que o de outros ordenamentos, paradoxalmente, em especial no campo da segurança jurídica, normas legislativas, jurisprudenciais ou administrativas implementam realidade oposta, reduzindo e anulando (ou tentando anular) a certeza e a previsibilidade, que são e deveriam ser princípio e conseqüência necessária do sistema.

Uma dessas manifestações mais relevantes tem sido a proliferação de *medidas provisórias*, sucessivamente reeditadas, fenômeno que tem provocado constante improvisação no campo do Direito Tributário e, aos poucos, reduzido ou anulado o princípio da *anterioridade*.

Insistimos. À luz da Constituição de 1988, havia uma única decisão correta a tomar: reconhecer a total incompatibilidade entre tais regimes (o das medidas provisórias em relação ao dos tributos), estando vedada a utilização das medidas provisórias para instituir e majorar tributos. Sempre foi, de fato, incompatível com o regime tributário, o procedimento das medidas provisórias, próprio para regular a urgência e a relevância. Antes de existir como lei, com a simples publicação da medida provisória, antecipa-se o vigor próprio da lei. Precipitação de efeitos, antes da existência da própria lei. Em posição antinômica, diametralmente oposta, estão as leis tributárias instituidoras e majoradoras de tributo. Embora já existentes e publicadas, têm os seus efeitos procrastinados para o exercício subseqüente. Mas esse não foi o pensamento de nossa Corte Superior.

Felizmente, a Emenda Constitucional de setembro de 2001, modificou o art. 62 da Constituição para recuperar o princípio da anterioridade. Confira-se:

"Art. 62. Em caso de relevância e urgência, o Presidente da República poderá adotar medidas provisórias, com força de lei, devendo submetê-las de imediato ao Congresso Nacional.

"(*omissis*).

"§ 2º. Medida Provisória que implique instituição ou majoração de impostos, exceto os previstos nos arts. 153, I, II, IV, V e 154, II, só produzirá efeitos no exercício financeiro seguinte se houver sido convertida em lei até o último dia daquele em que foi editada."

Como se vê, as medidas provisórias editadas em matéria tributária, a não ser no caso dos impostos e empréstimos compulsórios que já configuram exceção ao princípio da anterioridade, não têm força de lei, não desencadeiam efeitos quando publicadas.

Insistimos. À luz da Constituição de 1988, havia uma única decisão correta a tomar: reconhecer a proibição de se utilizarem as medidas provisórias para instituir e majorar tributos. A solução jurisprudencial, não obstante, para coibir a incongruência, tinha preferido sacrificar o princípio da anterioridade e, com isso, prestigiar o fortalecimento do Poder Executivo em lugar do equilíbrio entre os Poderes, a improvisação em lugar do planejamento, a insegurança em lugar da certeza e da previsibilidade. Decretou-se a morte do princípio da anterioridade.

A Emenda Constitucional 32/2001 também não contém a norma correta, pois a matéria tributária (em especial a instituição e a majoração de tributos) deveria estar elencada entre aquelas outras vedadas ao procedimento das medidas provisórias. Resta ao intérprete a difícil tarefa de explicar como e por que editar medidas provisórias — próprias para situações de urgência e relevância, *se elas não têm vigor de lei, nem eficácia imediata no campo dos tributos? As pressões impostas pelo Poder Executivo ao Poder Legislativo provocaram transigências, a maior delas, a autorização para que o Presidente da República se utilize das medidas provisórias para instituir e regular tributos, assim como a modificação do art. 246, que terá efeitos limitados, até a promulgação daquela Emenda 32/2001, sendo inaplicável para o futuro.*

Não obstante, introduziu-se, pela primeira vez, no texto da Carta Constitucional uma contra-regra ou contraprincípio, aplicável tão somente às medidas provisórias que instituem ou majoram tributos:

- pois elas não têm *força de lei*, não desencadeiam eficácia e aplicabilidade antes da existência da lei em que se hão de converter;
- não são elas fruto da urgência e da relevância, que imperam nos demais ramos jurídicos em geral (exceto em relação ao Direito Penal e Processual);
- não tendo portanto eficácia imediata, desde a edição, nada modificam na esfera jurídica das pessoas e somente vigorarão no exercício seguinte ao da publicação da lei em que se converterem.

Depois de uma prática equivocada, uma sobrevida, portanto, é conferida ao princípio da anterioridade, agora, por força da recente Emenda Constitucional 32/2001, que alterou a redação do art. 62 da Constituição de 1988.

11.2 Tipicidade, capacidade contributiva e praticidade

Os princípios da igualdade e da capacidade contributiva são abrandados (e freqüentemente violados) por meio do princípio da praticidade ou praticabilidade. Por meio desse último princípio devem ser evitadas as execuções muito complicadas da lei, especialmente naqueles casos em que se deve executar a lei *em massa*. Mas indiretamente, como observa K. Tipke, também o princípio da praticidade serve ao da igualdade, no sentido de generalidade, pois leis que não são praticamente exeqüíveis, não podem ser aplicadas igualmente a todos. E ainda lembra Tipke que o princípio da praticidade, como princípio técnico primário, não deve ser valorado da mesma forma que os princípios éticos (igualdade e capacidade contributiva), embora os limites entre uns e outros até hoje não estejam bem definidos (v. *Steuerrecht*, Köln, Otto Schmidt KG, 1983, p. 35).

Os estudos mais aprofundados sobre as técnicas relacionadas à praticidade, que estão voltadas a possibilitarem a execução simplificada, econômica e viável das leis (entre elas a tipificação) foram desenvolvidos pelos juristas alemães, nas últimas décadas. Dentre os trabalhos mais importantes, citemos a obra de Hans Wolfgang Arndt (*Prakticakabilität und Efficienz*, 1ª ed., Köln, Otto Schmidt KG, 1983); Josef Isensee (*Die Typsierende Verwaltung*, 1ª ed., Berlin, Duncker & Humblot, 1976); Eberhard Wennrich (*Die Typsierende Betrachtungsweise im Steuerrecht*, 1ª ed., Düsseldorf, Instituts der Wirtschaftsprüfer, 1963), além de numerosos artigos e capítulos de livros. Entre nós, leia-se Misabel Abreu Machado Derzi (*Direito Tributário, Direito Penal e Tipo*, São Paulo, Ed. RT, ed. 1988). "Praticidade é o nome que designa a totalidade das condições que garantem uma execução eficiente e econômica das leis" (cf. Isensee, ob. cit., pp. 162-163).

A praticidade é um princípio geral e difuso, que não encontra formulação escrita nem no ordenamento jurídico alemão, nem no nacional. Mas está implícito, sem dúvida, por detrás das normas constitucionais. Para tornar a norma exeqüível, cômoda e viável, a serviço da praticidade, a lei ou o regulamento muitas vezes se utiliza de abstrações generalizantes fechadas (presunções, ficções, pautas de valores, enumerações taxativas, somatórios e quantificações) denominadas por alguns autores de "tipificações" ou modo de raciocinar "tipificante". A principal razão dessa acentuada expressão da praticidade reside no fato de que o Direito Tributário enseja aplicação em massa de suas normas, a cargo da Administração, *ex officio*, e de forma contínua ou fiscalização em massa da aplicação dessas normas (nas hipóteses de tributos lançados por homologação).

É preciso considerar exatamente as esquematizações, abstrações e generalizações (tipificações em sentido impróprio e conceitualizações) que a norma inferior, ao executar a superior, em nome da praticidade, faz ou pode fazer. Por essa razão, exatamente no Direito Tributário, onde compete a órgão estatal executar a norma em massa ou fiscalizar a sua execução, é que se coloca de forma mais aguda a questão da praticidade e de seus limites.

É exemplo de norma constitucional brasileira, ditada em nome da praticidade, o art. 150, § 7º, introduzido pela Emenda Constitucional 3/1993, que dispõe: "A lei poderá atribuir a sujeito passivo de obrigação tributária a condição de responsável pelo pagamento de imposto ou contribuição, cujo fato gerador deva ocorrer posteriormente, assegurada a imediata e preferencial restituição da quantia paga, caso não se realize o fato gerador presumido".

Pretendeu ele legitimar as presunções de ocorrência de fato gerador futuro, que se dão na substituição tributária chamada "para frente", ou nas antecipações de imposto, cobradas em geral, em nome dos interesses arrecadatórios da Fazenda, de simplificação da execução das leis e da fiscalização e do combate à evasão.

Sem dúvida, a permissão constitucional expressa, ditada em nome da *praticidade*, representa um abrandamento da igualdade e da capacidade contributiva, embora não represente rompimento algum com a legalidade, ao contrário, poderá exterminar os numerosos casos de instituição de substituição tributária no ICMS, sem lei, por meio de norma regulamentar. Caberá ao Poder Judiciário fixar os limites à norma do art. 150, § 7º. e coibir os abusos, que sob invocação de seu manto protetor, serão tentados pela Administração Fazendária.

Especialmente no Brasil, é de se refletir sobre o tema, uma vez que a Constituição Federal, ao regular o sistema tributário, desce a pormenores que acabam por delimitar materialmente a competência legislativa dos entes estatais tributantes. Além disso, as leis complementares de normas gerais, abaixo da Constituição, mas acima das leis ordinárias acrescem outros requisitos de validade. É preciso, então conferir e aferir, dentro desse quadro, a validade do modo de raciocinar "tipificante", assim chamado porque, em geral, na eleição dos recursos que objetivam alcançar segurança jurídica, uniformidade, garantia, fortalecimento do crédito tributário e praticidade, o legislador se vale do tipo, deduzindo-o daquilo que é padrão usual, médio ou freqüente (embora, via de regra, o desnature, transformando-o em conceito fechado ou quantificando-o).

Representam técnicas simplificadoras da execução, legalmente previstas ou autorizadas:

- o lançamento do imposto por estimativa, segundo o qual não são levadas em conta as operações efetivamente realizadas, mas estabelece-se, administrativamente, a média presumível dessas operações, como base para a cobrança do tributo;
- a substituição tributária chamada "para frente" na qual se presume realização de operação de circulação futura, de acordo com o usual e ordinário, e segundo base de cálculo estimada, embora, muitas vezes, ela possa não ocorrer (por perecimento ou extravio da mercadoria por exemplo), ou ocorrer com base em preços bastante diversos daqueles previstos;
- regimes especiais, em que se delegam ao Executivo a criação de pautas de valores em substituição aos preços reais das operações realizadas etc.

Exatamente em nome da *praticidade*, nossos tribunais têm dado pela legitimidade do lançamento do imposto por estimativa, ou da substituição, uma vez instituídos em lei. Esses mecanismos destinados a simplificar a execução e a fiscalização, assim como a evitar a evasão ilícita do tributo, sem dúvida alteram norma constitucional, que diz incidir o imposto sobre operação de circulação, devendo ser deduzido do tributo a pagar o valor do montante cobrado na operação anterior. É que tornam presunção o que está assentado, na Constituição, como realidade, em especial a substituição tributária, que desencadeia o surgimento da obrigação sem a ocorrência da hipótese, sem a concretização da capacidade econômica, consagrada no art. 145, § 1º. Pode norma hierarquicamente inferior converter em presunção ou ficção o que dispõe norma de nível superior? Aceitando-se, no entanto, a legitimidade da presunção, quais serão, não obstante, seus limites?

Entretanto, outros notáveis exemplos podem ser colhidos, tanto no âmbito federal, como estadual e municipal, constantes de regulamentos do Executivo ou outras normas administrativas internas, tendentes a simplificar a execução de uma lei. Em tais casos, é irrelevante, nas hipóteses aventadas, que a lei mesma tenha autorizado a técnica simplificadora. O que importa é que a simplificação advém de outros instrumentos que não a própria lei, em franco exercício de delegação e, portanto, sem possibilidade de enquadramento no § 7º do art. 150 da Constituição de 1988. Regulamentos, instruções, orientações e demais preceitos normativos da Administração passam a estabelecer presunções, tendo como base um padrão médio ou esquema que preside a adoção dos valores. Esses valores são genericamente estabelecidos, são esquemas que desconsideram as diferenças individuais relevantes. A tendência jurisprudencial será considerá-los inconstitucionais e ilegais.

Igualmente nesses casos, embora o tipo sócio-econômico muitas vezes tenha servido de convencimento ao administrador, é juridicamente transformado em teto ou valor numericamente definido, que atua, não raramente, como presunção *iuris et de iure*. Citemos os exemplos mais representativos, embora outros possam ser considerados:

• as pautas de valores, fixadas pelo Poder Executivo, que estabelecem o valor tributável, com base no preço médio, para hipóteses de incidência do imposto sobre operações de circulação de certas mercadorias (gado, café, minerais etc.). A substituição tributária progressiva ou "para frente" é uma derivação da pauta de valores;

• as tabelas ou quadro de valores de imóveis urbanos, que servem de base para cálculo do imposto municipal sobre a propriedade predial e territorial urbana;

• as tabelas de valores de veículos automotores, que estabelecem o valor venal dos veículos usados, com base no caso padrão ou valor médio para o imposto estadual sobre a propriedade de veículos automotores;

• lançamentos que se baseiam em índices artificiais de produtividade (aplicados especialmente no ICMS), deduzidos a partir do levantamento dos insumos, matéria-prima e produtos intermediários adquiridos pelo produtor, segundo a média da produtividade existente para o setor.

A praticidade deve inspirar a elaboração das normas jurídicas, sendo um princípio implícito e difuso na Constituição, mas sem qualquer primazia sobre os princípios éticos que norteiam o sistema, como justiça, capacidade contributiva e igualdade. Por isso, os dispositivos constitucionais ditados em nome da praticidade, como o art. 150, § 7º, devem ser interpretados com essas limitações.

A praticidade deve ser atendida e a execução das leis deve ser simplificada, porém sob a égide dos seguintes princípios:

• legalização do modo de raciocinar padronizante, transferindo-se para a lei a fixação das presunções, dos somatórios, pautas de valores, substituição tributária e de outras técnicas que se destinam a preparar a execução simplificada da lei em massa;

• a lei que consagra presunções e pautas de valores não poderá ferir o princípio da capacidade contributiva, nem a igualdade, de tal sorte que o caso marginal ou atípico merecerá consideração especial, permitindo-se sempre a refutação da presunção pela demonstração da prova em sentido contrário;

• devem ser afastadas as presunções "materiais" que geram efeitos *iuris et de iure*, assim como as ficções de fatos geradores ou de bases de cálculo;

• por razões técnicas, não sendo aconselhável a legalidade rígida do modo de raciocinar administrativo que simplifica a execução por meio de presunções, esquemas e padrões, a declaração de vontade do contribuinte, caso a caso, deve substituir a vontade da lei, utilizando-se, para isso, o lançamento por homologação;

• mas a vontade do contribuinte pode e deve ser direcionada por orientações, limites e valores administrativamente estabelecidos que obstem as evasões ilícitas.

O lançamento por declaração e por homologação são uma alternativa para a aplicação das leis em massa, à qual tem recorrido o legislador no imposto sobre a renda, a circulação e a produção. São diversas as vantagens dessas espécies de lançamento, uma vez que a vontade do contribuinte supre e dispensa a exaustiva investigação do fato concreto por parte da Fazenda Pública, a qual só em casos especiais (omissão, falsidade, dolo, fraude, má-fé ...) procede ao levantamento das peculiaridades do caso individual.

Em se tratando, no entanto, de impostos incidentes sobre a propriedade de bens móveis ou imóveis, deve-se evitar a evasão ilícita, direcionando-se a declaração de vontade do contribuinte. Como já acontece no imposto territorial rural, o próprio contribuinte deveria declarar o valor do bem ou do metro quadrado e outros dados úteis à atualização cadastral. As pautas, plantas ou mapas de valores genéricos, quer estejamos falando de bens imóveis, quer móveis, devem atuar como piso mínimo. Assim, declarando o contribuinte valor inferior ao da planta ou tabela, sujeitar-se-á à exaustiva investigação administrativa do caso individual, para uma fiel e completa aplicação da lei. Essas plantas ou pautas dispensariam a aprovação legislativa pois não se destinam a atuar como presunções, mas apenas a direcionar a declaração de vontade do contribuinte.

É bom repetir que as técnicas que visam a facilitar a fiscalização, a arrecadação e coibir a evasão são perfeitamente admissíveis, exceto quando rompem com a capacidade econômica. Nos impostos incidentes sobre o consumo, da modalidade do IPI e do ICMS, o modo de raciocinar "tipificante" não pode ferir a *neutralidade*, que lhes é inerente, como ocorre no caso da substituição tributária "para frente". Não raramente, criam-se preços arbitrários ou fictícios (pautas), interfere-se na formação dos valores de mercado, distorce-se a concorrência, ofende-se a capacidade contributiva do contribuinte e desnatura-se profundamente o perfil constitucional do tributo.

De modo algum, portanto, se nega que o legislador possa criar presunções jurídicas por razões as mais diversificadas (praticidade, prevenção da sonegação, comodidade etc.). Mas nunca *iuris et de iure*, contra o princípio da realidade e da capacidade econômica. O que se afirma apenas é que, em qualquer caso, seja nas ficções e presunções, seja no estabelecimento de somatórios, pautas, tipos ou conceitos fechados, o legislador tem de ser fiel à Constituição, aos seus valores e princípios. Sua liberdade está restringida por aqueles valores e princípios, sua discricionariedade não se confunde com o *arbítrio de um querer qualquer*, que não encontra justificação naquelas normas superiores da Constituição. A *praticidade* não tem primazia sobre a *justiça*.

11.3 Incompatibilidade entre a Constituição e a "cláusula geral antielisiva"

A Lei Complementar 104, de 10.1.2001, acrescentou ao art. 116 do Código Tributário Nacional, um parágrafo único do seguinte teor: "Parágrafo único. A autoridade administrativa poderá desconsiderar atos ou negócios jurídicos praticados com a finalidade de dissimular a ocorrência do fato gerador do tributo ou a natureza dos elementos constitutivos da obrigação tributária, observados os procedimentos a serem estabelecidos em lei ordinária".

Pretendem alguns que a desconsideração autorizada naquela Lei Complementar configuraria verdadeira "cláusula geral antielisiva", o que não se coaduna com a Constituição. Na verdade, a ordem jurídica nacional não é patível com uma cláusula geral antielisiva a coibir o planejamento tributário, nem tampouco com uma pretensa interpretação econômica.

O parágrafo único tem como meta realizar o que expressamente determina: combater a simulação fraudulenta, a sonegação, por meio da autorização expressa para a *desconsideração do ato ou negócio jurídico simulatório*, a ser feita segundo procedimentos estabelecidos em lei ordinária.

Entretanto, não se dê outro alcance à regra do parágrafo único do art. 116. A *desconsideração* dos atos e negócios jurídicos, nele autorizada, não pode ser arbitrária, *um querer qualquer da autoridade administrativa*. Ao contrário, caberá à Fazenda Pública comprovar, seriamente, a *dissimulação* da ocorrência do fato gerador ou da natureza de algum elemento da obrigação. E o ônus deve ser exercido segundo os criteriosos procedimentos postos em lei.

Insere-se o dispositivo comentado em um contexto jurídico que nos fornece, indubitavelmente, o seu verdadeiro sentido e alcance. A segurança jurídica se assenta na legalidade formal e material (especificidade conceitual determinante ou tipicidade), consagradas nos arts. 5º e 150, I, da Constituição Federal; reforçadas pela exclusividade da lei que concede subsídio, isenção ou outro benefício fiscal (art. 150, § 6º da CF/1988); minuciosamente explicitadas pelo art. 97 do Código Tributário Nacional; confirmadas e reconfirmadas pela proibição da analogia (art. 108, § 1º) e, conseqüentemente, das presunções; pela rejeição da interpretação econômica (art. 110) e da cláusula geral antielisiva (art. 109); pelo caráter estritamente vinculado dos atos administrativos de cobrança do tributo (arts. 3º e 142) etc.

A segurança jurídica, como base essencial do Estado de Direito, não se opõe à igualdade, mas a complementa. O planejamento empresarial, como redução dos custos da atividade econômica, é direito do contribuinte, que não pode ser reduzido por interpretações analógicas e presunções, não previstas em lei. A arbitrariedade da administração fiscal, que nessas circunstâncias se instala, é que desiguala injustamente os contribuintes e projeta insegurança, em um campo que a Constituição, sabiamente, cercou de certeza e previsibilidade.

11.4 A quebra da discriminação constitucional entre as espécies tributárias: impostos e contribuições. Os desvios dos recursos arrecadados por meio de contribuições destinadas a fins sociais

A Constituição de 1988 procurou dar efetividade aos direitos sociais, consagrados nos art. 7º, especialmente o direito a uma seguridade social justa. Para isso, além de claramente criar tributos *finalísticos*, ou seja, contribuições que somente se legitimam em razão dos fins a que servem (custeio da Seguridade Social, p. ex.), determinou que o gigantesco orçamento da Seguridade Social integrasse a lei orçamentária, assim como dotou de autonomia gerencial e administrativa a gestão dos recursos afetados àqueles direitos sociais.

A destinação do produto arrecadado para tais objetivos — direitos sociais — funda a competência da União para instituir as contribuições.

Ora, proibida a criação de impostos com destinação específica no art. 167, IV, a Constituição usou de terminologia especial para designar tributos, que só podem nascer afetados a certos fundos, órgãos ou despesas — contribuições e empréstimos compulsórios — mesmo que essa afetação não altere a estrutura interna da norma tributária, em sua hipótese de incidência ou base de cálculo. Entretanto a destinação, discriminada na Constituição, é que define o conteúdo e a extensão da norma de competência federal. A União, os Estados e Municípios não podem instituir impostos com destinação específica. Apenas a União poderá criar tributos com destinação específica, denominados de *contribuição*. Essas últimas espécies tributárias, ainda que tenham hipótese de impostos (lucro, faturamento ou remuneração paga a empregados), fato que indica capacidade econômica do contribuinte, a teor do art. 145, § 1º, só podem ser instituídas para atender às finalidades, expressamente consignadas no Texto Constitucional, entre as quais se inclui o custeio da Seguridade Social e as ações de intervenção do Estado no domínio econômico. A destinação é fundante da norma de competência. Se inexiste o órgão, a despesa ou a pessoa que, necessariamente, devem financiar, falece competência à União para criar contribuições.

A Carta de 1988 veio exatamente para alterar as principais causas dos desvios de recursos da Seguridade Social, praticados pelo Governo Federal. Já observamos que as contribuições previdenciárias, recolhidas diretamente pela Previdência Social, eram *paraorçamentárias* (*parafiscais*), ou seja, não integravam a lei orçamentária da União. Com base no art. 62, § 1º, da Constituição anterior, o orçamento vultoso da Previdência Social escapava à apreciação do Congresso Nacional, era aprovado por mero ato do Executivo, o qual podia também por simples decreto alterá-lo, remanejá-lo ou estorná-lo. Os desvios não cessaram de se repetir e os abusos cresceram comprometendo a saúde financeira da Previdência Social. O que a Constituição de 1988 pretendeu fazer e, de fato, fez, foi submeter os orçamentos da Seguridade e de investimento das empresas estatais à apreciação do Poder Legislativo, de modo que os desvios de recursos e o estorno sem prévia anuência legal, ficassem vedados (art. 167, VI e VIII).

Não obstante, em sucessivas reformas constitucionais, se torna evidente o enfraquecimento dos direitos humanos, especialmente sociais. O direito ao emprego se retrai mediante a implementação de sucessivos planos econômicos recessivos. No setor público, perdem estabilidade os servidores públicos da União, já concursados e efetivados, em espantosa afronta aos direitos adquiridos (Emenda Constitucional 19/1998). E, por fim, a Emenda Constitucional 27/2000 desvincula os recursos cobrados por meio das contribuições para o custeio da seguridade social (previdência social, saúde e assistência) dos fins a que estão afetados, podendo a União aplicá-los em quaisquer outras finalidades. Portanto, em alteração de duvidosa constitucionalidade, os desvios de recursos da Previdência Social são agora "legitimados", e pretende-se que os contribuintes paguem contribuições sem fins específicos. O mais grave é que direitos fundamentais são postos de lado, inexplicavelmente em um momento em que *superavits* de arrecadação são registrados nas contas federais.

Certamente, razão assiste a Noam Chomsky (cf. *A Minoria Próspera e a Multidão Inquieta*, 2ª ed., Brasília-DF, Ed. UnB, 1997), quando observa que o endividamento do setor público é arquitetado, de forma planejada, mesmo nos países mais ricos do mundo pelas grandes corporações econômicas internacionais. Sua impressionante magnitude tem como objetivo dirigir os investimentos e a poupança exclusivamente para o setor financeiro, impossibilitando (até mesmo aos governantes de boa vontade) dar outro uso aos recursos disponíveis. Esse outro uso especialmente social, em nosso País, é tão necessário quanto inadiável, mas vem sendo obstaculizado exatamente por um endividamento ímpar, provocado por juros elevadíssimos (sem contrapartida justificante, como investimentos em transporte, educação, segurança ou saúde) e por mudanças e reformas constitucionais que autorizam desvios de recursos provenientes da cobrança das contribuições destinadas a sustentar a seguridade social. Esse cipoal de normas empobrecedoras dos direitos humanos fundamentais vem coroado, finalmente, por lei de responsabilidade fiscal que, em lugar de punir severamente apenas os administradores que se conduzem de forma corrupta, incompetente ou imoral, penalizam também aqueles que, no seio de um quadro de recessão econômica em que rareiam os empregos, resolvem conservar servidores públicos para que não acresçam o rol da miséria ou conservar os gastos com pessoal e com seguridade acima dos percentuais fixados.

Assim, são cada vez mais frágeis as diferenciações, postas na Constituição entre impostos e contribuições. Embora a Constituição, em sua redação original, proíba a vinculação prévia da receita de imposto a órgão, fundo ou despesa, distinguindo-o, nitidamente, da contribuição, cuja instituição, ao contrário, ela afeta necessariamente ao financiamento de determinado e específico gasto, a Emenda Constitucional 27 tornou nublados os limites entre um tipo de tributo e outro, reduziu a transparência e a certeza da utilidade e economicidade da exação. Sobretudo, a reforma introduzida pelo Poder Derivado feriu o núcleo da Constituição, ao fragilizar a concretização de direitos sociais fundamentais e o cumprimento das metas do Estado Democrático de Direito.

CADERNOS DE DIREITO TRIBUTÁRIO

O LANÇAMENTO E O CRÉDITO TRIBUTÁRIO: MODALIDADES, PRESCRIÇÃO E DECADÊNCIA

SACHA CALMON NAVARRO COÊLHO

Professor Titular de Direito Financeiro e Tributário da Faculdade de Direito da UFMG

1. O fato gerador ocorrido e a decadência do crédito tributário pela preclusão do ato de lançar. Revisitando o "lançamento por homologação" — As datas iniciais da decadência do crédito tributário. 2. A decadência do crédito. Prescrição da ação de execução da Fazenda Pública.

1. *O fato gerador ocorrido e a decadência do crédito tributário pela preclusão do ato de lançar. Revisitando o "lançamento por homologação" — As datas iniciais da decadência do crédito tributário*

É chegada a hora de fazermos uma profunda meditação sobre a existência, com fulcro em distinção jurídica prestante, de uma *tipologia* ou, se se preferir, de *tipos* de lançamentos no Direito brasileiro, eis que o didatismo ou a suma explicativa não cabem nos programas das leis.

Em rigor, os tipos de lançamento configurados no CTN (lançamento de ofício, por declaração e por homologação) estão destituídos de fundamentação científica. Em verdade, são narrativas dos eventos preparatórios ao ato do lançamento. Questões relativas à correção de erros ou à verdade dos elementos informativos não dependem, de forma alguma, dos tipos de lançamento, são resolvidas noutras instâncias. Por definição, o lançamento tributário é ofício privativo da Administração. Ao contribuinte, ao juiz, ao legislador, é vedado lançar. Quem aplica a lei tributária, mediante atos de lançamento, é a Administração, privativamente. Todo lançamento é de ofício. Não há escapatória.

O que ocorre, no plano fático, é que uns tributos podem ser lançados diretamente, sem prévias informações do contribuinte. É o caso do IPTU e também do IPVA. Imóveis e veículos estão rigorosamente cadastrados. Outros tributos exigem que o contribuinte informe ao Fisco dados relevantes. É o caso do ITR, a exigir do produtor rural rol dilargado de declarações, sem as quais o lançamento não seria possível. Na hipótese do chamado, com erronia, *lançamento por homologação*, o contribuinte calcula o *quantum debeatur* e efetivamente o recolhe, sem eximir-se, entretanto, de prestar declarações. A Administração tem cinco anos para verificar se o contribuinte recolheu com acerto e exatidão o valor devido. Dentro desse trecho de tempo, a Administração pode expedir *ex officio* seguidos lançamentos, até exaurir a matéria tributável (sem *bis in idem*, logicamente). A expressão *lançamento por homologação* somente faria sentido se fosse *conditio sine qua non* para a validação do pagamento. Isto não ocorre e por isso atribui-se à inação da Fazenda, no período de cinco anos, a pena de preclusão (o que veio a ser a tal homologação tácita do CTN). Ora, não existe homologação tácita, e sim preclusão do prazo para fazê-la, obrigando a Administração a respeitar a atividade do contribuinte antecipatória do pagamento. Em sentido contrário, defendendo a pertinência teórica e vocabular do *lançamento por homologação*, Misabel Derzi e Estevão Horvath.[1]

Na verdade, a Fazenda Pública não tem direito ao lançamento, tem o dever de fazê-lo, pois se trata de ato administrativo vinculado e obrigatório. O que caduca não é o direito de praticar o lançamento, mas o crédito tributário, em razão de preclusão. Para que o titular de um direito o perca é necessário, antes, que ele exista. O que caduca é o crédito tributário. Este existe desde que o fato jurígeno da obrigação tributária ocorre no mundo. O prazo para o exercício do poder-dever de lançar é que se esgota pela inação da Fazenda. Precluso o prazo assinalado à Fazenda Pública pela lei para o ato de *formalização declaratória* do crédito tributário, não mais poderá ser exercitado dito ato. A preclusão mata o direito de crédito da Fazenda Pública por caducidade naquelas hipóteses em que o pagamento do tributo depende de sua prévia formalização pela Fazenda (tributos de lançamento direto, tipo IPTU). Nos casos em que o tributo pode ser pago sem lançamento (tributos sujeitos à homologação do pagamento), a inação da Fazenda em homologar ou fiscalizar, passado o prazo preclusivo, faz igualmente caducar o direito de crédito remanescente ou integral. Nesses casos, os elementos que informaram o agir do contribuinte ficam inalcançáveis à fiscalização tributária. "O Direito não socorre aos que dormem."

Retenham-se, de passagem, três lições:

A) Inexiste direito de lançar, o que há é o dever de fazê-lo (ato administrativo simples, obrigatório, vinculado e sujeito a preclusão).

B) O prazo para praticar o ato de lançamento preclui, não caduca; somente direitos caducam.

C) A preclusão dos prazos para *lançar tributo a ser pago* ou *homologar pagamento* de tributo acarreta a *caducidade do direito de crédito da Fazenda*, que já nascera com a obrigação. Extinto o crédito, *ipso facto*, extingue-se a obrigação. Não há obrigação sem objeto.

O art. 150 cuida do lançamento por homologação — expressão altamente ambígua — como vimos de ver. Homologa-se quando não é possível lançar e lança-se quando não é possível homologar.

"Art. 150. O lançamento por homologação, que ocorre quanto aos tributos cuja legislação atribua ao sujeito passivo o dever de antecipar o pagamento sem prévio exame da autoridade administrativa, opera-se pelo ato em que a referida autoridade, tomando conhecimento da atividade assim exercida pelo obrigado, expressamente a homologa.

"§ 1º. O pagamento antecipado pelo obrigado nos termos deste artigo extingue o crédito, sob condição resolutória da ulterior homologação do lançamento.

"§ 2º. Não influem sobre a obrigação tributária quaisquer atos anteriores à homologação, praticados pelo sujeito passivo ou por terceiro, visando à extinção total ou parcial do crédito.

"§ 3º. Os atos a que se refere o parágrafo anterior serão, porém, considerados na apuração do saldo porventura devido e, sendo o caso, na imposição de penalidade, ou sua graduação.

"§ 4º. Se a lei não fixar prazo à homologação, será ele de 5 (cinco) anos, a con-

1. Misabel Derzi, *Comentários ao Código Tributário Nacional*, Rio de Janeiro, Forense, 1997, p. 405 (Estevão Horvath é referido pela autora citada).

tar da ocorrência do fato gerador; expirado esse prazo sem que a Fazenda Pública se tenha pronunciado, considera-se homologado o lançamento e definitivamente extinto o crédito, salvo se comprovada a ocorrência de dolo, fraude ou simulação."

Na verdade, o lançamento por homologação existe quando a Administração expressamente concorda com a atividade do contribuinte de calcular por conta da lei o imposto devido, fazendo o seu pagamento. Nesse caso, o lançamento dito por homologação é irreversível. Em toda a nossa vida, jamais vimos uma homologação formal integral de pagamento feito pelo contribuinte. A homologação não interessa à Administração. A sua existência deve-se a cópia de Direito estrangeiro feita sem cuidados críticos. Por isso mesmo, a Administração nunca homologa. Prefere deixar correr em aberto o prazo de cinco anos a contar do fato gerador da obrigação tributária, com o fito de fiscalizar o contribuinte quantas vezes queira e, eventualmente, expedir lançamentos ditos "suplementares", de ofício. É mais eficaz e mais cômodo. A fórmula do CTN, embora sofística, é, sem dúvida, engenhosa. Importa compreendê-la em toda sua extensão, principalmente na dimensão do pragmático.

O § 2º do art. 150 insiste na estranha separação entre o crédito e a obrigação. Quer, no entanto, apenas dizer que os pagamentos que venham a ser feitos espontaneamente pelos sujeitos passivos não afetam a relação jurídico-tributária decorrente de fato gerador ocorrido, muito embora, nos termos do § 3º, reduzam o montante tributável. Em havendo ainda saldos após ditos atos, serão então cobrados com a imposição de penalidades pela mora, sendo o caso. É tudo muito óbvio. São modos de garantir os dizeres do *caput*, que considera lançamento a homologação do pagamento. Ora, lançamento é ato pleno de conteúdo. A homologação é mera acordância relativa a ato de terceiro, no caso o contribuinte, de natureza satisfativa, *i.e.*, pagamento. Por isso, o § 1º diz que o pagamento "extingue" o crédito, mas sob a "condição resolutória" de ulterior "homologação do lançamento". Que lançamento? O que a Fazenda homologa é o pagamento. Esta homologação equivaleria a um lançamento, segundo o dizer do CTN. O pagamento fica em suspenso, não produz efeitos, salvo se ocorrer homologação expressa. Em havendo, a qualquer tempo, dentro do qüinqüênio, o crédito fica definitivamente extinto. E se não houver homologação expressa? O § 4º prescreve que, se não houver lei federal, estadual ou municipal prevendo prazo menor para a realização do ato homologatório expresso, a potestade para fazê-lo precluirá em cinco anos a contar do fato gerador da obrigação e do crédito. Neste caso, o decurso do prazo e a inação da Fazenda Pública terão os mesmos efeitos de uma homologação expressa, daí a expressão *homologação tácita* ("quem cala consente"). Tem-se, então, por definitivamente extinto o crédito tributário, tenha ou não ocorrido o seu recolhimento total ou parcial pelo contribuinte, mediante um ou mais pagamentos espontâneos, temporâneos ou não, salvo se cumpridamente provada *a priori* a ocorrência de intenção dolosa da parte do contribuinte, visando a fraudar a Fazenda ou a simular pagamentos. Nesta hipótese, o prazo para operar lançamentos *ex officio* é de cinco anos contados, porém, do primeiro dia do exercício seguinte àquele em que o lançamento poderia ter sido efetuado, a teor do art. 173, I, do CTN. Mas, na hipótese de a Fazenda antecipar-se ao 1º dia do exercício seguinte, expedindo atos preparatórios do lançamento, o *dies a quo* será o da notificação ao contribuinte desses atos, como assinalado no art. 173, parágrafo único. O art. 173 está redigido assim:

"Art. 173. O direito de a Fazenda Pública constituir o crédito tributário extingue-se após 5 (cinco) anos, contados:

"I — do primeiro dia do exercício seguinte àquele em que o lançamento poderia ter sido efetuado;

"II — da data em que se tornar definitiva a decisão que houver anulado, por vício formal, o lançamento anteriormente efetuado.

"Parágrafo único. O direito a que se refere este artigo extingue-se definitivamente com o decurso do prazo nele previsto, contado da data em que tenha sido iniciada a constituição do crédito tributário pela notificação, ao sujeito passivo, de qualquer medida preparatória indispensável ao lançamento."

Quid se não houver pagamento algum? Nesse caso, como não há o que homologar, o decurso do prazo de cinco anos a contar do fato gerador da obrigação não faz sentido. Novamente somos remetidos ao art. 173, I, ou ao seu parágrafo único, dependendo da situação.

A solução alvitrada é razoável, porque no CTN — lei de normas gerais — os prazos decadenciais estão regrados tão-somente nos arts. 150, § 4º, e 173. Logo, não há saída. Direitos patrimoniais e potestades administrativas vinculadas não podem subsistir eternamente. É contra a índole do Direito, que não socorre aos que dormem.

A decadência e a prescrição em matéria tributária são matérias sob reserva de lei complementar (normas gerais), de observância obrigatória pelas ordens jurídicas parciais que convivem na Federação. Vale para todos os *tributos*.

Então, fica assentado que o qüinqüênio decadencial para homologar, com o *dies a quo* fixado na data da ocorrência do fato gerador da obrigação, só opera quando houver pagamento de boa-fé, certo ou errado. Quando ocorre dolo, com a *meta optata* de fraudar ou simular, o *dies a quo* se desloca para o primeiro dia do exercício seguinte àquele em que o lançamento *ex officio* poderia ter sido efetuado. A mesma coisa ocorre em relação ao *dies a quo* para lançar *ex officio*, quando o contribuinte simplesmente nada recolhe (e deveria fazê-lo, por determinação legal). Na prática, dá-se mais tempo à Fazenda para acordar e agir. O seu sono jurídico, perdurando, faz caducar o poder-dever de lançar o crédito. A obrigação se desfaz.

O CTN, ao dizer que a "antecipação do pagamento", que é ato jurídico simples, extingue o crédito tributário, sob condição resolutória da ulterior homologação do lançamento (art. 150, § 1º), revela, mais uma vez, a ambigüidade que o marca a ferro; a ambigüidade entre autoritarismo e relação jurídica de um lado, e entre o procedimentalismo e a teoria das obrigações do outro lado.

Várias são as impropriedades técnicas e jurídicas abrigadas no dispositivo em comento.

O CTN é um texto compromissório. Suas ambigüidades devem ser explicadas a partir desse fato. Talvez por fugir do óbvio, ilustres juristas pátrios lançam-se às alturas para harmonizar as suas incongruências ao invés de descalvá-las. Não é que sejamos iconoclastas, apenas realçamos o ambiente originário que fecundou a lei. Isto facilita a compreensão do tema, senão vejamos.

A) A "a antecipação do pagamento" significa que o pagamento é anterior ao lançamento. Nesse caso, desde logo, o lançamento não confere exigibilidade ao crédito, já que o pagamento dele prescinde.

Em todas as hipóteses em que o contribuinte paga sem prévio exame da autoridade administrativa, o pagamento nada extingue. O que se vê é o comodismo da Fazenda Pública a incumbir o contribuinte do processo de "liquidação" do tributo, obrigando-o, sob todos os riscos e penas, a calcular o montante do crédito, conforme prescreve a lei genérica, impessoal e obrigatória. Cabe ao contribuinte substituir a Administração na tarefa de aplicar *ex officio* a lei ao caso concreto. No Direito Privado, as obrigações pecuniárias extinguem-se com o pagamento. No Direito Público Tributário tal não ocorre, pela introdução de uma suposta *condição resolutória*. Ora, as condições aderem aos negócios jurídicos (bilaterais). Pagamento não é negócio jurídico, mas ato jurídico simples e necessitado. Ainda quando se quisesse aludir a uma condição legal, esta teria que traduzir evento futuro e incerto, justamente o contrário legal, do que predica o CTN ao dogmatizar o lançamento como ato absolutamente necessário, previsível, certo, vinculado e obrigatório.

"Art. 142. Compete privativamente à autoridade administrativa constituir o crédito tributário pelo lançamento, assim entendido o procedimento administrativo tendente a verificar a ocorrência do fato gerador da obrigação correspondente, determinar a matéria tributável, calcular o montante do tributo devido, identificar o sujeito passivo e, sendo caso, propor a aplicação da penalidade cabível.

"Parágrafo único. A atividade administrativa de lançamento é vinculada e obrigatória, sob pena de responsabilidade funcional."

B) Tampouco se pode afirmar que a ulterior homologação do pagamento seja uma condição que pode se realizar ou não, vez que futura e incerta. O lançamento é ato obrigatório, não pode ser incerto. A impropriedade mais se acendra quando se confere à inação da Fazenda quanto a homologar o condão de — pelo silêncio — efetivá-lo. (Uma insolúvel contradição.)

Foi tudo armado para satisfazer a tese de que, nesse caso, o silêncio é ato confirmatório do afazer do contribuinte (lançamento por omissão, com efeito confirmatório).

O que ocorre é simples. O pagamento feito pelo contribuinte só se torna eficaz cinco anos após sua realização (durante este tempo, a Fazenda Pública, gostosamente, tem o contribuinte à sua mercê). Passado este tempo, preclui o poder-dever da Fazenda de rever o pagamento feito pelo contribuinte, e, em conseqüência, decai o seu direito ao crédito remanescente, caso exista. Está a gosto da Fazenda que assim seja. O contribuinte corre o risco e o desconforto. Estranha obrigação em que o credor se alteia sobranceiro. Não vemos em quê a teoria do lançamento sujeito à homologação garante o contribuinte. Pelo contrário, deixa-o em suspense.

Alguns autores defendem a chamada *homologação tácita* do lançamento ao argumento de uma suposta "função confirmatória" desta em relação ao ato de pagamento do contribuinte, liberando-o da obrigação e legitimando o seu afazer. Parece-nos completamente equivocada a tese: a uma, porque a Administração tributária nunca homologa expressamente o ato do pagamento; a duas, porque o contribuinte prescinde de tal legitimação, uma vez que pagou no dia certo, por força de lei. O que ocorre na espécie é justo o contrário. É a legitimação do credor para exigir do devedor qualquer parcela do crédito porventura faltante, se já não extinto pela consumação do prazo decadencial. O prazo para fiscalizar o contribuinte não poderia ficar aberto eternamente.

A tese da homologação tácita do pagamento (não-ato) com valor de lançamento (em tese ato necessário, positivo, obrigatório e vinculado) serve tão-somente para justificar o dogma legal de que o lançamento é condição de exigibilidade do crédito tributário, mito criado pelo procedimentalismo e pelas teorias constitutivistas.

Razão assiste a Pinheiro Xavier ao dizer: "Tenha-se desde logo a presente figura do lançamento por homologação, existente na esmagadora maioria dos tributos modernos, nestes não é necessária a prática de um ato administrativo de lançamento antes do pagamento do tributo, de tal modo que a relação tributária se constitui e extingue independentemente desse ato jurídico. Aqui é evidente que a eficácia constitutiva da obrigação resulta, por si só, do fato tributário" (Alberto Pinheiro Xavier, *Do Lançamento. Teoria Geral do Ato, do Procedimento e do Processo Tributário*, 2ª ed., Rio de Janeiro, Forense, 1997, p. 558).

Não é por outra razão que as liminares em mandado de segurança — assim como as liminares e antecipações de tutela em outras ações judiciais, conforme acrescentado ao art. 151 do CTN pela Lei Complementar 104/2001 — suspendem a exigibilidade do crédito nos impostos sujeitos a lançamento por homologação sem que este exista. A exigibilidade do crédito está na lei, não no ato jurídico do lançamento por homologação (totalmente desnecessário, visto que a Fazenda dispõe de cinco anos para verificar se o crédito foi integralmente pago e para expedir tantos lançamentos quantos sejam necessários).

Cumpre distinguir a situação retroexaminada daqueloutras em que o lançamento é condição de atendibilidade (dos tributos em que, por força de lei, o lançamento precede necessariamente ao pagamento). Aqui, a aplicação da lei genérica, impessoal e obrigatória é, necessariamente, realizada pelo credor, que a individualiza relativamente ao devedor para poder exigir dele a prestação tributária (ITR, IPTU, ITCD, IPVA, contribuições de melhoria).

Agora anote-se: como o ato jurídico do lançamento é destituído de auto-executoriedade, cumpre-lhe a função de formar o título abstrato do crédito da Fazenda Pública, condição de executoriedade.

Tem-se, então, que nos lançamentos diretos por declaração e também nos de ofício, o autocontrole é absolutamente necessário (contencioso administrativo insuprimível). O devido processo legal deve ter amplo curso com a participação do contribuinte, pois a formação do título extrajudicial é, em princípio, unilateral. Nos títulos executivos extrajudiciais (*nulla executio sine titulo*), de algum modo o devedor se obrigou, assinou o cheque (ordem de pagamento à vista), a nota promissória, a letra de câmbio, o contrato. No caso da certidão de dívida ativa, é ela conformada pela Administração de maneira unilateral, daí a necessidade de se garantir ao contribuinte participação no processo de formação do título abstrato da dívida tributária. Ele pode até renunciar a esta participação. Não importa. A possibilidade é que conta. Sobre o assunto, teoriza Pinheiro Xavier: "Não se diga que o título executivo é a inscrição da dívida ativa e não o lançamento. Conforme atrás já se demonstrou, a inscrição da dívida nada mais é do que um ato de controle suplementar dos requisitos de legalidade extrínseca do lançamento, com a natureza de um visto, que não pode modificar, alterar ou substituir o ato principal a que se reporta. Em bom rigor se dirá que o título executivo é o lançamento, uma vez objeto de controle positivo pelo ato de inscrição da dívida.

"Sendo, como é, título executivo, o lançamento tem a função específica de criar, unilateralmente, em favor do próprio credor público o direito processual à execução. O lançamento traduz assim num juízo declarativo da obrigação tributária e num comando constitutivo da ação executiva, que é autônoma da primeira. E dizemos que o comando tem eficácia constitutiva porque 'faz nascer a ação executiva, criando para o credor o direito de a promover, para os órgãos executivos o poder e o dever de exercer a sua atividade em ordem à consecução do fim da mesma ação, e para o devedor a sujeição ao exercício da atividade executiva (...)'.

"Como qualquer título executivo jurídico, o lançamento é condição necessária para o exercício do direito de ação executiva; e só não é condição suficiente porque carece ainda de um ato suplementar de controle (a inscrição de dívida ativa), que confirme, com efeitos declarativos, a exigência, a certeza e a exigibilidade do crédito" (Alberto Pinheiro Xavier, ob. cit., p. 573).

Isto posto, tirante a hipótese em que é condição de atendibilidade nos tributos em que precede necessariamente ao pagamento e a hipótese em que é condição para a executividade do crédito, o lançamento é absolutamente dispensável para o recebimento do crédito tributário (tributos pagos sem prévio exame da Administração, crédito consignado em pagamento, conversão do depósito em renda etc.).

2. *A decadência do crédito. Prescrição da ação de execução da Fazenda Pública*

2.1 Os atos jurídicos sujeitados a tempo certo, se não praticados, precluem. Os direitos, se não exercidos no prazo assinalado aos seus titulares pela lei, caducam ou decaem. As ações judiciais, quando não propostas no espaço de tempo prefixado legalmente, prescrevem. Se um direito, para aperfeiçoar-se, depende de um ato jurídico que não é praticado (preclusão), acaba por perecer (caducidade ou decadência). Se um direito não auto-executável precisa de uma ação judicial para efetivar-se, não proposta esta ou proposta a destempo, ocorre a prescrição, gerando a oclusão do direito, já que desvestido da possibilidade de ação. E a cada direito corresponde uma ação...

O crédito tributário nasce com a ocorrência do fato gerador. Salvo os casos em que o contribuinte, sem interferência do Estado, ele próprio, recolhe o tributo. O direito de crédito da Fazenda Pública, para aperfeiçoar-se e tornar-se exigível, depende do *ato jurídico do lançamento*. Se este não é praticado a tempo (preclusão), ocorre a *decadência daquele direito*. Ocorrendo, porém, o lançamento, e formalizando-se o crédito, com ou sem discussão, pode a Fazenda Pública *exigi-lo* do sujeito passivo da obrigação tributária. Na hipótese de este último não pagar, só resta à Fazenda ir ao Judiciário com uma ação de execução lastreada numa certidão de dívida ativa (título executivo extrajudicial) para obrigá-lo a pagar dentro de 5 dias, sob pena de penhora em seus bens disponíveis.

Pelo sistema do CTN, a *decadência e a prescrição extinguem, sem pagamento*, o crédito tributário.

Dispõe o art. 173 do CTN, cuidando da decadência do crédito tributário:

"Art. 173. O direito de a Fazenda Pública constituir o crédito tributário extingue-se após 5 (cinco) anos, contados:

"I — do primeiro dia do exercício seguinte àquele em que o lançamento poderia ter sido efetuado;

"II — da data em que se tornar definitiva a decisão que houver anulado, por vício formal, o lançamento anteriormente efetuado.

"(...)."

Este artigo se coaduna com o § 4º do art. 150:

"Art. 150. (...)

"§ 4º. Se a lei não fixar prazo à homologação, será ele de 5 (cinco) anos, a contar da ocorrência do fato gerador; expirado esse prazo sem que a Fazenda Pública se tenha pronunciado, considera-se homologado o lançamento e definitivamente extinto o crédito, salvo se comprovada a ocorrência de dolo, fraude ou simulação."

Temos, então, quatro pontos de partida, *dies a quo*, para contar os cinco anos que fazem decair o direito de crédito da Fazenda Pública em decorrência de preclusão do ato jurídico do lançamento.

A) A regra geral — ligada à anualidade do exercício fiscal — é a do art. 173, I: o primeiro dia do exercício seguinte àquele em que o lançamento poderia ter sido efetuado.

O fato gerador ocorre em março de 1997. Começa-se a contar o prazo decadencial em 1º de janeiro de 1998. Cinco anos depois ocorrerá a decadência.

B) Todavia, o *dies a quo* acima referido pode ser antecipado caso a Fazenda Pública se apresse ao dia primeiro do exercício seguinte, praticando, sem lhes dar seguimento, atos necessários ao lançamento. É precisamente o que dispõe o parágrafo único do artigo sob comentário.

A Fazenda, já em junho de 1997, expede notificação requerendo documentos ligados ao fato tributável. Da data do recebimento da notificação começa-se a contar o prazo de decadência do crédito.

C) Nos impostos sujeitos a "lançamento por homologação", contudo — desde que haja pagamento, ainda que insuficiente para pagar todo crédito tributário — o dia inicial da decadência é o da ocorrência do fato gerador da co-respectiva obrigação, a teor do § 4º do art. 150, retrotranscrito.

É que a Fazenda tem cinco anos para verificar se o pagamento é suficiente para exaurir o objeto da obrigação tributária, isto é, o crédito tributário. Mantendo-se inerte, o Código considera esta inércia como *homologação tácita*, perdendo a Fazenda a oportunidade de operar lançamentos suplementares em caso de insuficiência de pagamento (preclusão). Daí que no termo do qüinqüênio ocorre a decadência do direito de crédito da Fazenda Pública, extinguindo-se a obrigação.

Em ocorrendo, todavia, fraude ou simulação, *devidamente comprovadas pela Fazenda Pública*, imputáveis ao sujeito passivo da obrigação tributária do imposto sujeito a "lançamento por homologação", a data do fato gerador deixa de ser o dia inicial da decadência. Prevalece o *dies a quo* do art. 173, o primeiro dia do exercício seguinte àquele em que o lançamento poderia ter sido efetivado. A solução está conforme o sistema do CTN. O que se não pode admitir é direito patrimonial incaducável. Afora esta solução para os casos de decadência, ocorrendo dolo ou simulação na antecipação do pagamento, somente uma outra é pensável, qual seja a da adoção da regra do Código Civil que cuida da prescrição das ações pessoais. Ao que nos consta, os tribunais não enveredaram por este caminho, exigente de analogia para ser trilhado e de difícil adoção, porque aqui a espécie é de decadência, e não de prescrição, a exigir crédito já formalizado, certo, líquido e exigível (princípio da *actio nata*).

A solução do dia primeiro do exercício seguinte àquele em que o lançamento poderia ter sido efetuado aplica-se ainda aos impostos sujeitos a homologação do pagamento na hipótese de não ter ocorrido pagamento antecipado... Se tal não houve, não há o que homologar...

D) Finalmente prescreve o Digesto Tributário que o dia inicial para a contagem do qüinqüênio decadencial, nos casos de anulação do lançamento inicial por *vício de forma*, é aquele em que se tornar definitiva (*rectius*: irrecorrível) a decisão anulatória. Por suposto, esta decisão só pode ser de natureza administrativa, ocorrente no bojo de um processo de revisão de lançamento (autocontrole do ato administrativo do lançamento pela própria Administração). É que, se a decisão fosse judicial, já não se trataria mais de *decadência*. O crédito já estaria formalizado. O direito de crédito já estaria incorporado ao patrimônio jurídico da Fazenda Pública. A tese é fácil de provar se atentarmos para a *imutabilidade do lançamento efetivado com erro de direito* pela Fazenda Pública. Diz o art. 146 do CTN: "Art. 146. A modificação introduzida, de ofício ou em conseqüência de decisão administrativa ou judicial, nos critérios jurídicos adotados pela autoridade administrativa no exercício do lançamento somente pode ser efetivada, em relação a um mesmo sujeito passivo, quanto a fato gerador ocorrido posteriormente à sua introdução".

Ora, se por erro de direito se não permite à Fazenda Pública alterar lançamento efetivado, como admitir que possa fazê-lo, *sem limite de tempo*, por erro meramente formal?

O erro nunca pode beneficiar o seu fautor. É princípio geral de Direito, aplicável ao Direito Tributário por expressa determinação do art. 108 do CTN, que cuida da interpretação da legislação tributária.

Ademais disso, com visão sistemática, não se pode descurar do art. 149 do mesmo CTN, parágrafo único: "A revisão do lançamento só pode ser iniciada enquanto não extinto o direito da Fazenda Pública".

Em síntese, embora anômalo em relação à teoria geral da decadência, que não admite interrupções, pois que sua marcha é fatal e peremptória, o sistema do Código adotou uma hipótese de interrupção da caducidade. Mas há que entendê-la com temperamentos. Em rigor, já terá ocorrido um lançamento, e, pois, o direito de crédito da Fazenda já estaria formalizado. Não há mais falar em decadência. Em real verdade, está a se falar é em *anulação de lançamento* — por isso que inaproveitável — e sua substituição por outro, hipótese, por exemplo, de lançamento feito por autoridade incompetente para fazê-lo (o SERPRO, *v.g.*, e não o funcionário fiscal da Receita Federal).

Em rigor, há aqui um tremendo equívoco, tanto que esta revisão anulatória só pode ser feita dentro do prazo decadencial (art. 149 do CTN). Como entre a anulação e a efetivação do novo lançamento poderia transcorrer tempo apertado, já perto do fim do período decadencial, "inventou-se" este novo *dies a quo* para operá-lo, alargando-se em prol da Fazenda o qüinqüênio decadencial, com esforço na teoria da nulidade do ato jurídico. Lançamento nulo é lançamento inexistente. Outro há de ser feito para assegurar o direito da Fazenda ao crédito tributário.

Mais um privilégio!!!

O art. 174 do CTN cura da prescrição da ação de cobrança do crédito tributário, a qual, se não exercitada tempestivamente, leva a sua extinção.

"Art. 174. A ação para cobrança do crédito tributário prescreve em 5 (cinco) anos, contados da data da sua constituição definitiva.

"Parágrafo único. A prescrição se interrompe:

"I — pela citação pessoal feita ao devedor;

"II — pelo protesto judicial;

"III — por qualquer ato judicial que constitua em mora o devedor;

"IV — por qualquer ato inequívoco ainda que extrajudicial, que importe em reconhecimento do débito pelo devedor."

A questão aqui reside em saber o que é *constituição definitiva do crédito tributário*. Noutro giro, ela ocorre com a comunicação ao sujeito passivo, pessoal ou por publicação, do ato administrativo do lançamento em sua versão imodificável (do ponto de vista da Fazenda Pública), ou ocorre com a inscrição em dívida ativa do crédito tributário da Fazenda Pública?

Não negamos que o autocontrole da Administração se estenda ao ato de inscrição do crédito tributário em dívida ativa.

Os funcionários públicos legalmente investidos dessa específica competência podem decidir que o crédito não é bom e anulá-lo *ex officio*. Veja-se, só para exemplificar, a inscrição de um crédito já lançado e revisado em regular processo administrativo, porém eivado de inconstitucionalidade por decisão posterior, mas tempestiva do Supremo Tribunal Federal, considerando nula a lei ou o artigo de lei em que se baseara.

É natural que a Administração anule o crédito ou pelo menos o inscreva em dívida ativa, mas não extraia a *certidão de dívida ativa*, à espera de uma sempre possível, ainda que improvável, ação rescisória do julgado.

O crédito, nesse caso, já está constituído?

A resposta é afirmativa; só falta o título executivo.

Imagine-se ainda que, depois de efetivado o lançamento e formalizado o crédito para a Administração, esta postergue a sua inscrição, delongando, assim, a fixação do *dies a quo* do prazo prescricional. A inscrição em dívida ativa poderia ser utilizada maleficamente.

A tese a adotar é simples. Não pode ficar ao arbítrio da Administração decidir o *dies a quo* do prazo prescricional que a prejudica.

A data da constituição definitiva do crédito tributário, devemos entendê-la como sendo aquela em que o lançamento tornou-se definitivo, insusceptível de modificação pelos *órgãos incumbidos* de fazê-lo.

Um lançamento é definitivo quando efetivado, quando não mais possa ser objeto de recurso por parte do sujeito passivo ou de revisão por parte da Administração. Isto pode ocorrer em pontos vários de tempo, dependendo das leis de cada ordem de governo e das vicissitudes do próprio processo de efetivação e revisão do ato jurídico do lançamento.

O ato de inscrição do crédito tributário decorrente do lançamento se insere noutra dimensão, a da formalização do *título executivo extrajudicial* da Fazenda Pública, sem o qual não é possível manejar a ação de execução fiscal. Não há execução sem título. O brocardo é velho de séculos.

A constituição definitiva do crédito tributário dá-se antes. A sua desconstituição é que pode ser:

A) *administrativa* (unilateral) — no momento do autocontrole, à hora da formalização do título executivo; ou

B) *judicial* — em decorrência do controle jurisdicional, mediante pronunciamento judicial no bojo de ações postas à apreciação dos juízes.

Diferentemente da decadência, a prescrição pode ser interrompida e suspensa, podendo inclusive dar-se a chamada prescrição intercorrente, já iniciado o processo judicial, por inércia ou descaso da parte (perda do direito de ação já posta em juízo), não cabendo aqui adentrar o tema, cuja sede é estritamente de direito processual, de grande utilidade, *v.g.*, no Direito Penal.

O CTN regula, em sede de Direito Tributário, apenas os casos de interrupção da prescrição, valendo-se do Direito Civil.

A citação pessoal do devedor é a forma clássica de interrupção da prescrição. É consolidado que a citação válida torna a coisa litigiosa, previne a jurisdição, constitui o devedor em mora, inaugura a instância e interrompe a prescrição. Por aí o CTN põe-se de acordo com a teoria do processo (inciso I). Mas admitir *protesto judicial* por parte da Fazenda Pública, é no mínimo, um exagero (inciso II). O inciso IV, todavia, enseja considerações adicionais. Quando os contribuintes confessam a dívida fiscal para requererem moratórias, parcelamentos, estarão interrompendo a prescrição? Nem se olvide que a confissão em Direito Tributário é relativa. A obrigação é *ex lege*. Depende da lei, e não da confissão do sujeito passivo. Este o momento adequado para inserir a figura do lançamento, em Direito Tributário, como ponto de separação (*divorcium aquarium*) entre os prazos de decadência e os prazos de prescrição.

Da seguinte forma:

• Do fato gerador da obrigação até o ato jurídico do lançamento ou até o dia previsto para a homologação do pagamento, *correm* os prazos decadenciais.

• Depois do lançamento e/ou durante todo o tempo de sua revisão (se houver) já não correm os prazos de decadência, nem podem correr os prazos de prescrição, que só há prescrição se inexistirem obstáculos *ab extra*. Pelo princípio da *actio nata*, ou seja, para que prescreva o direito de ação, é necessário que o autor possa exercê-lo livremente. A sua inércia e mais o fugir do tempo redundam na prescrição. O direito não socorre aos que dormem.

• Isto posto, *definitivo o lançamento*, começam a correr os prazos da prescrição.

O que se tem que verificar é simples. As hipóteses legais de suspensão do crédito tributário *impedem o curso dos prazos de prescrição*, favorecendo a Fazenda Pública.

Com efeito, durante todo o processo administrativo de discussão do crédito tributário (reclamações e recursos) não corre a prescrição. Do mesmo modo, as antecipações de tutela, as liminares em mandado de segurança e em outras espécies de ações judiciais e o depósito integral do crédito tributário suspendem a sua exigibilidade e, portanto, a prescrição, sem falar nos parcelamentos para pagamento do crédito tributário, estes últimos com as nuanças que vimos de ver quando tratamos do assunto.

Ademais, o depósito do crédito tributário favorece a Fazenda, pois se converte em renda, sem necessidade de execução, na hipótese de o sujeito passivo perder a ação a que se liga o dinheiro posto à disposição do juízo, para garantir a instância em prol do sujeito ativo da obrigação tributária.

Por isso, afiguram-se-nos inconstitucionais, por afrontar a isonomia, todas as leis extravagantes que criam e ampliam os princípios e garantias materiais e processuais da Fazenda Pública, já suficientemente protegida.

Finalmente, de fazer observação de razoável importância.

É cediço afirmar que a prescrição do direito de ação somente a extingue, deixando intacto o direito material que lhe conferia substrato.

Comumente se diz: a obrigação de legal torna-se moral. Se o devedor paga, não pode demandar a restituição do que pagou, embora prescrita a ação. Esta era para obrigá-lo a pagar, dobrando a sua vontade, se recalcitrante, substituindo-a pela do juiz, a determinar o pagamento ou a entrega da coisa. A decadência mata o direito material. Nesse caso, pode-se repetir o indébito, diferentemente da prescrição, que só mata a ação, sem afetar o direito material. São lugares comuns e em Direito Privado até admissíveis.

Ocorre que no Direito Tributário pátrio, a teor do CTN, tanto a decadência quanto a prescrição *extinguem o crédito tributário*.

Quem paga dívida fiscal em relação à qual já estava a ação prescrita tem direito à restituição, sem mais nem menos.

"Decadência e prescrição. Notificação do contribuinte. Impugnação. Perempção.

"Tributário. Lançamento fiscal. 1. Decadência. A partir da notificação do contribuinte (CTN, art. 145, I), o crédito tributário já existe — e não se pode falar em decadência do direito de constituí-lo, porque o direito foi exercido — mas ainda está sujeito à desconstituição na própria via administrativa, se for impugnado. A impugnação torna litigioso o crédito, tirando-lhe a exeqüibilidade (CTN, art. 151, III); quer dizer, o crédito tributário pendente de discussão não pode ser cobrado, razão pela qual também não se pode cogitar de prescrição, cujo prazo só inicia na data da sua constituição definitiva (CTN, art. 174). 2. Perempção. O tempo que decorre entre a notificação do lançamento fiscal e a decisão final da impugnação ou do recurso administrativo corre contra o contribuinte, que, mantida a exigência fazendária, responderá pelo débito originário acrescido dos juros e da correção monetária; a demora na tramitação do processo administrativo fiscal não implica a perempção do direito de constituir definitivamente o crédito tributário, instituto não previsto no Código Tributário Nacional. Recurso especial não conhecido" (ac.un. da 2ª T. do STJ, REsp 53.467-SP, rel. Min. Ary Pargendler, j. 5.9.1996, recte.: Iguatemy Operacional Indústria Comércio e Transportes Ltda.; recda.: Fazenda do Estado de São Paulo, *DJU*-1 30.9.1996, p. 36.613, ementa oficial. In *Repertório IOB de Jurisprudência* 1/10.398, nov. 1996, p. 484).

Ocorre muita vez a prolação de sentenças em prol da Fazenda Pública, em encerros de ações ordinárias implicando depósitos integrais das quantias litigandas, seja nos próprios autos, seja em ações cautelares preparatórias ou mesmo incidentais. Levando a coisa adiante, também em mandados de segurança pode ocorrer o mesmo. Nas ações de consignação em pagamento, a seu turno, o depósito do pagamento é da própria essência da *actio*.

Resolvida a controvérsia em prol da Fazenda Pública, o juiz determina a conversão do depósito em renda, com isso extinguindo o crédito tributário (desde que ocorra a coisa julgada formal e material).

Renomados autores acham que os depósitos voluntários feitos pelos contribuintes são retiráveis a qualquer tempo, correndo o sujeito passivo os riscos da empreitada.

O argumento não nos comove e vai contra a índole do sistema idealizado no CTN em vários lugares.

Seria deveras injusto, por exemplo, impedir a Fazenda de executar o seu crédito, já que o depósito suspende a exigibilidade, para, no finalzinho de uma ação, vamos supor, declaratória de inexistência de relação jurídica e de débito fiscal, permitir ao contribuinte retirar o depósito. Nesse caso, perdida a ação pelo contribuinte, teria a Fazenda de começar desde o início, ajuizando ação de execução, por sua vez embargável, desde que garantido o juízo. Ora, o instituto da conversão do depósito em renda, já se vê, impede este tipo de aventura judicial.

O depósito, diga-se mais, evita a imposição de penalidades, a aplicação de juros e de correção monetária, afastando, sobremais, a mora do devedor. Tem suas vantagens. Mais uma vez é de se dizer: onde o cômodo, também o incômodo.

Alfim, a conversão do depósito em renda é uma forma de pagar, sem risco, possibilitada pelo depósito judicial prévio da quantia litiganda, perdida a lide. Além disso, na hipótese de vir a ganhar a demanda, o sujeito passivo reingressa na disponibilidade do numerário, desnecessitando de repetir o indébito e de sujeitar-se aos demorados precatórios que viabilizam a restituição, após morosos processos judiciais.

2.2 *A prescrição começa a correr da constituição definitiva do crédito tributário*

O Poder Judiciário, entre nós, detém o monopólio da jurisdição, pelo que nenhuma relação jurídica pode escapar à sua apreciação. Mas a Administração pode exercer o autocontrole da legalidade dos seus próprios atos, inclusive em relação à Constituição, que é a lei das leis.

Uma vez realizado o lançamento ou provocada a Administração, por iniciativa dos contribuintes ou mesmo *ex officio*, abrese a instância de revisão, formando-se o procedimento administrativo tributário, que será regido nos termos da lei (art. 151, III, do CTN).

Ditas leis serão federais, estaduais, municipais e distritais, dependendo do tributo em causa.

Enquanto durar o processo, até o atingimento da decisão última e final, fica suspensa a exigibilidade do crédito tributário formalizado pela Administração mediante o ato jurídico do lançamento.

Importa aqui repisar que inexiste lançamento inicial ou final. Tampouco existe lançamento provisório e definitivo.

O lançamento é ato jurídico simples que pode ser confirmado ou reformado, no todo ou em parte, pela própria Administração. Não é o *procedimento* que produz o lançamento. Este é o objeto do processo revisional de autocontrole que colima examinar sua legalidade e exatidão. O processo administrativo tributário é processo revisional do lançamento, não tendo, entre nós, nenhum sentido a doutrina procedimentalista, cuja praça forte é a Itália, que atribui ao *procedimento administrativo* a formação do crédito tributário, como se fora um útero jurígeno.

Tanto é assim que, até o lançamento, correm os prazos de preclusão para a formalização do crédito, já nascido com a *ocorrência do fato gerador do tributo*. Se a Administração não exercita o ato jurídico do lançamento, incorre em preclusão e, em conseqüência, perece o seu direito de crédito, que será nenhum se o tributo dele depender, ou será exatamente equivalente ao que o contribuinte pagou, for força de lei, certo ou errado, suficiente ou não (tributos de homologação do pagamento). Produzido dito ato, enquanto durar a sua revisão (reclamações e recursos), não há mais que se cogitar de *decadência* e tampouco de *prescrição da ação*, que só inicia o seu curso após a constituição definitiva do crédito tributário (*rectius* — confirmação definitiva do crédito tributário), a teor do art. 174 do CTN.

Cabe anotar não ter cabimento a Administração negar-se a desconstituir ato administrativo baseado em lei declarada inconstitucional pelo STF ou em ato normativo declarado ilegal pelos tribunais.

É certo que o controle de constitucionalidade ou de legalidade não lhe pertence. Mas isto não significa que deva afrontar a pronúncia de nulidade da lei, ao argumento de que o ramo Executivo é independente e autônomo em relação ao Judiciário. Muito pelo contrário, por dever de lealdade e em razão do princípio da economia processual, compete-lhe catar submissão ao Poder a que se conferiu competência para declarar inconstitucionais as leis e ilegais os atos administrativos. O autocontrole se faz sob que parâmetros, senão que o das leis válidas e o da Constituição?

O dever de introjetar as decisões judiciais definitivas sobre dada espécie é inarredável pela Administração.

O que se não compreende é o contrário, mas infelizmente é o que ocorre, de maneira acintosamente irracional e incivilizada, por esses brasis afora.

Resta saber quando se considera definitivamente constituído o crédito tributário, ou seja, quando não mais pode o lançamento ser objeto de discussão na esfera administrativa. Com notável perícia, Maria Leonor Leite Vieira, no-lo diz:

"Assim, pode-se afirmar que o crédito tributário apontado no lançamento torna-se definitivo:

"A) se transcorrido o prazo assinalado em lei, e o sujeito passivo não apresentar impugnação (regularmente 30 dias). Neste caso, no primeiro dia seguinte ao término daquele prazo, que teve como marco inicial a data do recebimento da notificação regular feita ao devedor, estará a Fazenda Pública investida de seu direito de ação;

"B) se o sujeito passivo apresentar a respectiva impugnação:

"b.1) e a decisão de primeira instância for contrária, total ou parcialmente, à pretensão do sujeito passivo, o crédito lançado ainda não encontra sua definitividade, já que ainda se pode apresentar recurso à autoridade (órgão colegial) superior;

"b.2) se a decisão de primeira instância for contrária aos interesses da Fazenda e, portanto, favorável ao sujeito passivo, ainda assim o crédito lançado continuará sem definitividade, já que a autoridade julgadora haverá de recorrer à autoridade superior, conforme designação da lei federal, estadual ou municipal;

"b.3) se a decisão for contrária à Fazenda Pública, mas menor que o valor assinalado em lei para exigir a apresentação do recurso de ofício (apontado no item anterior), a definitividade é alcançada com a notificação regular ao sujeito passivo;

"C) se da decisão de primeira instância resultar valor a ser recolhido, o contribuinte poderá recorrer à segunda instância, e, aí, se

"c.1) o julgamento do 'recurso' for contrário aos interesses do sujeito passivo recorrente, a definitividade é alcançada com a notificação válida, se dela não couber mais recurso a instância superior;

"c.2) o julgamento de segunda instância é contrário aos interesses da Fazenda Pública e da decisão couber recurso à instância superior, a definitividade será alcançada após o decurso do prazo para a interposição sem que tenha sido exercido o direito ou com o julgamento contrário à Fazenda e notificação regular ao sujeito passivo" (Maria Leonor Leite Vieira, *A Suspensão da Exigibilidade do Crédito Tributário*, São Paulo, Dialética, 1997, p. 79).

E nas hipóteses em que o sujeito passivo paga a menos por conta da lei ou mesmo nada paga, quando ocorre a prescrição do direito da ação?

Na hipótese de pagamento a menor não ocorre a prescrição da ação. O que ocorre é simplesmente a decadência do direito de crédito, a teor do art. 150, § 4º, do CTN, em estágio diverso, por não ter havido lançamento.

"Art. 150. O lançamento por homologação, que ocorre quanto aos tributos cuja legislação atribua ao sujeito passivo o dever de antecipar o pagamento sem prévio exame da autoridade administrativa, opera-se pelo ato em que a referida autoridade, tomando conhecimento da atividade assim exercida pelo obrigado, expressamente a homologa.

"(...)

"§ 4º. Se a lei não fixar prazo à homologação, será ele de 5 (cinco) anos, a contar da ocorrência do fato gerador; expirado esse prazo sem que a Fazenda Pública se tenha pronunciado, considera-se homologado o lançamento e definitivamente extinto o crédito, salvo se comprovada a ocorrência de dolo, fraude ou simulação."

Se não tiver havido pagamento, a decadência também ocorre, mas o prazo de preclusão se inicia no primeiro dia do exercício seguinte àquele em que o lançamento poderia ter sido efetuado (o exercício em que ocorrer o fato gerador).

É verdade que o CTN fala em homologação do lançamento (inexistente), em vez de falar em homologação do pagamento. Todavia, o Código deve ser interpretado com espírito sistemático.

É hora de repisar a lição:

A) os atos jurídicos sujeitados a tempo e termo precluem;

B) os direitos a que se ligam estes atos jurídicos então *decaem*;

C) somente *direitos existentes*, ou seja, que não tenham *decaído*, ensejam ações. Conseqüentemente, a prescrição é da ação, e não do direito.

A Medida Provisória 1.621-34/1998 (atual MP 2.176-79/2001) inconstitucionalmente vincula os recursos aos Conselhos Federais de Contribuintes a um depósito de, no mínimo, 30% da quantia litiganda.

Misabel Abreu Machado Derzi realça a autonomia do processo tributário administrativo face ao depósito, demonstrando ser cada um deles, isoladamente, causa bastante para a suspensão da exigibilidade do crédito tributário:

"Outra hipótese de suspensão da exigibilidade do crédito tributário, inconfundível com a anterior, são as reclamações e os recursos em processo tributário administrativo, segundo e nos termos das leis que os disciplinam. Essas leis, por conseqüência, não poderão deixar de contemplar as condições, os limites e os casos em que as impugnações ou recursos gerarão tais efeitos.

"(...)

"As leis federais, estaduais, ou municipais não podem negar efeito suspensivo às impugnações e recursos administrativos. Aliás, o CTN só faz consagrar norma de raiz constitucional, portanto inafastável mesmo pro meio de lei complementar" (Misabel Abreu Machado Derzi, *Comentários ao Código Tributário Nacional*, coord. Carlos Valder do Nascimento, Rio de Janeiro, Forense, 1997, p. 409).

Ao vincular reciprocamente causas de suspensão que o CTN, lei complementar em sentido material, define como autônomas, a Medida Provisória 1.621-34/1998 (MP 2.176-79/2001) subverte a hierarquia dos diplomas legislativos e ofende o devido processo de acertamento tributário por aquele instituído, em atendimento ao art. 5º, LIV, da Constituição Federal. Assim: "A garantia do *due process of law*, que existe em nosso direito, tem aplicação não só ao processo judicial, mas também ao administrativo, em sentido amplo, tanto no procedimento administrativo punitivo, quanto ao não punitivo. Isto quer dizer que a administração, quando tiver que impor uma sanção, uma multa, fazer um lançamento tributário ou decidir a respeito de determinado interesse particular, deverá fazê-lo num processo regular, legal, em que ao administrado se enseje o direito de defesa" (TFR, AMS 79.843-PE, rel. Min. Carlos Velloso, in *DJU* 18.10.1978, p. 8.130).

Da mesma forma, viola o princípio insculpido no art. 5º, LV, do Texto Magno, que dispõe:

"Art. 5º. (...)

"LV — Aos litigantes, em processo judicial ou administrativo, e aos acusados em geral, são assegurados o contraditório e a ampla defesa, com os meios e recursos a ela inerentes."

Assim, afigura-se inconstitucional a exigência de depósito para a defesa administrativa do contribuinte, sob pena de cerceamento dos princípios constitucionalmente consagrados do contraditório e ampla defesa.

CADERNOS DE DIREITO TRIBUTÁRIO

THE NATIONAL POWER OF TAXATION AND THE FUNDAMENTAL FREEDOMS AND NON-DISCRIMINATION CLAUSES OF THE EC TREATY

MORIS LEHNER
Professor Titular de Direito Tributário da Universidade de Munique, Alemanha

1. The power of taxation as the basis for national sovereignty. 2. The effect of the fundamental freedoms and non-discrimination clauses in light of the influence of European Community law on the tax law of the Member States: 2.1 Overview – 2.2 The development of the non-discrimination clauses into prohibitions of restrictions in ECJ adjudication: 2.2.1 The traditional concept of the fundamental freedoms as non-discrimination clauses – 2.2.2 The development of the fundamental freedoms into prohibitions of restrictions – 2.3 Bilateral aspects of the fundamental freedoms and non-discrimination clauses – 2.4 Prospects. 3. The territorial grounding of tax law as a directive for the limitability of the national power of taxation: 3.1 Territorial linkage of tax liability: 3.1.1 Equivalence-theoretical foundations – 3.1.2 Market-oriented organization of the tax system – 3.2 The fundamental freedoms and non-discrimination clauses in the reciprocal relationship between equal treatment and treatment as if equal: 3.2.1 Equal treatment and treatment as if equal – 3.2.2 Equal treatment under the provisions of domestic law, treatment as if equal under the provisions of Community law – 3.3 Effects on the scope of application of the fundamental freedoms and non-discrimination clauses in relation to tax harmonization – 3.4 Effects on the ECJ's authority to further develop the law. 4. Conceptual remarks.

1. The power of taxation as the basis for national sovereignty

A state's power to tax is part of its power of the purse, and in turn comprises legislative power in the field of taxation, administrative power in tax matters, entitlement to tax revenue and judicial authority in tax matters.[1]

The special significance of the power of taxation is that governmental authority is inconceivable without public funds.[2] Hence the power of taxation is not an end

1. Vogel/Waldhoff, in Dolzer/Vogel (eds.), *Bonner Kommentar zum Grundgesetz*, Introduction to arts. 104a-115, m. n. 42 (= idem, *Grundlagen des Finanzverfassungsrechts*, 1999, m. n. 42); Korioth, *Der Finanzausgleich zwischen Bund und Ländern*, 1997, p. 267.

2. Vogel, "Grundzüge des Finanzrechts des Grundgesetzes", in *Hdb. des Staatsrechts*, v. IV, § 87, m. n. 1.

in itself: it ensures the sovereignty of the state, understood domestically as supreme authority and abroad as independence under international law.[3] The question of the limitation of the national power of taxation by the fundamental freedoms and non-discrimination clauses of the EC Treaty therefore touches on sensitive areas for the Member States. Although the Federal Republic of Germany has sharply reduced its exclusive sovereignty through membership in the European Community,[4] it has remained a sovereign state like the other Member States of the European Community.[5] This circumstance finds expression above all in the fact that the European Community derives its authority from the Member States, authority which it was not given globally, but under the principle of limited powers.[6] The Member States have hence also retained their "state of sovereign equality" in the European Union, which is a *Staatenverbund*, merely an association of states, in the German Federal Constitutional Court's terminology.[7] Art. 5, § 3, of the EC Treaty confirms that the Union respects the national identity of its Member States. This is the case particularly with respect to the right of direct taxation, because in this area, unlike the area of indirect taxation,[8] the EC Treaty gives no specific authority to the bodies of the Community.[9]

The authors of the EEC Treaty plainly did not envisage that the fundamental freedoms and non-discrimination clauses, which were not specifically formulated for tax law,[10] would prove to be comprehensive instruments for realizing the purposes of Community law in the area of direct taxation.[11] The EEC Treaty of 1957 contained and the Amsterdam EC Treaty contains specific tax provisions as the basis for Community authorities only insofar as they typically affect the free movement of goods.[12] This regulatory restraint is not due to an underestimation of the effects of direct taxes on an economic community, a common market or an internal market.[13] Rather, the Treaty explicitly addresses the problem of direct taxes in a very important area, namely that of double taxation. However, this is done only *sotto voce*, in one of its last articles (art. 293), where it is something of an afterthought and overcautiously formulated in view of the importance of the problem. Double taxation is to be eliminated only "so far as is necessary," and only the Member States are addressed, not the bodies of the Community. A proviso in terms of a reservation of power favoring the Member States could not be more clearly formulated.[14]

3. For fundamental remarks on the concept of *sovereignty* see: Randelzhofer, "Staatsgewalt und Souveränität", in *Hdb. des Staatsrechts*, v. I, § 15, m. n. 16; particularly concerning the function of the constitutional provisions governing public finance and internal sovereignty: P. Kirchhof, "Staatliche Einnahmen", in *Hdb. des Staatsrechts*, v. IV, § 88, m. n. 6.

4. *Amtliche Sammlung der Entscheidungen des Bundesverfassungsgerichts* (Federal Constitutional Court, Official Court Reporter; hereinafter referred to as *BVerfGE*) 37/271 et seq., 280; 73/339 et seq., 374.

5. *BVerfGE* 89/155 et seq., 190; Randelzhofer (note 3), m. n. 26; Scholz, in Maunz/Dürig/Herzog/Scholz, art. 23, m. n. 15; Di Fabio, *Das Recht offener Staaten*, 1998, p. 124.

6. *BVerfGE* 89/155 et seq., 198.

7. *BVerfGE* 89/155 et seq., 190; Scholz (note 5), m. n. 26.

8. Waldhoff, in Calliess/Ruffert (edS.), *Kommentar zum EU und zum EGV*, 1999, art. 99, m. ns. 5, 10.

9. Comprehensively: Kuntze, *Die Kompetenzen der Gemeinschaft auf dem Gebiet des Steuerrechts*, 1999, pp. 198 et seq.; see for the special case of art. 293: Lehner, "EU-Recht und die Kompetenz zur Beseitigung der Doppelbesteuerung", in Gassner/Lang/Lechner (eds.), *Doppelbesteuerungsabkommen und EU-Recht*, 1996, pp. 11 et seq.

10. Thömmes, "Verbote der Diskriminierung von Steuerausländern und Steuerinländern", in Lehner (ed.), "Steuerrecht im Europäischen Binnenmarkt", *DStJG* 19 (1996), pp. 81 et seq.

11. See Steichen, "Der Gleichheitssatz im Europäischen Steuerrecht", in *FS Debatin*, 1997, pp. 417 et seq., 436.

12. Waldhoff (note 8).

13. For these stages of development see Badenheurer/Pipkorn in Groeben/Thiesing/Ehlermann, 5th ed., v. 1, art. 7a, m. ns. 10, 11; Herdegen, *Europarecht*, 2nd ed., m. ns. 272 et seq.

14. Lehner (note 9).

These preliminary remarks are important in order to understand that influences on the national power of taxation may not be seen in isolation. This is emphatically the case for the Federal Republic of Germany, which the Basic Law assumes to be a (welfare) state based on taxes. It is a state which meets its financial needs for achieving its purposes primarily through taxes.[15] The power of taxation is therefore to be exercised in scrupulous harmony with particular circumstances, particularly the earning power of the market, which is in turn quite substantially dependent upon the circumstances and potential of the tax-financed infrastructure of an economic area. This infrastructure is very complex in nature. It includes the legal framework conditions for the organization of the market and the economic system. Tax law is of particular importance here, chiefly because it is closely interconnected with all other areas of the law. External influences on a state's power of taxation may therefore not be considered without taking into account the fundamental values and decisions of national tax law.

These remarks address important general conditions for the effectiveness of the fundamental freedoms and non-discrimination clauses of EC law.

2. *The effect of the fundamental freedoms and non-discrimination clauses in light of the influence of European Community law on the tax law of the Member States*

2.1 Overview

Founded on the EC Treaty's express legal bases for the power to legislate, Council directives since the end of the 1960s have led to a substantial harmonization of legislation in the area of indirect taxation.[16] In the area of direct taxation, addressed by the EC Treaty only in its art. 293 (mentioned above),[17] the lack of a specific legal basis for the power to legislate and the more recent policy of tax competition,[18] together with the effect of the principle of subsidiarity,[19] have led to relatively restrained legislation through directives. Thus no new directives have emerged from the few new proposals[20] since the Parent-Subsidiary Directive[21] and the Merger Directive[22] issued in 1990 on the basis of art. 94.

The ECJ's adjudication on the effect of the non-discrimination clauses on the area of direct taxation stands in contrast to

15. For the state based on taxes see: Vogel, "Der Finanz-und Steuerstaat", in *Hdb. des Staatsrechts*, v. I, § 27, m. ns. 3 et seq., 51 et seq.; P. Kirchhof (note 3), m. ns. 45 et seq.; for the Welfare State based on taxes: Lehner, *Einkommensteuerrecht und Sozialhilferecht*, 1993, pp. 348 et seq., 357 et seq.

16. For the legal development see: Mick, "Steuerharmonisierung der Umsatzsteuer", in Birk (ed.), *Handbuch des Europäischen Steuern-und Abgabenrechts*, 1995, pp. 679 et seq.; Schröer-Schallenberg, "Harmonisierung der sonstigen Verbrauchssteuern", in Birk (ed.), *Handbuch des Europäischen Steuern-und Abgabenrechts*, 1995, pp. 709 et seq.; Voß in Dauses, *Hdb. des Eu-Wirtschaftsrechts*, v. II, J, jan./1999, m. ns. 156 et seq.

17. See *supra* at note 14.

18. Lehner, *StuW* 1998, pp. 159 et seq.; Takacs, *Das Steuerrecht der Europäischen Union*, 1998, pp. 509 et seq.

19. Art. 5 (3 b) EC Treaty.

20. See the Proposal for a Council Directive concerning arrangements for the taking into account by enterprises of the losses of their permanent establishments and subsidiaries situated in other Member States (*OJ* 1990/C 53), *COM*(1990) 595, submitted by the Commission on 6.12.1990; the Proposal for a Council Directive to ensure a minimum of effective taxation of savings income in the form of interest payments within the Community (*OJ* 1998/C 212/09), *COM*(1998) 295 final, submitted by the Commission on 4.6.1998; and the Proposal for a Council Directive on a common system of taxation applicable to interest and royalty payments made between associated companies of different Member States (*OJ* 1998/C 123/07), *COM*(1998) 67 final, submitted by the Commission on 6.3.1998.

21. Council Directive 90/435/EEC of 23.7.1990 on the common system of taxation applicable in the case of parent companies and subsidiaries of different Member States, *OJ* L 225, 1990, p. 6.

22. Council Directive 90/434/EEC of 23.7.1990 on the common system of taxation applicable to mergers, divisions, transfers of assets and exchanges of shares concerning companies of different Member States, *OJ* L 225, 1990, p. 1.

this legislative reticence. Though the effect of this adjudication might be labeled "hidden harmonization",[23] its legal consequences must be strictly differentiated from those of harmonization. Harmonization of legislation in the terms of EC law is the result of directives by the EC Council which must be implemented in the domestic law of the Member States.[24] Only after this implementation do legal positions come into existence which can be directly invoked by citizens.[25]

By contrast, ECJ adjudication on the fundamental freedoms and non-discrimination clauses concerns provisions of the EC Treaty which can be directly invoked by any citizen of the Union.[26] The non-discrimination clauses and fundamental freedoms must consequently be respected by the domestic law enforcement agencies; but only the ECJ decides on their interpretation in an ultimately binding way in preliminary rulings according to art. 234 of the EC Treaty.

Although the ECJ may not declare domestic regulations void,[27] it may determine that a provision of Community law (*e.g.*, a non-discrimination clause) conflicts with the application of a norm of domestic law.[28]

The provisions on the free movement of workers (arts. 39 ff. of the EC Treaty), on the elimination of restrictions of the right of establishment (arts. 43 ff.), on the free movement of services (arts. 49 ff.) and on the free movement of capital and freedom of payments (arts. 56 ff.) are considered fundamental freedoms, although the EC Treaty does not use the term.[29] However, the fundamental freedoms are in fact addressed by the concept of prohibitions of restrictions, which are in turn regulated in the Treaty's provisions on freedom of establishment, freedom to provide services and the free movement of capital and freedom of payments as legal concepts. But the Treaty explicitly discusses the prohibition of discrimination (for reasons of nationality) in its art. 12 and in fact in the prohibition of unequal treatment, which is framed in detail in the relevant individual provisions.[30]

It therefore seems proper to conceive the concept of fundamental freedoms as an umbrella concept which is put in concrete terms by the non-discrimination clauses (which are *equality-based*) and the prohibition of restrictions (which are designed as *liberty rights*).[31]

Understood in this way, the fundamental freedoms are directly binding for the Member States and can be directly relied upon by the citizens of the Union.[32]

23. Cf., *e.g.*, Weatherill/Beaumont, *EC Law*, 2nd ed., 1995, p. 254, who use the term "negative harmonization" as opposed to "positive harmonization" by the legislator.

24. See art. 249 (3) EC Treaty.

25. For the exemption in the case of non-transformation within the time limit see Ratti, Case 148/78 [1979] ECR 1.629; "Ministère Public *vs.* Auer", Case 271/82 [1983] 2.727.

26. Representative for further case law: "Reyners *vs.* Belgian State", Case 2/74 [1974] ECJ 631; "van Duyn *vs.* Home Office", Case 41/74 [1974] ECR 1.337.

27. *BVerfGE* 37/271 et seq., 281 et seq.

28. See "Finanzamt Köln-Altstadt *vs.* Roland Schumacker", Case C-279/93 [1995] ECR I-227, par. 2; generally to the effect of preliminary rulings: Dauses, *Das Vorabentscheidungsverfahren nach Artikel 177 EC Treaty 1995*, pp. 148 et seq.; Rengeling/Middeke/Gellermann, *Rechtsschutz in der Europäischen Union*, 1994, m. n. 398.

29. Wölker, in Groeben/Thiesing/Ehlermann, *Kommentar zum EU-/EC Treaty*, 5th ed., 1999, Introduction to arts. 48 et seq., m. n. 1; Bleckmann, *Europarecht*, 6th ed., 1997, p. 269; Schweitzer/Hummer, *Europarecht*, 5th ed., 1996, p. 330; Roth, "Niederlassungs-und Dienstleistungsfreiheit", in Dauses (ed.), *Handbuch des EU-Wirtschaftsrechts*, E.I., m. n. 1.

30. Wölker (note 29), art. 48, m. ns. 5 et seq.; Troberg, in Groeben/Thiesing/Ehlermann, *Kommentar zum EU-/EC Treaty*, 5th ed., 1999, art. 52, m. n. 36; Reyners (note 26).

31. Kingreen, *Die Struktur der Grundfreiheiten des Europäischen Gemeinschaftsrechts*, 1999, pp. 38 et seq.; Schweitzer/Hummer (note 29), p. 330.

32. Bleckmann (note 29), p. 269; fundamental and representative for a comprehensive adjudication: van Duyn (note 26), pars. 5-7; "B. N. O. Walrave and L. J. N. Koch *vs.* Association Union

ECJ adjudication on the significance of the fundamental freedoms for tax law has been variously discussed.[33] However, one aspect of this adjudication, permitting important distinctions to be made according to the strength of the influence of the non-discrimination clauses and fundamental freedoms on the national power of taxation, has not yet been adequately evaluated.

This is the distinction between the function of the fundamental freedoms on the one hand as *non-discrimination clauses* primarily based on the concept of equality, and on the other as *prohibitions of restrictions* primarily based on the concept of liberty rights.[34]

The following remarks will demonstrate that the fundamental freedoms in their capacity as *non-discrimination clauses* in accordance with the decisions of the ECJ in the area of direct tax law result in only negligible limitations of the national power of taxation. However, to the extent that the ECJ develops the fundamental freedoms in the area of direct tax law as *prohibitions of restrictions*, sharp limitations of the national power of taxation must be obtained. My thesis that the fundamental freedoms and non-discrimination clauses may lead to a limitation of the national power of taxation only if they are directed toward realizing purposes to be reconciled with the fundamental values of domestic tax law systems is based on this distinction. This prerequisite can only be met by the fundamental freedoms in their manifestation as non-discrimination clauses.

If, however, the fundamental freedoms are developed as prohibitions of restrictions, this will take place with absolutely no regard to the basic principles of domestic tax law systems. The application of the fundamental freedoms as prohibitions of restrictions is even likely to be in conflict with the fundamental values of domestic tax law systems.

This does not mean that restrictions of cross-border activities must be accepted in these cases. However, it does mean that these restrictions cannot be eliminated with the help of the fundamental freedoms. Nor does the ECJ have any responsibility in this respect. Rather, either negotiations by the Member States are "necessary" on the basis of art. 293, or else measures to harmonize legislation are appropriate.

2.2 The development of the non-discrimination clauses into prohibitions of restrictions in ECJ adjudication

The development of the non-discrimination clauses into prohibitions of restrictions must be understood as an extension of the fundamental freedoms – until now to be interpreted as primarily concerning equality rights – precisely in the terms of the non-discrimination clauses.[35] However, this

Cycliste Internationale", "Koninklijke Nederlandsche Wielren Unie and Federacion Espanola Ciclismo", Case 36/74 [1974] ECR 1.405 pars. 28-29.

33. See Farmer/Lyal, *EC Tax Law*, 1994; see also the contributions by Saß (pp. 35 et seq.), Thömmes (pp. 81 et seq.) and Lehner (pp. 257 et seq.) in Lehner (ed.), "Steuerrecht im Europäischen Binnenmarkt" (*supra*, note 10); the contributions by Eckhoff (pp. 461 et seq., 501 et seq., 543 et seq.) and Henke (pp. 583 et seq.) in Birk (ed.), *Handbuch des Europäischen Steuer-und Abgabenrechts*, 1995; the contributions by Everling (pp. 607 et seq.), Herzig (pp. 627 et seq.), Schön (pp. 743 et seq.) and Thömmes (pp. 795 et seq.) in Flume/Jakobs/Picker/Schön/Wilhelm (eds.), *Gedächtnisschrift für Brigitte Knobbe-euk*, 1997; and Thömmes, "Stand und Entwicklungstendenzen der EuGH-Rechtsprechung zu den direkten Steuern", in *Steuerberater-Jahrbuch* 1998/99, 1999, pp. 173 et seq.

34. See Weiß, *EuZW* 1999, pp. 493 et seq., 496 et seq.; v. Borries, *EuZW* 1997, pp. 446 et seq.; though without the consequences concerning equality and liberty rights shown here; Lehner, "Steuergerechtigkeit in der Rechtsprechung des Gerichtshofs der Europäischen Gemeinschaften", in Kirchhof/Jakob/Beermann (eds.), *Steuerrechtsprechung, Steuergesetz, Steuerreform, Festschrift für Offerhaus*, pp. 117 et seq.; for further differentiation see: Reimer, "Die Auswirkungen der europarechtlichen Grundfreiheiten auf das Ertragsteuerrecht der Bundesrepublik Deutschland", in Lehner, *Die Bedeutung der Grundfreiheiten für das Steuerrecht der EU-Mitgliedstaaten*, sub II.2.

35. For further differentiation see: Reimer (note 34).

expansion in ECJ adjudication on the field of direct taxation has only begun.

2.2.1 The traditional concept of the fundamental freedoms as non-discrimination clauses

The basis of ECJ adjudication on the fundamental freedoms is their interpretation as non-discrimination clauses based on nationality or residence.[36] This interpretation finds essential support in the language of art. 39 of the EC Treaty for the purposes of adjudication in the area of the taxation of frontier workers. In accordance with art. 39, the free movement of workers comprises the abolition of any discriminatory treatment of employees based on nationality with regard to employment, remuneration and other conditions of work and employment. The ECJ had earlier indicated in the "Biehl decision" that the "principle of equal treatment" would be "rendered ineffective" in the area of remuneration if it could be compromised by discriminatory national regulations on the taxation of employees subject to limited tax liability.[37] Accordingly, the ECJ understands the obligation arising from art. 39 of the EC Treaty as a non-discrimination clause, *i.e.*, as a prohibition against giving worse treatment to a national (resident[38]) of another Member State when assessing direct taxes than to a national of the same state who is in the same situation.[39]

The equality rights approach as such is not the only important factor in this regard. The strength of the influence on the national power of taxation depends quite decisively on the formulation of the bases for comparison. That is, the position of a non-resident individual subject to limited tax liability is not compared straightaway with that of a resident subject to unlimited tax liability.[40] Rather, the ECJ constantly stresses that residents and non-residents are generally not in comparable positions.[41] Under the well-known standard ECJ formula, however, the case is different if a non-resident receives the major part of his or her taxable income from the state in which, as a non-resident subject to tax, he or she is subject only to limited tax liability.[42] Such a non-resident's position differs from that of a resident only with respect to place of residence.

In order to assess the extent to which the fundamental freedoms in their manifestation as non-discrimination clauses influence the national power of taxation, in this basic situation it is of decisive importance that the ECJ's rulings fit into domestic tax law so as to form a consistent or cohesive system.[43]

This becomes plain if one starts with the idea that the distinction between unlimited and limited tax liability, with all their consequences, historically arises from the premise that a resident of a state also receives the major part of his or her taxable income from that state. But to the extent that this premise no longer holds in our era of globalization and freedom of movement, it must at least be adjusted so as to avoid discriminatory effects.

36. For this adjudication in general see: Wolffgang, in Lenz, *Kommentar zum EC Treaty*, 2nd ed., 1999, Introduction to arts. 90-93, m. n. 29; Eilers, in Groeben/Thiesing/Ehlermann, *Kommentar zum EU-/EC Treaty*, 5th ed., 1999, Introduction to arts. 95-99, m. n. 135; for this adjudication on tax law see note 34; as fundamental decisions see: Reyners (note 26), m. ns. 24-28; "Commission of the European Communities *vs.* French Republic" (*Avoir Fiscal*), Case 270/83 [1986] 273.

37. "Biehl *vs.* Administration des Contributions de Luxembourg", Case C-175/88 [1990] ECR I-1779, par. 12; Schumacker (note 28), pars. 21, 23.

38. For the concept of hidden discrimination see "Sotgiu *vs.* Deutsche Bundespost", Case 152/73 [1974] ECR 153, par. 11; Thömmes (note 10), pp. 81, 83.

39. Schumacker (note 28), m. n. 24.

40. Schumacker (note 28), pars. 4 et seq.

41. Schumacker (note 28), par. 31; "Wielockx *vs.* Inspecteur der Directe Belastingen", Case C-80/94 [1995], I-2.493, par. 18.

42. Schumacker (note 28), pars. 36 et seq.

43. For the concept of consistency see: Degenhart, *Systemgerechtigkeit und Selbstbindung des Gesetzgebers als Verfassungspostulat*, 1976, pp. 1 et seq.; Peine, *Systemgerechtigkeit*, 1985, pp. 21 et seq.

A verdict of *discrimination* in this regard refers by intention not only to the EC non-discrimination clauses, but also to art. 3 of the German Constitution, because the general equality clause already calls for the appropriate adjustments if a non-resident receives the major part of his or her taxable income from the other state. The provision in § 1(3) of the Income Tax Act confirms this. According to this provision, any non-resident – *i.e.*, not only citizens of the Union or of the EEC – is treated as subject to unlimited tax liability upon request if he or she meets the other legal requirements of the norm.

Adjudication on freedom of establishment is also oriented around a tacit standard of consistency, insofar as the ECJ keeps to equality rights in its interpretive approach.

This can be seen in the *Avoir Fiscal* decision, in which the ECJ assumes that art. 43 of the EC Treaty is meant to guarantee "that all nationals of Member States (...) receive the same treatment as nationals of that state".[44] The ECJ takes this equality rights ruling very strictly. It aligns itself closely on domestic legal prerequisites for the granting of tax credit and not on any further purpose of Community law.[45] In the "Haliburton",[46] "Commerzbank"[47] and "Baxter"[48] decisions, too, the ECJ is rigorously oriented around the provisions of the domestic tax system. The same is true for two more decisions which must be discussed in connection with the coherence argument and in connection with treaty law.

The first of these is the "Wielockx decision",[49] whose equality rights approach to art. 43 of the EC Treaty is consistent with that of the "Schumacker decision"[50] to art. 39 of the EC Treaty.[51] Here, too, the ECJ compares a non-resident subject to tax with an individual subject to tax who is resident in the country of employment by the yardstick of the prerequisites valid under domestic law for the taxability of pension reserve expenditures.[52] In this decision as well, the obligation to give equal treatment to the person subject to limited tax fits consistently into the domestic legal system. If we apply here the ECJ's considerations on the coherence of the tax system[53] to our understanding of consistency,[54] then the ECJ's test of coherence produces an additional piece of evidence for its efforts to obtain an effect of the non-discrimination clauses which must be reconciled with the domestic legal system. What is special about the ECJ's test of coherence in the "Wielockx case" is that, unlike the "Bachmann case",[55] it includes coherence and consistency with regard to treaty law: the ECJ takes into account the fact that the participating Member States agreed in their Double Tax Treaty to tax pensions in the state of residence.[56] It is reasonable to understand this reference to the reciprocity of the provision and to its consistency with the OECD Model Convention[57] as in fact another reference to the consistency of the provision. The "Asscher decision" is also to be mentioned in this context because the ECJ also draws very subtly on the interrelations between the domestic provisions in tax law and social law in its comparative test by the criterion of domestic law.[58] It is also very noteworthy that, as in the "Wie-

44. *Avoir Fiscal* (note 36), par. 14.

45. *Avoir Fiscal* (note 36), pars. 15 et seq.

46. "Halliburton Services BV *vs.* Staatssecretaris van Financien", Case C-1/93 [1994] ECR I-1.137.

47. "The Queen *vs.* Inland Revenue Commissioners, ex parte Commerzbank AG", Case C-330/91 [1993] ECR I-4.017.

48. ECJ of 8.7.1999, Case C-254/97 (Baxter), *http://curia.eu.int/jurisp/.*

49. Wielockx (note 41).

50. Schumacker (note 28).

51. Schumacker (note 28), pars. 17-20.

52. Schumacker (note 28), par. 27.

53. Schumacker (note 28), par. 24.

54. For references see note 43.

55. "Bachmann *vs.* Belgian State", Case C-204/&90 [1992] ECR I-249, pars. 21-28.

56. Wielockx (note 41), par. 24.

57. Wielockx (note 41), pars. 23 et seq.

58. "Asscher *vs.* Staatssecretaris van Financien", Case C- 107/94 [1996] ECR I-3.089, pars. 43 et seq.

lockx decision",[59] the provision in treaty law on the proviso safeguarding progression is included in the comparison,[60] even though the ECJ does not discuss coherence in this decision. Here, too, however, what is in fact concerned is consistency by the standards of the domestic legal system, including, entirely appropriately, modifications of this domestic legal system under treaty law.

The orientation of the fundamental freedoms in their capacity as non-discrimination clauses is also clearly addressed in the "Saint-Gobain case" in interconnections sketched there between domestic law and the law of the Double Tax Treaty.[61] With regard to the distinction between the fundamental freedoms in their capacity as non-discrimination clauses on the one hand and as prohibitions of restrictions based on the concept of liberty rights on the other, the argumentation adduced by advocate-general Jean Mischo in his opinions[62] is directed toward demonstrating that the provisions under attack conflict with the domestic legal system and the treaty law to be applied to it.[63]

For the fundamental freedoms to influence the national power of taxation, it will be shown that the ECJ diverge from its application of the fundamental freedoms in harmony with domestic legal systems to the extent that it no longer interprets the fundamental freedoms as non-discrimination clauses, but as prohibitions of restrictions. So far there have been only a few tax-law decisions in which the ECJ has developed the fundamental freedoms as prohibitions of restrictions. However, because of the importance which this interpretative approach now has in other areas of policy (Bosman[64]), this development must be followed carefully.[65]

2.2.2 The development of the fundamental freedoms into prohibitions of restrictions

In the tax-law literature, the "ECJ's Daily Mail decision"[66] on the problems of relocating a registered office is considered an example of the development of art. 43 of the EC Treaty as a prohibition of restrictions.[67] The ECJ refers initially to the provision's effect as a clause concerning treatment of non-residents *vis-à-vis* residents in the host Member State. However, it then stresses that the provisions on freedom of establishment also prohibit the state of origin from obstructing establishment of residence by its nationals or by a company formed in accordance with its law in another Member State.[68] In this interpretation, the extension of an approach which had been framed purely in terms of equality rights is close to a liberty rights ruling, which, however, is not made precise or put in concrete terms in this decision and has thus not been implemented. Instead, the ECJ has reversed its liberty rights approach to interpreting the problems of the relocation of a registered office, arguing that these

59. Wielockx (note 41), par. 24.

60. Asscher (note 58), par. 47.

61. See the preliminary reference of the FG Köln of 30.6.1997, 13 K 4.342/91, *IStR* 1997, p. 557; opinion of *advocat-general* Mischo in *IStR* 1999, p. 177; also ECJ of 21.9.1999, Case C-307/97 (Saint Gobain), *http://curia.eu.int/jurisp/.*

62. See note 61.

63. See especially pars. 47 et seq.

64. "Union Royale Belge des Sociétés de Football Association ASBL and others *vs.* Jean-Marc Bosman and Others", Case C-415/93 [1995] ECR I-4.921.

65. "Rewe-Zentral-AG gegen Bundesmonopolverwaltung für Branntwein", Case 120/78 [1979] ECR 649; "Keck et Mithouard", Joined Cases C-267 and C-268/91 [1993] ECR I-6.097; "Säger *vs.* Dennemayer", Case C-76/90 [1991] ECR I-4.221; "van Binsbergen *vs.* Bestuur van de Bedrijsvereniging voor de Metaalnijverheid", Case 33/74 [1974] ECR 1.299.

66. "The Queen *vs.* HM Treasury and Commissioners of Inland Revenue ex parte Daily Mail and General Trust plc.", Case 81/87 [1988] ECR 5.483.

67. Thömmes (note 10), p. 87; Knobbe-Keuk, *DB* 1990, pp. 2.573, 2.574; idem, *EuZW* 1991, pp. 649 et seq., 651; Daniels, *EC Tax Review* 1999, pp. 39 et seq., 40.

68. Daily Mail (note 66), par. 16; see also the remark in Bosman (note 64), par. 97.

problems have not been solved by the provisions on freedom of establishment, but require a solution through (Community) legislation (harmonization[69]) or a treaty (based on art. 293 of the EC Treaty).[70] Taxation of liquidation proceeds as a consequence of the relocation of a registered office is in any event not an inadmissible restriction of the freedom of establishment for the ECJ in the "Daily Mail decision". Rather, the ECJ expressly indicates that the disputed provision does not prevent the transfer of capital to a company in another Member State "if necessary after winding up and, consequently, the settlement of the tax position".[71]

By contrast, the ECJ's rulings in the "Imperial Chemical Industries decision",[72] handed down 10 years after the "Daily Mail decision", are clearer and more stringent. This decision too concerns freedom of establishment acting as a prohibition of restrictions in the seat state of an enterprise. Relying on the interpretive approach of the "Daily Mail decision", here too the ECJ passes from treating the effect of art. 43 of the EC Treaty as a clause concerning treatment of non-residents *vis-à-vis* residents to treating it as a prohibition of restrictions aimed at the seat state. In accordance with this prohibition, the seat state may not deny a deduction of losses between domestic companies solely because their group also has subsidiaries in another Member State.[73] Unlike the "Daily Mail decision", the effect of this decision amounts to an obligation – which is not given further justification, but is expressed only by the reference to freedom of establishment – to disregard the group's foreign earnings. However, the ECJ here leaves out of consideration, with few convincing reasons, the interrelations between the taxation of earnings on the one hand and the deduction of losses on the other which are established by the domestic legal system. For example, if states that the decreased proceeds resulting from (unilateral) deduction of losses are not among the grounds which could justify unequal treatment under art. 46 of the EC Treaty.[74] Nor does it adequately come to terms with the objection of coherence.[75]

This is all the more astonishing in that, in the "Futura Singer decision",[76] the Court recognized an economic relation between income and losses in the state where economic activity takes place as a precondition for the requirement that only losses resulting from the activity of non-residents subject to tax in the territory of this state could be carried forward.[77] This provision, according to the ECJ in the "Futura Singer decision", is in keeping with the "fiscal principle of territoriality".[78]

The "Futura Singer decision" is interesting in relation to another aspect of freedom of establishment, understood by the ECJ as a prohibition of restrictions. The decision was concerned not only with the preconditions for the deduction of losses as referred to above; the ECJ also accepted the violation of freedom of establishment by a provision of Luxembourgian law which makes the carrying forward of losses dependent upon the ability to present accounts

69. See also the first draft of a directive regarding the transfer of a company seat within the EU, *ZIP* 1997, pp. 1.721, 1.723 et seq., and also the contributions in *ZGR* 1999, pp. 3 et seq.

70. Daily Mail (note 66), par. 23; see also infra, n. 2.3, in connection with the question regarding the relation of fundamental freedoms and conditions of harmonization.

71. Daily Mail (note 66), par. 18.

72. "Imperial Chemical Industries (ICI) *vs.* Kenneth Hall Colmer (HM Inspector of Taxes)", Case C-264/96 [1998] I-4.695.

73. ICI (note 72), pars. 20 et seq.; dazu Saß, *BB* 1999, pp. 447 et seq.; Hahn, *IStR* 1999, pp. 609 et seq.

74. ICI (note 72), par. 28.

75. ICI (note 72), par. 29: "In the present case, there is no such direct link between the consortium relief granted for losses incurred by a resident subsidiary and the taxation of profits made by non-resident subsidiaries".

76. "Futura Participations S/A and Singer *vs.* Administration des Contributions", Case C-250/95 [1997] ECR I-2.471.

77. Futura Singer (note 76), pars. 18 et seq.

78. Futura Singer (note 76), par. 22.

in compliance with domestic regulations.[79] However, the Court does not consider whether domestic enterprises are also subject to the corresponding obligation and thus does not arrive at the obvious finding that the duty to keep accounts does not violate the non-discrimination clause.[80] Rather, the ECJ sees a violation of the freedom of establishment in the duty of foreign enterprises to keep accounts.[81] But if such a duty to keep accounts also exists for domestic enterprises, the decision amounts to an obligation by the state in which economic activity takes place to afford foreign enterprises an even better financial position than domestic ones.

2.3 *Bilateral aspects of the fundamental freedoms and non-discrimination clauses*

The problem of the fundamental freedoms and non-discrimination clauses is not laid to rest by developing non-discrimination clauses into prohibitions of restrictions. Additional difficulties for the application of the law arise from the hitherto little-noticed fact that discrimination and restrictions are very often due to the confluence of two different national tax systems. This problem, which was the subject of the Munich Symposium on International Tax Law in march of last year, can be examined here only briefly.[82]

In its basic configuration, the bilateral aspect of the fundamental freedoms and non-discrimination clauses is already addressed by the combination of unlimited tax liability in the state of residence or seat state and limited tax liability in the source country. Even in this basic form, the bilateral aspect of the fundamental freedoms and non-discrimination clauses is already very complex, because the delimitation of the competence to tax between the two states is regulated by the Double Tax Treaty. The concrete problem of the "Schumacker case", which is mentioned here only as an example, in the final analysis results entirely from the fact that the provision of the German-Belgian Double Tax Treaty – which is in conformity with the OECD Model Tax Convention – assigns sole competence to tax wages and salaries to Germany.[83] The ECJ decision in the "Gilly case" must also be mentioned in this context.[84] One special feature of this decision is that the ECJ makes reference to the congruence of the disputed norm of the German-French Double Tax Treaty with the corresponding norm of the OECD Model Convention. This is in fact a reference to an internationally recognized system for avoiding double taxation, whose structuring in accordance with art. 293 of the EC Treaty has remained within the jurisdiction of the Member States. The bilateral aspect of the fundamental freedoms and non-discrimination clauses is also significant in relation to methods of eliminating double taxation by the state of residence.[85]

Beyond treaty law, the bilateral aspect of the fundamental freedoms and non-discrimination clauses finds expression when, for example, taxation in one state is dependent upon certain legal preconditions in the other state, as is set out in the "Jessica Safir"[86] and "Eurowings"[87] cases.

79. Futura Singer (note 76), par. 43.

80. Similarly Weiß (note 34), p. 494.

81. Futura Singer (note 76), par. 24.

82. See the contributions in v. 23 of the *Münchener Schriften zum internationalen Steuerrecht*.

83. See art. 15 DTC Germany-Belgium.

84. "Gilly *vs.* Directeur des Services Fiscaux du Bas-Rhin", Case C- 336/96 [1998] I-2.793, also *IStR* 1998, p. 336, with annotation Rainer and Lehner; see also: Vogel, *EC Tax Review* 1998, p. 150; Dautzenberg, *IWB* of 12.3.1997 F 11 Gr. 2, pp. 299 et seq.; Kischel, *IWB* of 26.2.1997 F 11 Gr. 2, pp. 289 et seq.; Eicker, *European Taxation* 1998, p. 322; Saß, *DB* 1998, p. 1.482.

85. See *infra* at 3.1.2.

86. "Safir *vs.* Skattemyndigheten i Dalarnas Län, formerly Skattemnydigheten i Kopparbergs Län", Case C-118/96 [1998] ECR I-1.897.

87. ECJ of 26.10.1999, Case C-294/97 (Eurowings), *http://curia.eu.int/jurisp/*.

2.4 *Prospects*

Although the development of the fundamental freedoms into prohibitions of restrictions in ECJ adjudication in the area of direct taxation is currently still limited to a few decisions, it is to be expected that far-reaching limitations of the national power of taxation will result from these initial efforts. This development may have the effect that the ECJ is no longer content with measuring the domestic treatment of nonresidents by the relevant domestic standard of unlimited tax liability. But it is quite conceivable that the ECJ will also review unlimited tax liability – particularly with reference to the related taxation of worldwide income – by the criterion of the fundamental freedoms if they might be understood as prohibitions of restrictions.

One conceivable example case in this regard is the elimination of double taxation by the imputation method. On the one hand, eliminating double taxation in this way fulfills the Member States' obligation to do so according to art. 293 of the EC Treaty. But on the other, given a higher tax rate in the seat state, the imputation method can lead to a competitive disadvantage as against enterprises resident in the source country. Does the imputation method therefore violate a non-discrimination clause or even a prohibition of restrictions in EC law?[88]

3. *The territorial grounding of tax law as a directive for the limitability of the national power of taxation*

The foregoing remarks show that developing the fundamental freedoms as prohibitions of restrictions holds the danger of far-reaching limitations of the national power of taxation, though this danger has only become apparent in the few decisions which have been handed down on this basis.[89]

Insofar as the EC Treaty contains precautions against excessively far-reaching effects of the fundamental freedoms in its legal justifications concerning liberty rights and in the principle of subsidiarity,[90] these precautions have proved to be not very effective in the tax-related adjudication of the ECJ.[91]

It is more promising to attempt to limit interpretation of the fundamental freedoms as prohibitions of restrictions in their application to income tax cases by using the criterion of *territorial grounding of tax law*.

3.1 *Territorial linkage of tax liability*

The territorial grounding of tax law results from the domestic link of tax liability as framed in the provisions on unlimited and limited tax liability.[92]

3.1.1 Equivalence-theoretical foundations

The territorial grounding of tax liability rests on the fact that the domestic link of an individual subject to tax liability, as established by residence or the location of the source of income, is an essential precondition for realizing income in a given state and thus also an essential precondition for the individual's economic productivity in that state.[93] The territorial grounding of tax liability is not a special feature of German law. Rather, as an expression of

88. See *infra* 3.1.2.

89. See *supra* 2.2.2.

90. Kingreen (note 31), pp. 107 et seq., 151 et seq.; Troberg (note 30), art. 56; Woelker (note 29), art. 48, pars. 91 et seq.

91. See Thömmes (note 10), pp. 96 et seq.; idem, in *Gedächtnisschrift für Knobbe-Keuk*, 1997, pp. 795, 818 et seq.; idem, "Stand und Entwicklungstendenzen der EuGH-Rechtsprechung zu den direkten Steuern", in *Steuerberater Jahrbuch* 1998/99, pp. 173 et seq., 182.

92. § 1 (1) sentence 1 EStG in connection with §§ 8, 9 AO; § 1 (1), § 2 KStG in connection with §§ 10, 11 AO.

93. For the distinction between limited and unlimited tax liability based on the theory of equivalence see: Lehner/Waldhoff, in Kirchhof/Söhn (eds.), *Einkommensteuergesetz*, § 1 m. ns. A. 153 et seq.; Eckert, *Die beschränkte Steuerpflicht*, 1995, pp. 60 et seq.; Schön, *IStR* 95, p. 119 (124); Isay, *Internationales Finanzrecht*, 1934, pp. 41 et seq.

an internationally recognized principle, it also underlies the linkages of tax liability in the distributive rules of the Double Tax Treaty.[94] However, these territorially-based preconditions are primarily market-specific in nature.

The concept of market income takes account of this by defining income in relation to the market and justifying appropriation of tax only insofar as it is the result of market-dependent earnings.[95] Not in a synallagmatic sense, therefore, but in the sense of global equivalence, charges in the form of tax are a "consideration" for a state's infrastructure, provided in the form of a market.[96] This infrastructure consists of all conditions relevant to the profit-making economy, which are not limited to servicing by traffic routes and by supply and communications channels; market conditions also include the legal order of the state, its obligation to uphold a socially conscious, legally binding state purpose,[97] its obligation to protect the natural foundations of life,[98] and, not least, its obligation to maintain national economic equilibrium.[99] As the concrete realization in tax law of the general equality clause, the ability-to-pay principle[100] – or the principle of taxation in accordance with *economic* productivity – thus finds in the circumstances of a nationally circumscribed economic area fundamental preconditions to which tax law applies its central differentiation between unlimited and limited tax liability.

These interrelations have been clearly expressed in the discussion of "Standort Deutschland", or Germany as a business location.[101] However, an emphasis on Germany as a business location also implies that, as in any other state, Germany's market has special features – at least differences as compared to other locations, other countries and other markets.

But market-specific differences also exist among the individual Member States of the European Community. The policy of tax competition demonstrates that this is the case.[102] The very different financial responsibilities of the Member States for the financial needs of the Community[103] and the necessity of a European structural policy[104] also demonstrate that the differences exist independently of the policy of tax competition.

An internal market, in the sense of a market which is homogeneous in its basic structures, is an important and desirable goal.[105] However, this goal has not yet been fully achieved. The internal market cannot be produced simply by interpreting the EC Treaty.[106]

3.1.2 Market-oriented organization of the tax system

The principle of a state based on taxes demands an organization of national tax systems which takes into account the actual conditions and special features of national markets.[107] This is brought about pri-

94. See Lehner, in Vogel (ed.), *Doppelbesteuerungsabkommen*, art. 4 (1) OECD-MA m. n. 9.

95. P. Kirchhof, in Kirchhof/Söhn (eds.), *Einkommensteuergesetz*, § 2 m. ns. A. 364 et seq.

96. Haller, *Die Steuern*, 3rd ed., 1981, pp. 13 et seq.; Vogel, *Festschrift für Klein*, 1994, pp. 361 et seq., 373.

97. Art. 20 (1) GG.

98. Art. 20 (a) GG.

99. Art. 109 (2) GG.

100. For fundamental remarks see: Birk, *Das Leistungsfähigkeitsprinzip als Maßstab der Steuernormen*, 1983.

101. Ritter, "Steuerliche Perspektiven für den Standort Deutschland", in Fischer (ed.), *Wirtschaftsstandort Deutschland im internationalen Steuerrecht*, 1994, pp. 1 et seq.; see also the statement of the *Bundesrat* concerning the "Standortsicherungsgesetz", *BT-Drs.* 12/4.487 p. 49; *BT-Drs.* 12/5.016.

102. For references see note 101.

103. See, *e.g.*, the budget of 1999, *OJ*, L 39, 1999, pp. 1 et seq.

104. See arts. 130a et seq. EC Treaty.

105. See art. 14 EC Treaty.

106. Bardenhewer/Pipkorn, in Groeben/Thiesing/Ehlermann, *Kommentar zum EU-/EG-Vertrag*, 5th ed., 1999, art. 7a m. n. 17; Mick, "Steuerharmonisierung und Gemeinsamer Markt", in Birk (ed.), *Handbuch des Europäischen Steuern-und Abgabenrechts*, 1995, pp. 637 et seq.

107. See *supra* 3.1.1.

marily through a differentiation according to the strength of the domestic link established via the person of the individual subject to tax liability or his or her source of income – a criterion whose principle is convincing, but which has not always been consistently implemented. A further problem is the difficulty of coordinating tax law with other areas of the law, particularly with constitutional law,[108] commercial law[109] and social law.[110] Modifications of tax law must therefore be matched to the specific interrelations of these areas, no matter whether these modifications are based on domestic law or on Community law.

3.2 The fundamental freedoms and non-discrimination clauses in the reciprocal relationship between equal treatment and treatment as if equal

The territorial grounding of tax law thus shapes basic decisions which cannot be altered straightforwardly. The limit of the influences of the fundamental freedoms and non-discrimination clauses on the national power of taxation lies at the point where violations of the basic principles of national tax-law systems become unacceptable.

Since it has become clear that these basic tax system principles are territorially grounded, another territorially defined threshold has presented itself as an aid in determining this limit. This is the threshold beyond which *equal treatment* by the criteria of domestic law turns into *treatment as if equal* by the criteria of Community law provisions.

3.2.1 Equal treatment and treatment as if equal

Treatment as if equal is distinguished from equal treatment in that it does not arise from the principles of a consistent legal system, but rather ignores these principles. Lorenz Fastrich has developed this distinction for labor law and clarified it by means of (*inter alia*) the example of an employer's obligation to pay an attendance bonus to an employee who is on strike and thus absent.[111] Treatment as if equal is consequently not the result of observing, in a manner in conformity with legal systems, distinctions which require unequal treatment or prohibit equal treatment. Rather, treatment as if equal is the result of a primarily political decision to bring about the effect of equality despite the existence of relevant distinctions of equality rights. In tax law, too, there are breaches of the equality clause not in conformity with tax systems, whose purpose, however, is not treatment as if equal but which are occasioned in the course of achieving a specific non revenue-related purpose.[112]

Comparing domestic law and Community law, only domestic law constitutes a consistent legal system within which equal treatment is possible.[113]

3.2.2 Equal treatment under the provisions of domestic law, treatment as if equal under the provisions of Community law

The distinction between equal treatment and treatment as if equal is applied in the ECJ adjudication discussed here in the reciprocal relationship between the scope of application of the fundamental freedoms

108. Vogel/Waldhoff (note 1), Introduction to art. 104a-15, m. ns. 471 et seq., with further references.

109. Knobbe-Keuk, *Bilanz-und Unternehmenssteuerrecht*, 9th ed., 1993; von Wallis/Brandmüller/Schulze zur Wiesche, *Besteuerung der Personen-und Kapitalgesellschaften*, 4th ed., 1991.

110. See Lehner (note 15).

111. Fastrich, "Gleichbehandlung und Gleichstellung" (to be published soon, in *Recht der Arbeit*, 2000).

112. With fundamental remarks: Birk (note 100), pp. 228 et seq.

113. Birk, in Lehner (ed.), "Steuerrecht im Europäischen Binnenmarkt", *DStJG* 19 (1996), pp. 63 et seq., 77.

in their manifestation as non-discrimination clauses on the one hand and as prohibitions of restrictions on the other.

The decisions on the free movement of workers, such as the "Schumacker decision",[114] should be recalled as examples of the equal treatment of cross-border and purely domestic constellations with an orientation toward the values of the domestic legal system. The "ICI decision"[115] may be cited as an example of the treatment as if equal of cross-border and domestic constellations. In this decision, the obligation to deduct foreign losses was based solely on the requirement that foreign and domestic subsidiaries be treated as if equal which was derived from the freedom of establishment. This result could not be reconciled with the interrelations between the taxation of profits and the deduction of losses established in accordance with domestic law.[116] On the other hand, and this is quite decisive, even the EC Treaty provides no adequately defined criteria for the ECJ to distinguish admissible from inadmissible restrictions.

3.3 Effects on the scope of application of the fundamental freedoms and non-discrimination clauses in relation to tax harmonization

The distinction between equal treatment and treatment as if equal provides clarification and substantiation for the thesis that the fundamental freedoms may not be realized as prohibitions of restrictions in violation of basic principles of domestic tax law systems, as long as the EC Treaty does not read the fundamental freedoms precisely as prohibitions of restrictions.

This in no way means that restrictions of cross-border activities which cannot be eliminated in harmony with the tax provisions of a domestic legal system must be accepted. However, unfettered adjudication in the absence of concrete provisions is not appropriate as a means of eliminating such restrictions. Rather, either negotiations by the Member States are "necessary" on the basis of art. 293 of the EC Treaty, or else measures to harmonize legislation are appropriate.

To the extent that the application of the fundamental freedoms as prohibitions of restrictions leads to breaches of the basic principles of domestic tax law systems, this must in any event be regarded as indicating a lack of harmonization. This result is to a certain degree embodied in the legal requirements of art. 94 of the EC Treaty, which provide for harmonization of legislation through Council directives if legal or administrative regulations of the Member States "directly affect the establishment or functioning of the Common Market".

This result does not conflict with an ECJ opinion voiced earlier in the "*Avoir Fiscal* decision" according to which the effect of the fundamental freedoms and non-discrimination clauses is not dependent upon the status of tax harmonization.[117] The reason for this is that the decision was handed down on the effect of freedom of establishment as a non-discrimination clause.[118] The non-discrimination clause is already oriented around the provisions of domestic law;[119] and hence for this very reason cannot depend on the state of harmonization. But the development of the fundamental freedoms as prohibitions of restrictions is another matter if their application conflicts with the foundations or basic principles of the domestic tax law system.

3.4 Effects on the ECJ's authority to further develop the law

These considerations would have the effect of sharply restricting the ECJ in developing the fundamental freedoms into prohibitions of restrictions. However, this

114. See *supra* 2.2.1 at note 42.
115. See *supra* 2.2.2 at note 72.
116. See *supra* 2.2.2 at note 75.
117. *Avoir Fiscal* (note 36).
118. *Avoir Fiscal* (note 36).
119. See *supra* 3.2.

limitation is in line with the relevant provisions of the EC Treaty. Even where there is some question that restrictions of a law are prohibited, as in the case of the right of establishment, it is clearly spelled out as a non-discrimination clause in the standard text.[120] Furthermore, the ECJ too is bound by the principle of subsidiarity, despite the authority to construction, i.e. to further develop the law[121] which has also been acknowledged by the German Federal Constitutional Court.[122] It should be recalled that the Community has no specific authority in the area of direct taxes.[123] In addition, it is equally significant that the EC Commission, not least under the influence of the principle of subsidiarity, has decided in favor of a policy of tax competition.[124] Restraint in the area of harmonization of legislation is in keeping with this policy. This restraint may not be counteracted by "hidden harmonization" through extensive interpretation of the fundamental freedoms by the ECJ.[125]

This means that the difference between a norm clearly mapped out by Treaty provisions and an advance in integration dependent upon the consensus of the Member States must be heeded. In relation to the fundamental freedoms and non-discrimination clauses, however, only their application as non-discrimination clauses has been clearly mapped out. The free movement of capital is an exception to this generalization.[126]

4. Conceptual remarks

Although developing the fundamental freedoms as prohibitions of restrictions is associated with the risk of unharmonized interventions in basic principles of the Member States' systems of tax law, tax neutrality in the relations of the Member States to one another is fostered by developing the fundamental freedoms as prohibitions of restrictions. But as non-discrimination clauses, the fundamental freedoms tend to protect the Member States' systems of tax law. On the other hand, this protective effect fosters tax competition. Even though tax competition is not demanded by the EC Treaty, the decision favoring tax competition is in line with one aspect of the principle of subsidiarity.[127]

The concept of tax neutrality must be understood otherwise, as a manifestation of the objective of competitive neutrality which is variously sketched out by the EC Treaty.[128] It may be true that the development of the fundamental freedoms as prohibitions of restrictions is in the service of this objective. But this does not justify exceeding the bounds of judicially admissible construction, i.e. the court's power to further develop the law. Competitive neutrality thus requires harmonization of legislation even in the area of tax law and demands the political consensus of the Member States as an indispensable basis for appropriate legislative actions by the Council.

120. See art. 43 (2) EC Treaty.

121. *BVerfGE* 75/223 et seq.

122. Scholz (note 5), art. 23, par. 77.

123. See *supra* at note 14.

124. Lehner (note 18), pp. 160 et seq.; Lang, *Besteuerung in Europa zwischen Harmonisierung und Differenzierung, Gedächtnisschrift für Knobbe-Keuk*, 1997, pp. 873 et seq., 885 et seq.

125. Kokott, "Die Bedeutung der europarechtlichen Diskriminierungsverbote und Grundfreiheiten für das Steuerrecht der EU-Mitgliedstaaten", in Lehner (note 34), *Die Bedeutung der Grundfreiheiten für das Steuerrecht der EU-Mitgliedstaaten*, pp. 1 et seq.

126. See *infra* 4.1.1.

127. Hinnekens, *EC Tax Review* 1997, pp. 31 et seq., 33.

128. Takacs (note 18), pp. 509 et seq.; Nowack, in Groeben/Thiesing/Ehlermann, *Kommentar zum EU-/EG-Vertrag*, 5th ed., 1999, art. 98 EGV; Lehner (note 18), pp. 169 et seq.

CADERNOS DE DIREITO TRIBUTÁRIO

A CONVENÇÃO BRASIL-ALEMANHA E SUA APLICAÇÃO EM FACE DO DIREITO BRASILEIRO

HELENO TAVEIRA TÔRRES

Doutor, pela PUC/SP. Mestre em Direito Tributário (UFPE).
Especializado em Direito Tributário Internacional, pela I Universidade de Roma *La Sapienza*.
Professor de Direito Tributário Internacional, no Mestrado e Doutorado da PUC/SP. Advogado

1. Considerações iniciais

O presente estudo tem como objetivo abordar os principais aspectos pertinentes à aplicação da Convenção Brasil-Alemanha, a partir do direito brasileiro. Nada obstante essa delimitação, buscaremos introduzir algumas observações de cunho teórico a respeito dos conceitos mais relevantes que constam do presente acordo.

Uma advertência metodológica precisa ser antecipada, quanto à interpretação histórica que se deve adotar para conduzir a compreensão dos artigos da convenção, firmada em 1975 e, portanto, sob a égide do Modelo OCDE de 1963.[1] É mister guardar atenção aos critérios que vigoravam naquele momento histórico e regiam os diversos métodos de repartição de competências e instrumentos típicos para a redução da dupla tributação. De qualquer modo, no que couber, vale a atualização conceitual, à luz dos comentários, dos principais institutos versados no corpo da convenção, como o de estabelecimento permanente, *royalties*, princípio de não-discriminação etc.

Além deste aspecto hermenêutico, cabe também situar o contexto pragmático em que foi elaborada a respectiva convenção. Para conduzir as negociações, as partes adotaram o Modelo OCDE, agregando a ele, todavia, uma feição mais voltada aos interesses de países em desenvolvimento, ao privilegiar critérios de conexão materiais, para tributação na fonte; reduzindo a extensão do conceito de estabelecimento permanente e outros, além de permitir o aproveitamento de créditos fictícios, como se vê pela *matching credit clause* prevista no art. 24 da convenção, de modo a preservar os incentivos fiscais brasileiros concedidos para atrair investimentos alemães.

Passemos a algumas recomendações quanto aos efeitos da aplicação das convenções em matéria tributária, imprescindíveis ao modo de situar a respectiva eficácia de suas disposições no direito interno de cada país signatário.

1. Em termos históricos e formais, o legislativo brasileiro aprovou, pelo Decreto Legislativo 92, de 5.11.1975, o *acordo destinado a evitar a dupla tributação em matéria de imposto sobre a renda e o capital*, firmado entre a República Federativa do Brasil e a República Federal da Alemanha, em Bonn, a 27.6.1975. A referida convenção entrou em vigor, por troca dos instrumentos de ratificação, nos termos do seu art. 30, em 30.12.1975, seguindo-se do Decreto 76.988, de 6.1.1976, publicado no *Diário Oficial da União* (*DOU*) de 7.1.1976.

2. *Propedêutica à aplicação das convenções em matéria tributária sobre a renda e o capital*

As *convenções internacionais em matéria tributária sobre a renda e o capital* são veículos introdutórios de normas que se apresentam com textos normativos voltados a integrar os ordenamentos internos dos signatários naquilo que forem incompletos, diversos ou contraditórios, mediante um conjunto de regras destinadas ao tratamento da renda e do capital transnacional, bem como dos tributos sobre estes incidentes, nas relações que envolvam residentes de um e do outro Estado contratante, por uma funcional limitação[2] ao sistema tributário (interno) de cada um deles, com a *finalidade* de harmonizar este relacionamento, evitando indesejáveis "concursos de pretensões impositivas", com critérios para evitar, reduzir ou eliminar a formação destes,[3] prevenir o combate à evasão e elusão tributária internacional, impedir a discriminação e garantir maior segurança jurídica aos contribuintes, pela certeza do direito aplicável.

Como é sabido, a aplicação das convenções internacionais em matéria tributária sobre a renda e o capital envolve quatro âmbitos bem delimitados: (i) o *subjetivo* (pessoas que podem reclamar os benefícios dispostos nos textos da convenção — residentes dos signatários), (ii) o *territorial* (critério espacial de aplicação), (iii) o *temporal* (tempo de vigência do acordo) e (iv) o *objetivo* (quanto aos tipos de *rendimentos* disciplinados e aos *tributos* incidentes sobre estes, acolhidos para sofrerem limitações na incidência ou obterem tratamento mais benéfico). Assim, apenas quem for considerado "residente" por um dos Estados contratantes (art. 1º), nos limites dos *Estados signatários*, é que, em seguida à ratificação, poderá reclamar a concretização do conteúdo normativo da convenção, no interior dos respectivos sistemas jurídicos (art. 4º, § 1º), quanto aos rendimentos e tributos por ela regulados.

Sob uma expectativa de coordenação das legislações tributárias dos Estados contratantes, as normas convencionais buscam reduzir os concursos impositivos, mas isto não significa que sua finalidade seja apenas esta redução. As convenções possuem um alcance mais amplo, na medida que tomam como *objeto mediato* o próprio Direito Tributário (interno) de cada um dos Estados contratantes, quanto ao tratamento das categorias redituais previstas no seu âmbito de aplicação, que correspondem à incidência de determinados impostos cobrados internamente.[4]

2. Em modo diverso, Klaus Vogel e Rainer G. Prokisch, "Interpretation of double taxation conventions", *Cahiers de Droit Fiscal International*, v. LXXVIIIa, Rotterdam: IFA, 1993, p. 19, quando, após afirmarem que as convenções de dupla tributação internacional são *tratados* de Direito Internacional e, ao limitarem o Direito Tributário dos Estados contratantes, a aplicabilidade das mesmas se encontra estritamente vinculada com a do Direito Tributário nacional, concluem que, mediante a descrição dos tipos de rendas (e de capital), de sua distribuição entre os Estados contratantes e de suas regras de procedimento, compreendidas as que fixam o intercâmbio de informação, essas Convenções tem por objeto: *a*) evitar a dupla tributação internacional e *b*) garantir a segurança jurídica em favor das partes do tratado e dos seus contribuintes, assegurando uma aplicação uniforme da legislação tributária dos Estados contratantes.

3. Assim, Gilbert Tixier e Guy Gest (1990, p. 69), quando diz: "Pour l'essentiel, elle se limite à mettre en place un dispositif destiné à prévenir la double imposition de la matière imposable née (revenu) ou située (bien) dans l'un des États contractants, dit État de la source ou du situs, et bénéficiant à des personnes résidant dans l'autre État, dit État de la résidence. Les revenus et biens sont répartis en catégories, et le droit d'imposition est, selon les cas, partagé entre les deux États (méthode de l'imputation) ou attribué à titre exclusif à l'un d'eux, tantôt à l'État de la source, tantôt à celui de la résidence (méthode de l'exemption). La convention se substitue donc au droit interne essentiellement en ce qui concerne le principe de l'imposition" (*Droit Fiscal International*, Paris: PUF, 1990).

4. Para um estudo dos aspectos práticos das convenções sobre a renda e o capital, cfr.: David W. Williams, "Practical issues in the application of double tax conventions", *Cahiers de Droit Fiscal International*, v. LXXXIIIa, London: IFA, 1998, pp. 153-195; Franco Roccatagliata, *Proposte di Semplificazione delle Procedure Applicative delle Conven-*

As convenções de Direito Internacional Tributário, em relação ao Direito interno, apresentam-se de um modo *subsidiário* (subsidiariedade ligada ao objeto), o que de certa forma já denota suas limitações. E isto assim ocorre por conta dos congruentes *reenvios integrativos* aos sistemas internos praticados pelas normas convencionais incompletas, para fins de aplicabilidade, enquanto constitui uma suplementação normativa para aqueles sistemas, com a intenção de integrar as normas internas para que, estas sim, possam alcançar as finalidades acima descritas, porque o concurso de pretensões impositivas só se dá com a formação contemporânea de normas individuais e concretas, internas a cada Estado. Mas, em contrapartida, para fins hermenêuticos, persistem diferenças, sendo, para algumas normas convencionais, o direito interno tido como subsidiário.

As convenções não podem nem criar novas obrigações tributárias nem tampouco ampliar as já existentes, como não podem derrogar *in totum* qualquer disposição de direito interno, quer do sistema formal, quer *a fortiori* das garantias aos contribuintes. Elas buscam tão-só oferecer uma pauta de critérios para resolver possíveis concursos de pretensões impositivas entre os signatários, uma vez que predispõem um tratamento mais favorável nas relações que envolvam "residentes" dos respectivos Estados contratantes, apenas, quanto aos rendimentos e tributos nelas discriminados.

Visam, desta feita, a permitir uma ampliação eficacial do princípio da segurança jurídica, para imprimir uma maior certeza do direito para os residentes de um ou do outro Estado contratante na composição dos seus negócios jurídicos transnacionais que impliquem em formação de elementos redituais e que, pela estrutura impositiva de ambos os Estados, possam ensejar a formação de bitributações.

Destarte, a partir do momento da entrada em vigor de uma convenção, todas as relações tributárias porventura surgidas entre um residente de um dos Estados contratantes ante o outro Estado contratante, em matéria de tributação de renda ou capital transnacional, passam a ser regidas, *cumulativamente*, pelas normas de direito interno e pelas regras convencionais. Assim, o Estado da fonte aplica a convenção tanto, conforme suas cláusulas, quando dispõe do direito de tributar, com exclusividade, determinadas categorias de rendas; como quando deve isentar uma certa categoria reditual ou mesmo limitar as suas alíquotas de retenção na fonte, por exemplo.

E isto é assim porque na convenção são definidos os critérios de conexão que legitimam a utilização dos privilégios nela veiculados, uma vez que estes só se aplicam quando o beneficiário for "residente" de um dos Estados contratantes e quando o respectivo rendimento for produzido ou provir do outro Estado contratante (*Estado da fonte efetiva*); de tal modo que as relações de pagamento ou de produção de rendimentos devem ocorrer nos limites dos Estados contratantes, sob pena de caracterização de uso abusivo da convenção — *treaty shopping*.

Do momento seguinte à entrada em vigor do tratado, as categorias de *rendimentos* e respectivos *impostos*, previstos no art. 2º, §§ 2º e 3º (Modelo OCDE), passam a ser regidos em cumulatividade: pela legislação interna e pelas normas convencionais, ante a necessária subsidiariedade destas em relação àquela. Mas, impõe dizer, este é o segundo momento da aplicação da convenção: de execução, de aplicação no que diz respeito ao uso por parte dos contribuintes; posterior à aplicação primária, que se dá sobre a legislação tributária do Estado contratante, de aplicação para fins de vinculação dos Estados contratantes ao objeto do acordo.

Deste modo, o Estado não aplica a convenção apenas quando se encontra limitado em sua competência tributária, mas

zioni per Evitare le Doppie Imposizioni; Victor Uckmar; Carlo Garbarino, *Aspetti Fiscali delle Operazioni Internazionali*, Milano: EGEA/Giuffrè/ISDACI, 1995, pp. 437-57.

sempre (nos casos previstos convencionalmente) para fins de prover o exercício do direito aos benefícios previstos na convenção para os residentes. Estes, os residentes de um ou do outro Estado contratante, ao reclamarem tal direito aos respectivos Estados, o farão porque dotados de direito subjetivo público àquele tratamento mais vantajoso. E, além disso, ao direito de tributar uma determinada categoria reditual distribuída a um dos Estados contratantes corresponde, em contrapartida, o dever do outro de abster-se de fazer aplicar suas normas de localização ou qualificação com o fito de alcançar a mesma para compor a regra-matriz de incidência, definindo, internamente, uma obrigação tributária para os sujeitos envolvidos. E estas são também formas de aplicação de uma convenção em matéria tributária.

3. *Apreciação dos artigos da Convenção Brasil-Alemanha*

Art. 1º. Pessoas visadas e o problema das qualificações

A convenção Brasil-Alemanha, quanto ao âmbito subjetivo, aplica-se aos "residentes" de um e do outro país, sem qualquer afetação à regra geral prevista no Modelo OCDE. A adoção a este critério de conexão demonstra que ambos os países admitem no direito interno o critério da residência para justificar a tributação, em regime ordinário.

Estando em vigor, e sendo aplicada nos respectivos Estados, os "residentes" passam a ter o direito subjetivo público sobre o tratamento previsto naquele instrumento,[5] porque suas cláusulas, cujo objeto são as respectivas normas internas dos Estados contratantes (por integração), lhes facultam determinados privilégios, ante a eliminação ou redução dos concursos impositivos. Assim, quando a convenção diz que "se aplica aos residentes" ou "se aplica aos nacionais", quer dizer: "é aplicável aos fatos jurídicos tributários cujos elementos subjetivos (passivos) sejam constituídos por sujeitos *residentes* de um dos Estados contratantes".

Contudo, mesmo sendo aplicável exclusivamente aos residentes dos Estados signatários, muitos sujeitos não-residentes, a quem o acordo não se aplicaria de nenhum modo, tentam alcançar esse objetivo mediante criações fictícias de "residência" fiscal. É o que passou a ser denominado de *treaty shopping*, que consiste na tentativa de adequar um sujeito não-residente às condições exigidas pelo elemento de conexão subjetivo de uma determinada convenção, estrategicamente selecionada, mediante a interposição de uma pessoa jurídica ou entidade qualificável como "residente" em um dos Estados signatários, para obter as respectivas vantagens que as cláusulas da convenção possam lhe oferecer.[6]

5. O âmbito subjetivo da convenção é formado pelos Estados-contratantes, que não podem ser confundidos com os beneficiários do tratamento privilegiado contido nas respectivas disposições: os respectivos residentes de um ou outro Estado. Por isso mesmo, dizer que a convenção aplica-se aos residentes (ou nacionais) não implica dizer que sejam estes os sujeitos da convenção, pois quem cumpre e executa as disposições convencionais são os Estados, não os residentes. Estes são, sim, os beneficiários das situações jurídico-tributárias acordadas pelos Estados no corpo da convenção.

6. Segundo Wurm, "this term describes situations where a resident of a third country 'shops' into the otherwise unavailable treaty between two Contracting States. To this end a conduit vehicle, generally a company, is interposed in a country which has a favourable tax treaty with the country of source" (Felix J. Wurm, "Treaty shopping in the 1992 OECD Model Convention", *Intertax* 12/658, Ammsterdam: Kluwer, 1992; no mesmo sentido: Roy Saunders, "How much longer will treaty shopping be allowed?", *International Fiscal Services*, s/e, s/d, pp. 4-13; Giovanni Palumbo, "Anti-avoidance and the 1992 OECD Model Convention", *Tax Planning International Review*, Bureau of National Affairs, 1994, pp. 3-8; J. F. Avery Jones, "Anti-treaty shopping articles — A United Kingdom view", *Intertax* 8-9/331-332, Rotterdam: IBDF, 1989; A. W. Granwell, "Treaty shopping: recent US developments", *Bulletin of International Bureau of Fiscal Documentation*, Rotterdam: IBFD, 1986, abril/maio, pp. 215-23; M. J. Ellis, "Limitation of benefits: a Netherlands perspective", *Intertax* 8-9/344-350, Rotterdam: IBDF, 1989; Luc Hinnekens, "The application of anti-treaty shopping

A finalidade das convenções internacionais em matéria tributária consiste, basicamente, na promoção da circulação de bens, serviços, capitais, eliminando a dupla tributação internacional, mas não para se constituir num instrumento para facilitar a elusão e a evasão fiscal. Por isso, entende a doutrina que o uso indevido de um tratado internacional em matéria tributária, mediante a interposição de uma pessoa em um dos Estados contratantes, com o propósito ou finalidade exclusiva de conseguir os benefícios que só estariam reservados aos legítimos residentes de ambos os países, de maneira alguma pode ser aceito.

As disposições convencionais podem ser subdividas, analiticamente, em duas espécies, para fins de tratamento das categorias redituais, cuja distinção aparece em relação ao modo funcional através do qual operam as duas respectivas categorias de normas de "distribuição de competência": mediante *limitação exclusiva* ou *limitação recíproca*, para efeito de neutralizar o fenômeno pluriimpositivo, mediante uma *eliminação* total ou apenas uma *atenuação* do mesmo, de modo a permitir segurança jurídica e um regime privilegiado aos beneficiários. Assim, quando se fala em aplicação indevida do acordo, quer-se dizer da atribuição de privilégios correspondentes à isenção (rendas de empresas) ou redução de alíquotas (dividendos, juros, *royalties*) no Estado da fonte ou tributação reduzida ou isenta (rendas imobiliárias) no Estado de residência sobre um dos elementos redituais.

O controle sobre as hipóteses de uso indevido das convenções internacionais pode ser feito unilateralmente, com a adoção de normas internas específicas; bilateralmente, através de cláusulas convencionais próprias, por meio de procedimento amigável; ou por meio de medidas comunitárias, no caso dos países pertencentes a regimes de integrações de países.

Na prática legislativa e jurisprudencial de vários países, esses problemas são enquadrados como formas de elusão e resolvidos com normas internas antielusão ou no próprio âmbito de aplicação das convenções, com regras internas ou bilaterais, sobre abusos contra a convenção.[7]

A convenção Brasil-Alemanha, por ser anterior à revisão do Modelo OCDE, de

provisions to Belgian co-ordination centers", *Intertax* 8-9/350-361, Rotterdam: IBDF, 1989; J. David B. Oliver, "Acess to tax treaties", *Intertax* 8-9/330, Rotterdam: IBDF, 1989; Marshall J. Langer, "Outbound treaty shopping offers advantages for US multinationals", *Intertax* 8-9/333-336, Rotterdam: IBDF, 1989; D. Lüthi, "Countering the abuse of tax treaties — A Swiss view", *Intertax* 8-9/336-340, Rotterdam: IBDF, 1989; Jürgen Killius, "The concept of 'beneficial ownership' of items of income under German tax treaties", *Intertax* 8-9/340-343, Rotterdam: IBDF, 1989; *European Taxation*, Rotterdam: IBDF, 1989, jul., pp. 225-228; Andrew M. Short e Philip E. Fried, "Tax Court rejects Cascading Royalty Theory: SDI Netherlands B.V. v. Comr.", *Tax Management International Journal* 26, n. 1, 10.1.1997; Helmut Becker, "Treaty shopping/Treaty override", *European Taxation*, Rotterdam: IBDF, 1988, dez., pp. 383-385; International Bureau of Fiscal Documentation, "Further attacks on treaty shopping", *European Taxation — The Anglo-Dutch Tax Seminar*, Rotterdam: IBDF, 1981, n. 5-6, v. 21, pp. 137-156; Giuseppe Corasaniti, *La Disciplina dell'Elusione Internazionale nell'Ordinamento Federale Tedesco*, pp. 269-90.

7. Como classifica Pasquale Pistone: "In quanto fenomeno elusivo, l'abuso delle convenzioni internazionali viene fronteggiato dai vari Paesi con misure antielusione della più diversa natura. Una classificazione degli strumenti antiabuso può essere effettuata secondo tre ordini di criteri. Sulla base dell'ordine giuridico che le stabilisce, si possono innanzitutto distinguere le misure interne da quelle di fonte convenzionale ed ancora da quelle comunitarie; in relazione alla fonte da cui promanano, si possono separare quelle che trovano la loro origine in tecniche giurisprudenziale — particolarmente applicata nei Paesi di Common Law — da quelle che derivano da misure contenute in disposizioni normative scritte. A seconda del contenuto, queste ultime possono poi essere suddivise in clausole generali, settoriali e specifiche. I tre criteri di classificazione non si escludono a vicenda e possono quindi ben sovraporsi, determinando così misure antiabuso di tipo generale promananti dalla giurisprudenza, come nel caso delle tecniche substance over form, ovvero clausole specifiche contenute nelle convenzioni internazionali, come per le cd. Limitation on benefits" (Pasquale Pistone, "L'abuso delle convenzioni internazionali in materia fiscale", in Victor Uckmar (Coord.), *Corso di Diritto Tributario Internazionale*, Padova: CEDAM, 1999, p. 518).

1977, não contempla o conceito de "beneficiário efetivo" (*beneficial owner*), adotado como critério de legitimação para a concessão das vantagens do acordo, para combater o *treaty shopping*, mesmo se indiretamente, de modo a permitir que um dos países signatários deixe de aplicar o tratado quando o destinatário do rendimento não for o seu "beneficiário efetivo".

Haja vista essa ausência, o *procedimento amigável* certamente é o mecanismo mais adequado para resolver os problemas de *treaty shopping*, como medida bilateral útil para lograr um *mútuo acordo* sem transgredir o tratado, na medida em que se apresenta como um confiável recurso para resolução de dificuldades de aplicação das convenções internacionais.

Art. 2º. Impostos visados

O texto da Convenção Brasil-Alemanha não apresenta, quanto aos impostos visados, nenhuma cláusula geral, tal como adotada no Modelo da OCDE (article 2 — Taxes Covered, 1 and 2), limitando-se a indicar os Impostos sobre a Renda cobrados por cada um dos Estados contratantes.

Assim, no caso do Brasil, ela aplica-se ao imposto federal de renda (*federal income tax*), com exclusão das incidências sobre remessas excedentes e atividades de menor importância.[8] E no caso da República Federal da Alemanha, ao imposto sobre a renda (*Einkommensteuer*), incluindo a sobretaxa (*Erganzungsabgabe*) respectiva; o imposto de sociedade (*Korpschafitsteuer*), incluindo a sobretaxa (*Erganzungsabgabe*) respectiva; o imposto de capital (*Vermögensteuer*) e o imposto comercial (*Gerwerbesteuer*), calculado em base diversa daquela renda ou do capital, denominados pelo acordo como "imposto alemão".

No Brasil, as alíquotas do imposto de renda sobre pessoas jurídicas, atualmente em vigor, são as seguintes: 15% (quinze por cento) sobre o lucro real apurado pelas pessoas jurídicas em geral, seja comercial ou civil o seu objeto. Contudo, a parcela do lucro real que exceder ao resultado da multiplicação de R$ 20.000,00 (vinte mil reais) pelo número dos meses do respectivo período de apuração sujeita-se à incidência de um adicional, à alíquota de 10% (dez por cento).

Como se sabe, a convenção também aplica-se a quaisquer impostos idênticos ou substancialmente semelhantes que forem introduzidos após a data da assinatura da convenção, seja em adição aos impostos existentes, seja em sua substituição. Nesse particular, o Brasil possui uma contribuição social que incide sobre o lucro líquido das pessoas jurídicas, a Contribuição Social sobre o Lucro Líquido — CSLL, e que atualmente opera também em bases universais, em relação aos lucros, rendimentos e ganhos de capital, auferidos no exterior, e disponibilizados, nos termos do art. 1º da Lei 9.532, de 1997, desde 1º de outubro de 1999, os quais deverão ser computados na base de cálculo dessa contribuição em 31 de dezembro do ano-calendário da disponibilização, observadas as demais normas estabelecidas para o imposto de renda.

Quanto a esta Contribuição Social sobre o Lucro Líquido (CSLL), será legítimo aos residentes alemães utilizarem o pagamento que fizerem no Brasil *tax credit*, para compensação na Alemanha, como se fosse uma espécie de adicional do imposto de renda. Da mesma sorte, aos brasileiros, compensando o valor dos impostos pagos na Alemanha com o somatório da incidência do Imposto sobre a Renda e a CSLL, por expressa disposição legal. A alíquota da CSLL atualmente é de 9% (nove por cento) para os fatos geradores ocorridos a partir de 1º de fevereiro de 2000 até 31 de dezembro de 2002 (MP 1.858-10, de 1999, e reedições).

As razões para esse entendimento são fortalecidas pela semelhança substancial

8. Como bem recorda Klaus Vogel: "The DTCs with *Brazil*, *Canada* and *USA 1954/65* (...) apply only to the taxes of the — other — contracting State and not also to those of its political subdivisions or local authorities" (p. 145).

entre a CSLL e o imposto sobre a renda de pessoa jurídica (IRPJ), uma vez que a hipótese de incidência e a respectiva base de cálculo eqüivalem à formação de lucros no período de apuração, alcançados por meio de critérios de direito privado e sob a técnica contábil.

Os Comentários ao Modelo OCDE, é bem verdade, excluem as contribuições para a seguridade social, mas desde que as mesmas estejam baseadas nos princípios da equivalência e da relação direta com vantagens individuais recebidas em contrapartida, o que não é o caso. Por tudo isso, entendemos que não possa prevalecer qualquer justificativa, salvo de natureza política, razoável o suficiente para afastar a abrangência dos tratados internacionais em matéria tributária sobre estas contribuições sociais.

Art. 3º. Definições gerais e interpretação do tratado

Na análise desse artigo, como não se verifica qualquer modificação em relação ao Modelo OCDE, vale ressaltar as dificuldades de interpretação[9] quanto ao item 2, segundo o qual "para a aplicação do presente acordo por um Estado contratante, qualquer expressão que não se encontre de outro modo definida terá o significado que lhe é atribuído pela legislação desse Estado contratante relativa aos impostos que são objeto do presente acordo, a não ser que o contexto imponha interpretação diferente".

O tema da interpretação dos textos dos tratados internacionais em matéria tributária sobre a renda e o capital[10] constitui um dos problemas mais relevantes para o Direito Internacional Tributário, particularmente pelas multifárias implicações, as delicadas nuanças que o envolve e a própria destinação das convenções: "harmonizar" os sistemas fiscais dos Estados contratantes, para permitir a aplicação dos benefícios consignados nos tratados e realizar a segurança jurídica adequada, pela certeza do direito ofertada aos sujeitos considerados como residentes de um e do outro Estado.[11]

9. Sobre a interpretação dos tratados em matéria tributária veja-se: Moris Lehner, "Interpretation of Tax Treaties according to German Theory and Practice", in *Interpretation of Tax Law and Treaties and Transfer Price in Japan and Germany*, de Klaus Vogel, *Series on International Taxation*, v. 20, 1998.

10. A *International Fiscal Association*, ao longo de sua existência, tem apresentado louváveis contribuições a este tema. Seus trabalhos iniciais foram: Raoul Lenz, "The interpretation of the double taxation conventions", *Cahiers de Droit Fiscal International*, v. XLIIa, Amsterdam: IFA, 1960, pp. 19-279 — baseado em dez informes nacionais; G. S. A. Wheatcroft, "The interpretation of tax laws with special reference to form and substance", *Cahiers de Droit Fiscal International*, v. La, t. 1, Amsterdam: IFA, 1970, pp. 7 e ss. Estes estudos se limitavam a uma avaliação da legislação fiscal interna dos Estados, comparativamente, bem como dos métodos de interpretação empregados em *tax matters*; quando se procurou observar as diferenças existentes entre tais legislações, que iam de "interpretações restritivas" a "interpretações abertas", muito amplas. Após estes estudos, vieram as influências da imensa rede de "tratados contra a dupla tributação internacional" recentemente firmados, o surgimento de novos Modelos para estes tratados (ONU, Pacto Andino etc.) e a CVDT, de 23.4.1969, em vigor a partir de 27.1.1980, com a adesão do 35º Estado (o Brasil não ratificou esta convenção), que "codificou" *internacionalmente* os princípios fundamentais do *direito dos tratados*. Em 1989, ante a todos estes fatores, a IFA, no Rio de Janeiro (43º Congresso), em um dos seus Seminários, retomou o problema e tratou do tema *tax treaties and domestic legislation*, quando da realização dos "trabalhos preparatórios", que se consolidaram no Congresso de 1993: "a interpretação das convenções de dupla tributação": Klaus Vogel e Rainer Prokisch, "Interpretation of double taxation conventions", *Cahiers de Droit Fiscal International*, v. LXXVIIIa, t. 1, Amsterdam: IFA, 1993, pp. 19-157. Neste, fazendo-se uma análise dos 26 informes apresentados no Congresso de 1993 (IFA), se confirma a necessidade de que sejam estabelecidas *regras de interpretação* mais uniformes para os "tratados em matéria tributária", na medida que a legislação de muitos Estados: (i) adota regras de interpretação bem distintas em relação às demais, (ii) não aplicam o mesmo tratamento para a relação entre o "direito nacional" e o "direito dos tratados", ou (iii) utilizam critérios interpretativos diversos para algumas disciplinas, apenas, entre si: Direito Comercial, Direito Tributário, Direito Civil etc., o que gera indeslindáveis *problemas de qualificação* ao "reenvio integrativo".

11. Alessandro Garelli, *Il Diritto Internazionale Tributario — Parte Generale: la Scienza della Finanza Internazionale Tributaria*, Torino: Roux

A interpretação dos enunciados convencionais (internacionais) em matéria tributária sobre a renda e o capital, como a interpretação de todo e qualquer tratado, concretiza-se essencialmente na busca da determinação da vontade das partes, que deve ser afirmada ou confirmada num processo hermenêutico cuja metodologia[12] adotada tome em conta os enunciados jurídicos, sejam regras ou princípios, num dinamismo todo próprio: do texto convencional vai-se ao seu contexto e deste ao direito interno dos Estados contratantes, sempre que possível, para alcançar a composição da norma individual e concreta aplicável.

Desta forma, somente para efeitos didáticos é possível separar os momentos do processo interpretativo, considerando uma

Frassati, 1899, 256 p.; Giovanni Fasolis, *Le Doppie Imposizioni: Definizione Scientifica, Rassegna e Discussione dei Casi di Doppia Imposizione*, Città di Castello: S. Lapi, 1914, 493 p.; Grabiele Salvioli, *Le Doppie Imposte in Diritto Internazionale*, Napoli: Luigi Pierro, 1914, 93 p.; Giuseppe Biscottini, *Diritto Amministrativo Internazionale*, t. I, Padova: CEDAM, 1965, 463 p. e t. II, 1966, 677 p.; Alegria Borrás, *La Doble Imposición: Problemas Jurídico-Internacionales*, Madrid: Instituto de Estudios Fiscales, 1974, 320 p.; Ottmar Bühler, *Principios de Derecho Internacional Tributario*, Madrid: Edi. Der. Fin., 1968, 369 p.; Louis Cartou, *Droit Fiscal International et Européen*, Paris: Dalloz, 1986, 321 p.; Gabriel Casado Ollero, "L'ordinamento comunitario e l'ordinamento tributario interno", in Andrea Amatucci (Coord.), *Trattato di Diritto Tributario*, v. I, t. 1, Padova: CEDAM, 1994, pp. 825-62; Bernard Castagnède e S. Toledano, *Fiscalità Internazionale de l'Enterprise*, Paris: PUF, 1987, 448 p.; Victoria E. Combarros, *Régimem Tributario de las Operaciones entre Sociedades Vinculadas en el Impuesto sobre Sociedades*, Madrid: Tecnos, 1988, 141 p.; Comunidade Européia, *Taxation in the Single Market*, Bruxelles: Gabinete de Publicações Oficiais da CE, 1990, 30 p.; J. Manuel Farré Español, *La Doble Imposición: Modelo OCDE 1992*, Barcelona: EINIA, 1994, 418 p.; Arnold A. Knechtle, *Basics Problems in International Fiscal Law*, London: Kluwer, 1979, 291 p.; Joachim Lang, "I pressuposti costituzionali dell'armonizzazione del Diritto Tributario in Europa", in Andrea Amatucci (Coord.), *Trattato di Diritto Tributario*, v. I, t. 1, Padova: CEDAM, 1994, pp. 765-823; Patrick Michaud, *Fiscalité Internationale: Prévention Controle et Répression de l'Évasion Fiscale*, v. I, Paris: Technique et Documentation Lavoisier, 1982, 179 p.; Anna Miraulo, *Doppia Imposizione Internazionale*, Milano: Giuffrè, 1990, 389 p.; Marco Piazza, *L'Impresa nei Rapporti Internazionalli: Aspetti Civilistici, Fiscali, Valutari*, 4ª ed., Milano: Pirola, 1993, 642 p.; Antonio Pistone, "Diritto tributario internazionale", in *L'Ordinamento tributario*, v. III, Padova: CEDAM, 1986, 240 p.; Bernard Plagnet, *Droit Fiscal International*, Paris: LITEC, 1986, 349 p.; Kess Von Raad, *Non Discrimination in International Tax Law*, London: Kluwer, 1986, 284 p.; Kess Von Raad e Herbert H. Alpert, *Essays on International Taxation*, London: Kluwer, 1993, 468 p.; Claudio Sachetto, *Tutela all'Estero dei Crediti Tributari dello Stato*, Padova: CEDAM, 1978, 241 p.; B. Spitz, *International Tax Planning*, Londres: Butterworths, 1982, 470 p.; Gilbert Tixier e Guy Gest, *Droit Fiscal International*, Paris: PUF, 1990, 611 p.; Heleno Tôrres, *Pluritributação Internacional sobre as Rendas de Empresas*, 2ª ed., São Paulo: Ed. RT, 2001, 870 p.; Victor Uckmar, *La Tassazione degli Stranieri in Italia*, Padova: CEDAM, 1955, 277 p.; Manlio Udina, *Il Diritto Internazionale Tributario*, Padova: CEDAM, 1949, 459 p.; Klaus Vogel, *On Double Taxation Conventions — A commentary to the OECD, UN and US Model Conventions for the avoidance of double taxation of income and capital (with particular reference to German Treaty Practice)*, Boston: Kluwer, 1991, pp. 199-200; Klaus Vogel, "Il diritto tributario internazionale", in Andrea Amatucci (Coord.), *Trattato di Diritto Tributario*, v. 1, t. II, Padova: CEDAM, 1994, pp. 691-725; Alberto Xavier, *Direito Tributário Internacional do Brasil: Tributação das Operações Internacionais*, 3ª ed., Rio de Janeiro: Forense, 1994, 583 p.; que, na essência, é o mesmo: Alberto Xavier, *Direito Tributário Internacional*, Coimbra: Almedina, 1993, 584 p.

12. Jonh F. Avery Jones, *et all*, "The interpretation of tax treaties with particular reference to article 3 [2] of the OECD Model", *Diritto e Pratica Tributaria*, v. I, Padova: CEDAM, 1984, pp. 1.625-1.689; M. Beatrice Deli, "Gli usi del commercio internazionale nel nuovo testo dell'art. 17 della Convenzione di Bruxelles del 1968", *Rivista di Diritto Internazionale Privatto e Processuale*, Milano: Giuffrè, 1989, pp. 27-54; Farré Español (1994, pp. 65-73); Carlo Garbarino, "Note a margine del caso 'ONDULINE': interpretazione funzionale delle convenzioni contro le doppie imposizioni e procedura amichevole", *Dir. Prat. Trib.*, a. LX, I, Padova: CEDAM, 1989, pp. 970-991; Raoul Lenz, "Tax law interpretation: international trends", *Rassegna Tributaria*, n. XXXI, v. I, Roma: EIT, 1987, pp. 155-163; Kess Van Raad, "1992 additions to article 3(2) [interpretation] and 24 [non-discrimination] of the 1992 OECD Model and Commentary", *Intertax* 12/671-675, Rotterdam: IBDF, 1992; Vogel (1991, pp. 134-143); Klaus Vogel, "Interpretation of double taxation treaties. In particular the problem of 'qualification'", *Rassegna Tributaria*, n. XXXII, v. I, Roma: EIT, 1988, pp. 175-184.

espécie de sucessão de prioridades para a atividade do intérprete, como segue: inicialmente, toma-se a convenção no plano textual, para buscar a atribuição do "significado ordinário", resultante da análise lógico-sintática dos enunciados prescritivos nela contidos, em boa-fé e sob o princípio do *pacta sunt servanda*; cumulativamente, se necessário, vai-se ao contexto, para, em seguida, se preciso for, e quando os procedimentos precedentes não forem suficientes para alcançar a *ratio* do preceptivo, aplicar-se o reenvio às normas internas. Tudo no modo mais funcional e sistemático possível, objetivando a formação da norma individual e concreta de direito interno aplicável ao fato-evento com elemento de estraneidade.

O "texto" (a convenção) corresponde ao documento elaborado pelas autoridades competentes de ambos os países, segundo um procedimento "internacionalmente" específico, prévia e juridicamente estabelecido, e reconhecido como válido, também, no interior de ambos os Estados contratantes, cujo conteúdo é um agregado de enunciados do discurso prescritivo para dispor sobre a repartição de competências em matéria tributária (mas no sentido de "capacidade tributária ativa").

A tarefa do intérprete, portanto, é a de buscar compor a "significação" que os enunciados denotam no seu "contexto",[13] para, no quadro das possíveis relações com os "residentes" de um ou do outro Estado contratante, obter a efetiva representação do comportamento regulado. E assim, toda e qualquer norma jurídica individual e concreta formulada no interior de cada um dos Estados contratantes, a partir do momento da aplicabilidade da convenção, cuja conseqüência seja atribuir aos contribuintes ("residente" de um dos dois Estados contratantes) um dever subjetivo numa dada obrigação tributária, deverá ser composta tomando em conta o conteúdo semântico da convenção, que oferta a estes um tratamento fiscal privilegiado sobre as categorias redituais nela estatuídas, além de certeza do direito quanto às hipóteses que poderiam gerar duplas tributações, ora resolvidas.

Estas considerações tomam muita importância quando lembramos que todo e qualquer concurso de pretensões impositivas pressupõe a composição prévia de "normas individuais e concretas", na forma supradescrita; pelo que a resolução do concurso, com a aplicação da norma convencional, se dará, justamente, pela alteração das formas de construção da significação das normas dantes em "concurso impositivo"; sendo que, agora, tomando em conta o seu conteúdo semântico (da convenção), de *neutralização das divergências*, mediante definição: (i) dos critérios de conexão, (ii) dos elementos de qualificação e (iii) de localização, bem como (iv) das formas de repartição de competências entre os Estados contratantes, permitindo, assim, segurança jurídica para os operadores econômicos residentes, nas relações com os países signatários.

Pois bem. Como dizíamos, a Convenção Brasil-Alemanha sobre a renda e o capital dispõe de uma regra específica que fixa a idéia geral para a interpretação dos respectivos enunciados convencionais.[14] Trata-se do art. 3º, § 2º, que estabelece: "para a aplicação da presente Convenção por um Estado contratante, qualquer expressão que

13. "(...) ali onde houver texto, haverá, necessariamente, um contexto. Não há texto sem contexto. E o conteúdo semântico da norma jurídica será construído depois de uma séria e profunda investigação contextual, capaz de apreender os valores que nela intervêm, postulando a orientação adequada para as condutas intersubjetivas que disciplina" (Paulo de Barros Carvalho, *Curso de Direito Tributário*, 13ª ed., São Paulo: Saraiva, 2000, p. 170).

14. O Comentário OCDE: "Le paragraphe fixe une règle générale d'interpretation des termes utilisés dans la Convention sans y être définis"; esta disposição (do art. 3º, § 2º) foi aplicada pela primeira vez na convenção em matéria tributária sobre a renda e o capital firmada entre Reino Unido e EUA, em 16.4.1945. Foi incorporada ao Modelo OCDE de 1963 e desde o uso naquele tratado, e principalmente após esta incorporação, forma parte de quase todas as convenções de Direito Internacional Tributário.

não se encontre de outro modo definida terá o sentido que lhe é atribuído pela legislação desse Estado contratante relativa aos impostos que são objeto da presente convenção, a não ser que o contexto imponha uma interpretação diferente".

O enunciado constante neste art. 3º, § 2º, cujo *objeto* é a interpretação dos demais, aparece com a *finalidade* de disciplinar a atividade do intérprete, como que hierarquizando (em termos de prioridade) a metodologia a ser adotada no processo hermenêutico. Essa é uma limitação inútil, segundo entendemos, pois as normas tributárias nada têm de especial em relação às demais normas jurídicas.

Observando atentamente as disposições deste artigo, de início encontramos a proposição: "(...) *qualquer expressão que não se encontre de outro modo definida* (...)". Por meio desta, o Modelo OCDE procurou demarcar o grupo de enunciados convencionais sobre os quais o procedimento hermenêutico deve se realizar exclusivamente no âmbito textual, i.e., sobre as expressões que encontrem definições expressas no texto da convenção, como é o caso das que figuram nos art. 3º, § 1º, 10, § 3º, e art. 12, § 2º, do Modelo (estabelecimento permanente, residência etc.), com a aplicação dos critérios especiais de interpretação dos tratados internacionais.

Diversamente, tratando-se de expressões que *não* estejam expressamente definidas pelo texto convencional, "(...) *terão o sentido que lhes forem atribuídos pela legislação desse Estado contratante relativa aos impostos que são objeto da presente convenção* (...)". Para estas espécies de expressões, dada a natureza e peculiaridades que as envolvem, o artigo faz um *reenvio à legislação interna* dos países contratantes. Mas a este reenvio à convenção impõe uma limitação "(...) *a não ser que o contexto imponha uma interpretação diferente*". Ou seja, retomando o campo interpretativo de Direito Internacional, a *lex interpretatio* estabelece uma fase intermediária, de perscrutação contextual, ficando o reenvio sempre como um meio de *ultima ratio*.

Este reenvio abordado é o reenvio integrativo, no qual o direito interno entra como complementação imprescindível às normas convencionais; de tudo diverso daquele já referido reenvio interpretativo, entendido como último recurso do processo interpretativo, aplicável às expressões que não disponham de uma definição textual no seio da convenção e cuja dificuldade não tenha sido superada sequer pelo contexto. As qualificações[15] são construídas sempre por normas internas, que podem ser influenciadas e modificadas pelas qualificações constantes das normas da convenção, por integração.[16]

Como visto, apenas sob uma perspectiva de *subsidiariedade*, de "aplicação integrativa", portanto, a convenção pode ser en-

15. Nesse sentido, Klaus Vogel (1998, p. 53): "Special problems arise when a treaty uses a legal terms that simultaneously are problems on substantive law of the contracting States. To refer to these problems, the expression 'qualification' has come into use as a term borrowed from a private international law (conflicts law). Tax treaties, however, do not contain conflict of law rules. They do not provide whether a State must apply domestic or foreign law but rather impose their own distributive rules which are fundamentally different from the conflicts rules of private international law. Therefore, one should only refer to a 'qualification problem' in international tax law for the problem arising when a tax treaty uses term derived from domestic law (specially when the term has a different meaning in the domestic laws of both contracting Sates)" (Vogel, p. 52). O Professor Vogel diferencia também os casos de "substitution" e "conflict in attribution" (*Zurechnungskonflikt*) dos casos de qualificação. "Substitution" trata dos casos nos quais "(...) a foreign legal act or a legal institution (of a State A) will be treated under domestic law (of a State B)". O "conflict in attribution" (*Zurechnungskonflikt*), por outro lado, trata dos casos em que "(...) economic transactions or items of property are doubly taxed or exempted", também conhecido como "economic double taxation".

16. Sobre a resolução dos conflitos de qualificações, veja-se: John F. Avery Jones, "Qualification conflicts: the *application* in article 3(2) of the OECD Model", publicado em Heribald Närger, Marcus Lutter e Heinrich Beisse, *Festschrift für Karl Beusch zum 68 Geburtstag am 31*, Berlin/New York: Walter de Gruyter, out. 1993, pp. 42-62.

tendida como uma *general renvoi clause*, uma cláusula geral de reenvio para o direito interno; mas não para fins de um *reenvio interpretativo*, porque tal reenvio é desejado apenas quando suas normas (intra-textuais) e o contexto destas não permitam uma compreensão lógica e definida sobre uma determinada expressão. Mas, bem entendido, esta não é nada mais que uma forma de preservar a *força normativa da convenção*, haja vista que constantes reenvios ao direito interno findariam por desnaturar o espírito da própria convenção.

O sentido da regra do art. 3º, § 2º "(...) *a não ser que o contexto exija uma interpretação distinta* (...)", consiste precisamente numa tentativa de evitar que as regras convencionais sejam interpretadas em modos divergentes e, o menos possível, de modo unilateral, por *reenvios ao direito interno*. Esse dispositivo. Vincula, portanto, a interpretação ao consenso, tão ao gosto de Habermas. É dizer, só motivos de completa insuficiência autorizam a recorrência ao direito interno dos Estados contratantes, salvo os casos de integração normativa, cuja ida ao direito interno é incontornável e imprescindível.

Ante o exposto, cumpre dizer que todas estas considerações a respeito da interpretação dos tratados internacionais em matéria tributária sobre a renda e o capital dependem sempre da postura e dos valores do intérprete, relacionados com a dinâmica internacional da tributação em face do ordenamento jurídico no qual este se encontre inserido, para efeito da criação das normas individuais e concretas (impositivas) de comportamento; mas isso não deve chegar ao ponto de comprometer os princípios de *segurança jurídica* e de *certeza do direito*, quanto aos operadores econômicos beneficiários, para dar ensejo à estabilização congruente das respectivas situações jurídicas submetidas ao regime tributário internacional.

Art. 4º. Domicílio fiscal

Estabelece o art. 4º que, para os fins do presente acordo, a expressão "residente de um Estado" designa qualquer pessoa que, em virtude da legislação desse Estado, esteja aí sujeita a imposto em razão de seu domicílio, de sua residência, de sua sede de direção ou de qualquer outro critério de natureza análoga. Como se percebe, a convenção Brasil-Alemanha não adota completamente o texto do art. 4º, do Modelo OCDE, na medida que a parte final do artigo não é utilizado (*without exclusion of source income*).[17]

Consagra, este artigo, o critério unitário da qualificação da residência (*princípio da unicidade da residência*), de tal modo que, em face da convenção, caso uma sociedade venha a ser considerada fiscalmente residente num Estado, passe a ser automaticamente considerada não-residente no outro, ainda que a lei interna deste lhe atribua qualificação de residente. Mister esclarecer também que o escopo deste artigo é mais o de resolver o problema da dupla residência (qualificação) de um mesmo sujeito, em relação aos dois Estados contratantes, que propriamente oferecer uma definição adequada para a categoria jurídica da *residência*. Por isso, remete ao direito interno de cada país a respectiva identificação.

Antevendo possíveis concursos de qualificação dos critérios de definição da residência entre os Estados envolvidos, é tarefa da convenção definir qual das duas qualificações deva prevalecer, para efeitos tributários, escolhendo uma residência (*re-*

17. "The restriction in the second sentence of art. 4(1) — which MC 63 lacked and which did not become operative until MC 77 included it to clarify the matter — does not refer to the — obvious — case of a person being subject to no more than limited tax liability in one contracting State on account of not being resident there under domestic law. It primarily refers to individuals who under the domestic law of a State are deemed to residents to that State although they do not live there permanently but whose taxation is limited there to income from sources, or capital situated, in that State (...) MC Comm. points out that this situation exists in some States in relation to individuals (in particular in the case of foreign diplomatic and consular staff)". Assim, Vogel (1998, p. 233).

sidência escolhida) em detrimento da outra (*residência preterida*). E essa função aparecerá no art. 4º, afirmando o caráter subsidiário da convenção, ao remeter ao direito interno a qualificação de "residente de um Estado".

Os acordos são estipulados para resolver, primordialmente, os concursos de pretensões impositivas instalados, a partir dos concursos de qualificação e de localização dos rendimentos. Como eles não possuem força vinculante para, diretamente, eliminarem as possíveis hipóteses de bitributação internacional, suas regras limitam-se a modificar os elementos contidos nas disposições qualificadoras e localizadoras das normas internas, alterando, assim, indiretamente, a competência dos Estados envolvidos na tributação dos componentes redituais, quando da composição da norma individual e concreta de tributação.

Inexistindo um acordo internacional firmado entre os Estados interessados em tributar um certo fato, em concurso de pretensões impositivas, pelos elementos de estraneidade apresentados no fato-evento econômico, é possível que tal concurso tenha origem, justamente, em um concurso de enunciados qualificativos, entre as previsões normativas do Estado da fonte e as do Estado da residência. Por isso, os concursos de qualificação podem ser positivos ou negativos, na medida que possam servir tanto para uma cumulatividade de pretensão como para uma cumulatividade de exclusão do imponível, os quais podem conduzir, respectivamente, tanto à uma pluritributação (cúmulo) quanto à uma ausência de tributação (vácuo fiscal).

A relevância do critério de residência, para o contexto da convenção é da maior importância, especialmente para: a) determinar o campo de aplicação das regras da convenção quanto às pessoas, b) resolver os casos de dupla tributação decorrentes de concursos de residência, bem como c) resolver os demais casos de dupla tributação internacional provenientes de um concurso impositivo entre o Estado de residência e o Estado da fonte do rendimento ou da situação do bem imóvel.

Para o direito tributário de cada um dos países signatários, importa tributar os sujeitos segundo seus critérios internos de qualificação, aos quais a convenção sempre remete os conteúdos de suas cláusulas. Mas as coisas não são tão simples assim. Como o país de residência poderá qualificar os fatos definidos no contexto de um outro ordenamento, segundo o seu direito positivo? E as instituições desconhecidas (*trust, partnerships, Anstalt* etc.), qual tratamento jurídico deverá ser dispensado a estas? Como tributar um dado sujeito não-residente que pratica negócios jurídicos segundo a lei estrangeira do seu país de residência? E qual qualificação deverá prevalecer, a do Estado da fonte do rendimento ou a do Estado de residência?

Como se vê, estes não são casos de interpretação, mas de "qualificação". Vogel tenta argumentar que a melhor forma de composição seria alcançar uma espécie de "qualificação autônoma", compartilhada por ambos os Estados, decorrente do contexto do acordo, mas esta proposta não encontra respaldo no contexto do direito internacional tributário, que pressupõe ampla autonomia dos Estados quanto à definição dos seus critérios de qualificação e tributação. A adoção de uma medida do gênero, pela discricionariedade que envolve, findaria por ferir de morte o princípio da legalidade e o da indisponibilidade do patrimônio público. Por isso, algo semelhante somente seria possível se acompanhado de um adequado procedimento amigável, que foi concebido exatamente para resolver casos de dupla tributação que a convenção não pôde solucionar.

Tanto este como vários outros autores, na expectativa de conferir uma solução a esta intricada problemática, findam por construir teses sobre eleição de "norma de conflito", de escolha da jurisdição aplicável, ora em defesa de uma qualificação exclusiva a partir do Estado da fonte, ora em defesa de uma qualificação autônoma, por consenso, ora em defesa de uma eventual *lex fori*, pertinente ao Estado de residência. Sobre o cabimento de normas de conflito, concluímos não existir, para o Direito Tributário Internacional ou para o Direito Internacional Tributário, qualquer hipótese de aplicação de norma estrangeira que venha a ser decidida por uma *norma de conflito*, para a resolução de concursos de pretensões impositivas.

Entendemos vigorar plena autonomia qualificadora para as jurisdições em concurso de pretensões impositivas, nos limites da integração com as regras da convenção, restando para o país de residência ampla possibilidade para alcançar a definição jurídica atribuída pelo ordenamento do Estado da fonte, ou qualificá-lo segundo suas regras, em face da substância do ato, negócio ou situação jurídica, mas sempre resguardando os limites dos preceitos acordados na respectiva convenção. E para os casos em que isso provoque alguma espécie de cúmulo de pretensões impositivas, que se lance mão do instrumento previsto na convenção para esse fim, que é justamente o "procedimento amigável".

No Brasil, para as ***pessoas físicas***, a aquisição de residência fiscal por um determinado sujeito, pela *transferência de residência para o Brasil*, irá variar de regime jurídico a depender do tipo de visto usado pelo não-residente.[18]

Para os portadores de *Visto Permanente* que, no curso do ano-calendário, transferirem residência para o território nacional e, nesse mesmo ano, iniciarem a percepção de rendimentos tributáveis de acordo com a legislação em vigor, estes ficarão sujeitos ao imposto, como residentes no país em relação aos fatos geradores ocorridos a partir da data de ingresso, passando à condição de sujeito passivo do IRPF, e ficando obrigado a declarar os rendimentos e ganhos de capital percebidos entre a data da chegada e o último dia do primeiro ano de permanência, continuando, nos períodos sucessivos, a ser tributado segundo o regime ordinário.

Outrossim, para os portadores de *Visto Temporário*, estes sujeitar-se-ão à incidência do IRPF, como residente, caso venha a ingressar no Brasil, com visto temporário:[19]

• para trabalhar, com vínculo empregatício. Nesse caso, aplica-se o mesmo re-

18. Sobre estrangeiros, ver na Constituição Federal de 1988 os seguintes dispositivos: 227, § 5º (adoção); 22, XV (emigração, imigração, entrada, extradição e expulsão); 5º, LII (extradição, crime político ou de opinião); 14, § 2º (inalistável); 12, II, *b* e 22, XIII (naturalização); 190 (propriedade rural); 5º, XXXI; Lei 6.964, de 9.12.1981, regulamentada pelo Decreto 86.715, de 10.12.1981; Portaria 88, de 27.4.1982 (estabelece as condições de saúde exigidas aos estrangeiros candidatos ao ingresso e permanência no país); Lei 7.180, de 20.12.1983 (dispõe sobre a concessão da permanência no Brasil aos estrangeiros registrados provisoriamente); Decreto-lei 2.236, de 23.1.1985 (altera a tabela de emolumentos e taxas); Resolução 1, de 9.10.1985 (define a expressão "governo brasileiro"); Instrução Normativa 6, de 11.11.1985 (aprova o modelo de requerimento para Registro/Atualização, DPF-154 e regulamenta a sua utilização); Resolução 5, de 4.2.1986 (disciplina a concessão de vistos, no exterior e no Brasil); Resolução 6, de 4.2.1986 (estabelece normas a concessão de autorização de trabalho); Resolução 7, de 4.2.1986 (dispõe sobre a prorrogação de estada ao portador de visto temporário); Resolução 8, de 4.2.1986 (estabelece normas à concessão de vistos temporários e permanentes); Resolução 10, de 8.5.1986 (baixa instruções no que se refere à saída do estrangeiro do Território Nacional, por prazo superior a noventa dias); Portaria 34, de 23.5.1986 (baixa instruções para o processamento de chamada de mão-de-obra estrangeira procedente do exterior em caráter temporário). A Lei 7.685, de 2.12.1988, dispõe sobre o registro provisório para o estrangeiro em situação ilegal em território nacional. A Portaria 566, de 19.10.1988, instituiu o modelo de requerimento de registro provisório de estrangeiro e da cédula de identidade específica de que trata o Decreto 96.998, de 18.10.1988. A Portaria 589, de 3.11.1988, mantém em vigor a Portaria 566/1989. O Decreto 98.830, de 15.1.1990, dispõe sobre a coleta, por estrangeiros, de dados e materiais científicos no Brasil. A Instrução de Serviço 3, de 17.8.1990, dispõe sobre os procedimentos, o registro, o controle, a fiscalização e a correição dos processos das infrações, da notificação para deixar o país, da repatriação, deportação, expulsão, extradição e naturalização de estrangeiros. A Portaria 606, de 2.12.1991, estabelece requisitos para o estrangeiro que estiver no Brasil e pretender permanecer no território nacional, a título de reunião familiar.

19. Lei 9.718, de 1998, art. 12.

gime acima referido, em relação aos fatos geradores ocorridos a partir da data de sua chegada;

• por qualquer outro motivo, e aqui permanecer por período superior a 183 dias, consecutivos ou não, contado, dentro de um intervalo de doze meses, da data de qualquer chegada. Nessa hipótese, porque a qualificação de "residente" somente é obtida no dia imediatamente seguinte àquele período, ou seja, no 184º dia, então a partir desse momento, o sujeito passa a responder, como residente, pelos tributos devidos dentro e fora do território nacional.

Como se vê, nesses casos de vistos temporários, a presença física, para constituir o elemento idôneo de orientação entre a aplicação da tributação territorial (com alíquotas progressivas ou proporcionais) e aquela da renda mundial (universalidade, mediante a aquisição de residência), deve perdurar por um certo período de tempo (183 dias, consecutivos ou não, a contar do dia da chegada e esteja no país na data em que se completaram os referidos doze meses), de modo a excluir qualquer conexão com o território a mera passagem.

Por isso, para que um não-residente deixe de ser tributado pelo critério da fonte, de territorialidade pura, passando a ser tributado como "residente", com vínculo pessoal, pela aquisição da residência fiscal no Brasil, ele deve satisfazer uma das seguintes condições:

• contar doze meses de permanência no Brasil, com permanência de 183 dias, ou mais, consecutivos ou não; ou

• obter visto permanente antes de completarem-se doze meses de permanência no país.

Os rendimentos de aplicações financeiras e os ganhos de capital, recebidos por esses sujeitos "não-residentes", desde o momento de sua chegada ao país, serão tributados como os dos residentes[20] no Brasil.

20. Lei 8.981, de 1995, art. 78, I a III, e Lei 9.249, de 1995, art. 18.

Quanto às pessoas jurídicas, no Brasil, a residência de uma sociedade difere muito pouco da sua nacionalidade. O Decreto-lei 2.627/1940, para a nacionalidade, adotou dois pressupostos necessários: I — ter a sociedade de constituir-se conforme a *lei brasileira* e II — manter a *sede* de sua administração no Brasil (não apenas a sede estatutária, mas a sede efetiva) presente no território brasileiro.

A atribuição de "residência por equiparação" ***está presente na legislação.*** O RIR/1999, no seu art. 147, assim prescreve: "Consideram-se pessoas jurídicas, para efeito do disposto no inciso I do artigo anterior: (...) II — as filiais, sucursais, agências ou representações no país das pessoas jurídicas com sede no exterior; III — os comitentes domiciliados no exterior, quanto aos resultados das operações realizadas por seus mandatários ou comissários no país". Nesse caso, temos hipóteses que requerem autorização de funcionamento no país e outras que pressupõem a nacionalidade brasileira.

As organizações destinadas a fins de interesse coletivo, como as sociedades e as fundações não poderão ter no Brasil filiais, agências ou estabelecimentos antes de serem os atos constitutivos aprovados pelo governo brasileiro, ficando sujeitos à lei brasileira (art. 11, § 1º, da LICC). E do mesmo modo, as sociedades anônimas ou companhias estrangeiras, qualquer que seja o seu objeto, não podem, sem autorização do Governo Federal, funcionar no país, por si mesmas, ou por filiais, sucursais, agências, ou estabelecimentos que as representem, podendo, todavia, ressalvados os casos expressos em lei, ser acionistas de sociedade anônima brasileira (Decreto-lei 2.627/1940, art. 64).

Quanto às formas de eliminação do problema de uso abusivo dos tratados (*treaty shopping*), no campo da aplicação subjetiva, o Brasil não possui regras internas antielisivas específicas. Mas em termos de aplicação de regras gerais, nada impede que este opere controles sobre atos simulados ou fraudulentos (para o caso de controle de sociedades interpostas), com base na sua norma geral antielusiva, CTN, art. 116, parágrafo único. *A autoridade administrativa poderá desconsiderar atos ou negócios jurídicos praticados com a finalidade de dissimular a ocorrência do fato gerador do tributo ou a natureza dos elementos constitutivos da obrigação tributária, observados os procedimentos a serem estabelecidos em lei ordinária.*

Segundo a convenção, quando uma pessoa física for residente de ambos os Estados contratantes, a situação será resolvida de acordo com as seguintes regras:

a) esta pessoa será considerada do Estado contratante em que disponha de uma habitação permanente. Se dispuser de uma habitação permanente em ambos os Estados contratantes, será considerada como residente do Estado contratante com o qual suas ligações pessoais e econômicas sejam mais estreitas (centro de interesses vitais);

b) se o Estado contratante em que tem o centro de seus interesses vitais não puder ser determinado, ou se não dispuser de uma habitação permanente em nenhum dos Estados contratantes, será considerada como residente do Estado contratante que permanecer habitualmente;

c) se permanecer habitualmente em ambos os Estados contratantes ou se não permanecer habitualmente em nenhum deles, será considerada como residente do Estado contratante de que for nacional;

d) se for nacional de ambos os Estados contratantes ou se não for nacional de nenhum deles, as autoridades competentes dos Estados contratantes resolverão a questão de comum acordo.

Tratando-se de ***pessoa jurídica***, quando esta for *qualificada* como residente de ambos os Estados contratantes, o critério para definir a residência será a localização da sua *sede de direção efetiva*.

Art. 5º. Estabelecimento permanente

As pessoas jurídicas de direito privado estrangeiras são reconhecidas de pleno direito para "atuarem" no território dos países, esporádica e isoladamente, atribuindo-se validade aos atos por estas praticados; como podem também optar por "funcionar", estabecendo-se em caráter de permanência, sob a forma de filiais, sucursais etc. (adquirindo residência). No primeiro caso, a pessoa jurídica não-residente submete-se ao ordenamento jurídico-tributário exclusivamente pelos atos localizados no território (critério da fonte), por tratamento isolado; e no outro, em face da aquisição de residência fiscal, sujeita-se ao regime da universalidade e a um tratamento de equiparação aos residentes, com força de atração, plena ou restrita, segundo o ordenamento de cada país. Contudo, o Estado de localização pode identificar as atuações demoradas como suficientes para criar uma sujeição passiva com equiparação aos residentes, independentemente de se constituir numa sociedade filial legítima ou similar, passando, a pessoa jurídica não-residente, a responder como se residente fosse, inclusive com aplicação do princípio da universalidade sobre os seus rendimentos.

O conceito de estabelecimento permanente (*permanent establishment*) não passa de uma noção técnico-jurídica pertinente à definição da sujeição passiva tributária, atributiva de residência, cuja existência encontra-se totalmente projetada para a tributação da renda de pessoas jurídicas não-residentes. Por esse motivo, a noção de estabelecimento permanente não é mais do que uma ficção jurídica aplicada às formas de atuação das pessoas jurídicas não-residentes em um dado território estatal, cujo ordenamento, desconsiderando tais formas atuação como atos isolados, resolve atribuir-lhes a condição de sujeito residente por equiparação, exclusivamente para efeitos tributários.

Numa acepção ampla, como adotado pelos modelos de convenções, a definição de estabelecimento permanente engloba todas as hipóteses de atuação direta das pessoas não-residentes, excetuada a prática de atos isolados, envolvendo tanto as filiais, agências e sucursais, como a qualquer outra forma de base fixa de negócios instalada no território diverso daquele onde se encontra a matriz. Contudo, em rigor, não se pode colocar sob uma mesma figura situações tão distintas. Por isso preferimos usar uma acepção estrita para a definição de estabelecimento permanente, limitando seu alcance apenas às formas de atuação cuja freqüência, permanência ou estabilidade permita sua respectiva qualificação como um ente residente, exclusivamente para os fins fiscais.

O conceito de estabelecimento permanente apresenta-se, pois, com duas funções muito claras. Ordinariamente, serve como um critério de conexão subjetivo, posto para vincular a pessoa jurídica não-residente ao território do Estado de instalação, para efeitos tributários. É o que denominamos de função positiva do estabelecimento permanente.[21] Mas também, no corpo das convenções internacionais, presta-se como forma de limitação à competência do Estado de residência sobre os rendimentos obtidos por um residente no outro Estado mediante estabelecimento permanente; e, de modo converso, como um limite objetivo para o Estado da fonte, pela exigência de determinados pressupostos para a respectiva qualificação da presença do sujeito não-residente como forma de estabelecimento permanente. Esta, a função negativa do estabelecimento permanente.

A legislação brasileira não define o que seja "estabelecimento permanente material", sequer o nomina em suas disposições, a não ser indiretamente. Mas, como foi dito acima, afora as hipóteses de constituição ou de autorização de funcionamento, nenhum impedimento existe para que a pessoa jurídica estrangeira conclua negócios jurídicos no país, sendo reconhecida plenamente a personalidade jurídica das sociedades estrangeiras para adquirir e exercer direitos no território nacional, atuar como parte de contratos, estar em juízo etc., até o limite que não configure o exercício normal da sua atividade social na jurisdição brasileira.

O Fisco brasileiro pode reconhecer e equiparar a residentes todas as formas de presença demorada e regular de pessoas jurídicas não-residentes, mas somente pode reconhecer uma forma de *organização estável* de pessoa não-residente como expressão daquilo que o direito internacional tributário entende por "estabelecimento per-

21. Como estipulam Lovisolo (1983, p. 1.132) e Gallo (1985, p. 390), aquele utilizando o conceito fornecido pelo Modelo OCDE e este, a legislação interna (italiana). Lovisolo (1999, p. 236), em trabalho mais recente, esclarece: "Affinché sai configurabile una stabile organizzazione è, cioè, necessario che siano contemporaneamente soddisfatte quattro condizioni: l'esistenza di un'installazione d'affari; la sua stabilità; la sua connessione con l'esercizio normale dell'empresa; la sua idoneità a produrre un reddito. In sostanza, il concetto risulta definito mediante l'individuazione di un elemento costitutivo (l'installazione fissa) e di tre qualità che devono ad esso afferire". Diferentes pontos de partida, mas resultados semelhantes. Também, Gest Tixier (1990, p. 211), Cartou (1986, p. 60); Vogel (1991, p. 202). Mesmo sem concordar com os testes propostos, segundo Skaar (1991, pp. 111-112), a qualificação de estabelecimento permanente à presença de uma atividade empresarial no teritório de um Estado debe atender ao seguinte:

I — Deve ser um lugar destinado à realização de negócios (*fixed place of business test*), que é composto por três testes cumulativos: 1. Este local de negócios deve estar situado em um lugar fixo ou definido (*location test*); 2. O contribuinte deve ter direito ao uso do lugar fixo destinado à realização dos negócios (*right of use test*); 3. O uso ou o direito ao uso do lugar fixo de negócios deve ter um período de tempo determinado (*permanence test*).

II — As atividades realizadas por intermédio do lugar fixo de negócios devem ser comerciais, como definidas no tratado ou nas normas internas (*the four aspects of the business activity tests*).

Estamos com Pasquale Pistone, quando afirma: "tenuto conto anche dell'incertezza del quadro normativo di riferimento, appare opportuno ancora oggi chiedersi quali siano gli elementi necessari per la sussistenza di una stabile organizzazione e in che termini sai lecito — alla luce della normativa di fonte interna, convenzionale e comunitaria — riqualificare un soggetto giuridico dotato di personalità autonoma, quale la società figlia, alla stregua di una stabile organizzazione" (Pasquale Pistone, "Stabile organizzazione ed esistenza di società fliglia residente", *Dir. Prat. Trib.*, v. LXIX, 2, Padova: CEDAM, 1998, p. 366).

manente" amparando-se no art. 126, do CTN, o qual, dispondo sobre a capacidade tributária passiva, prescreve que esta independe de estar a pessoa jurídica regularmente constituída, *bastando que configure uma unidade econômica ou profissional.* Nada obstante seja esta a conclusão que tenhamos a considerar, trata-se de uma situação que se reveste de uma grave discricionariedade, com limitada certeza do direito, pela sua amplitude conceitual.

O recurso ao art. 126, do CTN, pode justificar a atribuição do regime de residência à pessoa jurídica não-residente. Isto porque o art. 147, do RIR/1999, equipara às pessoas jurídicas (residentes) apenas:

(i) as pessoas jurídicas de direito privado domiciliadas no país, sejam quais forem seus fins, nacionalidade ou participantes no capital;

(ii) as filiais, sucursais, agências ou representações no país das pessoas jurídicas com sede no exterior; e

(iii) os comitentes domiciliados no exterior, quanto aos resultados das operações realizadas por seus mandatários ou comissários no país.

Contudo, esta forma ampla discricionária de atribuição de sujeição passiva, pela modificação do regime jurídico aplicável, de não-residente para residente, encontra resistências com o princípio da estrita legalidade material, no que diz respeito à identificação dos sujeitos passivos, insculpido na Constituição Federal, art. 150, II, e no Código Tributário Nacional, art. 97, III. Daí que a sua utilização pelo Fisco deve ser procedida com adequada parcimônia.

Essa amplitude da regra geral do art. 126 somente pode ser restringida, quanto à identificação de "estabelecimentos permanentes", nas relações com pessoas jurídicas residentes de países com os quais o Brasil mantenha convenção internacional. Como é o caso presente. Pela integração das regras convencionais ao sistema, nas relações com os respectivos países signatários, o elenco e as cláusulas de reconhecimento de "estabelecimento permanente" devem ser respeitadas, não propriamente em favor da pessoa jurídica não-residente, mas como respeito à competência tributária do outro país signatário.

Segundo a convenção, a expressão "estabelecimento permanente" designa uma instalação fixa de negócios em que a empresa exerça toda ou parte de sua atividade,[22] abrangendo especialmente: a) sede de direção; b) uma sucursal; c) um escritório; d) uma fábrica; e) uma oficina; f) uma mina, uma pedreira ou qualquer outro local de extensão de recurso naturais; g) um canteiro de construção ou de montagem, cuja duração exceda doze meses. E como exemplificação negativa, dispõe ainda que a expressão "estabelecimento permanente" não abrange: a) a utilização de instalações unicamente para fins de armazenagem, exposição e entrega de bens ou mercadorias pertencentes à empresa; b) a manutenção de um estoque de bens ou mercadorias pertencentes à empresa unicamente para fins de armazenagem, exposição ou entrega; c) a manutenção de um estoque de bens ou mercadorias pertencentes à empresa unicamente para fins de transformação por outra empresa; d) a manutenção de uma instalação fixa de negócios unicamente para fins de comprar bens ou mercadorias ou obter informações para a empresa; e) a manutenção de uma instalação fixa de negócios unicamente para fins de publicidade, fornecimento de informações, pesquisa científicas ou atividades análogas que tenham caráter preparatório ou auxiliar para a empresa.

22. Segundo Vogel: "the existence of a permanent establishment is a condition for taxation only insofar as it involves income from the *business activities* of an enterprise and the assets on which such business is based. The taxation of an income or capital of any other type is governed by the distributive rules applicable to the type concerned. Regarding the so-called 'force of attraction of a permanent establishment'" (Klaus Vogel, *On Double Taxation Conventions — A Commentary to the OECD, UN and US Model Conventions for the Avoidance of Double Taxation of Income and Capital (with particular reference to German Treaty Practice)*, Boston: Kluwer, 1991, pp. 199-200).

A convenção entre o Brasil e a Alemanha não adotou em sua lista de exceções ao conceito de estabelecimento permanente o de atividade combinadas, como forma de caracterização destes, tal como previsto no Modelo OCDE, e tal dispositivo já encontrava-se previsto desde o Modelo de 1963.

Ademais, consta da convenção que quando uma pessoa atue num Estado contratante por conta de uma empresa do outro Estado contratante, será considerada como estabelecimento permanente no primeiro Estado, caso possua, e exerça habitualmente naquele Estado, autoridade para concluir contratos em nome da empresa, a não ser que suas atividades sejam limitadas à compra de bens ou mercadorias para a empresa. Todavia, uma sociedade de seguros[23] de um Estado contratante será considerada como possuindo um estabelecimento permanente no outro Estado contratante, desde que, por meio de um representante, receba prêmios ou segure riscos nesse outro Estado.

Uma empresa de um Estado contratante não será considerada como dotada de um estabelecimento permanente no outro Estado contratante pelo simples fato de exercer a sua atividade nesse outro Estado por intermédio de um corretor, de um comissário geral ou de qualquer outro agente que goze de um *status* independente, desde que essas pessoas atuem no âmbito de suas atividades normais. O fato de uma sociedade residente de um contratante controlar ou ser controlada por uma sociedade residente do outro contratante ou que exerça sua atividade nesse outro Estado (quer seja através de um estabelecimento permanente, quer de outro modo) não será, por si só bastante para fazer de qualquer dessas sociedades estabelecimento permanente da outra.

23. Como bem observa Klaus Vogel (1998, p. 314), existe no Acordo Brasil-Alemanha regras especiais sobre o tratamento das *insurace companies*: "Under this rule, an insurance enterprise constitutes a permanent establishment in the other contracting State not only if it collects premiums there through a dependent agent, but also already if it insures a risk situated in that other State".

Por fim, uma empresa de um Estado contratante será considerada como tendo um estabelecimento permanente no outro Estado contratante se exercer nesse Estado contratante a atividade de fornecer serviços de artistas ou desportistas, mencionados no art. 17.

Art. 6º. Rendimentos de bens imobiliários

Os rendimentos de bens imobiliários, i.e., os rendimentos derivados da exploração direta, da locação, do arrendamento ou de qualquer outra forma de exploração desses bens, inclusive os rendimentos de explorações agrícolas ou florestais, são tributáveis no Estado contratante em que esses bens estiverem situados. Essa regra aplica-se igualmente aos rendimentos de bens imobiliários de uma empresa, assim como aos rendimentos de bens imobiliários que sirvam para o exercício de uma profissão liberal (item 4).

Como estabelece o item 2.*a*, a expressão "bens imobiliários", com as ressalvas da própria convenção, é definida de acordo com a legislação do Estado contratante em que os bens em questão estiverem situados.

Assim, para o *direito brasileiro*, são tributáveis os rendimentos decorrentes da ocupação, uso ou exploração de bens corpóreos, como: I — aforamento, locação ou sublocação, arrendamento ou subarrendamento, direito de uso ou passagem de terrenos, seus acrescidos e benfeitorias, inclusive construções de qualquer natureza; II — locação ou sublocação, arrendamento ou subarrendamento de pastos naturais ou artificiais, ou campos de invernada; III — direito de uso ou aproveitamento de águas privadas ou de força hidráulica; IV — direito de exploração de conjuntos industriais.[24] E além dessa hipótese, são tributáveis na declaração os rendimentos decorrentes de uso, fruição ou exploração de direitos, como: I — de colher ou extrair recursos vegetais, inclusive florestais; II — de pesquisar e extrair recursos minerais.[25]

24. Cfr. art. 49, RIR/1999.
25. Cfr. art. 52, RIR/1999.

Há outras hipóteses, com tratamentos específicos, mas todas essas encontram regimes típicos, desde a previsão do direito privado.[26]

As exceções acima referidas são os navios, barcos e aeronaves, que não são considerados bens imobiliários (art. 6º, 3.*c*). Exatamente porque a expressão "bens imobiliários" compreende, em qualquer caso, os acessórios da propriedade imobiliária, o gado e o equipamento utilizados nas explorações agrícolas e florestais, os direitos a que se aplicam as disposições do direito privado relativas a propriedade territorial, o usufruto de bens imobiliários e os direitos aos pagamentos variáveis ou fixos pela exploração ou concessão da exploração de jazidas minerais, fontes e outros recursos naturais (art. 6º, 3.*b*).

Art. 7º. Lucros das empresas

Para os lucros de empresas, a convenção reserva o princípio segundo o qual uma empresa de um Estado não deve ser tributada no outro Estado, a menos que exerça uma atividade industrial ou comercial neste outro Estado por intermédio de um estabelecimento permanente aí situado, mas unicamente na medida em que forem imputáveis ao estabelecimento permanente (força de atração restrita),[27] com as demais disposições do Modelo OCDE.

Ademais, quando uma empresa de um Estado contratante exercer sua atividade no outro Estado contratante por meio de um estabelecimento permanente aí situado, serão atribuídos em cada Estado contratante a esse estabelecimento permanente os lucros que obteria, se constituísse uma empresa distinta e separada, exercendo atividades idênticas ou similares, em condições idênticas ou similares, e transacionando com absoluta independência com a empresa de que é um estabelecimento permanente.

No cálculo dos lucros de um estabelecimento permanente, é permitido deduzir as despesas que tiverem sido feitas para a consecução dos objetivos do estabelecimento permanente, incluindo as despesas de direção e os encargos gerais de administração assim realizados.[28] Esse regime excepciona o direito interno brasileiro, quanto à previsão do art. 25, § 5º, da Lei 9.249/1995, segundo o qual: (§ 5º) *os prejuízos e perdas decorrentes das operações referidas neste artigo não serão compensados com lucros auferidos no Brasil*, permitindo aos

26. "The ultimate passage of the second sentence of art. 6(2) expressly stipulates that ships, boats and aircraft shall not be regarded as immovable property. Particularly for legal systems that treat ships, boats or aircraft as being immovable property, this provision *makes* clear that the rule on profits from the operation of ships or aircraft (art. 8 MC) is *lex speciallis* in relation to art. 6. However, this priority applies only to the operation of ships or aircraft as such. Income from other immovable property, such as land and the like, is subject to tax in the State of *situs*, as provided in art. 6, even if the property is part of an enterprise engaged in the operation of ships or aircraft". Assim, Vogel (1998, p. 378).

27. Para Vogel (1998, pp. 409 e 410): "The second sentence of art. 7(1) allows the State of the permanent establishment to tax business profits, 'but only so much of them as is attributable to that permanent establishment'. The MC has thus decided against adopting the so-called 'force of attraction of the permanent establishment' (...)". Segue o Autor, entendendo que: "This distribution of taxation according to the economic connection of the profits concerned is preferable to the principle of the 'attractive force' because the former method proceeds from the enterprise's individual organizational structure and avoids restricting entrepreneurial freedom of disposition through fictitiously allocating profits by away of generalizing standards".

28. Não há no Acordo Brasil-Alemanha nenhuma menção ao método indireto para determinação dos lucros dos estabelecimentos permanentes. Segundo Vogel (1998, p. 460): "No arrangement for fractional apportionment: though the DTCs with *Brazil, Ecuador, Greece, Pakistan 1958/70* and *Uruguay* follow art. 7(3) MC in that they allow, in determining the profits of a permanent establishment, the deduction of expenses, they omit the concluding phrase 'whether (incurred) in the State in which the permanent establishment is situated or elsewhere'". Define Vogel (1997, p. 442) este método, como sendo aquele: "In an identically phrased art. 7(4), OECD MC and UN MC allow the method of 'fractional apportionment' or 'indirect method' to be applied in determining a permanent establishment's profits, to the extent that this is customary in a contracting State. There is no such rule in US MC".

contribuintes brasileiros que possuam filiais ou estabelecimento permanente na Alemanha possam gozar do direito de dedução daquelas perdas previstas no acordo.

Nenhum lucro será atribuído a um estabelecimento permanente pelo simples fato de comprar bens ou mercadorias para a empresa.

Art. 8º. Navegação marítima e aérea

Os lucros provenientes da exploração, no tráfego internacional, de navios ou aeronaves só são tributáveis no Estado contratante em que estiver situada a sede da direção efetiva da empresa. No caso da sede da direção efetiva da empresa de navegação marítima se situar abordo de um navio, esta sede será considerada situada no Estado contratante em que se encontre o porto de registro desse navio, ou na ausência de porto de registro, o Estado contratante em que resida a pessoa que explora o navio. O acordo entre os Estados contratantes exclui da abrangência deste artigo o transporte em águas internas (*excluding inland waterways transport*).

Art. 9º. Empresas associadas

Estabelece a Convenção Brasil-Alemanha, que quando: a) uma empresa de um Estado contratante participar direta ou indiretamente da direção, controle ou capital de uma empresa do outro Estado contratante, ou as mesmas pessoas participarem direta ou indiretamente da direção, controle ou capital de uma empresa de um Estado contratante e de uma empresa do outro Estado contratante, e em ambos os casos, as duas empresas estiverem ligadas, nas suas relações comerciais ou financeiras, por condições aceitas ou impostas que difiram das que seriam estabelecidas entre empresas independentes, os lucros que, sem essas condições, teriam sido obtidos por uma das empresas, mas não foram por causa dessas condições, podem ser incluídos nos lucros dessa empresa e tributados como tal.[29]

Quanto à aplicação da convenção, cumpre saber se devem prevalecer os critérios adotados por esta, que se reserva a indicar a atribuição de competência para a tributação da renda decorrente de um eventual controle de preços, nos termos *arm's length*, ou a disciplina do direito interno, exclusivamente.

A disciplina do *transfer pricing* prevista nos acordos internacionais para evitar a bitributação é de *vigência condicionada*, exatamente porque as suas regras não pressupõem qualquer concurso de pretensões impositivas e, por conseqüência, por não haver pluralidade de normas em concurso, não há possibilidade para "repartição de competências",[30] porque a retificação de preços de transferência realizada por um país sobre uma pessoa jurídica residente, nada tem a ver com a tributação do Imposto sobre a Renda realizada no outro Estado, sobre a respectiva empresa ali residente, conexa com aquela primeira, que sofre a ação de controle sobre os preços.

E, de fato, quando um dos dois Estados não possua uma disposição *ad hoc* no direito interno, para efeito da retificação, a convenção não poderá instituir um "critério de valoração" (no lugar daquele da repartição) não previsto pelas regras unilaterais. E o motivo é óbvio: não existindo uma *bitributação internacional* sobre os preços de transferências, não se poderia tratar os mesmos, como se faz com as demais categorias redituais, sem implicar uma abusiva interferência no campo de soberania de um

29. Quanto à interpretação deste artigo, vale recordar o que dizíamos no início, quanto à necessidade de uma interpretação histórica na análise do conteúdo da convenção, que data de 1975 e por isso mesmo anterior às mudanças perpetradas ao Modelo, em 1977.

30. Em oposição, Maisto, ao afirmar que as normas relativas à disciplina tributária do *transfer pricing* seguem o esquema típico das disposições de direito internacional público sobre conflito de normas, pois são destinadas à solução dos conflitos normativos e a conseqüente e necessária repartição do Poder de Tributar entre dois Estados contratantes (Guglielmo Maisto, "La disciplina del prezo di transferimento e il regime impositivo delle *royalties*", *I Quad. Rass. Trib. — Il Diritto Tributario nei Rapporti Internazionali*, Roma: EIT, 1986, p. 110).

dos Estados, porque a tributação ocorre exclusivamente no interior do Estado que procede à retificação.

Por isso mesmo, o Fisco brasileiro não se encontra impedido de aplicar as regras de preços de transferência, no caso de transações entre empresas que, embora se considerem vinculadas, segundo a definição do art. 23 da Lei 9.430/1996, não sejam "associadas" ou ligadas, como determina a convenção.

Se estamos lidando com o aspecto subjetivo, mister procurar analisar os artigos relativos à definição de residentes e as demais "definições gerais", como "pessoa", "sociedade" etc., todos presentes na convenção internacional.

O art. 1º trata dos *aspectos subjetivos* da convenção (*personal escope*), indicando que as pessoas visadas são os "residentes" de um ou do outro Estado contratante. Este dispositivo é complementado pelo art. 4º, § 1º, que "reenvia" a definição de *residência* à legislação interna dos respectivos Estados.

O art. 3º cuida das "definições gerais" (*general definitions*), além dos termos e expressões mais comuns que aparecem nos distintos artigos da convenção, como: "pessoa", "sociedade", "empresa de um Estado contratante", "autoridade competente", "tráfego internacional" e "nacionais".

A definição do termo "pessoa" está contida no § 1º.*a* — *o termo "pessoa" compreende as pessoas físicas, as sociedades e outras associações de pessoas* — e se caracteriza por não ser limitativa, devendo, pois, ser interpretada num sentido amplo. Ela menciona explicitamente as "pessoas físicas", as "sociedades" e "outros agrupamentos de pessoas", considerando, dentre estes, quaisquer espécies de *pessoas*, assim qualificadas para os fins tributários.

A definição de "sociedade", presente no § 1º.*b* — *designa qualquer pessoa jurídica ou qualquer entidade considerada como pessoa jurídica aos fins tributários* — procura alcançar, de um modo abrangente, todas as pessoas jurídicas, desde que admitidas pelos respectivos sistemas fiscais dos Estados contratantes como contribuintes dos mesmos.

As expressões "empresa de um Estado contratante" e "empresa do outro Estado contratante", contidas no § 1º.*c*, designam, respectivamente, *uma empresa exercida por um residente de um Estado contratante e uma empresa exercida por um residente do outro Estado contratante*. Como visto, busca definir o que vem a ser "empresa", para o Modelo, conforme o *exercício da atividade* desempenhada no respectivo Estado.

Visando à *aplicação* da convenção por um dos Estados contratantes, o Modelo propõe que as definições e outras expressões dispersas pelo texto, e *não expressamente definidas*, terão o significado que lhes forem atribuídos pela ***legislação interna*** do respectivo Estado, relativamente aos impostos que forem objeto do acordo (art. 3º, § 2º), a não ser que o contexto imponha uma interpretação diferente. Este enunciado define ainda o procedimento de *interpretação* das normas convencionais.

Desse modo, é o nosso entendimento de que o Fisco não se encontra impedido de aplicar as regras de preços de transferência, no caso de transações entre empresas que, embora se considerem vinculadas, segundo a definição do art. 23 da Lei 9.430/1996, não sejam "associadas" ou ligadas, como determina a convenção.[31] O teor da convenção, nesse particular, não limita o direito interno.

No Brasil, o regime de controle de preços, criado pela Lei 9.430/1996, estabeleceu a sua aplicação às *importações*, de tal modo que os custos, despesas e encargos relativos a bens, serviços e direitos, somente serão dedutíveis na determinação do

31. *Contrario sensu*, Xavier (1999, p. 325), aceitando que, nas relações com Estados signatários de tratado, prevalecerão as disposições convencionais em relação a todos os casos de "vinculação" definidos pela Lei 9.430/1996 e que ultrapassam o círculo das relações de "interdependência".

IRPJ e CSLL até o valor que não exceda ao preço determinado segundo um dos métodos previstos. E também às *exportações*, quando as receitas auferidas nas operações efetuadas com pessoa vinculada, durante o respectivo período de apuração da base de cálculo do imposto de renda, forem inferiores a 90% do preço médio praticado na venda dos mesmos bens, serviços ou direitos, no mercado brasileiro, durante o mesmo período, em condições de pagamento semelhantes, que ficarão sujeitas a arbitramento, por meio de um dos métodos típicos.

Definida a existência de preços transferidos, mediante a comparação entre o preço praticado (constante das documentações dos contribuintes) e o preço apurado por um dos métodos (o preço parâmetro ou de referência), serão adicionados à base de cálculo do Lucro Real e da Contribuição Social sobre o Lucro Líquido (CSLL) o valor resultante, computado nos resultados da empresa, decorrente da diferença entre os preços comparados. A conseqüência tributária da aplicação do regime de controle de preços de transferências em operações financeiras consiste: (i) nas operações passivas, em adicionar ao lucro tributável o valor dos encargos que exceder o limite atrás referido e (ii) nas operações ativas, em adicionar ao lucro tributável a diferença da receita.

A Lei 9.430/1996 trouxe o conceito de "pessoa vinculada", cujo significado abarca o conceito societário de "pessoa ligada", e amplia as suas possibilidades qualificadoras. De qualquer modo, a outra "pessoa vinculada" deve ser, necessariamente, residente ou domiciliada no exterior, para que se possa caracterizar a "transferência" de preços passível de controle.

Corolário deste alargamento do âmbito subjetivo de fiscalização e controle, é o entendimento da Secretaria da Receita Federal, manifestado na IN-SRF 38/1997, segundo o qual nas operações efetuadas com pessoas vinculadas através de terceiros ("interposta pessoa"), não-vinculados à empresa no Brasil, também devem ser aplicadas as normas sobre preços de transferências, com o que concordamos plenamente. Descabido seria entender que o Fisco devesse perquirir pelo "efetivo" importador ou exportador para aplicar o controle fiscal sobre as operações praticadas, quando a lei lhe faculta a ampliação supracitada.

Art. 10. Dividendos

O termo "dividendo", como usado na convenção, designa os rendimentos provenientes de ações ou direitos de fruição, ações de empresas mineradoras, partes de fundador ou outros direitos de participação em lucros, com exceção de créditos, bem como rendimento de outras participações de capital assemelhados aos rendimentos de ações pela legislação tributária do Estado contratante em que seja residente a sociedade que os distribuir.

Seguindo a regra geral do Modelo OCDE, os dividendos pagos por uma sociedade residente de um Estado contratante a um residente do outro Estado contratante são tributáveis nesse outro Estado. Todavia, esses dividendos podem ser tributados também no Estado contratante onde reside a sociedade que os paga, e de acordo com a legislação desse Estado, mas o imposto assim estabelecido não poderá exceder 15% do montante bruto dos dividendos, sem que isso afete a tributação da sociedade com referência aos lucros que deram origem aos dividendos pagos. Contudo, esse tratamento não será aplicado se o beneficiário dos dividendos, residente de um Estado contratante, possuir, no outro Estado contratante de que é residente a sociedade que paga os dividendos, um estabelecimento permanente[32] a que estiver efetivamente ligada a par-

32. Segundo Vogel (1997, p. 565): "The distributive rules on dividends, interest and royalties (arts. 10 to 12) generally take precedence over the provisions on business profits (art. 7) and income from independent personal services (art. 14) (...) however, art. 10(4), 11(4) (...) provide an exception — rather a restoration of the rule — for cases where the holdings etc. form part of a permanent establishment maintained by the enterprise in the State of

ticipação geradora dos dividendos, sendo aplicáveis as disposições do art. 7º.

Não obstante essa regra geral, o imposto alemão sobre dividendos pagos a uma sociedade residente do Brasil por uma sociedade residente da República Federal da Alemanha, de cujo capital no mínimo 25% pertençam, direta ou indiretamente, à primeira sociedade ou a ela juntamente com outras pessoas que a controlem ou que estejam sob controle comum, não poderá exceder a 25,75% do montante bruto desses dividendos, desde que a alíquota do impostos de renda alemão de sociedade incidentes sobre lucros distribuídos seja inferior àquela incidente sobre lucros não distribuídos e que a diferença entre essas duas alíquotas seja de 15 pontos percentuais ou mais.

Com relação ao art. 10(4) do acordo, não há uma menção expressa ao conceito de *benefical owner* ou de *fixed base*, na medida que à época em que a convenção foi firmada o Modelo da OCDE não os contemplava.

Tomando em conta a exceção aplicável à regra geral de tratamento dos dividendos, quanto ao efeito negativo do conceito de estabelecimento permanente, quando um residente da República Federal da Alemanha possuir um estabelecimento permanente no Brasil, esse estabelecimento permanente poderá ficar sujeito a um imposto retido na fonte de acordo com a legislação brasileira. Todavia, a alíquota não poderá exceder 15% sobre o montante bruto dos lucros do estabelecimento permanente, determinado após o pagamento do imposto de renda de sociedade referentes a esses lucros.

No Brasil, a partir do art. 10, da Lei 9.249/1995, os lucros ou dividendos calculados com base nos resultados apurados a partir do mês de janeiro de 1996, pagos ou creditados pelas pessoas jurídicas tributadas com base no lucro real, presumido ou arbitrado, não mais se sujeitam à incidência do imposto de renda na fonte (*witholding tax*), nem integram a base de cálculo do imposto de renda do beneficiário, pessoa física ou jurídica, domiciliado no país ou no exterior. Desse modo, nos atos de distribuição dos dividendos ou lucros, não há incidência tributária, tampouco nos atos de percepção, persistindo uma perfeita neutralidade fiscal ao pagamento desses rendimentos. E este mesmo regime deve ser aplicável aos juros sobre o capital próprio, pela natureza típica de dividendos que revestem, mesmo sendo algo questionável.

Algo de peculiar e que se aproxima do tratamento aplicável à "subcapitalização" é o regime dos "juros sobre o capital próprio", introduzido pelo art. 9º, da Lei 9.249, de 26.12.1995, para efeito de favorecer aumentos de capital nas empresas, para permitir a *dedução* dos juros decorrentes de empréstimos de capital próprio como *despesa operacional*, quando houver lucros no período e efetivo pagamento dos juros. A partir da inserção daquele dispositivo, o Brasil passou a reconhecer a dedutibilidade dos denominados *juros sobre o capital próprio*, aceitando que as pessoas jurídicas pudessem ter a possibilidade de deduzir, na determinação do lucro real, observado o regime de competência, o valor dos juros pagos ou creditados individualizadamente a titular, sócios ou acionistas, para efeito de remuneração do capital próprio, calculados sobre as *contas do patrimônio líqüido* e limitados à variação, *pro rata* dia, da Taxa de Juros de Longo Prazo — TJLP (RIR/1999, art. 347), cuja natureza jurídica não é outra senão a de lucros distribuídos ou dividendos. Quer dizer, o sistema jurídico brasileiro coloca, a partir desta disposição, aos sócios ou acionistas, a opção de realizarem o financiamento da pessoa jurídica, com capital próprio, por duas formas: (i) como aumento de capital, cujas restituições não podem ser dedutíveis, sujeitando-se ao regime ordinário de tributação dos lucros produzidos; ou como *empréstimos de capital próprio*, cuja remuneração não passa de um dividendo dedutível, até certo limite (a título de despesa

source or of a fixed base from which an individual performs his personal services".

financeira), e que deixa de ser tributável na pessoa jurídica, como lucro, para ser tributado na pessoa do beneficiário, como percepção de receita financeira (juros).

Art. 11. Juros

Aplica-se, quanto aos juros, a regra geral do Modelo OCDE,[33] segundo o qual os juros provenientes de um Estado contratante e pagos a um residente do outro Estado contratante são tributáveis nesse outro Estado. Todavia, esses juros podem ser tributados no Estado contratante de que provêm, e de acordo com a legislação desse Estado, mas o impostos assim estabelecido não poderá exceder: a) 10% do montante bruto dos juros se o benefício for um banco e se o empréstimo for concedido por um período de no mínimo sete anos e relacionado com a compra de equipamento industrial, com estudo, compra e instalação de unidades industriais ou científicas, bem como com o financiamento de obras públicas; b) 15% do montante bruto dos juros em todos os demais casos. Essas limitações não se aplicam aos juros provenientes de um Estado contratante e pagos a um estabelecimento permanente de uma empresa de outro contratante, situado em um terceiro Estado.

As regras acima somente não se aplicam se o beneficiário dos juros, residente de um Estado contratante, tiver, no outro Estado contratante de que provenham os juros, um estabelecimento permanente ao qual se ligue efetivamente o crédito gerador dos juros. Neste caso, aplicar-se-á a tributação prevista para a renda de empresas (art. 7º).

Vale ressaltar que os juros provenientes, de um Estado contratante e pagos ao governo do outro Estado contratante, a uma sua subdivisão política, ou qualquer agência (inclusive uma instituição financeira) de propriedade exclusiva daquele governo, ou subdivisão política, são isentos de impostos no primeiro Estado contratante.

O termo "juros", usado na convenção, compreende rendimentos da dívida públicas de títulos ou debêntures, acompanhados ou não de garantia hipotecária ou de cláusula de participação nos lucros e de créditos de qualquer natureza, bem como qualquer outro rendimento que pela legislação tributária do Estado contratante de que provenham sejam assemelhadas aos rendimentos de importância emprestadas.

Os juros serão considerados provenientes de um Estado contratante, quando o devedor for o próprio Estado, uma sua subdivisão política ou um residente desse Estado. No entanto, quando o devedor dos juros residente, ou não de um Estado contratante, tiver num Estado contratante um estabelecimento permanente pelo qual haja sido contraída a obrigação que dá origem aos juros e caiba a esse estabelecimento permanente o pagamento dos juros, esses juros serão considerados provenientes do Estado contratante em que o estabelecimento permanente estiver situado.

Se, em conseqüência de especial relacionamento existente entre o devedor e o credor, ou entre ambos e terceiros, o montante dos juros pagos, tendo em conta o crédito pelo qual são pagos, exceder àquele que seria acordado entre o devedor e o credor na ausência de tais relações, as disposições deste artigo se aplicam apenas a este último no montante. Neste caso, a parte excedente dos pagamentos será tributável conforme a legislação de cada Estado contratante, e tendo em conta as outras disposições do presente acordo.

Como regime geral dos juros, nos termos do art. 702, RIR/1999, as importâncias pagas, creditadas, entregues, empregadas ou remetidas a beneficiários residentes ou domiciliados no exterior, por fonte situada no país, a título de juros, comissões, des-

33. Diferentemente do Modelo OCDE ("4. Gains from the alienation of any property other than that referred to in paragraphs 1, 2 and 3, shall be taxable *only in the Contracting State of which the alienator is a resident*"), prevê a Convenção Brasil-Alemanha em seu art. 11 que: 3. Os ganhos provenientes da alienação de quaisquer bens ou direitos diferentes dos mencionados nos §§ 1º e 2º *são tributáveis em ambos os Estados contratantes.*

contos, despesas financeiras e assemelhadas, estão sujeitas à incidência do imposto na fonte, à alíquota de 15%. Este percentual incide também sobre o valor dos juros remetidos para o exterior, devidos em razão da compra de bens a prazo, ainda quando o beneficiário do rendimento for o próprio vendedor.

Às comissões pagas por um residente do Brasil a um banco ou a uma instituição financeira em conexão com serviços prestados por esse banco ou instituição financeira são consideradas como juros e sujeitas às disposições desse artigo (v. Protocolo Adicional).[34]

Art. 12. "Royalties"

Acompanhando a regra geral do Modelo OCDE, os *royalties* provenientes de um Estado contratante e pagos a um residente do outro contratante são tributáveis nesse outro Estado. Todavia, esses *royalties* podem ser tributados no Estado contratante de que provêm, de acordo com a legislação desse Estado, mas o imposto assim estabelecido não poderá exceder: a) 25% do montante bruto dos *royalties*, provenientes do uso ou da concessão do uso de marcas de indústria ou comércio; b) 15% em todos os demais casos. Estas regras apenas não se aplicam, quando o beneficiário dos *royalties*, residente de um Estado contratante, possuir, no outro Estado contratante do qual provenham os *royalties*, um estabelecimento permanente ao qual estejam ligados efetivamente o direito ou o bem que deu origem aos *royalties*. Nesse caso, aplicar-se-á o art. 7º (lucros de empresas).

No item 4 do Protocolo, que constitui parte integrante do acordo, e portanto suas regras têm a mesma eficácia e alcance das cláusulas às quais se refere, foi adicionado ao art. 12 o seguinte texto: "fica entendido que as disposições do § 2º, *b*, do art. 12 aplicar-se-ão igualmente aos rendimentos provenientes da prestação de assistência técnica e serviços técnicos". Com isso, o tratado equiparou os "serviços técnicos" às hipóteses de "assistência de técnica", para os fins do § 2º.*b* (*15% em todos os demais casos*) do referido artigo. Decerto que entre as duas figuras jurídicas há diferenças muito bem definidas, mas que foram postas à margem, para os efeitos de aplicação do regime jurídico de pagamento de *royalties*, como uma espécie de incentivo às empresas alemãs prestadoras de serviços técnicos e para os casos de assistência técnica, com transferência de tecnologia, não somente pela redução de alíquota, como também pela possibilidade de usar do mecanismo de crédito de imposto.

Cumpre lembrar aqui o regime jurídico brasileiro aplicável à espécie, pelo qual os rendimentos de serviços técnicos e de assistência técnica, administrativa e semelhantes derivados do Brasil e recebidos por pessoa física ou jurídica não-residente, independentemente da forma de pagamento e do local e data em que a operação tenha sido contratada, estão sujeitos à incidência do imposto na fonte,[35] à alíquota de 25%, incidente na data do pagamento, crédito, entrega, emprego ou remessa dos rendimentos, ainda que tais serviços caracterizem *transferência de tecnologia*, relativamente a contratos registráveis no INPI, hipótese na qual tais pagamentos equiparam-se a *royalties*. Serão considerados ainda como aluguéis ou *royalties* todas as espécies de rendimentos percebidos pela ocupação, uso, fruição ou exploração dos bens e direitos. Esse regime, todavia, é excepcionado pela Convenção Brasil-Alemanha, em face do princípio de prevalência de aplicabilidade sobre o direito interno, presente no direito brasileiro no art. 98 do CTN (*Os tratados e as convenções internacionais revogam ou modificam a legislação tributária interna, e serão observados pela que lhes sobrevenha*).

34. Estabelece o Protocolo à Convenção, ao dispor sobre o art. 11 que: "b) Fica entendido que as comissões pagas por um residente do Brasil a um banco ou instituição financeira são consideradas juros e estão sujeitas às disposições dos §§ 2º e 3º do art. 11". Ver: Kluge (2000, p. 861).

35. Cfr. Lei 9.779, de 19.1.1999, art. 7º.

Desse modo, para os fins da convenção, o termo *royalties* designa as remunerações de qualquer natureza pagas pelo uso ou pela concessão do uso de um direito de autor sobre uma obra literária, artística ou científica (inclusive os filmes cinematográficos, filmes ou fitas de gravação de programas de televisão ou radiodifusão), qualquer patente, marca de indústria ou comércio desenho ou modelo, plano, fórmula ou processo secreto, bem como pelo uso ou pela concessão do uso de um equipamento industrial, comercial ou científico e por informações correspondentes à experiência adquirida no setor industrial, comercial ou científico.

Os *royalties* serão considerados provenientes de um Estado contratante quando o devedor for o próprio Estado, uma sua subdivisão política, uma autoridade local ou um residente desse Estado. Todavia, quando o devedor dos *royalties*, seja ou não residente de um Estado contratante, tiver num Estado contratante um estabelecimento permanente em relação com o qual tenha sido contraída a obrigação de pagar os *royalties* e caiba a esse estabelecimento permanente o pagamento desses *royalties*, serão eles considerados provenientes do Estado contratante em que o estabelecimento permanente estiver situado.

Se, em conseqüência de relações especiais existentes entre o devedor e o credor, ou entre ambos e terceiros, o montante dos *royalties* pagos, tendo em conta o uso, direito ou informação pelo qual for pago, exceder àquele que seria acordado entre o devedor e o credor na ausência de tais relações, as disposições deste artigo são aplicáveis apenas a este último montante. Neste caso, a parte excedente dos pagamentos será tributável conforme a legislação de cada Estado contratante, e tendo em conta as outras disposições do presente acordo.

Por fim, vale mencionar ainda o Protocolo Adicional, segundo o qual "as disposições da legislação brasileira que não permitam que os *royalties*, pagos por uma sociedade residente do Brasil a um residente da República Federal Alemã que possua no mínimo 50% do capital com direito a voto dessa sociedade, sejam dedutíveis no momento de se determinar o rendimento tributável da sociedade residente do Brasil, não são conflitantes com as disposições do § 3º do art. 25 do Acordo".

Art. 13. Ganhos de capital

Não há diferenças substanciais entre o texto da convenção sob exame e o texto do Modelo OCDE.[36] Neste artigo, encontra-se firmado o princípio segundo o qual os ganhos provenientes da alienação de bens imobiliários são levados à tributação no Estado contratante de situação dos bens. Salvo os ganhos provenientes da alienação de navios ou aeronaves utilizados no tráfego internacional e de bens mobiliários pertinentes à exploração de tais navios ou aeronaves, os quais só são tributáveis no Estado contratante em que estiver situada a sede da direção efetiva da empresa.

Afora as hipóteses acima, os ganhos provenientes da alienação de quaisquer bens ou direitos serão tributáveis em ambos os Estados contratantes.

Art. 14. Profissões independentes

Os rendimentos que um residente de um Estado contratante obtenha pelo exercício de uma profissão liberal ou de outras atividades independentes de caráter análogo só são tributáveis nesse Estado, a não ser que o pagamento desses serviços e atividades caiba a um estabelecimento permanente situado no outro Estado contratante ou a uma sociedade residente desse outro Estado. Nesse caso, esses rendimentos são tributáveis nesse outro Estado.

A expressão "profissão liberal" abrange, em especial, as atividades independentes de caráter científico, técnico, literário,

36. Como observa Vogel (1997, p. 851): "According to art. 13(3) of the DTC with *Brazil*, both contracting States may, under their domestic law and without any restriction by the DTC, tax any capital gains not expressly dealt with in the DTC".

artístico, educativo e pedagógico, bem como as atividades independentes de médicos, advogados, engenheiros, arquitetos, dentistas e contadores.

Vale lembrar que a convenção será aplicada mesmo se as atividades forem exercidas por uma sociedade de pessoas ou uma sociedade civil (*civil company*), nos termos do Protocolo Adicional.

Art. 15. Profissões dependentes

Com ressalva das disposições dos arts. 16, 18, 19, 20 e 21, os salários ordenados e outras remunerações similares que um residente de um Estado contratante receber em razão de um emprego serão tributáveis somente nesse Estado, a não ser que o emprego seja exercido no outro Estado contratante. Se o emprego for aí exercido, as remunerações correspondentes são tributáveis nesse outro Estado.

Não obstantes as disposições do § 1º as remunerações que um residente de um Estado contratante receber em função de um emprego exercido no outro Estado contratante só são tributáveis no primeiro Estado se: a) o beneficiário permanecer no outro Estado durante um período ou períodos que não excedam, no total 183 dias do ano fiscal considerado; b) as remunerações forem pagas por um empregador ou em nome de um empregador, e não seja residente do outro Estado; e c) o encargo das remunerações não couber a um estabelecimento permanente ou a uma instalação fixa que o empregador tiver no outro Estado.

As remunerações relativas a um emprego exercido a bordo de um navio ou de uma aeronave em tráfego internacional são tributáveis no Estado contratante em que estiver situada a sede da direção efetiva da empresa.

Art. 16. Remunerações de direção

As remunerações de direção e outras remunerações similares que um residente de um Estado contratante recebe na qualidade de membro do conselho de diretores ou de qualquer conselho residente do outro Estado contratante são tributáveis nesse outro Estado.

Art. 17. Artistas e desportistas

Os rendimentos que os profissionais de espetáculo, tais como artistas de teatro, de cinema, de rádio ou de televisão e músicos, bem como os que os desportistas obtiverem pelo exercício, nessa qualidade, de suas atividades pessoais, são tributáveis no Estado contratante em que essas atividades forem exercidas.

Art. 18. Pagamentos governamentais

As remunerações, incluindo as pensões, pagas por um Estado contratante, um Estado Federal (*Land*), uma de suas subdivisões políticas ou autoridade local, quer diretamente, quer através de fundos por eles constituídos, a uma pessoa física, em conseqüência de um emprego, só são tributáveis nesse Estado. Todavia, se o emprego for exercido no outro Estado contratante, por um nacional desse Estado que não seja um nacional do primeiro Estado, as remunerações serão tributáveis somente no outro Estado.

Esta previsão aplica-se igualmente à remuneração paga, sob um programa de assistência ao desenvolvimento de um Estado contratante, uma de suas subdivisões políticas ou autoridade local, através de fundos fornecidos exclusivamente por esse Estado, uma de suas subdivisões políticas ou autoridade local, a um perito ou a um voluntário designado para o outro Estado contratante com o consentimento desse outro Estado.

O disposto no arts. 15, 16 e 19 aplica-se às remunerações ou pensões pagas em conseqüências de serviços prestados no âmbito de uma atividade comercial ou indústria, exercida por um dos Estados contratantes, uma de suas subdivisões políticas ou autoridade local.

Art. 19. Pensões e anuidades

Com ressalva das disposições dos §§ 1º e 3º do art. 18, as pensões e outras remunerações similares que não excederem um montante equivalente a DM 12.000 em um ano calendário, e anuidade paga a um residente de um Estado contratante só são tributáveis nesse Estado. O montante de pensão que exceder o limite acima mencionado será tributável também no outro Estado contratante, se for proveniente desse Estado.

As pensões, anuidades e outros pagamentos periódicos ou não periódicos feitos a uma pessoa física pela República Federal da Alemanha ou por um Estado Federal (*Land*), uma sua subdivisão política ou autoridade local como compensação por danos resultantes de ação militar ou perseguição política são isentos de impostos no Brasil.

A expressão "pensões e outras remunerações similares" designa pagamentos periódicos, efetuados depois da aposentadorias, em conseqüência de emprego anterior, ou a título de compensação por danos sofridos, em conseqüência de emprego anterior.

O termo "anuidade" designa uma quantia determinada, paga periodicamente em prazos determinados durante a vida ou durante um período de tempo determinado ou determinável, em decorrência de um compromisso de efetuar os pagamentos como retribuição de um pleno e adequado valor em dinheiro ou avaliável em dinheiro (que não seja por serviços prestados).

Art. 20. Professores ou pesquisadores

Uma pessoa física que é ou foi em período imediatamente anterior à sua visita a um Estado contratante, residente do outro Estado contratante, e que, a convite do primeiro Estado contratante, ou de uma universidade, escola superior, escola, museu ou outra instituição cultural de intercâmbio cultural, permanecer nesse Estado, por um período não superior a dois anos, com o único fim de lecionar, proferir conferências, ou realizar pesquisas em tais instituições, será isenta de impostos nesse Estado no que concerne à remuneração proveniente dessa atividade, desde que o pagamento da remuneração seja proveniente de fora desse Estado.

Art. 21. Estudantes

Uma pessoa física que é, ou foi em período imediatamente anterior à sua visita a um Estado contratante, um residente do outro Estado contratante, e que permanecer no primeiro Estado contratante exclusivamente: a) como estudante de uma universidade, escola superior ou escola do primeiro Estado contratante; b) como aprendiz (incluindo no caso da República Federal da Alemanha um *Volontar* ou um *Praktikant*); c) como beneficiário de uma doação, subvenção ou prêmio, concedidos por uma organização religiosa, de caridade, científica ou educacional, com o fim primordial de estudar ou pesquisar; ou d) como membro de um programa de cooperação técnica, encetado pelo governo do outro Estado contratante, será isenta de imposto no primeiro Estado contratante no que concerne às quantias que receber do exterior para fazer face à sua manutenção, educação ou treinamento.

Uma pessoa física que é, ou foi em período imediatamente anterior à sua visita a um Estado contratante, um residente do outro Estado contratante e que permanecer no primeiro Estado contratante com o único fim de estudar ou de realizar treinamento, será isenta de imposto no primeiro Estado contratante, por um período não superior a três anos fiscais consecutivos, no que concernente à remuneração que receber pelo emprego exercido nesse Estado, desde que a remuneração não exceda, num ano fiscal, o montante correspondente a 7.200 marcos alemães.

Art. 22. Rendimentos não-expressamente mencionados

Para os rendimentos não-expressamente mencionados na convenção, está previsto o regime de tributação em ambos os Estados contratantes.

Art. 23. Capital

O capital constituído por bens imobiliários, como definidos no § 2º do art. 6º, é tributável no Estado contratante onde esses bens estiverem situados.

O capital constituído por bens mobiliários que façam parte do ativo de um estabelecimento permanente de uma empresa, ou por bens mobiliários constitutivos de uma instalação fixa utilizada para o exercício de uma profissão liberal, é tributável no Estado contratante onde estiver situado esse estabelecimento permanente ou essa instalação fixa.

Os navios e aeronaves utilizados no tráfego internacional, bem como os bens mobiliários pertinentes à exploração de tais navios ou aeronaves só são tributáveis no Estado contratante em que estiver situada a sede da direção efetiva da empresa.

Todos os demais elementos do capital de um residente de um Estado contratante só são tributáveis nesse Estado.

Art. 24. Métodos para eliminar a dupla tributação

No caso de um residente da República Federal da Alemanha, serão excluídos da base de cálculo sobre a qual incide o imposto alemão os seguintes rendimentos: a) rendimentos de bens imobiliários que façam parte do ativo de um estabelecimentos permanente situado no Brasil e ganhos obtidos através da alienação de tais bens; b) lucros de uma empresa e ganhos aos quais se aplicam o art. 7º e o § 2º do art. 13; c) dividendos mencionados no art. 10, pagos a uma empresa residente da República Federal da Alemanha por uma empresa residente do Brasil se, no mínimo, 25% do capital da empresa brasileira pertencer diretamente à empresa alemã; d) remuneração às quais se aplicam o art. 15 e os §§ 1º e 3º do art. 18; e) lucros aos quais se aplica o § 6º do art. 10.

A República Federal da Alemanha conservará, no entanto, o direito de levar em conta na determinação de suas alíquotas de imposto os rendimentos assim excluídos. As disposições precedentes aplicar-se-ão igualmente a todo o capital situado no Brasil, se os rendimentos desse capital forem ou puderem vir a ser excluídos da base de cálculo, sobre a qual incide o imposto alemão.

A menos que sejam aplicáveis as disposições do § 1º, o imposto de renda que, de acordo com a legislação brasileira e com o presente acordo, for pago sobre os rendimentos provenientes do Brasil será creditado contra os impostos alemães de renda e de sociedade, inclusive, os adicionais incidentes sobre os mesmos, pagáveis em relação aos rendimentos provenientes do Brasil. Todavia, o crédito não poderá exceder à fração do imposto alemão, calculado antes da concessão do crédito, correspondente a esses rendimentos. A utilização do *credit method* ao invés do *exemption method*, que é a regra geral dos acordos firmados pela Alemanha,[37] é uma das características mais marcantes desta convenção.

Para os fins da concessão do crédito de imposto, o imposto brasileiro será considerado como sendo: a) de 25% no caso dos dividendos, definidos no § 5º do art. 10, pagos a um residente da República Federal da Alemanha que possua no mínimo 10% do capital com direito a voto da sociedade brasileira; e de 20% em todos os demais casos; b) de 20% no caso dos juros, definidos no § 4º do art. 11; c) de 25% no caso dos *royalties*, indicados no § 2º.*b* do art. 12, se forem pagos a um residente da República Federal da Alemanha que possua direta ou indiretamente no mínimo 50% do capital com direito a voto da sociedade brasileira, desde que não sejam dedutíveis da determinação do rendimento tributável

37. Nesse sentido, Vogel (1997, p. 1.185): "While, in the general pattern of the DTCs, the exemption method continues to be the rule, its significance has waned so much that is now nearly an exception. In the DTCs with *Switzerland*, *Brazil*, *Argentina* and *Ecuador*, it is already the exception within the general pattern, whilst the credit method has in these DTCS become the rule on the German side".

da sociedade que paga os *royalties*; e de 20% em todos os demais casos.[38]

Temos aqui a adoção do método de crédito *prefixado* ou *presumido*, para que as pessoas residentes na Alemanha possam aproveitar eventuais benefícios fiscais da legislação brasileira, consistente na concessão de um crédito de imposto fictício que visa elevar o valor do crédito de imposto a um patamar superior ao que normalmente seria tido como crédito tributário pelo país da fonte, conforme regular aplicação da respectiva alíquota (por ser muito reduzida), resultando em um crédito de imposto mais elevado.

A diferença entre esta cláusula e a de *tax sparing*, é apenas técnica, consistindo, o *matching credit* numa prefixação do crédito de imposto sob um determinado percentual, inscrito na cláusula convencional; enquanto o *tax sparing*, ao invés de uma prefixação, consiste num mecanismo segundo o qual o Estado da fonte faz declarar os impostos que teriam sido pagos caso não existisse qualquer benefício, sendo, portanto, quantitativa e qualitativamente variável, diversamente da estabilidade que há no *matching credit*.

Assim, quando um residente do Brasil receber rendimentos que, de acordo com as disposições do presente acordo, sejam tributáveis na República Federal da Alemanha, o Brasil permitirá que seja deduzido do imposto sobre a renda dessa pessoa, um montante igual ao imposto sobre a renda pago na República Federal da Alemanha. Todavia, o montante deduzido não poderá exceder à fração do imposto sobre a renda calculado antes da dedução, correspondente aos rendimentos tributáveis na República Federal da Alemanha.

38. Segundo Vogel (1997, p. 1.255), praticamente todos os tratados da Alemanha com países em desenvolvimento prevêem a concessão do "tax sparing credits" ou "credit for notional tax", segundo o autor: "In nearly all of its tax treaties with developing countries, Germany has made the concession to the other contracting States of allowing credit for notional tax".

Em acordo, ficou definido que somente as disposições do § 2º do art. 24, com a exclusão dos §§ 1º e 3º desse artigo, aplicar-se-ão aos lucros e ao capital representado por bens que façam parte do ativo de um estabelecimento permanente aos dividendos pagos por uma sociedade pela participação acionária nessa sociedade, e aos ganhos mencionados nos §§ 1º e 2º do art. 13 do acordo, a não ser que o residente da República Federal da Alemanha em questão comprove que pelo menos 90% da receita do estabelecimento permanente ou da sociedade provenha da produção, venda ou locação de bens e mercadorias (inclusive os casos em que tais bens ou mercadorias forem vendidos ou emprestados a clientes fora do Brasil), da prestação de assessoria técnica ou atividades de engenharia ou comerciais, ou realização de operações bancárias ou de seguros, efetuados no Brasil, ou de juros ou *royalties* provenientes do Brasil e relacionados com as atividades acima mencionadas, ou de juros pagos pelo Governo do Brasil, ou por uma de suas subdivisões políticas, ou de juros e dividendos pagos por uma sociedade do Brasil, se no mínimo 90% da receita dessa sociedade for recebida pelo exercício das atividades mencionadas acima.

Art. 25. Princípio da não-discriminação

Os nacionais de um Estado contratante não ficarão sujeitos no outro Estado contratante a nenhuma tributação ou obrigação correspondente, diferente ou mais onerosa do que aquelas a que estiverem ou puderem estar sujeitos os nacionais desse outro Estado que se encontrem na mesma situação.

A tributação de um estabelecimento permanente que uma empresa de um Estado contratante possuir no outro Estado contratante não será menos favorável do que a das outras empresas desse outro Estado contratante que exerçam as mesmas atividades. Esta disposição não poderá ser interpretada no sentido de obrigar um Estado contratante a conceder às pessoas residentes do outro Estado contratante as deduções pessoais, os abatimentos e reduções de impostos em função do estado civil ou encargos familiares concedidos aos seus próprios residentes.

As empresas de um Estado contratante, cujo capital pertencer ou for controlado, total ou parcialmente, direta ou indiretamente, por um ou mais residentes do outro Estado contratante, não ficarão sujeitas, no primeiro Estado contratante, a nenhuma tributação ou obrigação correspondente diversa ou mais onerosa do que aquelas a que estiverem ou puderem estar sujeitas às outras empresas da mesma natureza desse primeiro Estado.

O motivo da presença do princípio da não-discriminação nas convenções internacionais em matéria tributária sobre a renda e o capital é ditado apenas por uma questão de oportunidade, pela sua importância e a necessidade de regular-lhe de qualquer modo, por serem, tais convenções, mecanismos dotados de uma relativa efetividade e aptos para regerem a problemática da tributação internacional sobre rendimentos.[39] Sendo assim, surge a necessidade de verificar se se trata de uma disposição autônoma ou se esta integra-se às demais disposições convencionais.

O princípio da não-discriminação não é um princípio de direito internacional dotado de força vinculante a ponto de estabelecer obrigações e sanções, inclusive quando forem postas formas de discriminação inerentes à própria natureza das convenções de Direito Internacional Tributário. Trata-se de um preceito exclusivamente programático, destinado à eliminar a desigualdade de tratamento ante os residentes dos Estados contratantes, cuja análise deve ser procedida com meticulosa parcimônia.

Esta disposição tem uma relativa autonomia no corpo da convenção porque ao mesmo tempo que o princípio da não-discriminação procura se estabelecer como sendo o *princípio-base* do relacionamento entre ambos os Estados contratantes naquilo que concerne à matéria tributária (com relação a qualquer imposto), independentemente de casos de dupla tributação ou de evasão fiscal, mantém-se como sendo o princípio basilar da própria convenção, que informa todas as demais disposições sobre o tratamento das rendas transnacionais nela estipuladas.

Não existe, também, uma definição no Modelo para a noção de *discriminação fiscal*. Trata-se de um conceito indeterminado, mas corresponde, nas devidas proporções, ao de *tratamento da* desigualdade,[40] sendo, pois, o inverso daquilo que se entende por princípio da igualdade. Este conceito de igualdade supõe que se aplique a mesma regulamentação a duas relações que se produziram em conexão com as mesmas situações e que possuam simétricas características, considerando que a diferença de tratamento é injustificável. Sendo a situação de tratamento desigual "justificada", não existirá *discriminação*.

Art. 26. Procedimento amigável

Quando um residente de um Estado contratante considerar que as medidas tomadas por um ou por ambos os Estados contratantes conduzem ou poderão conduzir, em relação a si, a uma tributação não conforme com o presente acordo, poderá,

39. Cf. Pietro Adonnino, "Non-discrimination rules in international taxation", *Cahiers de Droit Fiscal International*, v. LXXVIIIb, t. II, Amsterdam: IFA, 1993, pp. 211-212; Von Raad, *Non Discrimination in International Tax Law*, Deventer: Kluwer, 1986; Francisco Alfredo García Prats, *Imposición Directa, No Discriminación y Derecho Comunitario*, Madrid: Tecno, 1998, 259 p.; Fabrizio Amatucci, "La discriminazione di trattamento nel Modello OCDE (art. 24)", in Victor Uckmar (Coord.), *Corso di Diritto Tributario Internazionale*, v. II, Padova: CEDAM, 1999, pp. 401-443.

40. Adonnino (1993, p. 198): "O conceito de discriminação só pode ser determinado baseando-se no sentido geral do termo e nos conceitos gerais que compreende e, no que respeita à discriminação proibida, fundando-se em situações e características proporcionadas com vista a esta proibição. O conceito de discriminação faz recordar aquele de igualdade, sendo o seu oposto, e, por conseguinte, corresponde, em princípio, ao conceito de desigualdade".

independentemente dos recursos previstos pelas legislações nacionais desses Estados, submeter o seu caso à apreciação da autoridade competente do Estado contratante de que é residente.

Essa autoridade competente, se a reclamação se lhe afigurar justificada e não estiver em condições de lhe dar uma solução satisfatória, esforçar-se-á por resolver a questão através de acordo amigável com a autoridade competente do outro Estado contratante, a fim de evitar tributação não conforme com o presente acordo.

As autoridades competentes dos Estados contratantes esforçar-se-ão por resolver, através de acordo amigável, as dificuldades ou as dúvidas que surgirem da interpretação ou da aplicação do presente acordo. Poderão, também, consultar-se mutuamente com vistas a eliminar a dupla tributação nos casos não previstos no presente acordo.

Art. 27. Troca de informações

As autoridades competentes dos Estados contratantes trocarão entre si as informações necessárias para aplicar o presente acordo. Todas as informações assim trocadas serão consideradas secretas e só poderão ser comunicadas às pessoas ou autoridades encarregadas do lançamento ou da cobrança dos impostos que são objeto do presente acordo ou da determinação de recursos ou de processos de transgressões. Esta regra não poderá, em caso algum, ser interpretada no sentido de impor a um dos Estados contratantes a obrigação: a) de tomar medidas administrativas contrárias a sua legislação ou a sua prática administrativa ou às do outro Estado contratante; b) de fornecer informações que não poderiam ser obtidas com base na sua legislação ou no âmbito de sua prática administrativa normal ou das do outro Estado contratante; c) de fornecer informações reveladoras de segredos comerciais, industriais, profissionais ou de processos comerciais ou industriais, ou informações, cuja comunicação seja contrária à ordem pública.

Art. 28. Funcionários diplomáticos e consulares

Nada no presente acordo prejudicará os privilégios fiscais de que se beneficiam os funcionários diplomáticos ou consulares em virtude de regras gerais do direito internacional ou de disposições de acordos especiais.

CADERNOS DE DIREITO TRIBUTÁRIO

NOTAS EN TORNO A LA NECESARIA SUPRESIÓN DEL INSTITUTO DEL FRAUDE DE LEY EN MATERIA TRIBUTARIA EN LA LEGISLACIÓN ESPAÑOLA

César García Novoa

Professor de Direito Tributário da Universidade de Santiago de Compostela, Espanha

De entre las diversas cuestiones relativas a la correcta aplicación del sistema tributario justo que la Constitución impone, y para lo cual, y como el Tribunal Constitucional (TC) ha reconocido — Sentencia 76/1990, de 26 de abril (FJ 3º) —, se dota a la Administración de diversas potestades, la de aplicar el instituto del fraude de ley es, sin duda alguna, una de las que más problemas viene generando.

Como es sabido, el art. 24 de la vigente LGT, establece que "para evitar el fraude de ley se entenderá que no existe extensión del hecho imponible cuando se graven hechos, actos o negocios con el propósito de eludir el pago del tributo, amparándose en el texto de normas dictadas con distinta finalidad, siempre que produzcan un resultado equivalente al derivado del hecho imponible". El precepto se completa disponiendo que el fraude de ley "no impedirá la aplicación de la norma tributaria eludida ni dará lugar al nacimiento de las ventajas fiscales que se pretendían obtener", además de señalar que el fraude se aplicará a través de un procedimiento especial y de que su apreciación no dará lugar a la imposición de sanciones.

En principio, este artículo 24 pretende ser una técnica antielusoria, que por sus características podría formar parte de lo que Pistone llama *cláusulas generales*. Estas se caracterizan como vía para luchar contra la elusión fiscal, por consistir en una potestad formulada en un sentido muy amplio, con escaso grado de definición y con una estructura de *fattispecie aperta*, que permite aplicarla a un muy amplio número de casos. En la práctica, sin embargo, y como han señalado, entre otros, Falcón y Tella o Martín Fernandez, y algún pronunciamiento jurisprudencial, como la Sentencia de la AN de 3 de octubre de 1997, el art. 24 LGT ha venido significando un poderoso instrumento en manos de la Administración, para exigir excepcionalmente el tributo por analogía. Se trata de un mecanismo que lleva a que, ante la no realización del hecho imponible sino de un hecho equivalente, tal hecho equivalente pueda gravarse, constituyendo un ejemplo de aplicación de los tributos por analogía.

Además de ser un mecanismo para aplicar la analogía en materia tributaria, la experiencia práctica del fraude de ley del art. 24 LGT se resume en un absoluto fracaso. A pesar de que la LGT prevé un expediente especial, éste no existe desde 1993. Y las mismas exiguas exigencias de prueba que este artículo incluye — y que han de integrarse con la regla general del art. 114 LGT —, han hecho que la Inspección ignorase este precepto, optando por acudir a la interpretación económica.

Ante la anunciada promulgación de una nueva Ley General Tributaria (LGT), se plantea la cuestión de si un precepto de las características del art. 24 de la LGT debe subsistir, aunque sea objeto de modificaciones, como defiende, por ejemplo, Palao, o bien debe suprimirse. Ya podemos adelantar que, a nuestro juicio, debe optarse por la segunda disyuntiva; no cabe admitir, desde los postulados de la tipicidad tributaria, cláusulas generales de *fraude de ley*, institución ajena a los principios del orden tributario. De lo que único de lo que debe estar dotada la Administración es de las potestades específicas de aplicación del tributo, tasadas y regladas legalmente, que abarcan la calificación de hechos y la interpretación de normas de acuerdo con los criterios admitidos en Derecho.

Creemos, en primer lugar, que la nueva LGT debe incluir el principio de tipicidad en materia tributaria, en tanto se trata de uno de los elementos definitorios de la tributación en un Estado de Derecho. El principio de tipicidad, tal y como se ha venido construyendo en Alemania — Crezelius, Brinkmann... — deriva de las exigencias del principio de seguridad jurídica, y explica la reserva de ley formal mucho mejor que la autoimposición. Su justificación está en el principio de *lex certa*, al que el TC se ha referido recientemente, aunque respecto a la tipificación de las sanciones tributarias, con relación a las cuales las exigencias de *lex certa* pueden entenderse aun más intensamente si cabe, en virtud de los establecido en el art. 25, 1 de la Constitución — Sentencia 194/2000, de 19 de julio, en la línea de las STC 133/1987, de 21 de julio FJ 4º; y STC 53/1994, de 24 de febrero, FJ 4º.*a*). El TC describe la tipicidad como la necesidad de una completa descripción de las conductas para que el ciudadano pueda conocer con suficiente precisión las consecuencias jurídicas de sus actos (STC 116/1993, de 29 de marzo, FJ 3º; y STC 53/1994, de 24 de febrero, FJ 4º.*a*). Y en el mismo sentido, la reciente STC 142/1999, de 22 de julio, FJ 3º (FJ 9º).

El principio de tipicidad es aplicable en todos los ordenamientos limitativos de la esfera de libertad personal y patrimonial del sujeto, por esto tiene especial juego en materia penal y tributaria.

La tipicidad condiciona el régimen del hecho imponible como categoría jurídica — aunque no se éste el único elemento del tributo ni debe ser "glorificado" — tal y como ha venido defendiendo la doctrina alemana — *Tatbestandsmässigkeit* — (Mösbauer, Wenzig, Sauer...), pues la finalidad de la ley tributaria es describir "hechos típicos medios" (*typische Mass*). El tipo tributario debe ser un tipo "específico", que se identificará con un tipo "cerrado", si se entiende que éste no es incompatible con la puntual utilización de un concepto jurídico indeterminado, en algún elemento del tributo, como p.ej., el *valor de mercado* base imponible. La tipicidad "cerrada" (en especial cuando el hecho imponible consiste en actos, hechos o negocios) tampoco debe considerarse incompatible con la previsión de hechos imponibles complementarios, aunque, a nuestro juicio, sí con tipos genéricos que permitan a la Administración que aplica la norma llegar a resultados similares a los que se conseguirían empleando potestades de calificación. Además, un tipo específico, legitima la imposición de sanciones para el caso de incumplimiento de la obligación de tributar cuando se hubiera realizado el presupuesto tipificado, y sólo en ese supuesto. Lo que no sería técnicamente posible ni jurídicamente aceptable con una tipicidad extremadamente abierta.

Y si bien, las leyes ordinarias no deben reproducir derechos constitucionales, sí tienen la obligación de inspirarse en ellos y desarrollarlos, como una consecuencia más del valor normativo de la Constitución — por todas, Sentencia del TC 16/1982, de 28 de abril (FJ 1º). De ahí que la nueva LGT deba referirse al principio de tipicidad.

Aceptando como presupuesto previo la regla de la tipicidad, en cuanto impone la descripción precisa de los objetos, sujetos, cuantía y condiciones de la imposición (Casado Ollero), habrá que tener en cuenta algunas cuestiones más. Así, el sustrato de toda norma fiscal que crea un tributo será, por imperativo constitucional, una manifestación de capacidad económica — entre otras, Sentencia del TC 27/1981, de 20 de julio. Las normas fiscales tendrán, en palabras de Lang, un "objeto económico". Pero es evidente que los resultados económicos, cuyo gravamen es lo que verdaderamente interesa al sistema tributario, se logran a través de determinados negocios, regidos por la regla de la autonomía de la voluntad y la libertad negocial. Los actos, negocios y contratos particulares son cauce para lograr resultados económicos y objeto de gravamen y tipificación por las normas tributarias. Los mismos se rigen por su ordenación propia que está en el Derecho Civil (autonomía de la voluntad, requisitos de causa y forma...) que el Derecho Tributario no puede alterar. Y no lo puede hacer por una razón que a veces se olvida; los negocios de Derecho Privado son para el ordenamiento tributario simples "hechos jurídicos relevantes" que, como tales, son tipificados por la ley tributaria. Y son tipificados con cierta libertad; como ha señalado nuestro TC en su Sentencia 146/1994, de 12 de mayo (FJ 5º.*c*), el legislador tributario puede configurar un tributo sin ajustarse plenamente a las definiciones jurídico-civiles de las categorías (y tratar, por ejemplo, a una copropiedad de buques o a un contrato de cuentas en participación como una sociedad en OS). Pero una vez que han sido tipificados en el plano normativo, el ordenamiento tributario no puede interferir en su dinámica civilista. Los negocios de derecho civil, a los ojos de la Administración, son situaciones fácticas y su desarrollo se rige por un régimen propio, que prohibe, por ejemplo, el abuso de derecho, o, impone, por ejemplo, la escritura pública para la donación de inmuebles. Sobre este régimen no puede operar la Administración tributaria a través de institutos como el fraude a la ley tributaria, porque estas exigencias de derecho privado son para el tributo, *simples cuestiones fácticas en relación con el hecho tipificado.*

Junto con la tipificación tributaria, la tipicidad permitiría dotar a la Administración tributaria de las potestades que precisase en un ulterior y decisivo momento; el de concreción e integración del mandato legal, *cuando las normas entran en contacto con los hechos que desencadenan su actuación*. Fase ésta en la que el Derecho pone a prueba su vigencia real en la medida en que es el momento en que se sabrá si se logra su cumplimiento y, con él, la realización de las abstractas previsiones legales. En este sentido: la Administración sólo debe tener dos potestades; la de interpretación, referida a las normas, y la de calificación, referida a los hechos.

La interpretación de las normas, que debe hacerse atendiendo a los criterios generales admitidos en Derecho, excluyendo técnicas exegéticas como la interpretación económica o la funcional, no es un mecanismo de reacción contra el fraude y la elusión, sino, todo lo más y como dice Pistone, "una reacción de naturaleza endógena a la propia norma tributaria". Sin embargo, la Administración si estará facultada para interpretar *teleológicamente* los conceptos descritos en los tipos tributarios; como ha demostrado recientemente Seiler, la interpretación es fruto de un proceso de "concreción normativa" — *Auslegung als Normkonkretisierung* —, por medio del cual el intérprete ha de buscar el verdadero sentido de la norma tributaria, sin sujeciones a dogmatismos terminológicos que para este autor son heredados de la jurisprudencia de conceptos. Cuando a veces se defiende la interpretación económica y pone el ejemplo alemán, no se tiene en cuenta que a lo que se llama en la actualidad método económico en Alemania, es, en realidad un método finalístico.

En segundo lugar, la Administración dispone de facultades para calificar los hechos, teniendo en cuenta que son hechos para el aplicador del Derecho Tributario todos los "hechos relevantes", que hayan sido objeto del proceso tipificador, en especial, los negocios jurídicos.

Y si la Administración debe estar dotada de facultades calificadoras e interpretativas, no debe sin embargo poder acudir a la vía analógica. Ello merece una aclaración; la analogía a la que nos referimos no es aquél resultado consistente en interpretar la norma más allá de sus términos literales. La analogía prohibida es aquélla técnica que lleva a aplicar el tributo en el caso de un hecho no gravado por la ley, que es lo que se ha venido consiguiendo con la aplicación del art. 24 LGT. Si la nueva LGT incluye el principio de tipicidad como una regla de ordenación del sistema tributario, una de sus consecuencias será la eliminación de la aplicación analógica del tributo. Si bien la LGT vigente ya hace mención a la prohibición de la analogía respecto al hecho imponible y a las exenciones (art. 23, 3 redacción por Ley 25/1925), la analogía debe erradicarse, lo que obligará a que el fraude de ley deje de funcionar como lo está haciendo en la actualidad. A nuestro juicio, la construcción de la analogía como instrumento de integración de lagunas no puede funcionar en el ordenamiento tributario como en el derecho privado. El derecho tributario, por su propia estructura, es un ordenamiento de creación de obligaciones tasadas; cuando no se prevé específicamente el gravamen de un determinado negocio no habrá, en principio, una "laguna" integrable. Lo que significa la necesidad de presumir que, salvo prueba en contrario, cuando el legislador no gravó determinado negocio es porque no quería gravarlo. Lo que hay que presumir en estos casos es la existencia de una "economía de opción" implícita. Ello lleva a que resulte especialmente rechazable el hecho de que se venga utilizando el art. 24 LGT como una forma de gravar determinadas economías de opción. Si bien, tampoco cabe admitir — entendemos — que toda "ausencia" de regulación en materia fiscal pueda entenderse como un fin querido por la ley, puesto que, como señaló Simon Acosta, ello no sería así en los casos tasados — y nosotros añadimos, sólo en esos — en los cuales la no regulación quiebra los principios que inspiran un sector del ordenamiento jurídico.

El art. 24 de la LGT prevé, recordémoslo, el instituto del fraude de ley tributaria, que consistiría en realizar hechos, actos o negocios con el propósito de eludir el pago del tributo, amparándose en el texto de normas dictadas con distinta finalidad, "siempre que produzcan un resultado equivalente al derivado del hecho imponible". Este precepto está supuestamente regulando en materia tributaria el instituto del fraude de ley, que para el ámbito civil, se define en el art 6º, 4º del Código Civil, como "los actos realizados al amparo del texto de una norma que persigan un resultado prohibido por el ordenamiento jurídico o contrario a él", con la consecuencia de que ello no impedirá la debida aplicación de la norma que se hubiera tratado de eludir. Pero el fraude de ley previsto en el art. 24 LGT no puede equipararse al fraude de ley civil. El fraude de ley civil se explica por las propias características del ordenamiento privado, un sector del ordenamiento caracterizado por normas dispositivas y por la prevalencia de la autonomía de la voluntad, y en el que existiría un reducido núcleo de normas imperativas que no pueden eludirse al amparo de normas de cobertura. Pero como ya demostró Falcón y Tella, este esquema no es aplicable al fraude tributario si lo que se pretende con él es evitar eludir el pago del tributo sin realizar el hecho imponible, porque no pagar cuando no se ha realizado el hecho imponible no es un "resultado prohibido por el ordenamiento". En efecto, el ordenamiento tributario impone la obligación de tributar cuando se ha realizado el hecho imponible, lo que implícitamente supone prohibir la conducta contraria; no ingresar cuando existe obligación de hacerlo, que es precisamente lo que se sanciona como infracción grave — art. 79.*a*) LGT. Si el fraude de ley no lleva acarreadas sanciones, es porque la conducta en fraude de ley no persigue un resultado prohibido.

Por este motivo, al art. 24 LGT no puede considerarse un verdadero supuesto en fraude de ley, de la manera en que el mismo se explica en el Derecho Civil. Cierto es que se está teniendo en cuenta un supuesto que podría estructuralmente equipararse al que da lugar al fraude de ley civil; la realización de un hecho que produce un resultado equivalente al hecho imponible y que, por tanto, no está gravado. Y que este hecho se realiza al amparo de una norma dictada con distinta finalidad. Pero lo cierto es que el fin último de esta operación no es perseguir un resultado prohibido, sino eludir la realización del hecho imponible.

El escapar del ámbito del hecho imponible, que es lo que el art. 24 LGT pretende combatir, entraría dentro de un concepto amplio de "derecho a la economía de opción". El art. 24 LGT gira en torno al "ánimo de eludir el tributo", y por tanto, a una exigencia de tipo subjetivo, que es lo que debe ser objeto de prueba por la Administración. La aplicación de este precepto en manos de la Administración, parte pues de la valoración de los motivos de los particulares para realizar un determinado negocio, que, como enseñó Santoro-Pasarelli, son variables en cada caso concreto y permanecen fuera del mecanismo negocial. Este motivo ha de perseguirse "amparándose en el texto de normas dictadas con distinta finalidad", lo que significa que se ha de perseguir o conseguir un efecto distinto al que es propio del negocio (por ejemplo, en el caso de las *primas únicas*, un efecto que es distinto al del negocio de seguro de supervivencia, y que se debería conseguir acudiendo, al depósito a plazo), o lo que es lo mismo, de la *causa típica* del negocio (así se han manifestado, por ejemplo la AN en Sentencia de 5 de marzo de 1997 y en el TEC, en Resolución de 8 de noviembre de 1994). Sin embargo, el negocio al que se acude no está gravado o lo está en menor medida; por ello el efecto es el ahorro fiscal.

Cuando el art. 24 configura estas situaciones está pasando por alto algunas circunstancias que estimamos relevantes; está obviando que el recurso al negocio indirecto para buscar los supuestos no gravados puede entrar dentro del concepto de "derecho a la planificación fiscal". Que el particular pueda planificar su actividad económica del modo fiscalmente más ventajoso es una actividad lícita, tal y como reconoce el preámbulo de la Ley 25/1995, de reforma de la LGT, y como han afirmado recientemente, tanto el propio TC en su Sentencia 137/1996, de 31 de octubre (FJ 2º), que ha hablado del derecho de los sujetos a planificar su actividad empresarial "confiados en la legislación que se hallaba vigente", como la AN, en su Sentencia de 3 de octubre de 1997, donde se habla de "legitimidad constitucional de la economía de opción", y también el TEAC, que, en su Resolución de 28 de febrero de 1996, reconoce expresamente, en su considerando 13º, que "(...) es legítima la búsqueda de fórmulas que, dentro de la ley tributaria, permitan acogerse a la opción que más convenga a sus intereses (los del sujeto pasivo), lo que supone negar cualquier pretensión de que la Administración deba necesariamente buscar el sentido económico de esas fórmulas, ampliando el ámbito del hecho imponible. También la doctrina (Tipke-Kruse) y la jurisprudencia alemanas (el Tribunal Constitucional alemán, ha defendido la libertad para intentar evitar la tributación — *Es steht jedermann frei, die Steuer zu vermeiden...*), en BVerfGe, 9, 237 (249 ss.), han reconocido reiteradamente el derecho a la planificación fiscal, como una consecuencia de la libertad de configuración — *Gestaltungfreiheit*".

Este derecho a la planificación fiscal lícita significa derecho a aprovechar las economías de opción que se deriven del ordenamiento tributario, incluso las implícitas, que son las que habrá que presumir cuando la ley no grave expresamente un supuesto que, hay que deducir, podría haber gravado. En un ordenamiento configurado por obligaciones tasadas de dar como es el tributario, la regla debe ser la economía de opción, pues el contribuyente, a la hora de planificar su actividad económica, debe tener derecho a situarse en zonas en las que la tributación no haya llegado. El legislador tipificará el hecho imponible con la amplitud que estime necesaria — por ejemplo, con hechos imponibles complementarios, como hace a través del art. 108 de la Ley 24/1988, de 28 de julio, de Mercado de Valores al sujetar al ITPAJD la transmisión de participaciones sociales que suponen el control de sociedades cuyo patrimonio está constituido por inmuebles — con el fin de evitar las posibilidades del contribuyente de acogerse a negocios no gravados, esto es, con la finalidad de evitar economías de opción. Lo que resulta constitucionalmente legítimo y, como hemos visto, respeta la regla de la tipicidad. Cuando no lo hace así y queda algún hecho sin tipificar estaremos ante una economía de opción implícita, salvo en el caso en que quepa razonablemente pensar que el legislador no ha podido reparar en esos hechos que no ha gravado, pero que de haber pensado en ellos los hubiera gravado necesariamente. Y ello porque, de no gravarlos, el resultado sería irracional o contrario a los principios de igualdad o capacidad económica. En este sentido se pronuncia la Resolución del TEAC de 26 de abril de 1989, al negar que pueda haber economía de opción en la venta de todas las acciones de una sociedad cuyo patrimonio está compuesto exclusivamente por un inmueble y por dinero en efectivo, lo que produce un resultado equivalente al que se derivaría de la compraventa del inmueble. Y ello porque no se da el requisito de una operación no contemplada por la ley fiscal, al estar prevista esta operación en un hecho imponible complementario — el citado art. 108 de la Ley de Mercado de Valores.

El derecho a la planificación fiscal no es nada más que la consecuencia del ejercicio de la libertad económica por parte del ciudadano. El ciudadano tiene derecho a ejercer esa libertad por medio de la libertad de contratación, y de acudir a los negocios que estime oportunos sin que la motivación fiscal deba considerarse relevante. Los negocios jurídicos son, para la tipificación fiscal, como vimos, meros "hechos relevantes", a efectos de hacer surgir o no las consecuencias tributarias.

Pero esa autonomía de la voluntad, operativa en el plano estrictamente negocial — y de los hechos fiscalmente relevantes — tiene sus limitaciones en ese mismo plano negocial, regido por el derecho privado. Es sabido que la tradición jurídica española en materia de derecho privado configura un ordenamiento jurídico causalista, donde la exigencia de la causa en los negocios viene impuesta por razones de interés general. Así Morales Moreno explica la idea de causa señalando que "el Derecho, el aparato coactivo del Estado, no se puede utilizar para hacer efectiva cualquier aspiración de los particulares (...)", de modo que la causa tiene una clara función de control de la autonomía de la voluntad. En otros ordenamientos — el germánico es el ejemplo más claro — por su sistema basado en la abstracción, no se toma en consideración la causa, por lo que esa función de control de la autonomía de la voluntad la desempeña la forma, y el rol atribuido a la ausencia de causa se asigna al "abuso de las formas jurídicas".

Sin embargo, en la tradición jurídica española, la causa constituye, al mismo tiempo, una exigencia del ordenamiento — art. 1.275 del Código Civil — y un modo de estructurarse los negocios a partir de la autonomía de la voluntad, en su expresión de "causa querida"; así el art. 1.262 del Código Civil, dice que el consentimiento ha de extenderse a la causa que ha de constituir el contrato. Los contratos han de tener causa y la causa ha de ser suficiente, aunque el modelo de suficiencia de causa es un modelo abierto, que exige concreción *in casu*. Sin embargo, el control de suficiencia de la causa puede llevarse a cabo a través de los institutos de la causa genérica y la causa típica. A través de la causa típica, decimos que el negocio tiene causa cuando el mismo se realiza conforme a las exigencias de un tipo legal, regulado en la norma (compraventa, arrendamiento, donación...). Los tipos legales negociales, son, como hemos dicho, instrumentos para conseguir efectos económicos que es lo que los tributos deben gravar. Y las leyes tributarias que quieren gravar efectos económicos, configuran como presupuestos de hecho a esos tipos negociales. El problema surge cuando la autonomía de la voluntad altera el tipo negocial o configura un negocio al margen de un tipo (es decir, define un negocio atípico). En estos casos, el Código Civil, ofrece unos modelos de causa ("causa genérica") con los que comprobar si la causa concreta del negocio se ajusta o no a las exigencias del ordenamiento; en los contratos onerosos, la causa es, para cada parte, "la prestación o promesa de una cosa o servicio por la otra". En las remuneratorias, el servicio o beneficio que se remunera y en los de pura beneficiencia, la mera liberalidad del bienhechor (art. 1.274 del Código Civil).

Desde el punto de vista de la ordenación privada de los negocios, las partes pueden, por tanto, configurar un negocio jurídico sin atenerse al tipo negocial. Ello es consecuencia de la libertad de pactos que consagra nuestro Código Civil (art. 1.255), y colofón de las exigencias de libertad económica. El límite se situará en el control que ejercen las reglas de causa genérica, pero también en el instituto del negocio indirecto; esto es, en aquellos supuestos en que se pretenda alcanzar con el negocio unos efectos que no se identifican con su causa o con su razón típica de ser. Y como señalan, entre otros, Rosembuj y Simon Acosta, el negocio indirecto puede tener diversas finalidades, entre ellas la fiscal.

La cuestión es que alterar el negocio típico, que es una cuestión que, en principio, afecta sólo a la configuración de la relación negocial privada, puede suponer salirse del ámbito de *lo gravado*, pues, como ya hemos repetido varias veces, lo que las leyes tributarias definen como hechos imponibles son, por imperativos de la lógica y la seguridad jurídica, los *negocios típicos*. Es decir, el negocio indirecto puede ser utilizado con fines de reducir la carga tributaria. Y aun en el supuesto de que esta finalidad haya sido la que las partes tuviesen en mente con carácter proritario, a efectos puramente jurídicos, la reducción de la carga fiscal es una simple consecuencia de la alteración de los hechos tenidos en cuenta por la ley fiscal. Como las partes, en uso de su libertad negocial, han alcanzado unos efectos económicos que no son propios de la razón típica del negocio, el efecto consistente en el nacimiento de la obligación tributaria no se puede producir.

Llegados aquí la cuestión que se plantea, y con la que hemos de poner fin a estas notas, es si la Hacienda Pública dispone de algún mecanismo para actuar cuando ocurran situaciones como las descritas, o si el gravar actos o negocios regidos por la autonomía de la voluntad, tiene para todos, incluida la Hacienda Pública, la servidumbre, de tener que sujetarse a la libre decisión de las partes que pueden eludir el tributo, actuando sobre los negocios gravados.

A nuestro juicio, cuando como consecuencia del recurso a negocios indirectos, los particulares consigan entrar en una zona no expresamente regulada, la Administración sólo podrá actuar desde los instrumentos "ordinarios" que le atribuye su sujeción a la tipicidad tributaria; potestades regladas de interpretación de normas y calificación de hechos. La interpretación de la norma de acuerdo a los criterios admitidos en Derecho, como desde 1963 viene proclamando el art. 23, 1º de la LGT, y la calificación de hechos — entendiendo como tales también los actos o negocios jurídicos — de acuerdo con su verdadera naturaleza jurídica, como dispone el art. 28, 1º de la LGT después de la reforma de 1995.

El uso de la calificación supone operar en el plano de los hechos gravados, desde la propia dinámica aplicativa del tributo, y faculta a la Administración a gravar un negocio atendiendo a la verdadera causa incorporada al mismo. Como señala la doctrina civilista (De Castro, Diez Picazo, Jordano Barea) la incorporación de la causa subjetiva al negocio no exige que la misma se produzca de modo expreso, sino que corresponderá al intérprete constatar si tal incorporación se ha producido, sin que para ello sea suficiente atender a los motivos de una de las partes (que pueden ser de legítimo ahorro fiscal) sino a aquellos motivos que han quedado incorporados a la causa. La constatación de una causa falsa permitiría calificar al negocio de acuerdo con su verdadera naturaleza e independientemente de las consecuencias que la ausencia de causa pudieran suponer respecto a la validez del negocio — art. 1.301, IV, del Código Civil. Así, en lo relativo al impuesto que de forma más clara recae sobre negocios jurídicos, el ITPAJD, el art. 2º, 1º de su texto refundido, defiende que el negocio, prescindiendo de los defectos que puedan afectar a la validez (entre los que se encuentran los relativos a la causa), "se exigirá con arreglo a la verdadera naturaleza del acto o contrato liquidable".

Con relación a la causa también nos podemos encontrar con un negocio simulado. Recordemos que la simulación es también una cuestión referida a la causa; hay simulación cuando bajo la apariencia de un negocio jurídico normal se oculta otro propósito negocial, sea el de no celebrar negocio alguno (simulación absoluta), sea el celebrar otro distinto al aparentado (simulación relativa). Al crear una apariencia, el fin típico del negocio diverge de la causa concreta; en la simulación absoluta la declaración falsa encubre la carencia de causa; el negocio es radicalmente nulo por carencia o falsedad de la causa (arts. 1.261 y 1.275 del Código Civil). En la simulación absoluta se encubre otro negocio distinto que sí tiene una causa verdadera — el negocio disimulado —, pero el negocio simulado tiene una causa aparente falsa (art. 1.276 del Código Civil). En todos estos casos, la Administración podrá proceder a declarar la simulación, recayendo sobre ella la carga de la prueba. Las consecuencias serán la aplicación del negocio disimulado, como señala el art. 25 de la LGT. Y ello porque, cuando la Administración se encuentre ante un negocio simulado podrá obrar en consecuencia; la calificación podrá implicar aquí, ejercer, como cualquier particular, una acción de simulación tendente en poner de manifiesto la realidad que se oculta bajo la falsa apariencia de un negocio, y sobre todo, que se celebró un negocio distinto al aparente (simulación relativa). Sus facultades de calificación deben incluir la posibilidad de declarar la simulación.

La "mala prensa" de las potestades calificatorias, que ha llevado a considerarlas como algo nefando, e incluso, a erigir el fraude de ley tal y como aparece regulado en el art. 24 como solución mejor y jurídicamente más apropiada, se debe fundamentalmente a cómo las mismas han venido siendo aplicadas. Primero, y como han destacado, entre otros Palao o Ruiz Toledano, porque a la hora de calificar, la Administración se ha apartado frecuentemente de la naturaleza jurídica de los contratos realizados, desembocando en la repudiable práctica de la "interpretación económica". Esto, en cualquier caso, debe calificarse como actividad claramente ilegal, incluso una "desviación de poder", controlable judicialmente. Por otro lado, las mayores garantías que, al parecer reportaba el cauce del fraude de ley, como era el expediente especial — que, por cierto, ni existía ni se aplicaba. Pero ni uno ni otro motivo son argumentos solventes para preferir el fraude de ley a unas potestades tasadas de calificación, si tenemos en cuenta que la calificación la desarrollará la Administración dentro del correspondiente cauce procedimental, y teniendo en cuenta que la Ley de Derechos y Garantías de los Contribuyentes (cuyo texto, dicho sea de paso, debería incorporarse a la nueva LGT) reconoce el derecho del contribuyente a hacer alegaciones en cualquier momento del procedimiento de gestión anterior al trámite de audiencia (art. 21) y a que se le dé audiencia antes de redactar la propuesta de resolución (art. 22, 1º).

La calificación, en suma, significará la capacidad de la Administración de comprobar si el supuesto de hecho real coincide con el legal, en todas sus circunstancias y manifestaciones — incluyendo también la simulación que ahora figura en el art. 25 LGT —, actuando sobre los términos utilizados por las partes que pudieran afectar al tipo negocial. Por el contrario, se podrá reconducir el negocio realizado por las partes sin causa o con causa falsa al tipo legal, siempre y cuando, como dice Ruiz Toledano, la ley tributaria lo permita. La alternativa propuesta, por ejemplo, por Herrera Molina, tendente a rechazar cualquier tipo de recalificación, y limitarla a los supuestos en que la norma tributaria equipare determinados negocios al hecho imponible principal, mediante tipos genéricos o supuestos complementarios, no nos convence, pues los tipos genéricos son mucho más atentatorios al principio de tipicidad que una facultad de recalificación, insertada dentro de las potestades de gestión, aplicativas del tributo, perfectamente delimitada legalmente y controlable en sede judicial.

Por tanto, debemos descartar que se siga manteniendo en la futura LGT un instituto tan extraño y tan poco vinculado a los principios más elementales del Derecho Tributario como el fraude de ley, que en la práctica sólo es una técnica libérrima en manos de la Administración para liquidar por analogía, configurándose como radicalmente contrario al principio de tipicidad, y a las exigencias de seguridad jurídica — art. 9º, 3º CE. Cuando el particular se sitúe en zonas no gravadas, no creemos conveniente que la Administración pueda reaccionar a través de una cláusula general, cuyo modelo son las *GeneralKlausel* del derecho germánico, y en concreto, el art. 42 de la Ordenanza Tributaria, que puede explicarse como clásula *anti-abuso de las formas*, dado el sistema anticausalista que preside el derecho privado alemán, pero que en nuestro ordenamiento ha funcionado como una potestad discrecional, carente de un procedimiento específico, para aplicar el tributo por analogía. Una cláusula de este estilo no existe, por ejemplo, en el ordenamiento italiano, donde, sin embargo, sí hay previsiones específicas. La posibilidad de su introducción ha sido criticada, por ejemplo, por Fantozzi, para quien tal cláusula general introduce "una perdurante incertezza".

Cuando el particular se sitúe en zonas no gravadas, lo lógico será la ágil reacción del poder legislativo, llevando a cabo las modificaciones legales pertinentes en el sistema tributario, respetando el derecho del contribuyente a la certeza. Si no se obra así, no puede pensarse en que lo normal sea una potestad genérica de aplicación del tributo por analogía, siendo mucho más acorde con el principio de tipicidad el reconocimiento de facultades de calificación, encauzadas a través de un procedimiento con suficientes garantías.

Desgraciadamente, el sino de nuestro ordenamiento no es éste. Y por si fuera poco la cláusula general de *fraude de ley* del art. 24 de la LGT, la Ley 14/2000, de 29 de diciembre, de medidas fiscales, administrativas y de orden social, en su art. 2º, 6º, introduce una nueva cláusula general en el art. 110, 2º de la Ley del IS, permitiendo que la Inspección declare no aplicables los beneficios fiscales para las operaciones de restructuración empresarial del Capítulo VIII de la Ley del IS (fusiones, escisiones, aportaciones de activos y canje de valores) "cuando la operación realizada tenga como principal objetivo el fraude o la evasión", unilateralmente apreciado por la Administración, o cuando "la operación no se efectúe por motivos económicos válidos, tales como la reestructuración o la racionalización de las actividades de las entidades que participan en la operación, sino con la mera finalidad de conseguir una ventaja fiscal". Formulaciones como esta son repudiables desde la perspectiva de la tipicidad tributaria, y, a diferencia de las legítimas potestades de aplicación del tributo, un factor de inseguridad jurídica contrario al art. 9º, 3º de la Constitución.

CADERNOS DE DIREITO TRIBUTÁRIO

ASPECTOS GERAIS DA PROTEÇÃO DA CONCORRÊNCIA NO MERCOSUL

PAULO CALIENDO

Doutor em Direito Tributário pela PUC/SP

Introdução. Parte I — A relevância da defesa da concorrência para a ordenação da esfera econômica: 1.1 Das diversas acepções da palavra "concorrência"; 1.2 Da delimitação do conceito perante outros conceitos afins: "dumping", concorrência desleal, auxílios públicos e regulação; 1.3 Do conceito de concorrência efetiva; 1.4 Do princípio da livre concorrência; 1.5 Das modalidades de condutas anticoncorrenciais. Parte II — O Protocolo de Defesa da Concorrência no Mercosul: 2.1 O conflito de normas entre o direito nacional da concorrência e o direito da concorrência no Mercosul: A) Concurso de normas nacionais e comunitárias; B) Incidência das normas de concorrência em âmbito do direito da integração; 2.2 O Protocolo de Defesa da Concorrência e sua ratificação no direito brasileiro: 2.2.1 Principais desafios: 2.2.1.1 Incompatibilidades externas; 2.2.1.2 Incompatibilidades internas; 2.2.1.3 Incompatibilidade material; 2.2.1.4 Incompatibilidade institucional ou operativa. Conclusões.

Introdução

O presente trabalho pretende verificar o conceito de "defesa da concorrência", sua posição no âmbito do sistema de direito constitucional brasileiro e no Mercosul, bem como proceder a uma análise crítica do mesmo.

Conceituar significa indicar a denotação e a conotação de determinada entidade.[1]

O *conceito* de "defesa da concorrência" será construído através do método da *definitio fit per genus proximum et deifferentiam specificam*, ou seja, como definição por gênero próprio e diferença específica.

As *definições* podem ser intencionais ou ostensivas. As definições intencionais são aquelas que o significado de uma palavra é definido através dos usos dados a essa.[2]

1. Ver, nesse sentido, Guibourg (1985, pp. 38 e ss.).

2. Ver, nesse sentido, Guibourg (1985, p. 55). Utiliza o autor uma denominação assemelhada para o tema. Denomina Guibourg de "definiciones ostensivas y definiciones verbales", o que, a nosso ver, não nos parece o mais adequado, visto que a noção, para o autor, as definições "(...) verbales: comunican el significado de una palabra através de otras palabras" (1985, p. 55). O mais correto seria afirmar que tal definição é criterial (mostrando-se o uso) ou acriterial (como se fosse uma rotulagem arbitrária).

A definição ostensiva é aquela na qual o significado de uma palavra é definido através de um exemplo (do latim, *ostendere*, mostrar). Este tipo de definição tende a mostrar exemplos, de modo que se requer algum tipo de gesto.

A definição denotativa ou extensional significa a definição mediante a apresentação das entidades relacionadas com a palavra. Assim, toda a definição ostensiva é um caso de definição extensional.[3]

Posição do conceito de "defesa da concorrência no Mercosul" no âmbito do sistema será determinado através da relação deste conceito com outros conceitos pertencentes ao sistema jurídico.

Para fins do presente trabalho, considerar-se-á o *sistema jurídico* como sendo um conjunto de normas sinteticamente fechado e semanticamente aberto.[4] O sistema jurídico é formado por um conjunto de normas jurídicas, encadeadas hierarquicamente, com estrutura significativa fundada em uma articulação de enunciados.[5] A estrutura das normas jurídicas se constitui em torno de um enunciado condicional de natureza prescritiva (dever-ser).[6]

Tendo por base tais conceitos procurar-se-á proceder uma *análise crítica* do conceito de "defesa da concorrência no Mercosul". A análise assim denominada pretende seguir a tradição filosófica que remonta à antigüidade aos sofistas e aos céticos. Pertencem, também, a essa tradição Hume e Kant, e no campo do Direito: Kelsen e Hart, entre outros. Entender-se-á como sendo a *tarefa crítica*: medir o grau de legitimidade das pretensões filosóficas, com o auxílio exclusivamente de padrões fornecidos por uma análise do discurso jurídico.

Tal entendimento tem como expoente contemporâneo os trabalhos de Ludwig Wittgenstein. Escreveu esse autor no Prólogo do *Tractatus Logico-Philosophicus* que o objetivo da filosofia e de seu livro era de que: "O livro trata dos problemas filosóficos e mostra — creio eu — que a formulação destes problemas repousa sobre o *mau entendimento da lógica de nossa linguagem*".

Dessa forma, a tarefa crítica do presente trabalho será na medida de suas dimensões proceder uma análise do uso do conceito de "defesa da concorrência no Mercosul" e, portanto, da linguagem, no âmbito do discurso jurídico.

Parte I — A relevância da defesa da concorrência para a ordenação da esfera econômica

1.1 Das diversas acepções da palavra "concorrência"

Umas das conotações dada à palavra "concorrência" está no seu sentido usual e

3. Tal situação assemelha-se com Macondo, a pequena aldeia que serve de cenário para *Cem Anos de Solidão*, a obra-prima do escritor colombiano Gabriel García Márquez. "O mundo era tão recente" — escreve o autor logo na primeira página — "que muitas coisas careciam de nome e para mencioná-las se precisava apontar com o dedo".

4. O conceito de sistema jurídico adota uma semelhança muito clara com a proposta de Niklas Luhman.

5. Uma das melhores análises críticas do pensamento jurídico positivista contemporâneo pode ser encontrada no trabalho de Luís Fernando Barzotto, *O positivismo jurídico contemporâneo*, Unisinos, São Leopoldo, 1999.

6. O presente artigo insere-se em um sistema de referência marcado por um estudo analítico do discurso jurídico. Contudo, tal entendimento não se furta da aceitação de determinadas contribuições oriundas de autores importantes, tais MacCormick, Atienza, Robert Alexy, Toulmin, Raz, entre outros. Sobre o assunto, v. tb., Genaro Carrió, *Notas sobre derecho y lenguaje*, Buenos Aires, Abeledo-Perrot, 4ª ed., 1994; Ricardo Guibourg, Delia Teresa Echave e María Eugenia Urquijo, *Lógica, Proposición y norma*, 5ª ed., Buenos Aires, Astrea, 1999; Georges Kalinowski, *Introduzione alla logica giuridica*, Torino, Giuffrè, 1971; Wolfgang Stegmüller, *A Filosofia Contemporânea*, São Paulo, EDUSP, 1977; Lourival Vilanova, *As estruturas lógicas e o sistema do direito positivo*, São Paulo, Ed. RT, 1977 e *Causalidade e Relação no Direito*, São Paulo, Saraiva, 2ª ed., 1989. Ver sobre os estudos relativos a teoria da argumentação jurídica Manuel Atienza, *As Razões do Direito*, Landy, São Paulo, 2000.

no estudo de sua origem etimológica. A palavra "concorrência" trata de uma substantivação do verbo "concorrer" de origem latina. *Concorrer* em latim significa:[7] "*Concurre, concurri, concursum:* 1. Correr (juntamente ou em massa); apresentar-se juntamente. 2. Avançar, ir um contra o outro (fal. de dois exércitos); combater; lutar. 3. Ser concorrente, afluir. 4. Concorrer a; entrar em concorrência. 5. Coincidir, ser conforme; estar de acordo" (Torrinha, 1945, p. 178).

A verificação de seu sentido percebe-se claramente o uso de conotações discordantes para a mesma palavra, tal situação ocorre da mesma forma no uso dado no discurso jurídico.

Outra abordagem legítima seria tentar encontrar um "conceito constitucional" para "concorrência". Dessa forma, nada mais óbvio, a nossa fonte primeira seria a análise do texto da Constituição.

Da leitura do art. 170 da CF/88 encontramos que: "Capítulo I — Dos Princípios Gerais da Atividade Econômica: Art. 170. A ordem econômica, fundada na valorização do trabalho humano e na livre iniciativa, tem por fim assegurar a todos existência digna, conforme os ditames da justiça social, observados os seguintes princípios: (...) *IV — livre concorrência*;".

Segue a Constituição Federal de 1988 ao estabelecer que: "Art. 173. Ressalvados os casos previstos nesta Constituição, a exploração direta de atividade econômica pelo Estado só será permitida quando necessária aos imperativos da segurança nacional ou a relevante interesse coletivo, conforme definidos em lei. (...) § 4º. A lei reprimirá o *abuso do poder econômico que vise à dominação dos mercados, à eliminação da concorrência e ao aumento arbitrário dos lucros*" (grifos nossos).

Nesse sentido, o conceito de defesa da concorrência estará indissoluvelmente ligado à proibição do *abuso* de poder econômico.

A leitura do presente artigo é extremamente elucidativo, visto que duas conclusões derivam imediatamente da análise da literalidade textual:

1ª) *O conceito de "concorrência" não é unívoco.* A constituição estabelece o conceito de concorrência como núcleo de significação de um princípio e não de uma regra que se aplica ou não se aplica. Não existe "um" conceito de concorrência a ser extraído a fórceps da Constituição.

Tal entendimento exige uma conceituação do ato de interpretação.[8] A interpretação, no sentido dado no presente trabalho, não extrai nada, não reproduz nada, não busca uma essência para ser formalizada ou declarada, a interpretação (e isso é fundamental) é constitutiva do objeto a ser interpretado.[9]

A tarefa hermenêutica (de interpretação) é constitutiva da norma jurídica dos sentidos dados a esta.[10] Não existe, nesse

7. Sobre o assunto ver a obra de Paulo Caliendo da Silveira (1998), que versa de modo exaustivo dos conceitos e dos temas abordados no presente artigo, até a edição do Protocolo de Defesa da Concorrência, Decisão 18/96.

8. Conforme Guastini (1992, p. 18): "*interpretazione (giuridica)* — l'attribuzione di senso (o significato) ad un texto normativo". Assim, para o autor a interpretação: "(...) costituisce, a rigore, un'attività mentale: un'attività dello 'spirito', come suol dirsi", da mesma forma que: "(...) l'interpretazione è il discorso dell'interprete".

9. Nesse sentido apresenta Guastini que "(...) il discorso dell'interprete è costituto da enunciati, la cui forma standard (...)" que tem a seguinte estrutura: "T" significa "S", Guastini (1997, p. 17).

Nesse ponto de vista, "(...) interpretare è già 'conoscere', ma 'produrre' norme". Assim: "La disposizione. La norma è un enunciato che costituisce l'oggetto dell'interpretazione. La norma è un enunciato che costituisce il prodotto, o risultato, dell'interpretazione".

10. Para o autor existe uma falaciosa compreensão de que há uma correspondência biunívoca entre as disposições ("*un testo da interpretare*") e as normas ("*un testo interpretato*"). Primeiro, porque: "(...) ogni disposizione è (più o meno) vaga ed ambigua, talché tollera diverse e configgenti attribuizioni di significato (...)" assim "(...) ad una sola disposizione — ad ogni disposizione — corrispondi non già una sola norma, bensí una molteplicità di

sentido, um conceito de "concorrência" unívoco a ser extraído da Constituição. O conceito constitucional de concorrência deve ser construído pelo intérprete respeitando os limites materiais e formais para a consecução dessa tarefa.

2ª) Por outro lado, deve se entender que o "conceito de concorrência" *compõe o núcleo de enunciados portadores de significação de um princípio constitucional.* A noção de "princípios" tem sido no último período salientada em oposição a noção de "regras". Para Dworkin, por exemplo, o direito é um agregado de regras e princípios. As regras têm a estrutura de aplicação tipo "tudo ou nada", ou seja, ou se aplicam a determinado caso ou não se aplicam. Poderíamos tomar por exemplo uma regra do tipo "a velocidade máxima para veículos é 80 km/hora.[11]

Os princípios, por outro lado, não são aplicáveis a maneira "tudo ou nada". Eles não estabelecem condições que façam necessária a sua aplicação automática. Pelo contrário, eles enunciam uma *razão para decidir* em determinado sentido.[12]

Não é possível a aplicação de um teste de reconhecimento ou de identificação dos princípios. O conceito de validade não funciona para os princípios, tal qual para as regras. Os princípios exigem a apreciação de uma rica variedade de *standarts*, práticas, crenças e atitudes.[13]

Iremos entender, contudo, que os princípios não têm uma natureza ético-política, estão subordinados ao princípio da validade e não tem conteúdo contraditório com a idéia do direito como um sistema de normas jurídicas.

Nesse sentido, a fluidez e a vagüidade são próprios da natureza de princípios, tais como da "defesa da concorrência". Os princípios serão considerados como *enunciados prescritivos* quando necessariamente o sistema exige que eles componham a estrutura sintática da norma jurídica, com a finalidade de participar da articulação de significações que irão compor a estrutura deôntica.

Dessa forma, os princípios aparecerão como literalidade textual e como significações que irão formar a estrutura normativa. Um único princípio pode exigir a conjugação de diversos enunciados prescritivos para a construção de suas significações.

Dessa forma deverão necessariamente estar presentes no domínio dos enunciados do que irão articular-se para a formação da "estrutura deôntica", o conjunto de significações que serão construídas pelo intérprete a partir dos enunciados de "princípios" jurídicos.

Tomemos, por exemplo, o caso da construção da Regra-Matriz de Incidência Tributária (RMIT) do IPTU, tema que tem tido grande aprofundamento no campo do Direito Tributário, graças aos esforços do Prof. Paulo de Barros Carvalho e, no campo do Direito Tributário Internacional, do Prof. Heleno Taveira Tôrres.

Ao construir RMIT do imposto, o aplicador ou intérprete deverá necessariamente verificar a existência de uma hipótese normativa e de uma conseqüência jurídica. A hipótese normativa será composta de um

norme disgiunte". Assim, representa simbolicamente como D⇒ N1? N2? N3? Em segundo lugar, "(...) tutte le disposizione — hanno un contenuto di significato complesso: esprimono non già una sola norma, bensí una molteplecità di norme congiunte". Assim, representa simbolicamente como D⇒ N1 + N2 + N3. Em terceiro lugar, digamos que duas "*disposizioni*" são parcialmente semelhantes ou sinônimas, como fala Guastini, nesse caso: "Nel senso che esse esprimono due insieme di norme che sovrapongono in parte; ovvero ciascuna di esse esprime una pluralità di norme, tale che una più norme espresse dalla prima disposizione siano anche espresse (ridondamente) dalla seconda", nesse sentido, ver in Guastini (1992, p. 26).

11. Sobre o assunto, ver Carrió (1994, p. 217).

12. Nesse sentido, Carrió (1994, p. 221). Essa distinção entre "regras" e "princípios" conforme a estrutura de aplicação ("tudo ou nada"), tem recebido aceitação em outros autores. Podemos encontrar o fundamento da distinção com outros nomes em Alexy ("mandatos de otimização" e "mandatos definitivos") e em Paulo de Barros Carvalho ("limite objetivo" e "valor"), por exemplo.

13. Carrió (1994, p. 222).

critério material (verbo e complemento), um critério temporal e de um critério espacial. O conseqüente será composto de um critério pessoal (sujeito ativo e passivo) e de um critério quantitativo (alíquota e base de cálculo).

Na formação dessa regra-matriz necessariamente o aplicador ou intérprete deverá levar em consideração os mais diversos enunciados, como por exemplo: "(...) a alíquota será de 6% (...)", "o sujeito ativo será o Poder Municipal", entre outros. Todos esses enunciados serão articulados com o fito de compor a estrutura deôntica.

Deverão, entretanto, verificar outros enunciados presentes no sistema que, necessariamente, irão compor o domínio das articulações normativas que formarão o "*mínimo deôntico dotado de sentido completo*". Terão de estar presentes os enunciados referentes ao princípio da igualdade, da capacidade contributiva, entre outros.[14] Tal raciocínio se aplica de modo integral ao estudo do Direito da Concorrência.

Agora quais as significações expressas pelo princípio da igualdade ou da concorrência? Existem significações unívocas? A resposta deve ser não. Os enunciados estão revestidos de valores[15] e acepções diversas.

O legislador deverá levar em consideração, também, diversos outros enunciados explícitos ou implícitos no texto constitucional. Estes enunciados irão compor necessariamente o "arquétipo constitucional", ou seja, o "*domínio mínimo necessário*", que será o "ponto de partida" do processo de criação normativa dos tributos.

Respeitando esses enunciados "básicos" ou "nucleares" das normas de competência tributária, poderá o legislador infraconstitucional acrescentar outros enunciados prescritivos que irão compor o "*domínio completo*" dos enunciados que irão, finalmente, articular-se na criação da norma jurídica tributária.

Farão parte do conjunto de enunciados que formarão o "domínio mínimo necessário" do "princípio de defesa da concorrência", previsto constitucionalmente, aqueles que estabelecem a vedação ao abuso do poder econômico e a eliminação da concorrência.

1.2 Da delimitação do conceito perante outros conceitos afins: "dumping", concorrência desleal, auxílios públicos e regulação

a) Auxílios públicos

Apesar de terem uma relação bastante estreita, o conceito de defesa da concorrência difere do tratamento dado aos *auxílios públicos*.[16] Os auxílios públicos são situa-

14. No caso do *direito tributário* esse entendimento torna-se mais claro. Esse entendimento pode ser claramente inferido da exposição do Prof. Roque Carrazza. Para este autor: "A Constituição, ao discriminar as competências tributárias, estabeleceu — ainda que, por vezes, de modo implícito e com uma certa margem de liberdade para o legislador — a *norma padrão de incidência* (o *arquétipo genérico*, a *regra-matriz*) de cada exação. Noutros termos, ela apontou a *hipótese de incidência possível*, o *sujeito ativo possível*, o *sujeito passivo possível* e a *alíquota possível*, das várias espécies e subespécies de tributos. Em síntese, o legislador, ao exercitar a competência tributária, deverá ser fiel à *norma padrão de incidência* do tributo, pré-traçada na Constituição. O legislador (federal, estadual, municipal ou distrital) enquanto cria o tributo, não pode fugir deste arquétipo constitucional", ver in Carrazza (1994, p. 267). O que depreende-se da leitura do texto do Prof. Roque Carrazza é que o constituinte estabeleceu de modo rígido a afirmação de alguns enunciados que necessariamente deverão compor a RMIT, da norma na qual o legislador irá criar o tributo. O legislador deverá levar em consideração, também, diversos outros enunciados explícitos ou implícitos no texto constitucional. Estes enunciados irão compor necessariamente o "arquétipo constitucional", ou seja, o "domínio mínimo necessário", que será o "ponto de partida" do processo de criação normativa dos tributos.

15. São *características dos valores*, conforme o Prof. Paulo de Barros Carvalho, as seguintes: bipolaridade, implicação recíproca, referibilidade, preferibilidade, incomensurabilidade, graduação hierárquica, objetividade, historicidade e inexaurabilidade. Nesse sentido ver in Carvalho (1999, p. 105).

16. O tema dos auxílios públicos foi objeto do *Protocolo de Defesa da Concorrência*, em seu art.

ções nas quais alguns agentes econômicos específicos, em detrimento dos demais, recebem um benefício de origem pública,[17] com efeito favorável a estas, sem a exigência de uma contrapartida.[18] A concepção que tem sido acolhida hodiernamente na Corte de Justiça das Comunidades Européias (TJCE) apresenta os auxílios públicos na sua forma mais ampla, sem exigir a intervenção direta do Estado na atribuição concreta do auxílio.[19]

No Tratado de Assunção os auxílios públicos receberam um tratamento genérico, estando albergados na disposição programática do art. 1º do Tratado. A Decisão 20/94 do Conselho do Mercado Comum, aprovada por ocasião da assinatura do Protocolo de Ouro Preto, lhes dará um tratamento mais preciso. Esta Decisão dispôs sobre as políticas públicas que distorcem a competitividade, a cargo da Comissão de Comércio do Mercosul, através do Comitê Técnico 4.[20]

A seguir, o art. 2º da Decisão 20/94 discrimina as formas de políticas às quais se dirige: a) medidas que impliquem exceções ao regime comercial comum do Mercosul; b) medidas de natureza tributária; c) medidas de natureza creditícia e d) medidas associadas ao regime de compras governamentais. Este artigo consagra três grandes obstáculos à consolidação do Mercado Comum: o problema da harmonização fiscal, os problemas relativos aos contratos de Direito Público e os relativos ao controle dos auxílios públicos.

b) Legislação "antidumping"

O *dumping*[21] consiste na venda internacional de mercadorias a preços inferio-

32, que dispõe que: "Art. 32. Os Estados-Partes comprometem-se, *dentro do prazo de 2 anos* a contar da entrada em vigência do presente Protocolo, e para fins de incorporação a este instrumento, a *elaborar normas e mecanismos comuns* que disciplinem as *ajudas de Estado* que possam limitar, restringir, falsear ou distorcer a concorrência e sejam suscetíveis de afetar o comércio entre os Estados-Partes.

"Para este fim, serão levados em consideração os avanços relativos ao tema das políticas públicas que distorcem a concorrência e as normas pertinentes da OMC" (grifos nossos). É importante, por outro lado, considerar que o Protocolo preceituou que: "*Nenhuma disposição do presente Protocolo se aplicará* a qualquer prática restritiva da concorrência cujo exame tenha sido iniciado por autoridade competente de um Estado-Parte antes da entrada em vigor prevista no art. 32" (grifos nossos), conforme o art. 34 do Protocolo.

17. Os auxílios públicos indevidos, no âmbito do *Direito Comunitário Europeu*, abrangem inclusive as participações públicas no capital das empresas. Neste caso, não será considerado como auxílio indevido a participação empresarial pública que proceder nos moldes de um investidor privado. Ac. *Intermills*, 82/760/CEE, de 22.7.1982, JO L 280/30 e também *Leeuwander Papierwarenfabriek* 82/653/CEE, de 22.7.1982, JO L 277/15. Esta posição consolidou-se nos acs. *Aides d'État — Prise de participation dans le capital d'une entreprise*, 10.7.1986, procs. 234/84, rec. 1986, 2.263 e 40/85, rec. 1986, 2.321, ss.

18. Sobre o assunto, ver o excelente estudo de Morais (1993). Nesta obra, o autor realiza um exaustivo estudo do tema dos *auxílios públicos* no Direito Comunitário Europeu, apresentando uma interessante evolução do tema, que segundo o autor, "(...) a nova orientação da Comissão relativamente à supervisão dos auxílios públicos relacionados com empresas públicas constitui, conjuntamente com o novo regime jurídico do controle das concentrações de empresas (...), uma das traves mestras da nova fase da política comunitária de concorrência" (ob. cit., p. 5).

19. Este é o sentido do acórdão *Steinike* (ac. *Steinike*, de 22.3.1977, proc. 78/76, rec. 1977, pp. 595 ss.), que entendeu que mesmo que fossem outras empresas que financiassem o auxílio, este benefício poderia ser considerado de "origem pública". O auxílio poderia ter natureza direta ou indireta. Idem, ob. cit., p. 69. Um outro exemplo é o caso em que a Corte julgou existir um auxílio público indevido na permissão de aumentos seletivos de preços, mediante a conclusão de contratos-programas entre o governo belga e certas empresas farmacêuticas. Decisão da Comissão de 17.12.1989, *Bull. CE* 2, 1989, point 2.1.101.

20. O Protocolo de Ouro Preto, ao aprofundar a estrutura institucional do Mercosul, criou um novo órgão intergovernamental com capacidade decisória, a *Comissão de Comércio do Mercosul* (CCM). À CCM compete velar pela aplicação dos instrumentos de política comercial comum acordados pelos Estados-Partes para o funcionamento da União Aduaneira, bem como todas as demais questões relativas ao comércio intra-Mercosul. Ela será composta por quatro membros titulares e por quatro membros alternos dos Estados-Partes e será coordenada pelos Ministérios das Relações Exteriores. As diretrizes emanadas da CCM são obrigatórias aos Estados-Partes.

21. Sobre o conceito de *dumping* ver Gerbino (19?, p. 110).

res do praticado no mercado interno do país exportador, conforme o art. VI, § 1º, do GATT.[22]

Tanto a legislação *antidumping* como a legislação *antitrust* tratam da proteção da concorrência entre agentes econômicos no interior de um mercado, contudo, os dois institutos tratam de casos diversos.

As principais diferenças entre legislação *antidumping*, ou defesa comercial, e legislação *antitrust*, ou proteção da concorrência, efetiva são as seguintes:[23]

- quanto aos *sujeitos* das práticas empresariais: o *dumping* trata de relação entre a(s) empresa(s) do interior de um mercado e terceiros (sejam Estados ou empresas); a proteção da concorrência, por outro lado, trata de práticas desleais provocadas por empresas no interior de um mercado interno ou de um mercado comum;

- quanto ao *objeto* ou tipo de operação empresarial realizada: o *dumping* refere-se a exportações de mercadorias a preços inferiores aos praticados no mercado interno do país exportador; a proteção da concorrência atinge não somente a compra e venda de mercadorias mas também serviços. O objeto da proteção da concorrência é toda e qualquer afetação do comércio no interior de um mercado que impeça ou obstaculize a competição entre agentes econômicos no interior deste;[24]

- quanto à *extensão* ou ao *campo de aplicação*: na legislação *antidumping*, a regra geral é dada pela comparação entre dois preços: o preço de exportação de uma mercadoria e o preço do produto no mercado de origem; por outro lado, o objeto, na proteção da concorrência, é a afetação sensível do comércio, conceito que abrange um conjunto de casos mais amplos do que apenas a variação de preços com intuitos anticoncorrenciais. Inclui outras figuras, como o abuso de posição dominante, controle de concentrações e acordos e coligações com fins anticoncorrenciais na proteção da concorrência;

22. Equivocado o conceito publicado por Zaclis (1992, p. 60). Nesta obra os autores conceituam o *dumping* como "(...) venda de mercadoria abaixo do *preço de custo* (...)" (grifo nosso, p. 60). A Lei 8.137, de 27.12.1990, que definia os crimes contra a ordem tributária, econômica e contra as relações de consumo, em seu art. 4º, VI, tipificava como crime contra a ordem econômica: "(...) vender mercadorias abaixo do preço de custo, com o fim de impedir a concorrência". Em verdade, o que se tem neste artigo é uma prática de *dumping* que se tornou tipificada penalmente, contudo, o artigo não conceitua e tampouco abrange todos os casos de *dumping*. No Brasil, os casos definidos como *dumping* foram alargados com a Lei 8.158, de 8.1.1991, revogada pela Lei 8.884/94, que, em seu art. 3º, XIV, definiu mais corretamente o assunto, ao dispor que são crimes contra a ordem econômica: "(...) importar ou exportar mercadoria ou comercializá-la *abaixo do preço praticado no país exportador* em prejuízo de concorrente com estabelecimento no país". Esta redação tornou mais ampla e mais precisa a legislação *antidumping* brasileira. O Acordo Geral de Tarifas Aduaneiras e Comércio foi ratificado pelo Brasil através da Lei 313, de 10.6.1948, e modificada pelo Decreto Legislativo 43, de 20.6.1950. Assim, o art. IV sobre direitos *anti-dumping* dispõe que: "As partes contratantes reconhecem que o *dumping* que introduz produtos de um país no comércio de outro país, por valor abaixo do normal, é condenado se causa ou ameaça causar prejuízo material a uma indústria estabelecida no território de uma parte contratante, ou retarda, sensivelmente, o estabelecimento de uma indústria nacional". A Lei 9.019, de 30.3.1995, que dispõe sobre a aplicação dos direitos previstos no Acordo *Antidumping* e no Acordo de Subsídios e Direitos Compensatórios, manteve este critério, bem como o Decreto 1.602, de 23.8.1995, que regulamenta as normas *antidumping* estabeleceu em seu art. 4º que "Para efeitos deste Decreto, considera-se prática de *dumping* a introdução de um bem no mercado doméstico, inclusive sob as modalidades de *drawback*, a *preço de exportação inferior ao valor normal*". Por outro lado, em seu art. 7º, determina-se que: "Encontrando-se dificuldade na determinação do preço comparável no caso de importações originárias de países que não seja predominantemente de economia de mercado, onde os preços domésticos sejam em sua maioria fixados pelo Estado, o valor normal poderá ser determinado com base no preço praticado ou no *valor construído* do produto similar, em um *terceiro país* de economia de mercado".

23. Sobre o assunto ver Paulo Caliendo Silveira (1998, p. 26).

24. É o caso da legislação comunitária européia sobre a proteção da concorrência que abrange os serviços realizados por profissionais liberais, seguros e produção agrícola, salvo exceções, por exemplo, neste sentido ver Alves (1992, p. 24).

• quanto à *natureza*: a legislação *anti-dumping* refere-se à proteção do comércio internacional leal, enquanto a legislação *antitrust* refere-se à proteção da concorrência leal.

c) Proteção de marcas e patentes

A proteção de marcas e de propriedade industrial tem sido constantemente vinculadas pela doutrina, legislações nacionais e internacionais como aspectos do direito de concorrência, e a tutela das marcas e patentes como uma proteção contra a concorrência desleal.[25]

As marcas, patentes e a propriedade intelectual em geral (literária, artística e científica) têm como aspecto comum o fato de tratarem de propriedade sobre bens incorpóreos ou imateriais.[26]

A proteção de marcas e da propriedade intelectual é apresentada como uma forma de tutela contra a concorrência desleal.[27] Podemos afirmar que a proteção de direitos de exploração exclusiva de determinados bens econômicos, a criação e aquisição dos mesmos com a concessão de privilégios, tais como os definidos pela proteção de marcas e patentes, é espécie do gênero "direito da concorrência"; bem como a proteção contra certos tipos de acordos, coligações e abusos de posição dominante.

Desde a Convenção de Paris de 1883, é de uso consagrado no direito privado que as práticas atentatórias contra marcas ou patentes são atos contra a concorrência leal. A Convenção de Paris, em seu art. 1º, define que: "Constitui ato de *concorrência desleal* todo o ato de concorrência contrários às práticas honestas em matéria industrial ou comercial".[28]

Em seguida, a Convenção lista, exemplificativamente, um conjunto de práticas vedadas, tais como: todos os atos suscetíveis de criar confusão com os produtos de um concorrente, bem como toda e qualquer alegação falsa, no exercício do comércio, capazes de desacreditar os produtos de um concorrente.

Do ponto de vista mais geral do direito da concorrência, pode-se apresentar as seguintes distinções:[29]

• quanto ao *campo de incidência*: a proteção de marcas e patentes vincula-se ao que é denominado de proteção contra a *concorrência desleal*,[30] ou seja, ofensas aos usos honestos em matéria comercial e industrial. A vedação de certos acordos, coligações e práticas concertadas refere-se, por outro lado, à proteção da *concorrência efetiva* ou *workable competition*;

• *quanto ao bem jurídico protegido*: a proteção de marcas e patentes tem por sen-

25. Azevedo (1977, pp. 255-260); Soares (1989, pp. 249-272).

26. Sobre o assunto, ver Gomes (1978, p. 101). O autor entende equivocado o conceito de *propriedade industrial*, intelectual ou qualquer outro tipo de direito de propriedade que tenha como objeto bens imateriais. Alega que a propriedade de ser de coisa especificamente determinada. Defende a denominação de quase-propriedade ao regime destes direitos. Em sentido contrário, ver Miranda (1956, p. 207, e 1967, p. 547). Alguns aspectos da propriedade clássica: tal como a ilimitação, não são mais pré-requisitos do conceito de propriedade. A propriedade pode ser limitada pela função social, boa-fé, ordem pública e bons costumes.

27. Ver sobre o assunto o artigo de Augusto (199?, p. 21). O TJCE procedeu a uma importante distinção entre a existência de *direitos exclusivos* e o seu exercício. Desta forma tornou aplicável o conceito de abuso de posição dominante a casos de exercício de direitos de propriedade intelectual. Ver, neste sentido, os acórdãos *Hugin*, *Hilti* e *Tetra Park*, in Alves (1992, p. 118).

28. O direito brasileiro ao tratar sobre a propriedade industrial na Lei 9.279, de 14.5.1996, em seus arts. 183 a 195, tipifica os atos de desvio da clientela como concorrência desleal. Ao traçar uma distinção entre *estelionato e o crime de concorrência desleal*, o acórdão do TJSP definiu o núcleo do conceito de concorrência desleal. É a idéia de desvio de clientela, enquanto o estelionato seria a obtenção de vantagem econômica mediante o uso de artifícios que enganem a vítima (*RT* 428/338).

29. Sobre o assunto ver Paulo Caliendo Silveira (1998, pp. 29 e ss.).

30. A denominação de proteção contra a concorrência desleal será adotada para a configuração da proteção de marcas e da propriedade industrial em função de seu uso consagrado na doutrina e legislação internacional.

tido a *proteção de um direito subjetivo privado*[31] do empresário à marca devidamente registrada, bem como o inventor, à patente devidamente registrada.[32] A vedação de cartéis, monopólios e do abuso de posição dominante não tem por objeto a proteção de um direito subjetivo do comerciante, inventor ou particular da ofensa por parte de um terceiro. Seu objetivo é a proteção de um bem jurídico de interesse público: o *direito subjetivo público à liberdade de concorrência.* A proteção da concorrência ao vedar monopólios, cartéis e abusos de posição dominante versa sobre proibições de ordem pública, contra ofensas por terceiros a esse direito subjetivo público de ordem econômica;[33]

31. Existe uma grande polêmica na literatura jurídica quanto ao *bem jurídico tutelado pelo direito da concorrência leal.* Alguns autores defendiam ser este bem um direito personalíssimo, outros, um direito patrimonial. O debate tornou-se clássico com a defesa de Rippert de que esta tutela referia-se ao direito de estabelecimento, por outro lado, Carnelutti defendeu como um direito de aviamento. A crítica a estas teorias refere-se ao fato de que toda nova concorrência é suscetível de causar dano a um concorrente. Ferri elaborou a teoria da *antijuridicidade objetiva* dos atos de concorrência desleal para resolver este dilema. Seria uma espécie de crime formal, como atos objetivamente contrários às normas jurídicas. Contudo, como bem observa Konder Comparato (ob. cit., p. 30), esta noção representa uma exceção à maioria dos casos, inadequada ao direito brasileiro e ao Código de Propriedade Industrial que exige dolo ou culpa. Para Tulio Ascarelli (ob. cit., p. 199), trata-se da proteção de um direito da personalidade. Em sentido contrário ver Pontes de Miranda, *Tratado de Direito Privado*, v. XVII, p. 271; para este último autor podem ser protegidos direitos puramente patrimoniais.

32. A par do direito subjetivo privado do comerciante existe o direito subjetivo público ao registro. Este direito subjetivo público tem raízes no direito subjetivo público ao direito de livre concorrência.

33. Entende também Pontes de Miranda (ob. cit., p. 276), que a concorrência efetiva, denominada por ele de *trustificação*, difere do regime da concorrência desleal. Para este autor: "Os atos reprimíveis de trustificação que as leis antitruste enumera ou definem não são atos de concorrência desleal. São atos de pré-eliminação ou eliminação da concorrência". A concorrência desleal trata de ofensas praticadas no plano da concorrência.

• de desvio de clientela ou uso indevido de marcas ou patentes tem por pressuposto a realização de ato de concorrência desleal, ou seja, ato ilícito extracontratual, fundado em um ilícito civil ou decorrente de abuso de direito,[34] e, portanto, responsabilizável; a natureza do ato é decorrente do *regime da responsabilidade civil extracontratual.* Esta responsabilidade é verificada em conformidade com os atos que ferem os usos honestos em matéria comercial e industrial. A natureza dos atos praticados contra a concorrência efetiva é, por outro lado, *limitação da autonomia da vontade.* A concorrência desleal trata do regime relativo aos atos que são fontes de obrigações por serem ilícitos ou por serem uma forma de abuso de direito.[35]

Enquanto a concorrência desleal constitui uma conduta inadequada do empresário no sistema de competição, que fere os princípios da boa-fé e de *naemene laedere*,[36] a concorrência efetiva constitui um ataque ao próprio regime de livre concorrência, afetando, deste modo, a "ordem pública econômica". A "ordem pública econômica" é o conjunto de normas básicas estruturantes do ordenamento jurídico sobre a produção e a circulação de riqueza em uma sociedade.[37]

34. Inclusive a criação e utilização jurisprudencial do conceito de concorrência desleal surgiu na França num apelo ao art. 1.382, que trata da responsabilidade civil por culpa. Nesse sentido ver Dutoit (1995, p. 39).

35. Ver, neste sentido, Pontes de Miranda, ob. cit., p. 273.

36. Tulio Ascarelli (ob. cit., p. 199) entende que o fundamento do regime de concorrência desleal é a violação da correção profissional, independente de culpa. Este conceito apesar de impreciso aponta o cerne da concorrência desleal: uma forma de conduta. Não se trata nem do dano e nem da intenção (dolo ou culpa), mas do desvio de um certo tipo de conduta. A conduta anticoncorrencial por ser decorrente de responsabilidade civil extracontratual (por causar dano ou ferir a boa-fé) ou por ser ilícita, proibida por lei.

37. O conceito de "*ordem pública econômica*" é semelhante ao conceito de constituição econômica usada no direito alemão. V. também Müller (1988, pp. 18 e 19).

O direito da concorrência compõe um todo sistemático que tem como objeto a *proteção da liberdade de concorrência* em sentido amplo. Abrange este conceito duas espécies: a proteção contra a concorrência desleal e a proteção da concorrência efetiva. Os princípios informadores comuns a ambos os campos fundam-se no interesse público, na tutela da livre concorrência. Esses princípios são claros na proteção da concorrência efetiva, visto que se trata de uma proteção contra a supressão da própria concorrência. Mas, e no caso da concorrência desleal, onde estará este interesse público na tutela de livre concorrência?

A resposta a esta pergunta foi exemplarmente dada por Tulio Ascarelli, da seguinte forma: "Precisamente es la reciprocidad da protección dispensada por la disciplina de la concurrencia desleal, al establecer el derecho de cada empresario a leal concurrencia frente a todos los demás (...)".[38]

1.3 Do conceito de concorrência efetiva

O princípio da livre concorrência adotado no discurso econômico não está consagrado de forma absoluta ou ideal nos diversos sistemas jurídicos. A razão para este fenômeno reside em considerações de ordem geral e política.[39]

No pensamento liberal clássico, todo e qualquer obstáculo à livre concorrência deve ser considerado nocivo e, portanto, criticado. Com o surgimento do mercado de massa e com o aparecimento de grandes conglomerados econômicos, o conceito de concorrência perfeita cedeu lugar à idéia de *concorrência efetiva* ou *workable competition.*[40]

O conceito de *concorrência perfeita* abrange quatro condições:[41]

- grande número de compradores e vendedores, agindo independentemente, de modo que nenhum possa afetar isoladamente o preço de mercado;
- homogeneidade dos produtos oferecidos;
- perfeita informação no mercado;
- livre acesso de qualquer empresa à produção do bem.

Essas quatro condições são próprias de um modelo teórico, mais próximo de um mundo abstrato do que do mundo real da competição. Face à impraticabilidade desta concepção, passou-se a usar a idéia de concorrência praticável ou efetiva.[42]

O estatuto do direito da concorrência é o de "*regras do jogo*", e não mais de um dogma inafastável. Sua finalidade, agora, é a de garantir que a livre concorrência não seja destruída por ações da própria concorrência. Assim, limitações à livre ação do mercado são admitidas se tiverem por objetivo garantir a manutenção das "regras do jogo" econômico.[43]

A idéia da proteção da concorrência efetiva como manutenção das regras do jogo encontra guarida na palavra latina *concurrere*, que tem como significado a competição de particulares com vistas a um fim (clientela, mercado ou fixação de preços).[44]

38. Tulio Ascarelli, ob. cit., p. 234.

39. Sobre o assunto ver Paulo Caliendo Silveira (1998, p. 56).

40. As legislações dos Estados Unidos e da Comunidade Econômica Européia trabalham com a noção de *concorrência efetiva* ou praticável e não com a da concorrência perfeita. Este é o sentido do *Sherman Act* e do Tratado de Roma. Ver sobre este tema Faria (1993, pp. 23 e 24).

41. Simonsen (1988, p. 3).

42. São muitos os pontos de irrealismo da *noção de concorrência perfeita*: impossibilidade de informação perfeita do mercado, existência de oligopólios, os acordos que restringem o acesso ao mercado, entre outros. Sobre o assunto, ver Simonsen (1988, pp. 3 e ss.).

43. Nem todos concordam com os efeitos benéficos da *intervenção do Estado* para garantir as regras do jogo de livre mercado. Entre aqueles que são contrários a este entendimento está Veljanovski (1994). Nesta obra, o autor realiza uma grande crítica às formas de regulamentação estatal do mercado.

44. A referência à livre competição designada pela palavra *concorrência* tem similares no direito espanhol (*competencia*), italiano (*concorrenza*), alemão (*Konkurrenz, Wettbewerb* e *Kartellrecht*), francês (*concurrence*) e inglês (*competition* e *competion*

A origem desta compreensão importa no entendimento de que o jogo livre das forças de mercado pode acarretar o surgimento do oposto da concorrência perfeita que é o monopólio, ou seja, aquele sistema no qual uma só empresa detém o domínio do mercado.

Por outro lado, a exclusão da concorrência permite surgir uma *ordem privada econômica* paralela à ordem pública econômica, que disputa com o Estado o monopólio da coação.[45] Afinal de contas, a fixação de preços sem concorrentes, a subordinação de distribuição exclusiva e o impedimento do acesso ao mercado também importam numa espécie de coação que tolhe o consumidor do poder de escolha do produto que irá adquirir e lesar o direito de qualquer empresário de concorrer.

Existem dois grandes *sistemas de legislação "antitrust"*: o sistema da sanção geral de ilicitude e o sistema do abuso. O sistema da sanção geral de ilicitude aplica-se à sanção de ilicitude sem exceção, não levando em conta os efeitos e os aspectos positivos das posições dominantes. Qualquer monopólio ou posição dominante é considerada, em princípio, como nociva à concorrência. No sistema da legislação comunitária, como regra, as práticas de concorrências são lícitas, mesmo que restritivas, enquanto não for declarada a sua ilicitude frente à legislação comunitária.[46]

O fundamento legal do sistema geral de ilicitude encontra-se no *Sherman Act*, de 1890, em seu art. 1º, que declara ilegal qualquer contrato ou ajuste que restringe o comércio ou a indústria entre os diversos Estados. Trata-se da chamada "*per se condemnation theory*", que implica a incidência automática da sanção legal ao acordo, sem nenhuma consideração das circunstâncias que o cercam. O sistema geral de ilicitude utilizado nos Estados Unidos tem sido atenuado pela Suprema Corte de Justiça Americana por meio da utilização do princípio da razoabilidade ou "*reasonable rule*".[47]

Por meio da utilização deste princípio, a sanção é temperada, punindo-se somente os casos mais graves, os danos efetivos, e não os teóricos. O sistema da sanção geral de ilicitude trabalha com a noção de que a concorrência é uma condição pressuposta à economia de mercado e, portanto, não pode ser afetada.

No Direito Comunitário Europeu, a concorrência não é um *valor em si* e pode ser sacrificada em homenagem a outros valores. Nesse sistema, não há ilicitudes automáticas[48] decorrentes da aplicação de uma "*per se condenation theory*".[49]

Neste sistema aplicação do art. 85-1 do Tratado de Roma,[50] que versa sobre os

law). Conforme Casella (1994c, p. 424), o conceito de do termo "concorrência" não é definido pelo Tratado ou pela Jurisprudência do TJCE.

45. O Estado é nesta concepção detentor do monopólio da violência.

46. Werter Faria, ob. cit., p. 26.

47. Ver, neste sentido, Tulio Ascarelli (ob. cit., p. 141), sobre a *rule of reason* como regra de concreção.

48. Casella (1994c, p. 430).

49. Alves (1992, p. 19) e Casella, idem, ibidem.

50. Art. 85 do Tratado de Roma: "1. São incompatíveis com o mercado comum e proibidos todos os acordos entre empresas, todas as decisões de associações de empresas e todas as práticas concertadas que sejam suscetíveis de afetar o comércio entre os Estados-Membros e que tenham por objetivo ou efeito impedir, restringir ou falsear a concorrência no mercado comum, designadamente as que consistam em:

"a) fixar, de forma direta ou indireta, os preços de compra ou de venda, ou quaisquer outras condições de transação;

"b) limitar ou controlar a produção, a distribuição, o desenvolvimento técnico ou os investimentos;

"c) repartir os mercados ou as fontes de abastecimento;

"d) aplicar, relativamente a parceiros comerciais, condições desiguais no caso de prestações equivalentes colocando-os, por esse fato, em desvantagem na concorrência;

"e) subordinar a celebração de contratos à aceitação, por parte dos outros contraentes, de prestações suplementares que, pela sua natureza ou de acordo com os usos comerciais, não têm ligação com o objeto desses contratos.

"2. São nulos os acordos ou decisões proibidos pelo presente artigo.

"3. As disposições do n. 1 podem, todavia, ser declaradas inaplicáveis:

acordos e coligações proibidos, é temperada pelo art. 85-3 do Tratado, "objetivos gerais da comunidade". Essa interpretação é muito diversa do sentido da "*rule of reason*". A diferença básica consiste no fato de que a "*rule of reason*" é utilizada no sentido de temperar ou corrigir eventuais distorções provocadas pela aplicação automática da sanção de ilicitude. A função hermenêutica dessa regra é a de corrigir disfuncionalidades da sanção geral, ou seja, garantir que a função da sanção geral seja cumprida e não produza resultados contrários aos objetivos de sua criação.

O sentido do sistema de Direito Comunitário Europeu é bem diverso. A interpretação de um acordo face à legislação comunitária verificará se o comportamento concorrencial importa a incidência da norma do art. 85-1 do Tratado de Roma. Caso essa norma incida, ela pode ser afastada em razão do art. 86-3. Esse procedimento interpretativo não visa a corrigir falhas ou lacunas da aplicação legal; pelo contrário, faz parte mesmo da sistemática normativa do Direito Comunitário Europeu. Não é um instrumento hermenêutico disponível ao juízo de convencimento do julgador da causa, mas uma regra de interpretação sistemática do Direito Comunitário Europeu. Entretanto, inexiste uma *definição de concorrência* no Direito Comunitário Europeu, pois essa é tida implícita ou considerada como "óbvia".[51]

Analisando-se a lei brasileira, veremos que a Lei 8.884/94 além de afastar o conceito de concorrência perfeita ainda estabelece a possibilidade de serem suportados os atos anticoncorrenciais, desde que tenham por objetivo aumentar a produtividade, melhorar a qualidade de bens e serviços, propiciar o desenvolvimento tecnológico, trazer benefícios aos consumidores e usuários ou quando forem necessários ao bem comum e à economia nacional, afastando-se categoricamente da teoria da "*per se condenation*", aproximando-se da *teoria do abuso* adotada pelo Direito Comunitário Europeu.[52]

O art. 5 da *Ley de Defensa de la Competencia* argentina, *Ley* 22.262/80, é menos claro do que a lei brasileira nesse aspecto. Afirma este artigo que: "quedan excluidos del art. 1 los actos y conductas (N.A.: ou seja, condutas anticoncorrenciais) que se atengan a normas generales o particulares o disposiciones administrativas dictadas en virtud de aquellas".

1.3.1 O princípio da concorrência potencial

O CADE tem manifestado-se também pela proteção da concorrência potencial. Conforme citação de decisão do CADE, por parte de José Carlos Magalhães e Onofre Sampaio: "A opção pela associação, se racional do ponto de vista microeconômico, ao prolongar-se por tempo virtualmente indeterminado, é danosa à competição porque, de acordo com os ensinamentos da jurisprudência internacional da matéria, elimina a competição potencial percebida e efetiva entre a firma estabelecida e a potencial entrante. Considerando ainda que a opção pela associação com os maiores fabricantes da indústria da cerveja foi escolhida por outras potenciais entrantes no mercado (...) a aprovação da presente operação por este CADE excluiria a possibili-

"· a qualquer acordo, ou categoria de acordos, entre empresas;

"· a qualquer decisão, ou categoria de decisões, de associações de empresas, e

"· a qualquer prática concertada, ou categoria de práticas concertadas, que contribuam para melhorar a produção ou a distribuição dos produtos ou para promover o progresso técnico ou econômico, contanto que aos utilizadores se reserve uma parte eqüitativa do lucro daí resultante, e que:

"a) não imponham às empresas envolvidas quaisquer restrições que não sejam indispensáveis à consecução desses objetivos;

"b) nem dêem a essas empresas a possibilidade de eliminar a concorrência relativamente a uma parte substancial dos produtos em causa."

51. Ver, neste sentido, Goldman (1975, p. 342).

52. No mesmo sentido, ver Fonseca (1995, pp. 31 e 32).

dade de entrada efetiva no mercado da maior cervejaria do mundo, o que, além de promover a concorrência, implicaria real aporte de investimento, tecnologia, *know-how* e aumento da eficiência (...)".[53]

1.4 Do princípio da livre concorrência

O Tratado de Assunção e o Protocolo de Ouro Preto possuem diversos *princípios gerais* que orientam o modelo de integração a ser seguido para a formação do Mercado Comum.[54] Esses princípios têm sentidos diversos e sua aplicação dá-se de forma diferente.

O Tratado do Assunção possui dois grandes *grupos de princípios gerais*: os princípios de condução diplomática do processo de integração e os princípios que orientam o modelo de integração a ser seguido.

No primeiro grupo, encontramos os princípios da flexibilidade, gradualidade, equilíbrio e reciprocidade. O segundo grupo compõe-se de diversos princípios que orientam a constituição de um Mercado Comum. Neste segundo grupo, existem princípios que orientam desde o tratamento fiscal[55] até princípios que visam objetivos sociais. Inicialmente iremos analisar este segundo grupo de princípios e, particularmente, aqueles relativos à estruturação da ordem econômica.

A) Princípios gerais fundantes da ordem econômica

Em nosso estudo, interessa-nos particularmente aqueles princípios que "fundamentam" a estruturação da *ordem econômica*[56] almejada com a constituição de um Mercado Comum.[57] Tais princípios aparecem de modo diverso nos textos legais e têm uma atuação diferenciada conforme a situação em que são empregados. São eles: a livre iniciativa e a livre concorrência.[58]

Os princípios de livre concorrência e livre iniciativa estão por natureza ligados à chamada Ordem Econômica e assumem um

53. Nesse sentido, ver in Magalhães (1999, p. 44), ao tratar do voto da Conselheira Relatora Lúcia Helena Salgado e Silva, in *Revista do IBRAC* 4/87 e 88, AC 58/95, Cia. Cervejaria Brahma/Miller Brewing Co. e Miller Brewing M 1855 Inc., e AC 83/96, Cia. Antárctica Paulista/Anheuser Bush International Inc./ ABII, Anheuser Bush International Holding Inc.-ABIH.

54. Sobre os princípios gerais de condução diplomática do processo de integração gestado com o Tratado de Assunção ver José Ângelo Faria, ob. cit., pp. 2 a 14.

55. Como exemplo e princípios que devem reger a *harmonização fiscal* entre os Estados-Partes integrantes do Mercado Comum está o princípio da não-discriminação, da não-cumulatividade e da interpretação favorável ao contribuinte. Como veremos, estes princípios não são necessariamente os mesmos que aqueles relativos à livre concorrência e à liberdade de iniciativa.

56. Conforme Casella (1994c, p. 301): "Todo o ordenamento comunitário está estruturado a partir dos pressupostos da economia de mercado, (...) com os corolários de *ordem econômica e social* daí decorrentes". Sobre o conceito de "constituição econômica", ver Casella (1994c, pp. 304-305).

57. Faria (1990, pp. 5 e ss.).

58. Parte o presente trabalho da noção de que *livre iniciativa* e *livre concorrência* não são termos sinônimos, apesar de serem termos afins. Não existe identidade de significado entre ambos os termos. Ver, nesse sentido, Fonseca (1995, p. 33). Livre iniciativa significa a inexistência de obstáculos à atividade privada e negocial, por outro lado, livre concorrência significa livre acesso ao mercado, expressão que presume que o livre acesso ao mercado deve ser garantido mesmo com limitações à livre iniciativa. Por exemplo, o princípio da livre iniciativa avaliza a compra de uma empresa por outra, contudo, caso esta aquisição constitua a formação de um monopólio privado, o princípio da livre concorrência atuará em sentido contrário relativizando o princípio da livre iniciativa. Por outro lado, entendemos que a livre concorrência é constituída como um verdadeiro princípio fundante da ordem econômica, visto que possui estas características. O princípio da livre concorrência constitui-se como uma norma genérica a orientar normas específicas, outras vezes aparece como norma programática, como objetivo a ser atingido no sistema e, finalmente, em algumas situações aparece como autorização aos governos e jurisdições para discricionariamente apontar a solução no caso concreto. Desta forma, possui a imprecisão lingüística própria dos princípios, que exige o preenchimento interpretativo. Ver, nesse sentido, Fonseca (1995, p. 33).

papel de relevo como *fundamento*[59] da ordem econômica criada pelo Tratado de Assunção e como informadores do sistema de integração.[60]

Inicialmente, cabe perguntar se o Tratado de Assunção e o Protocolo de Ouro Preto constituíram uma nova *ordem econômica distinta* do mero somatório das relações de troca entre os Estados-Partes. Da análise dos textos citados, pode-se perceber que não. A implementação de uma zona de livre comércio pelo Tratado de Assunção, com a configuração de um regime geral de origem, e, fundamentalmente, a partir do Protocolo de Ouro Preto com a instituição de uma política comercial comum e com a adoção de uma Tarifa Externa Comum, verifica-se a gestação de uma ordem coerente em âmbito econômico, regulando de modo novo a atividade econômica e os fatores de produção dos países integrantes do Tratado de Assunção. Trata-se de um conjunto normativo *para a* criação de uma ordem econômica no Mercosul, não se trata, contudo, *da criação* dessa nova ordem econômica.[61]

Essa nova ordem econômica encontra-se em gestação, e sua delimitação ainda é imprecisa. Sua *incipiência* deriva tanto das regras de condução diplomática do processo de integração, quanto de elementos substanciais derivados pelas escolhas políticas tomadas pelos Estados-Partes. Dentre essas últimas, ressalta-se a opção dos governos dos quatro países em manter um regime de adequação a alguns produtos, sob a vigência de uma União Alfandegária, tornando-a imperfeita. De igual forma, está indefinida a relação entre as diversas *ordens internas* e o direito derivado do Tratado. Todas essas observações ressaltam a natureza embrionária da ordem econômica gestada pelo processo de integração.

Essa nova ordenação tem como características a ampliação da interdependência econômica entre os Estados-Partes e, por outro lado, a criação de *mecanismos intergovernamentais de regulação econômica* do mercado atingido. Tanto um quanto o outro encontram-se em fase de implementação e mesmo de elaboração.[62]

Por outro lado, não é possível se falar, de modo algum, da existência de uma *Constituição Econômica* em âmbito de Mercosul, tal como no âmbito da União Européia. Ou seja, inexiste um conjunto de normas definidoras do sistema econômico e da organização e funcionamento da economia. No Mercosul existem apenas alguns prin-

59. Adotou o presente trabalho a noção de que o princípio da livre concorrência é *fundamento* da ordem econômica e informador do sistema de integração. Este entendimento expressa o sentido de que as normas de ordem econômica são expressões da consagração do princípio da livre iniciativa e da livre concorrência, por outro lado, estes princípios informam todas as demais normas pertencentes ao sistema da integração.

60. O princípio da liberdade econômica constitui no Direito Comunitário Europeu um dos chamados "*princípios constitucionais comunitários*", conforme Casella (1994c, p. 301).

61. Quando da redação do livro *Defesa da Concorrência no Mercosul* adotamos um entendimento diverso, no momento entendíamos que existia o nascimento de uma nova ordem econômica com o Tratado de Assunção, embrionária, mas existente. No atual trabalho defendemos posição em sentido diverso, ao propor que existe o projeto para a constituição de uma nova ordem econômica, tal como o Tratado de Assunção é um tratado *para* a constituição de um Mercado Comum, mas não é ainda o tratado *da* constituição do mesmo. Do mesmo modo, inexiste no surgimento da União Aduaneira e no Protocolo de Ouro Preto o surgimento de tal ordem, mas tão-somente a consolidação do projeto de constituição da mesma. Nota-se ultimamente um uso indiscriminado das expressões "ordenamento jurídico do Mercosul", "ordem jurídica" ou ainda "sistema jurídico" do Mercosul, como se tal situação fosse realidade ao invés de projeto. O uso de tais expressões estará correto se for dirigido ao projeto de constituição de uma verdadeira ordem de direitos públicos subjetivos, tal como abordamos no trabalho "Os direitos públicos subjetivos no Mercosul". Sobre o assunto ver in Paulo Caliendo Silveira (2000).

62. No caso dos *mecanismos intergovernamentais de regulação econômica* seus principais aspectos encontram-se em fase de elaboração a cargo dos diversos Comitês Técnicos criados pela Diretiva 1/95 da CCM/Mercosul. Incluem-se em fase de estudo, entre outros, a defesa do consumidor, a defesa da concorrência, políticas públicas que distorcem a competitividade e restrições aduaneiras.

cípios e normas dispersas, com atuação diferenciada.

B) O princípio da livre iniciativa

O princípio da *livre iniciativa*, apesar de não se encontrar expresso no Tratado de Assunção, é norma fundante da ordem econômica e do Mercado Comum, e é princípio informador de todo o sistema de integração.[63]

É possível verificar tal princípio, contudo, nos textos do Tratado nas múltiplas referências à "*livre circulação*" e às condições de mercado. A livre circulação tem sentido ligado à noção de "circulação de mercado", expressão utilizada no Preâmbulo do Tratado. A referência à livre circulação engloba quatro fatores: pessoas, bens, capitais e estabelecimentos.

A relação entre *mercado e livre iniciativa* é ainda mais explícita. Convenciona-se o surgimento do capitalismo, como regime da livre iniciativa, com a Revolução Francesa de 1789. Foi com a consagração da liberdade de indústria e comércio, preceituada pela Lei 2-17 de março de 1791, a chamada Lei Chapelier, que se fundou o regime jurídico do capitalismo. Na base desse sistema estará a idéia de propriedade livre e sagrada e da convenção com o estatuto de lei entre as partes.[64]

O princípio da livre iniciativa encontra consagração constitucional no art. 170 da CF/88, o qual estabelece que: "Art. 170. A ordem econômica, fundada na valorização do trabalho humano e na *livre iniciativa*, tem por fim assegurar a todos existência digna, conforme os ditames da justiça social, observados os seguintes princípios: Parágrafo único. *É assegurado a todos o livre exercício de qualquer atividade econômica, independentemente de autorização de órgãos públicos,* salvo nos casos previstos em lei".

O primeiro *pressuposto* da concorrência é a *existência do mercado.* A concorrência é entendida como a disputa de agentes econômicos para a satisfação da escolha de um cliente ou adquirente de produtos. A preocupação com a garantia da concorrência ou com sua tutela é inexistente ou secundária em sistemas de pensamento onde o mercado não cumpre papel nenhum ou cumpre um papel secundário, tal como o pensamento socialista ou comunista.

Nesses sistemas filosóficos e econômicos, a preocupação com a proteção da concorrência cede espaço à preocupação com a cooperação social e a garantia da igualdade. Logo, os sistemas sociais derivados deste modo de organizar a sociedade irão dar uma importância menor ou nenhuma importância à proteção do regime de concorrência.

Outro pressuposto da concorrência é a existência de *seleção.* A concorrência é, nesse sentido, uma disputa, uma competição pela qual os produtos e serviços mais eficientes serão selecionados pelo mercado, permitindo o surgimento da inovação e

63. Encontra-se implícito o princípio da *livre iniciativa* no Tratado de Montevidéu, 1980, da ALADI, existindo apenas referências à eliminação mútua de "entraves ao comércio recíproco". O espírito de liberação comercial, contudo, faz surgir o entendimento em sentido da imprescindibilidade do conceito de livre iniciativa a este acordo. A não-inclusão do princípio no texto do Tratado de Assunção de forma explícita não deixa de trazer uma certa surpresa. Talvez o entendimento dos países integrantes contenha a solução para esta incógnita. De qualquer forma, é interessante observar a diferença entre a consagração do princípio nos textos constitucionais brasileiros e argentinos. O constituinte brasileiro o consagrou no art. 1º da Constituição Federal de 1988 como um dos fundamentos da República Federativa do Brasil (art. 1º, IV, CF/88). De outra parte, a Constituição argentina, em seu art. 14, ao estabelecer as regras sobre os direitos civis preceitua que: "todos los habitantes de la Nación gozan los seguientes derechos conforme a las leys que reglamenten su ejercicio, a saber: de trabajar y ejercer toda industria lícita; de navegar y comerciar; (...)". O texto original, de 1853, não alterado pela reforma constitucional argentina, apresenta o princípio da livre iniciativa ainda sob um enfoque corporativo. No texto do artigo citado, a livre está limitada pelos ditames regulamentares do Estado, não se apresentando o princípio em sua formulação clássica de limite à ação estatal.

64. Rippert (1947, p. 21).

da busca de processos orientados pela qualidade. O *locus* da seleção será o mercado e o agente selecionador será o consumidor.

O elemento fundamental da eficiência é a *concorrência*, ou melhor dizendo, a eficiência é objetivo a ser alcançado pela concorrência, na medida em que esta seleciona os melhores processos produtivos. O que faz o homem buscar a eficiência é a concorrência do mercado, não basta trabalho produtivo aplicado em quantidade; é necessário qualidade de trabalho produtivo. Este critério qualitativo é trazido pela concorrência. Compare dois grupos de artesães, cada um com dezoito integrantes, considere também uma necessidade social por alfinetes. O grupo *A* produz dezoito alfinetes por dia, cada artesão realiza as dezoito operações necessárias, no grupo *B* cada integrante produz 4.000 alfinetes por dia. O que faz existir a eficiência é a concorrência entre os agentes econômicos. O grupo *B* procura novos métodos de eficácia ao trabalho produtivo porque existe o grupo *A* que concorre com ele na disputa por adquirentes de alfinetes.

Nesta situação ideal, o grupo *A*, calculando racionalmente, tem duas opções: ou troca de ramo ou melhora a sua eficiência, e isto se deve à concorrência do grupo *B*. A concorrência é o motor da eficiência, que é, por sua vez, o dado qualitativo capaz de levar as nações à opulência. Acabe com a concorrência, e o nível de progresso técnico e o incentivo à procura da eficiência diminuirá. É da espontaneidade do mercado que surgirão benefícios públicos.[65]

Partindo deste postulado econômico, a livre concorrência ingressará na doutrina jurídica adotando o *status* de conceito jurídico.[66]

Da leitura da parte preambular do Tratado de Assunção, verificamos que os Estados-Partes participam desta compreensão do significado da *noção de livre concorrência* como elemento qualitativo no desenvolvimento do mercado com vistas ao aumento da riqueza das nações envolvidas. Assim, o texto do Preâmbulo do Tratado almeja que a integração econômica assegure um "tratamento mais eficaz" dos recursos disponíveis, por meio do "desenvolvimento científico e tecnológico" dos Estados-Partes e da "modernização" de suas economias, com "o fim de melhorar as condições de vida de seus habitantes".[67]

O meio indicado para atingir o objetivo proposto é a constituição de um Mercado Comum, com livre circulação de bens, pessoas e fatores produtivos, com o estabelecimento de uma política comercial comum e da coordenação de políticas macroeconômicas entre os países integrantes do Tratado. Expressa, também, a referên-

65. Para Adam Smith, a *poupança* ocupará um papel importante na criação da abundância. Para ele, é racional que se busque o lucro e se troque a prodigalidade pela poupança. A poupança representa para o homem racional a melhor escolha, porque permite a ele aumentar o seu capital e assim aumentar a satisfação de seus interesses privados. A poupança está na gênese da expansão do capitalismo moderno, como bem expressa Aloysio Lopes Pontes em seu livro *Instituições Financeiras Privadas*. A implantação e desenvolvimento do mercado de capitais se deve a disponibilidade do crédito gerado pelas pequenas poupanças. Assim, a sociedade anônima pode reunir a pequena poupança e a grande indústria democratizando a produção, abrindo a indústria ao pequeno poupador. Somente assim, o capitalismo moderno conseguiu reunir somas capazes de alavancar o desenvolvimento econômico. A relação entre o mercado de capitais, sociedades de investimento é bastante estreita. Sobre o assunto, ver Pontes (1982, p. 3).

66. O *conceito de livre concorrência* tem a sua origem derivada da doutrina econômica, sendo transposto à doutrina jurídica. Este é mais um dos conceitos que, oriundos de outros campos do conhecimento, passa a ser utilizado no direito. Outros célebres exemplos são o conceito de soberania (advindo do discurso religioso, como bem demonstra Carl Schmidt em o conceito do político) e o conceito de empresa que é adotado no direito comercial, de organização na atividade econômica, no discurso econômico; passa a ser entendido como o exercício profissional de atividade econômica no direito italiano, art. 2.555 do *Codice Civile Italiano*. Como nos exemplos anteriores, a utilização do conceito de livre concorrência passa a ter um significado próprio no discurso jurídico, apresentando distinções frente ao conceito original.

67. Conforme o Preâmbulo do Tratado de Assunção.

cia à livre concorrência no seio do Mercado Comum.

C) Sentido e posição do princípio da livre concorrência

O princípio da livre concorrência, enquanto *princípio geral* base da ordem econômica, traz "em si" todas as certezas e dubiedades de sua natureza, qual seja, uma espécie particular de norma jurídica.

Os princípios são geralmente postos em contraposição às normas jurídicas, como se possuíssem natureza diversa.[68] Todavia, como tem sido demonstrado por um grupo de estudiosos, não é possível realizar uma demarcação precisa entre estes e aqueles de forma inquestionável.[69] Em geral, os princípios se caracterizam frente a outras normas pela *posição* que ocupam no ordenamento. Dos diversos sentidos possíveis, existem no mínimo três relevantes[70] da noção de princípio como fundamento de um conjunto de outras normas; vejamos a utilização do princípio da livre concorrência em cada um deles:[71]

1º) *Princípio-gênero* — uma norma *N1* é fundamento de uma norma *N2* quando *N1* é mais geral que *N2*, de forma que *N2* pode ser deduzida de *N1* (pode dizer-se que *N2* constitui expressão, especificação ou aplicação do princípio *N1*).

O princípio da livre concorrência é o princípio geral, neste sentido, a orientar a elaboração do Estatuto de Defesa da Concorrência especificado na Diretiva 1/95 da CCM. Assim, o Comitê Técnico 5 — Defesa da Concorrência — incumbido de elaborar este estatuto, deverá fazê-lo especificando e particularizando o princípio da livre concorrência à situação concreta da constituição do Mercado Comum.

A Decisão 21/94 e a Decisão 18/96 do Conselho do Mercado Comum sobre a Defesa da Concorrência, por outro lado, são *aplicações* do princípio geral à defesa da concorrência no Mercosul. Desse modo, pode-se afirmar que a normas decorrentes da Diretiva 1/95, da Decisão 21/94 e Decisão 18/96 são expressões do princípio informador da livre concorrência.

2º) *Princípio-finalidade* — uma norma pode ser fundamento de outra, quando *N1* é uma norma teleológica, ou seja, prescreve um fim, e *N2* constitui uma "atuação" de *N1* ou um "meio" para atingir-se aquele fim.

Nesse caso, ele não prescreve uma determinada conduta, mas exprime uma orientação de conduta. Ele realiza isso através da expressão valorativa ou pela recomendação de um fim.[72] Não há, aqui, a definição expressa do meio para atingir-se o fim proposto. É o caso do princípio perseguir o fim *F*, indicando, alternativamente meios *M1* e *M2* para tal. O princípio, neste caso, é elástico, consentindo escolher os meios *M1* e/ou *M2* como legítimos para alcançar o fim *F*.

68. Podemos realizar uma diferenciação por meio da *análise lingüística*. As normas têm, geralmente, um enunciado de significação (relativamente) preciso. Os princípios, por sua vez, têm enunciação altamente indeterminada. Um princípio pode ser vago porque não há um preciso campo de aplicação. Por exemplo, o princípio da livre concorrência é certamente mais impreciso e vago do que o art. 183, VI, do Código Civil Brasileiro, que prescreve que: "Não podem casar: (...) IV — as pessoas casadas". Sobre o assunto, ver também, Dworkin (1980, pp. 75-129). Ver Carrió (199?).

69. Neste sentido ver Ross (1970); Carrió (199?). Ver, também, Dworkin (ob. cit., pp. 75-129).

70. Sobre o assunto ver o estudo de Ricardo Guastini, *I principio di Diritto. Il Diritto dei Nuovi Mundi*, p. 2.

71. É importante ter em conta que inexiste na natureza qualquer espécie de *distinção classificatória* ou tipos aos quais pudéssemos comparar nossos modelos, desse modo não podemos asseverar ser qualquer espécie de modelo da natureza como sendo mais correspondente ou não com nossas propostas. Tal entendimento deriva também da impossibilidade de compreender a "teoria da verdade" como sendo uma "teoria da correspondência". Desse modo, as classificações devem ser entendidas como úteis ou inúteis a uma concepção de mundo, e as crenças que a suportam. Ver, nesse sentido, os estudos sobre o moderno pragmatismo "analítico" surgido com Quine e Rorty. Ver in Júnior (1999).

72. Ricardo Guastini, ob. cit., p. 3.

Como exemplo, tomemos a análise do texto preambular do Tratado de Assunção. Assim, quando o Tratado apresenta o objetivo de alcançar "desenvolvimento econômico com justiça social", trata-se de um princípio com a *formulação programática* antes esboçada. O fim proposto, e que fundamentou as razões de pactuar um tratado de integração, visa a melhoria das condições de vida dos habitantes dos Estados-Parte. Os meios para alcançar-se este fim são, entretanto, variados, tais como: aproveitamento eficaz dos recursos disponíveis, a preservação do meio ambiente, o melhoramento das condições físicas e a coordenação dos diferentes setores da economia.

Como se pode perceber, trata-se de princípios díspares que, muitas vezes, podem entrar em contradição entre si.[73] Vejamos, como sugestão de exemplo, a utilização do princípio do melhoramento das condições físicas e da preservação do meio ambiente. Em determinada situação, o melhoramento da infraestrutura energética pode exigir a construção de uma usina hidrelétrica. Certamente haverá um notório aumento da capacidade energética no Mercado Comum; contudo, esta escolha terá reflexos no meio ambiente circundante, inclusive com a contradição entre os dois bens tutelados.

Essa situação deriva do fato de que os princípios têm como característica a possibilidade de entrarem em contradição com outros princípios e de atuarem de modo diverso frente às mesmas normas jurídicas.

Da mesma forma o princípio da livre iniciativa e o da livre concorrência em determinadas situações podem ter significados contraditórios. O respeito à livre iniciativa deveria exigir o respeito aos acordos realizados entre empresas, mas a proteção da livre concorrência limita a aplicação da livre iniciativa aos acordos que prejudiquem, falseiem ou distorçam as condições de mercado.

3º) *Princípio-autorização* — quando *N1* é uma norma de competência ou de autorização e *N2* derive da autoridade instituída de *N1*.

Nesse caso, os princípios funcionam como "*pontos de partida*" ao raciocínio judicial.[74] Assim, o juiz perante o caso concreto de "recusa de venda", poderá analisar esta situação frente ao princípio da liberdade de contratar. A recusa de venda não seria injustificada caso o comprador não apresentasse as mínimas condições de adimplir a sua obrigação de pagamento. Nesta hipótese, cotejando ambos os princípios, o juiz, *in concreto*, verificaria ou não os elementos constitutivos da infração à livre concorrência tipificada pela "recusa de venda".[75] O princípio da livre concorrên-

73. Sobre os princípios na Teoria Geral do Direito ver in Dworkin (1980, pp. 75 e ss.).

74. Joseph Esser, *Principio y norma en la elaboración jurisprudencial del derecho*, p. 32. Joseph Esser vê os princípios como *topoi*, ou seja, como ponto de vista discricionais de estimação jurisprudencial. Eles seriam base autorizada para raciocínio judicial. O pensamento tópico assenta-se em dois pilares: no pensamento problemático e endoxal. O pensamento problemático parte do problema, e não do sistema. A colocação de um problema opera uma seleção de sistemas para a busca de uma solução. O pensamento endoxal é aquele "de todos, de maioria e dos mais sábios".

75. Um princípio pode ser vago porque tenha um caráter semanticamente esvaziado ou programático. No caso de ter um caráter semanticamente esvaziado, ele serve como ferramenta ou "*ponto de conexão*" sistematicamente entre uma pluralidade de hipóteses e conseqüências jurídicas. Como regra, uma norma é uma diretiva ao juiz, para que quando ocorra uma hipótese *H*, sua sentença deva ser *C*. Existem normas jurídicas, contudo, como o princípio da boa-fé, onde para cada *H* está conectado com um mesmo grupo de conseqüências jurídicas (*C1* + *C2* (...) + *CN*), ou seja, uma pluralidade acumulativa de conseqüências está ligada a uma pluralidade disjuntiva de hipóteses normativas. A análise dos princípios gerais de direito ganhou relevância não apenas na filosofia do direito, como também no estudo particular de alguns importantes princípios e institutos em direito. Remetemos dois estudos que procedem a uma análise no mesmo sentido: o estudo do princípio da boa-fé objetiva, por Cordeiro (1984) e a análise clássica de Alf Ross sobre o direito subjetivo em seu artigo "Tú-Tú". Ao analisar o *princípio da boa-fé objetiva*, o autor entende que a expressão pretoriana *bona fides* era um expediente técnico preciso. Seu sentido era de uma locução abreviada ao

cia significa, nesse caso, uma autorização ao órgão julgador para verificar os elementos fáticos e circunstâncias que envolvem o caso *sub judice* e aplicar uma estimativa discricionária ao caso em questão.

D) A posição do princípio da livre concorrência frente a outros princípios

Como vimos, os princípios podem ter sentidos diversos conforme a posição que ocupam perante as normas jurídicas. Assim sendo, a análise do princípio da livre concorrência frente a outros princípios não pode ser realizada de modo absoluto sem a referência *in concreto* às circunstâncias em que será aplicado. Vamos, assim, proceder a uma análise do modo geral pelo qual este princípio pode ser utilizado perante outros princípios em conformidade com os textos do Tratado.

Ressaltamos, novamente, que será esta combinação de princípios de diversas ordens que constituirá uma ordem coerente e unitária, sob a forma de um *sistema* de proteção à ordem econômica, que irá variar conforme esta combinação. Na maior parte das vezes, a especificação desses princípios e de sua aplicação será resultado da atividade judicial.

Inicialmente, podemos dividir este conjunto de princípios em dois grandes grupos: os princípios vinculados ao respeito à atividade privada e aqueles que limitam esta atividade; aqueles que exigem a omissão estatal e aqueles que exigem uma ação estatal.

Esse primeiro grupo é composto pelos princípios da livre iniciativa, liberdade de contratar e autonomia da vontade. A característica deste grupo está no respeito à vontade privada e na sua proteção. A maior parte das vezes, esses princípios surgem como barreiras negativas à ação estatal. Nesse sentido, a liberdade contratual exige do Estado uma *omissão* (não alterar os contratos vigentes entre particulares); da mesma forma, a livre iniciativa exige que o Estado não crie impedimentos à atividade privada. É famosa a frase emblemática do significado da livre iniciativa sob o liberalismo nascente, *laisser faire, laisser passer*.

O segundo grupo é composto por princípios que *limitam* a liberdade de iniciativa, a liberdade contratual e a autonomia privada. Este grupo é composto pelos princípios da não-discriminação, da transparência do mercado, da defesa dos consumidores e da livre concorrência. Ao contrário do grupo anterior, esses princípios exigem uma *ação* do Estado na tutela de um bem jurídico de natureza pública: seja ele a coletividade (como na lei brasileira, n. 8.884/94[76]), o interesse econômico geral (como na lei argentina, Ley 22.262/80),[77] as estruturas de mercado, (tal como defendido por alguns autores),[78] ou o livre acesso ao mercado (como na Decisão 21/94 CMC e da Decisão 18/96 sobre a defesa da concorrência).[79]

juiz para na hipótese *H1*, *H2* ou *Hn* agisse de forma *C1*, *C2* ou *CN*. No que a expressão *bona fides* representa a conexão destinada a provocar certos efeitos, como a inerência de *exceptions*, flexibilidade ou/e compensação.

76. Conforme o parágrafo único, art. 1º da Lei 8.884, de 13.6.1994, "A coletividade é a titular dos bens jurídicos protegidos por esta Lei".

77. Conforme o art. 1º da Ley 22.262/80, que afirma que: "Están prohibidos y serán sancionados de conformidad con las normas de la presented ley, los netos o conductas relacionados con la producción e intercambio de bienes o servicios, que limiten, restrinjan o distorcionen la competencia o que constituyan abuso de una posición dominante en un mercado, *de modo que pueda resultar perjuicio para el interés económico general*" (grifos nossos).

78. Ver, nesse sentido, Coelho (1995, p. 5), onde o autor afirma que: "A rigor, a legislação antitruste visa tutelar a própria *estruturação do mercado*. No sistema capitalista, a liberdade de iniciativa e a de competição se relacionam com aspectos fundamentais da estrutura econômica" (grifos nossos).

79. Conforme o art. 1º da Decisão 21/94, que determina que: "O presente instrumento tem por objeto a defesa da concorrência e o *livre acesso ao mercado* no âmbito do Mercosul" (grifos nossos). Conforme o art. 4º da Decisão 18/96, que dispõe que: "Constituem infração às normas do presente Protocolo, independentemente de culpa, os atos, individuais ou concertados, sob qualquer forma manifes-

É de grande importância a *defesa do consumidor* para a proteção da ordem econômica, existindo uma relação de complementaridade entre os dispositivos de defesa do consumidor e a defesa da concorrência.[80] Todavia, o âmbito de incidência de ambos os institutos é diverso. A defesa do consumidor trata especificamente das relações obrigacionais surgidas em uma *relação de consumo*;[81] a defesa da concorrência, por outro lado, incide nas *estruturas de mercado* (no caso do Direito Comunitário Europeu, da afetação sensível do comércio entre os Estados-Membros; do "comércio entre os Estados", no *Sherman Act*, e na Decisão 21/94 CMC/Mercosul, do "livre acesso ao mercado e comércio entre os Estados-Partes").

1.5 Das modalidades de condutas anticoncorrenciais

As modalidades de condutas anticoncorrenciais podem ser divididas em duas espécies, conforme a análise de sua "abusividade" e a ação estatal correspondente. A ação administrativa econômica pode ser:[82]

- Preventiva (*ex ante*) como no caso do controle de concentrações. Nesse caso, as condutas são consideradas abusivas pela sua simples ocorrência; há uma e ocorrência *ex hypothesis* do abuso.
- Reguladora ou posterior (*ex post*). Nesse caso as condutas anticoncorrenciais poderão ser consideradas de natureza individual (abuso de posição dominante) ou coletiva (acordos e coligações). A caracterização da conduta se dá pela ocorrência *ex facto* do abuso.[83]

1.5.1 Condutas anticoncorrenciais de natureza coletiva

As práticas colusórias podem ser de três espécies: acordos ou coligações, práticas concertadas e decisões de associações de empresas.

A) Acordos e coligações

O art. 3º do Anexo da Decisão 21/94 estabelece que estão proibidos "(...) os acordos e as práticas concertadas entre os agentes econômicos, e as decisões de associações de empresas que tenham por objeto impedir, restringir ou distorcer a concorrência e o livre acesso ao mercado (...)". A redação deste artigo expressa claramente a inspiração no Direito Comunitário Europeu

tados, que tenham por objeto ou efeito limitar, restringir, falsear ou distorcer a concorrência ou o *acesso ao mercado* ou que constituam abuso de posição dominante no mercado relevante de bens ou serviços no âmbito do Mercosul e que afetem o comércio entre os Estados-Partes".

80. Sobre o assunto, ver Coelho (1995, p. 5).

81. O *conceito de relação de consumo*, bem como os conceitos de consumidor e fornecedor, são diversos. Regra geral apresenta-se a relação de consumo como aquela na qual num dos pólos da relação jurídica encontra-se um consumidor e no outro um fornecedor. A lei brasileira, o Código de Defesa do Consumidor, Lei 8.078/90, conceitua consumidor como: "toda a pessoa física ou jurídica que adquire ou utiliza produto ou serviço como destinatário final" (art. 2º; ver também arts. 17 e 29 do CDC). No mesmo sentido está a definição de consumidor dada pela Ley de Defensa del Consumidor argentina, Ley 24.240, ao estabelecer que: "se consideran consumidores o usuarios, las personas físicas o jurídicas que contratan a título oneroso para su consumo final o beneficio propio o de su grupo familiar o social". Inexiste um conceito formulado no âmbito do Mercosul, tarefa a ser elaborada pelo Comitê Técnico 7, Defesa do Consumidor.

82. Sobre uma análise exaustiva do tema ver Paulo Caliendo Silveira (1998, pp. 61 e ss.).

83. Sobre o tratamento das condutas de natureza individual ou coletiva no Brasil é interessante a observação de Gesner de Oliveira, ex-presidente do CADE, de que "embora os julgados de conduta já sejam majoritários, freqüentemente se argumenta que a maioria dos casos se referem a processos antigos que, por falhas de instrução, terminam por ser arquivados". Segue o autor ao entender que: "Urge, de fato, melhorar a investigação e assegurar uma repressão eficiente às condutas anticoncorrenciais". Para o autor: "Ressalte-se, no entanto, que não se deve perder de vista o fato de a maioria dos processos terem sido considerados improcedentes e terem sido arquivados constitui, em grande medida, um acerto de contas com o passado, até certo ponto inevitável em países de forte tradição de intervenção estatal como o Brasil. Conforme lembrado por Forgioni (1997, p. 78) (...)" (v. in Oliveira, 2000, p. 20).

da concorrência, sendo notória a sua semelhança com o art. 85 do Tratado CEE.[84]

O art. 85, § 1º, do Tratado CEE, ao versar sobre o regime da concorrência, dispõe que estão proibidos: "Article 85, § 1er: (...) accords entre entreprises, décisions d'associations d'entreprises et pratiques concertées".

No Direito Comunitário Europeu da concorrência, o *conceito* de coligação e acordo é bastante amplo, abrangendo todo o contrato, decisão ou prática concertada que limite a concorrência. Essa noção abrange tanto obrigações de fato como obrigações jurídicas, não sendo necessário que o acordo tenha efeitos jurídicos, basta, apenas, que tenha efeitos de fato.

São *elementos* de uma coligação: o consenso das partes, a finalidade anticoncorrencial e a existência de um nexo de causalidade entre o comportamento anticoncorrencial e a finalidade anticoncorrencial. O objeto de uma coligação pode ser tudo o que possa ser objeto de troca.[85]

Os *acordos horizontais* são aqueles feitos entre empresas no mesmo estágio de produção, como, por exemplo, os relativos ao caso das matérias corantes e de quinino. Os *acordos verticais* são aqueles relativos a diferentes estágios de produção, como os realizados entre produtores e distribuidores. São acordos verticais aqueles tratados no *affaire Gründig-Consten* e o relativo à Decisão da Comissão no caso *ACEC-Bertiet*, Dec. Com. de 17 de julho de 1968, JOCE, L. 201, de 12.8.1968 (acordo realizado entre fabricantes de mecanismos de transmissão e fabricantes de ônibus). Ambas as formas de acordo, verticais e horizontais, são abrangidas pelo art. 85 do Tratado.[86]

A definição de acordos ou coligações, seus elementos, meios de comprovação e outras características deverão ser objeto de elaboração por parte do Estatuto de Defesa da Concorrência ou da jurisprudência, caso seja criado um órgão supranacional com esta competência. Cabe novamente ressaltar a importância do Tribunal de Justiça das Comunidades Européias para a afirmação da defesa da concorrência a nível comunitário.

A redação do Protocolo de Defesa da Concorrência modificou de forma substancial a redação do art. 21/94,[87] sem alterar, contudo, o alcance e o significado de seus termos. Permanece o Protocolo de Defesa da Concorrência a incidir sobre os acordos, coligações e práticas concertadas.

B) Decisão de associação de empresas

A diferença entre o acordo e a decisão de associação de empresas é que o acor-

84. Veja-se, neste sentido, o texto do art. 85 do Tratado CEE, que assim dispõe: "São incompatíveis com o mercado comum e estão proibidos todos os acordos entre empresas, decisões de associações de empresas e práticas concertadas, que possam prejudicar o comércio entre os Estados-Membros e que tenham por objeto ou efeito impedir, restringir ou falsear o jogo da concorrência no interior do mercado comum (...)". O texto da lei brasileira, n. 8.884/94, de forma genérica estipula que constituem infração contra a ordem econômica os "atos qualquer forma manifestados", abrangendo de forma genérica os acordos, práticas concertadas e decisões de associações de empresas. A Ley 22.262/80 da Argentina proíbe as práticas colusórias em seu art. 41, alíneas *a, b, c, d, e, f, g, h* e *k*. Contudo, a leitura do art. 41 da Ley 22.262/80 difere da disposição dada no art. 3º da Decisão 21/94; na lei argentina as práticas colusórias aparecem de forma casuística, sendo especificada a conduta proibida. Por outro lado, as disposições dadas no art. 85 do Tratado CEE e no art. 3º do Anexo da Decisão 21/94 aparecem como verdadeiras *cláusulas gerais* de defesa da concorrência ao vedarem as práticas colusórias anticoncorrenciais.

85. Alves (1992, p. 30).

86. Alves (1992, p. 46).

87. Conforme o art. 4º da Decisão 18/96: "Constituem infração às normas do presente Protocolo, independentemente de culpa, os *atos, individuais ou concertados, sob qualquer forma manifestados*, que tenham por objeto ou efeito limitar, restringir, falsear ou distorcer a concorrência ou o acesso ao mercado ou que constituam abuso de posição dominante no mercado relevante de bens ou serviços no âmbito do Mercosul e que afetem o comércio entre os Estados-Partes". Nota-se pela leitura do referido artigo que ele abrange os acordos, coligações e práticas concertadas.

do é produto do concurso de vontades individuais, enquanto que a decisão é ato de vontade emanado do órgão legal da associação.[88]

A caracterização de decisão de uma associação de empresas independe do nome dado ao instrumento da decisão (circular, memorando etc.). O que interessa é a existência de uma manifestação no sentido de coordenar o comportamento do grupo. Não é necessário que a decisão tenha efeitos jurídicos obrigatórios ou vinculativos. É nos estatutos da associação que se deve averiguar se uma medida tem efeitos vinculativos.

Assim, no Direito Comunitário Europeu da Concorrência, verifica-se que os estatutos da associação determinam efeitos vinculativos e obrigatórios para o grupo, esse comportamento será vedado pelos termos do art. 85. Caso, feita uma análise dos termos do estatuto da associação, constate-se que a decisão não é obrigatória, poder-se-á imputá-la como uma espécie de prática concertada.

C) Práticas concertadas

A noção de práticas concertas apareceu pela primeira vez no art. 1º do *Sherman Act*, de 1890, ao estabelecer a proibição das *combination or conspiracy, as concerted actions* e/ou das *concerted practices.*

A jurisprudência americana sobre práticas concertadas tratou das práticas oligopolizadas da indústria cinematográfica, assim, a Corte Suprema decidiu haver conjuração do comportamento das partes no caso *Interstate Circuit Inc. v. United States*. Nesse caso, a prova de práticas concertadas deve ser estabelecida por presunções ("*circunstancial evidences*"). Em outro caso, *United States v. Paramount Pictures*, o juiz Douglas decidiu que não é necessário, para reconhecer a existência de uma prática concertada, que se prove a existência de um acordo; basta que a ação concertada seja realizada ("*a concert of action is contemplated*") e que os seus defensores sejam "arrangements" ("*arragements*").[89]

A Comissão das Comunidades Européias considerou como coligação dois acordos escritos não assinados, na Decisão *Entente Internationale de la Quinine*, de 16 de julho de 1969 (JOCE, L. 192, de 5.8.1969). Estes acordos escritos não assinados eram intitulados de "*gentlemen's agreements*". Este documento referia-se a um acordo de fixação de preços, de quotas de entrega e de restrições de fabricação, concluído por países terceiros e pelos principais produtores de quinino da comunidade.

A *definição* de práticas concertadas não é uma tarefa fácil e demanda sérias dificuldades para a Comissão e para o TJCE. Essas dificuldades tornaram-se claras no exame do *affaire Matiéres colorantes*. Nesse caso, a Comissão verificou que a alta de preços sucessivos, de percentagens quase sempre uniformes, e simultaneamente pelos maiores produtores de matérias corantes europeus. O argumento central da Comissão era de que o comportamento realizado pelos maiores produtores de matérias corantes não poderia ser explicado com recurso apenas a formação oligopolista do mercado. A situação de que as empresas tenham aumentado os seus preços de modo simultâneo e com porcentagens idênticas somente poderia ser explicada como uma concertação entre as empresas. Dado esse

88. É o caso da decisão *Exposition européene de la machine-outil* e da *Communauté d'intérêts des fabricants allemands de carreaux céramiques* e, como exemplo de uma decisão de uma associação de empresas sem personalidade jurídica, o caso *CEMATEX*, decisão da Comissão de 22.9.1971, JOCE, L 227, de 8.10.1971. Ver também a decisão da Comissão *Papiers peints de Belgique*, de 23.7.1974, JOCE, L 237, de 29.8.1974. Sobre a possibilidade de acordos entre associações de empresas no campo de aplicação do art. 85 ver a Decisão da Comissão de 20.10.1972, *Chauffage Central*, JOCE, L 264, de 23.11.1972.

89. Ver, neste sentido, Flint (1981, pp. 39 e 40). Ver ainda o *case Milgram v. Lowe's Inc.* referido pelo mesmo autor.

caráter de simultaneidade e quase-identidade de taxas, a Comissão declarou que: "las hautes sucessives de prix et les conditions dans lesquelles elles ont ne peuvent pas étre expliquées par seule structure oligopolistique du marché, mais sont bien la conséquence d'une pratique concertée (...)".[90]

A posição adotada pela Comissão com questões bastante delicadas, como a análise microeconômica do comportamento do oligopólios num sistema de concorrência diverso da concorrência pura, ou denominado de concorrência imperfeita. A Comissão entende, neste caso, ser infundado o argumento das empresas de que é uma escolha lógica para as empresas do mercado que, quando a empresa mais forte dentro do oligopólio decide aumentar os seus preços, as outras alinham imediatamente os seus preços por ela.[91] Argumentou, deste modo, que a empresa *leader*, por seu poder e experiência, impõe seus preços — *price leadership* — não havendo *paralelismo de comportamentos.*

Caberá, outrossim, à Comissão demonstrar que, além dos comportamentos realizados de alinhamento de preços inadequados ao regime oligopolista, existe um acordo ou uma prática concertada.[92]

A *definição* de práticas concertadas adotada pelo Direito Comunitário Europeu é negativa ou residual e compõe-se de dois elementos: atuação efetiva dos agentes econômicos (elemento material) e da participação (elemento volitivo).

1.5.2 Condutas anticoncorrenciais de natureza individual

A) Abuso de posição dominante

A Decisão 21/94 do CMC proíbe igualmente que: "(...) um ou mais agentes econômicos abusem de uma posição dominante, em todo ou em parte substancial do Mercosul". Novamente o texto desta disposição encontra notória semelhança com a redação, com as disposições, sobre defesa concorrência no Direito Comunitário Europeu.[93]

Da mesma forma o art. 4º do Protocolo de Defesa da Concorrência estabelece que são vedados os atos que: "(...) consti-

90. Goldman, ob. cit.

91. Existem comportamentos que são ditados pela lógica de mercado num regime de concorrência imperfeita com a existência de oligopólios, assim se num dado oligopólio a empresa *A* reduz os seus preços visando ganhar a clientela da empresa *B*, esta, por sua vez, terá as seguintes opções: ou diminui também os seus preços e mantém a clientela ou mantém os seu preços no mesmo patamar e reduz a sua clientela para a empresa *A*. Os estudos do comportamento de empresas em situações de concorrência imperfeita podem ser razoavelmente descritos com a utilização da denominada *"teoria dos jogos"* e de uma análise *behavorista* da economia. Também a empresa *leader*, por seu poder e experiência poderá impor os seus preços (*price leadership*), neste caso, como no anterior, não ocorrerá o paralelismo de comportamentos de uma prática concertada. Sobre o assunto, ver Alves (1992, p. 53).

92. Ver, neste sentido, o *arrêt ICI*, aff. 48/69, Rec., 1972.619 e ss., no qual afirma-se que: "si l'article 85 distingue la notion de 'pratique concertée' de celle 'd'accords dentre entreprises' c'est dans le dessein d'appréhender sous les interdictions de cet article une forme de *coordination* entre entreprises qui, sans avoir été poussée jusqu'à la réalisation d'une convention proprement dite, substitue sciemment une *coopéeration* pratique entre elles aux risques de concurrence". O TJCE entendeu que a existência de comportamentos paralelos, apesar de não comprovar a existência de uma prática concertada, são indícios importantes da possibilidade de ocorrência destes. O grande problema a ser enfrentado no caso de existência de práticas concertadas é a prova da existência do mesmo. O TJCE tem resolvido este problema criando uma presunção *juris tantum* da existência de práticas concertadas quando ocorrer a troca de informações entre as empresas e, em particular, a comunicação preliminar ou *communication préalable*. Ocorrendo esta troca de informações entre as empresas, tem o TJCE entendido existir uma presunção de concertação entre as empresas.

93. Veja-se, neste sentido, o texto do art. 86 do Tratado CEE, o qual dispõe que: "será incompatível com o mercado comum e estará proibido na medida em que possa ser prejudicial ao comércio entre os Estados-Membros, a exploração abusiva por parte de uma ou mais empresas de uma situação de predomínio no mercado comum ou em parte substancial do mesmo". Na Lei 8.884/94 o abuso de posição dominante está vedado, conforme o art. 20, inciso I. Na Ley 22.262/80 está proibido em conformidade com o art. 1º da citada lei.

tuam *abuso de posição dominante* no mercado relevante de bens ou serviços no âmbito do Mercosul e que afetem o comércio entre os Estados-Partes".

O *Direito Comunitário Europeu da concorrência* não proíbe *a priori* os acordos e práticas restritivas da concorrência. Nos EUA, ao contrário, os monopólios, por exemplo, são proibidos de plano, ao passo que, no direito da Comunidade aplica-se uma repressão *a posteriori.*

Segundo o art. 86, alínea 1ª do Tratado CEE: "est incompatible avec le Marché Commun et interdit, dans la mesure où le commerce entre États membres est susceptible d'en être affecté, le fait pour une ou plusieurs entreprises d'exploiter de façon abusive une position dominante sur le Marché Commun ou dans une partie substantielle de celui-ci".

O texto do Tratado CE não proíbe a posição dominante *ab initio*, aplica-se ao sistema de direito da concorrência europeu o *sistema do abuso*, em que somente os comportamentos concorrenciais que abusarem de sua posição dominante, tornando-se um monopólio ou quase-monopólio, são coibidos. O conceito de posição dominante pela acepção do art. 86 é objetivo, independente de qualquer culpa (*BPB Industries PLC* e *British Gypsum COM*. T-65/89).[94]

Quanto à *aplicação* dos arts. 85 e 86, o acórdão *Continental Can*, de 21.2.1973, TJCE, entendeu que esses podem ser aplicados conjuntamente, não havendo hierarquia entre eles. Opta-se, em geral, pelo enquadramento que permita uma comprovação mais fácil; em geral é mais fácil a prova pelo art. 86.[95]

A Comissão, por meio do Memorando de 1965, entendeu a definição de posição dominante através do *poder de uma empresa em determinar o comportamento das outras empresas.* Trata-se de uma definição por meio de seu perfil ativo.[96]

No *Caso Sirena*, de 18.12.1970, o TJCE decidiu que a titular de uma marca em posição dominante detinha um poder de fazer obstáculo a uma concorrência efetiva em uma parte importante do mercado.

A Comissão declara, na decisão *Continental Can*, que as empresas estão em posição dominante quando têm a possibilidade de terem comportamentos independentes e tiverem a *capacidade de influenciar* notavelmente os seus concorrentes, compradores ou fornecedores. A posição dominante contém, nessa definição, a característica de "independência global de comportamentos" e a "capacidade de influenciar o mercado e os concorrentes".[97]

1.5.3 Concentrações

O Direito Comunitário Europeu da Concorrência passa, após duas décadas de aplicação, por um processo de maturação que terá implicações profundas no futuro da Europa. O direito da concorrência foi fundamental para a instituição do Mercado Comum e o será para a consolidação da União Européia.[98] A resolução dos dilemas e problemas de uma *Lei Antitruste*, já há muito apontado por Tulio Ascarelli, tem no direito comunitário desafios novos, tais como: a delimitação entre direito comunitário e direito nacional e a competência de órgãos supranacionais.

Somente em 1989 foi adotado o Regulamento CEE 4.064/89, do Conselho de 21 de dezembro de 1990, relativo ao con-

94. Alves (1992, p. 148).
95. Alves (1992, p. 156).
96. Alves (1992, p. 132).

97. Alves (1992, pp. 144 e ss.).
98. Ver, neste sentido, Grebler (1994). Sobre uma identificação do direito comunitário da concorrência com o *ideário liberal*, ver *Journal du Droit International* 2, abr.-mai.-jun., p. 502. Onde se lê: "Plus dificile est l'appreciation de l'évolution politique du secteur de la concurrence. J'avais beaucoup critiqué ces dernières années la plongée dans l'ultra libéralisme, choix politique qui s'appuyait sur une mise à l'écart de droits nationaux, une destruction des privilèges des entreprises publiques et services publiques et une contestation du droit du travail passé au crible du droit de la concurrence".

trole de concentrações de empresas, com base nos arts. 87 e 235 do Tratado CEE.[99]

O Protocolo de Defesa da Concorrência tratou do tema em seu art. 7º, "Capítulo III — Do Controle de Atos e Contratos", ao dispor que: "Os Estados-Partes adotarão, para fins de incorporação à normativa do Mercosul e dentro do prazo de 2 anos, normas comuns para o controle dos atos e contratos, sob qualquer forma manifestados, que possam limitar ou de qualquer forma prejudicar a livre concorrência ou resultar na dominação de mercado regional relevante de bens e serviços, inclusive aqueles que resultem em *concentração econômica*, com vistas a prevenir os seus possíveis efeitos anticompetitivos no âmbito do Mercosul" (grifos nossos).

Existem outros aspectos relevantes oriundos da *experiência comunitária européia*, extremamente importantes ao estudo dos processos de integração. Como exemplo, poderíamos citar a importância de um tribunal comunitário como peça-chave e central dentro de uma ordem comunitária. O tribunal comunitário cumpriu não apenas a função de aplicação da ordem comunitária dentro do processo de integração das comunidades, mas também, devido à sua atuação na interpretação dos tratados, desempenhou um papel central na construção de uma ordem coerente; firmando os conceitos basilares desse processo de integração tais como: supranacionalidade, efeito direto, aplicabilidade imediata e primazia.[100] A importância de um tribunal supranacional pode ser sentida na rica e abundante jurisprudência em matéria de direito da concorrência.

O papel de interpretação, controle da legalidade e controle da ordem comunitária exercido pelo tribunal é de importância inegável, papel esse também relevante em matéria de direito da concorrência.

Parte II — O Protocolo de Defesa da Concorrência no Mercosul

2.1 O conflito de normas entre o direito nacional da concorrência e o direito da concorrência no Mercosul

A) Concurso de normas nacionais e comunitárias

Os *sistemas nacionais* de proteção de uma concorrência efetiva são, muitas vezes, complementares e possibilitam uma realização harmônica dos preceitos do mercado, outras vezes, contudo, os preceitos que regem a proteção da concorrência são não apenas diversos, como, também, antagônicos, gerando concurso de normas e o seu inevitável conflito.

A ênfase adotada nos ordenamentos nacionais pode variar sobremaneira. Alguns ordenamentos preocupam-se mais com a concentração de empresas, outros preocupam-se mais com as regras de determinação de preços e outros, ainda, preocupam-se com as regras sobre as coligações e acordos entre empresas.

Também a *estratégia* para alcançar uma concorrência efetiva varia em cada ordenamento jurídico nacional, havendo ordenamentos que privilegiam as soluções regulatórias por parte do mercado, considerando o próprio mercado como auto-regulador; outros acreditam nas virtudes de uma política de concorrência fortemente intervencionista do Estado. Todas essas opções, fundadas na teoria microeconômica, têm reflexos nas soluções apontadas para a proteção de uma concorrência leal dentro de um espaço econômico.

A experiência do Direito Comunitário Europeu demonstra que a própria ênfase dada à questão da concorrência é um elemento da maior relevância. Alguns ordenamentos, por exemplo, tais como o alemão[101]

99. Sobre o assunto, ver Casella (1994c, p. 429).

100. Sobre o contencioso no direito institucional das Comunidades Européias, ver o livro de Joliet (1981).

101. O direito alemão do oeste sofreu forte influência legal dos países aliados devido à ocupação pós-guerra. Como regras de proteção instituídas pe-

e o britânico, dão especial atenção ao incremento do comércio com o exterior, enquanto outras legislações nacionais defendem o primado da concorrência interna como pressuposto para a concorrência no mercado internacional.[102]

Todos esses aspectos conduzem a resultados que podem gerar o concurso de normas nacionais e comunitárias. No âmbito do *Mercosul*, a existência de um pequeno número de participantes do processo de integração, bem como o fato de que apenas dois destes países possuem uma legislação específica em matéria concorrencial, é um fator que minora os efeitos da adoção de normas de integração nesta matéria. Contudo, ainda poderá ocorrer o problema de concurso de normas nacionais e de integração, com uma tendência a aprofundar-se a possibilidade de conflitos de normas, quando do ingresso de novos países no seio do Mercado Comum.[103]

O aspecto comum a todas as legislações nacionais está na preocupação exclusiva com a manutenção de uma concorrência efetiva e leal dentro do espaço econômico nacional, ou seja, dentro dos próprios mercados nacionais. Raramente encontram-se disposições vinculadas aos efeitos extraterritoriais do mercado nacional, e quando estas existem, estão ligadas à idéia de aplicação extraterritorial do direito e da proteção de certos acordos e coligações com efeitos positivos no comércio exterior.[104]

O difícil tema da "*repartição de competências*"[105] em matéria de concorrência no âmbito do Mercosul não está resolvido, e talvez mesmo a adoção de um Estatuto de Defesa da Concorrência não solucione exaustivamente o problema. Quando da observação da experiência do Direito Comunitário Europeu, verifica-se que o papel desempenhado pelo Tribunal de Justiça das Comunidades Européias foi decisivo para desenvolver critérios claros e precisos acerca deste tema. A ausência de um órgão dessa natureza, no seio do processo de integração movido pelos quatro países do Mercosul, novamente será sentida.

De outra parte, diversamente do que ocorre no Direito Comunitário Europeu, mais imprecisa será a relação entre os ordenamentos nacionais e a ordem derivada do processo de integração. O sistema intergovernamental de integração utilizada no seio do Tratado de Assunção gera dificuldades adicionais não encontradas no seio do processo europeu de integração. A própria expressão "repartição de competências", utilizada no Direito Comunitário Europeu, tem sentido e relevância no interior de uma concepção supranacional de integração, com a transferência de poderes dos Estados-Membros a órgãos comunitários. Nesse esquema, é possível que um *órgão supranacional* realize distinções precisas e claras sobre o concurso de normas nacionais e normas derivadas de um tratado de integração. Toda-

los aliados, temos a Lei 56, do governo militar americano; a *Ordennance* 78, do governo militar britânico e a *Ordonnance* 96, do Alto Comando francês, de 9.6.1947.

102. É o caso do direito francês, veja-se neste ponto a *Ordonnance* 86/1243, de 1.12.1986.

103. Dos quatro países integrantes do Mercosul, apenas Brasil e Argentina possuem leis nacionais sobre a defesa da concorrência, Lei 8.884/94 e Ley 22.262/80, respectivamente.

104. As atenções nas legislações brasileiras e argentinas estão essencialmente voltadas à preocupação exclusiva com a manutenção de uma concorrência efetiva e leal dentro do espaço econômico nacional, ou seja, dentro dos próprios mercados nacionais. Também, raramente encontram-se preocupações vinculadas aos *efeitos extraterritoriais* do mercado nacional nas legislações européias. Ver, neste sentido, acerca do Direito Comunitário Europeu, a tese de mestrado defendida por Nino Ruiz, em 1986, na Faculdade de Direito da Universidade Clássica de Lisboa e publicada parcialmente na *Revista de Documentação e Direito Comparado* 37/38, de 1989.

105. A expressão "*repartição de competências*", utilizada por diversos autores que escrevem sobre o direito da concorrência em âmbito do Direito Comunitário Europeu, não é adequada ao sistema intergovernamental de integração utilizada no seio do Tratado de Assunção. Esta expressão tem uma relevância no seio de uma concepção supranacional de integração, com a transferência de poderes dos Estados-Membros à órgãos comunitários incumbidos de zelar pelo cumprimento dos objetivos do Tratado.

via, nos moldes adotados pelo Tratado de Assunção, o caráter intergovernamental do processo de integração e ausência de um órgão jurisdicional são questões adicionais a serem enfrentadas.

Dado o *caráter intergovernamental* do processo de integração e a ausência do primado das normas de integração no Mercosul, as questões relativas ao concurso de normas em matéria de concorrência serão resolvidas em conformidade com as regras clássicas de Direito Internacional Público, cabendo aos Estados-Partes garantirem, no seio de seus territórios, a aplicação das normas emanadas dos órgãos do Mercosul, conforme o art. 38 do Protocolo de Ouro Preto. É emblemático o uso da expressão "*comprometem-se* a adotar todas as medidas necessárias", no artigo citado, ressaltando o caráter convencional das regras derivadas de seus órgãos.

Desta forma, os *litígios* decorrentes do concurso de normas nacionais e de integração, no âmbito do Tratado de Assunção, deverão ser resolvidos com o recurso a regras de direito das gentes, com especial referência ao sistema de controvérsias adotado no Mercosul. As questões relativas à violação da livre concorrência serão resolvidas por meio do procedimento disposto no art. 4º da Decisão 21/94, até a definição acerca da matéria pela adoção de um Estatuto de Defesa da Concorrência.

Visando criar parâmetros comuns de defesa da concorrência no Mercosul, a Comissão de Defesa da Concorrência do Subgrupo de Trabalho 10 desenvolveu um conjunto de critérios firmados sob a forma de *Pautas Gerais de Harmonização.* Assim, os Estados-Partes deverão apresentar informações detalhadas sobre a compatibilidade das respectivas legislações nacionais com as pautas básicas estabelecidas com a Decisão 21/94. Com base nestas informações, foi elaborado o Protocolo de Defesa da Concorrência.[106]

A defesa da concorrência no Mercosul deveria, inicialmente, realizar esta opção básica: ou adotava um conjunto normativo harmonizado ou criava um sistema de proteção da concorrência, sem que uma esfera interferisse na outra. Na hipótese de harmonização legislativa, o direito nacional subsiste, devendo, contudo, ser adequado conforme as disposições do direito comunitário. Na relação de coexistência, as concepções comunitárias em matéria de concorrência não influenciariam ou exigiriam um alinhamento do similar nacional. As legislações nacionais poderiam manter filosofias diversas sobre a proteção da concorrência no âmbito de incidência de suas respectivas legislações.[107]

Durante o *período provisório*, até a implementação do Protocolo de Defesa da Concorrência do Mercosul, as Pautas Gerais de Harmonização se constituem em instrumentos de proteção à concorrência. Não se pode falar propriamente de uma repartição de competências,[108] visto inexistir

106. Conforme art. 3º da Decisão 21/94.

107. Este é o caso do sistema de proteção da concorrência utilizado no *Direito Comunitário Europeu*, através dos arts. 85 e 86 do Tratado CEE. A coexistência entre normas comunitárias de defesa da concorrência e as normas nacionais deve-se graças a um sistema de repartição de competências.

108. Um uso possível para esta expressão seria no sentido de "repartição de competências", entre a ordem jurídica nacional e a ordem jurídica internacional. A idéia da existência de uma "*repartição de competências internacionais*" é apresentada no debate acerca do conceito de soberania. Alguns autores defendem que o conceito de soberania seria melhor explicável do ponto de vista técnico como *competência.* É o que já lecionava Verdross (*Le fondement du droit international*, RCADI). Este autor tratava da equivocidade do conceito de soberania e sua utilidade meramente ideológica e instrumental para a política. Para Verdross: "La souverainité de l'État n'est donc plus la puissance suprême, elle n'est que l'expression de la *compétence* conferée directement par le droit des gens" (ob. cit., p. 314). Este autor demonstra que mesmo nos textos internacionais o conceito de soberania já foi consagrado como sinônimo do *conceito de competência*, significando *competência interna ou territorial* de um Estado. Assim comprova o autor as suas afirmações: "Mais le mot souveraineté ne signifie pas seulement la compétence territoriale définitive de État, il vise également sa competénce exclusive envers les sujets

a consagração do primado e da supranacionalidade no âmbito do Tratado de Assunção, mas, sim, efeitos entre as partes derivados do direito das gentes e, mais especificadamente, da Convenção de Viena sobre Tratados. Assim, os Estados-Partes não poderão furtar-se de cumprir o disposto nas Pautas Gerais de Harmonização. O não-cumprimento caracterizará uma violação de acordo internacional, cabendo os recursos às instâncias próprias do Tratado de Assunção e, mesmo, do Direito Internacional Público.[109]

B) Incidência das normas de concorrência em âmbito do direito da integração

Existem duas formas de definição do *campo de aplicação* das normas de integração sobre concorrência: a primeira parte do estudo da repartição de competências legislativas entre a ordem jurídica nacional e a ordem jurídica da integração e a segunda é definida quanto ao objeto das práticas restritivas.

A definição do campo de aplicação das normas de integração de defesa da concorrência por meio da repartição de competências, como foi verificado, difere de forma profunda da experiência européia. No sistema adotado pelo Tratado de Assunção, optou-se por órgãos intergovernamentais, com ausência de um tribunal comum, ao passo que, no Direito Comunitário Europeu houve clara definição acerca da supranacionalidade, da consagração do primado, da aplicabilidade imediata e do efeito direto.

Por outro lado, a definição do campo de aplicação das normas de defesa da concorrência do Tratado de Assunção por meio da definição das práticas restritivas pelo objeto apresenta semelhanças com a definição adotada no Direito Comunitário Europeu.

Vejamos, dessa forma, o campo de aplicação do Direito Comunitário Europeu em matéria de concorrência *quanto ao objeto* das práticas restritivas e a sua comparação com as normas de defesa da concorrência do Mercosul.

No Direito Comunitário Europeu da Concorrência, a definição do objeto a ser regulado pelas normas comunitárias é definido em razão da repartição de competências legislativas entre o direito nacional e o direito comunitário.[110] É do debate acerca da repartição de competências que o Tribunal de Justiça das Comunidades Européias irá construir jurisprudencialmente a definição do campo de aplicação do direito comunitário da concorrência.

O direito comunitário da concorrência tem objetivos próprios determinados pelos princípios que nortearam a fundação das comunidades econômicas.[111] *A principal diferença encontra-se no âmbito da*

sur son territoire (...)" (idem, p. 316). Como exemplos Verdross apresenta o Tratado de Viena de 1815; o Tratado da Grécia com as principais potências, de 1920; o Tratado de Paz entre a Polônia e a Rússia, de 1920.

109. O conflito entre a norma de direito interno e a norma de integração será resolvido em conformidade com o Direito Internacional Público e com a solução nacional para o problema da relação entre ordem jurídica nacional e ordem jurídica internacional.

110. O campo de aplicação do direito da concorrência no Tratado CECA, CEE e EURATON diferencia-se em relação os produtos objeto de práticas restritivas. O relacionamento entre as três Comunidades segue o princípio da independência dos três tratados. Apesar de os três tratados serem independentes, o art. 232 do Tratado CEE institui como modelo comum de referência. Desde 1962 o TJCE entende que se pode aplicar os preceitos do art. 85 CEE para interpretar o art. 65 CECA ou mesmo o EURATON. Como exemplo deste entendimento, está o caso *Kewa Reprocessors*, no qual a Comissão aplicou o art. 85 CEE a um acordo entre empresas no tratamento de combustíveis nucleares.

111. O direito da concorrência em âmbito comunitário opera no campo do "*conflito de aplicação*" do direito comunitário. Segundo *Derecho de la Integración* (Instituto para la Integración de America Latina, Banco Interamericano de Desarrollo), existem três tipos de conflitos em matéria comunitária: conflitos de concepção, conflitos de aplicação e de organização do direito comunitário (ob. cit., p. 125).

competência das normas de direito comunitário da concorrência. Essa competência comunitária distingue-se da competência dos Estados nacionais sobre o tema da concorrência por dois motivos fundamentais: pela competência *"ratione materiae"* — em razão da "matéria" — e pela competência *"ratione loci"* — territorial. Em determinados casos, a competência *"ratione personae"* irá demonstrar casos de aplicação diferenciada da proteção de uma concorrência efetiva ou leal.

A *competência "ratione loci"* das normas de direito da concorrência comunitário terá como elemento diferenciador o fato de se dirigir à proteção da concorrência dentro de um espaço econômico comum criado pelo Tratado CEE, ou seja, o Mercado Comum. As normas de aplicação de direito da concorrência dos Estados nacionais cingem-se às questões relativas à proteção de concorrência dentro dos respectivos mercados nacionais.

A *competência "ratione materiae"* do direito da concorrência comunitário foi resolvida pelo acórdão *Hugin* e pelo acórdão *Walt Wilhelm*. O acórdão *Walt Wilhelm* considerou que o direito comunitário e os direitos nacionais tratam da concorrência sob óticas distintas: o direito comunitário aprecia os entraves que podem causar ao comércio entre Estados-Membros, enquanto as legislações nacionais preocupam-se com considerações próprias, que podem variar de país para país, mas tendo como substrato final a proteção da concorrência dentro de um mercado nacional.

Um mesmo caso litigioso versando sobre direito da concorrência pode ser encaminhado a dois juízos simultâneos e independentes, comunitário e nacional, dando lugar a dois processos de apreciação distinta frente a duas instâncias jurisdicionais.

Nesse acórdão, foi esboçada uma *delimitação negativa do conflito de normas* nacionais e comunitárias sobre litígios concorrenciais. Entendeu o TJCE que não existe exclusão de uma esfera jurisdicional quando o conflito concorrencial violar normas de direito comunitário e normas nacionais incidentes sobre aspectos diversos do falseamento da concorrência. A jurisdição comunitária irá posicionar-se sobre os entraves ao comércio entre os Estados-Membros e as legislações nacionais irão manifestar-se sobre questões próprias de suas legislações nacionais.[112]

No acórdão *Hugin*, o TJCE tratou da *delimitação positiva das competências* em direito da concorrência. O elemento que determina a existência da aplicação do direito comunitário da concorrência será a *afetação sensível* do comércio entre os Estados-Membros. Quando ocorrer este critério, aplicar-se-á o direito comunitário. Esse aspecto já havia sido tratado no acórdão *Walt Wilhelm*, mas o acórdão *Hugin* deteve-se na sistematização dos elementos materiais para a aplicação do direito comunitário frente aos ordenamentos nacionais de direito da concorrência.

Pela primeira vez, a competência das duas ordens foi definida considerando dois aspectos: a matéria — competência *"ratione materiae"* — e o território — competência *"ratione loci"*.[113] Apesar de o acór-

112. Assim, o acórdão *Walt Wilhelm* de 13.2.1969, no processo 14/68, *Recueil* 1969, pp. 1 e ss., considerando n. 4, que entende que: "(...) attendu que le droit communautaire et le droit national en matière d'ententes considèrent celles-ci sous des aspects différents; qu'en effet, alors que l'article 85 les envisage en raison des entraves qui peuvent en résulter pour le commerce entre les États membres, les législations internes, inspirées par des considérations propres à chacune d'elles, considèrent les ententes dans ce seul cadre; attendu ils est vrai, qu'en raison de l'interdépendance éventuelle des phénomènes économiques et des situations juridiques considerées, la distinction des aspects communautaires et nationaux ne saurait servir, dans tous les cas, de critère déterminant à la *délimitation des compétences*; que cependant elle implique qu'une même entente puisse, en principe, faire l'object de *deux procédures paralélles*, une devant les autorités communautaires en application de l'article 85 du Traité CEE, l'autre devant les autorités nationales en application du droit interne" (Nino Ruiz, ob. cit., p. 323) (grifos nossos).

113. Assim entende este acórdão, de 31.5.1979, processo 2/78, *Recueil* 1979, pp. 1.869 e ss., considerando n. 7: "L'interprétation et l'applica-

dão não ter utilizado tal conceituação, preferiu-se utilizá-la, visto que esses conceitos permitem uma clara visão sistemática do conjunto das diferenças entre os ordenamentos, além de possibilitar uma compreensão científica do concurso de normas. Esse, inclusive, é o sentido geral da jurisprudência da Comunidade, como se pode observar no acórdão *Vereenig van Cementhandelaren*, ao afirmar que: "Nous persistons en effet à penser que la condition 'd'affectation du commerce entre les États membres' est un *critère de repartition des compétences législatives*, et du même coup, des domaines respectifs de la compétence de la Commission et de celle des autorités des États membre" (grifos nossos).[114]

A competência "*ratione loci*" atribui a competência territorial às normas de direito comunitário sempre que houver afetação do comércio entre os Estados-Membros que prejudique a concorrência leal dentro de um espaço econômico criado pelo tratado das comunidades, ou seja, que falseie a concorrência dentro de um mercado comum. A competência das normas dos ordenamentos nacionais restringe-se aos efeitos decorrentes do falseamento da concorrência dentro de um espaço econômico nacional, ou seja, dentro do mercado de algum Estado-Membro.

Vejamos, assim, o campo de aplicação das normas de proteção da concorrência no Mercosul. Assim estabelece a Decisão 21/94 CMC: "Art. 3º. São proibidos os acordos e as práticas concertadas entre os agentes econômicos, e as decisões de associações de empresas que tenham por objeto ou efeito impedir, restringir ou distorcer a concorrência e o livre acesso ao mercado na produção, processamento, distribuição e comercialização de bens e serviços, *em todo ou em parte do Mercosul, e que possam afetar o comércio entre os Estados-Partes* (...)".

De igual forma, estabelece o art. 4º do Anexo da Decisão 21/94-CMC, que: "Fica igualmente vedado que um ou mais agentes econômicos abusem de uma posição dominante, *em todo ou em parte substancial do Mercosul*".

Também o art. 5º da Decisão 21/94-CMC, ao tratar das concentrações, entendeu que: "Os Estados-Partes submeterão a controle as operações de qualquer natureza entre empresas ou grupos de empresas que impliquem uma concentração econômica, das quais resulte uma participação igual ou superior a 20% (vinte por cento) do mercado relevante e que possam produzir efeitos anticoncorrenciais em *todo ou em parte do Mercosul*".

O *Protocolo de Defesa da Concorrência*, em seu art. 4º, não manteve a mesma redação das Pautas Básicas, o que, contudo, não leva a supor que não tenha mantido semelhante entendimento. Determina esse artigo que: "Constituem infração às normas do presente Protocolo, independentemente de culpa, os atos, individuais ou concertados, sob qualquer forma manifestados, que tenham por objeto ou efeito limitar, restringir, falsear ou distorcer a concorrência ou o acesso ao mercado ou que constituam abuso de posição dominante no *mercado relevante* de bens ou serviços *no âmbito do*

tion de la condition relative aux effets sur le *commerce entre États membres*, iguant aux articles 85 e 86 du Traité, doivent prendre comme point de départ de but de cette condition qui est de déterminer, en matière de réglementation de la concurrence, le domaine du droit communautaire par rapport à celui des États membres. C'est ainsi que relevent du domaine du droit communautaire toute entente et toute practique susceptible de mettre en cause la liberté du commerce entre États membres dans uns sens qui pourrait nuire à la realisation des objectifs d'un marché unique entre États membres, notamment en cloisonnant les marchés nationnaux ou en modifiant la structure de la concurrence dans le marché comum. En revanche, les comportements dont les effets se localisent à l'interieur du territoire d'un seul État membre relévent du domaine de l'ordre juridique national" (grifos nossos). Ver, neste sentido Nino Ruiz, ob. cit., p. 323.

114. *Vereenig van Cementhandelaren*, TJCE, de 17.10.1972; 8/72, *Rec.* 1972, p. 977. No acórdão *Walt Wilhelm*, ob. cit., no mesmo sentido. Também *o arrêt Instituto Chemiterapica SPA, Commercial Solvents Corp.*, de 6.3.1974, *Rec.* 1974.223, que entende que: "cette expression vise à *delimiter la sphere d'application des règles communautaires par rapport aux législationes nationales*", *apud* Goldman (1975, p. 182) (grifos nossos).

Mercosul e que afetem o comércio entre os Estados-Partes" (grifos nossos).

A *substituição da expressão* "(...) parte substancial (...)" por "(...) mercado relevante (...)" parece ser mais apropriada e atende melhor ao rigor técnico. Por outro lado, não são incompatíveis os usos das expressões "(...) em todo ou em parte do Mercosul (...)" e "(...) no âmbito do Mercosul (...)". Ressalve-se que o Protocolo excluiu de modo explícito de sua competência todos os casos nos quais os efeitos se restringissem exclusivamente a um Estado-Parte, sendo os atos praticados no interior desse.[115]

O campo de aplicação das normas de integração acerca da defesa da concorrência no Mercosul também é definido em razão de dois critérios: territorial e material. A competência "*ratione loci*" atribui a competência territorial às normas de direito de integração sempre que houver afetação do comércio entre os Estados-Membros, ou que se prejudique a concorrência efetiva em todo ou em parte substancial do espaço econômico criado pelo Tratado de Assunção, ou seja, que se falseie a concorrência dentro de um mercado comum.

Na competência "*ratione materiae*", as normas de defesa da concorrência preocupam-se com as condutas anticoncorrenciais e com obstáculos que possam afetar o comércio entre os Estados-Partes. Nesse caso, podem surgir três situações:

1ª) a afetação atinge a mais de um Estado-Membro;[116]

2ª) de modo geral, um acordo concernente a apenas a um Estado-Membro não afeta o comércio entre os Estados-membros;[117]

3ª) o acordo versa somente sobre o comércio interno de um país da comunidade, mas, mesmo assim, pode estar no campo de aplicação das normas de integração de defesa da concorrência. É o caso do *arrêt Brasserie de Haecht*, tratado no Direito Comunitário Europeu em 12 de dezembro de 1967. Neste caso, foi considerado nulo um contrato em que um vendedor de bebidas, estabelecido na Bélgica, se comprometeu a armazenar exclusivamente cervejaria belga. O TJCE entendeu que, mesmo no seio de apenas um país, poderia este acordo restringir o comércio entre os Estado-Membros, por restringir a liberdade dos participantes de importar de países da Comunidade. Mesmo o fato da participação, no acordo, de empresas situadas em Estados fora da Comunidade[118] não descarta a apli-

115. Conforme o art. 3º do Protocolo de Defesa da Concorrência: "É da *competência exclusiva* de cada Estado Parte a regulação dos atos praticados no respectivo território por pessoa física ou jurídica de direito público ou privado ou outra entidade nele domiciliada e cujos efeitos sobre a concorrência a ele se restrinjam".

116. É o caso das decisões da Comissão: *ACEC Berliet* (17.7.1968, JOCE, L 201, de 12.8.1969), *Clima-Chappée- Buderus e Jaz-Peter* (JOCE, L 195, de 7.8.1969), *Matières colorantes; Oméga*, 28.10.1970, JOCE, L 242, de 5.11.1970; 23.12.1972, *Pittisburgh Corning Europe SA*, JOCE, L 272, de 5.12.1972, *WEA-Filipacchi Music SA*, JOCE, L 303, de 31.12.1972; 14.6.1973, *Du Pont de Nemours Deutschland*, sol. impl., JOCE, L 194, de 16.7.1973 e na Jurisprudência da Corte os *arrêts Buchler, Boehringer, Chemiefarma*, de 15.7.1970, relativos à *Entente internationale de la Quinine*, *aff.* 41, 44, 45/69, *Rec.* 1970.661, 733, 769 e os *arrêts* do *affaire Matières colorantes*, de 14.7.1972, *aff.* 48 à 51/69 e 52 à 57/69, *Rec.* 1972.619 e em matéria de abuso de posição dominante, de 21.2.1973, *Europeemballage Corp. et continental Cy. c/Comm. CE, aff.* 6/72, *Rec.* 73.215.

117. De modo geral, esta é a posição da Comissão, que decidiu desta forma em muitos casos: na exportação de um membro da Comunidade para um terceiro país (decisão Cobelaz, *Comptoir Français de l'Azote*, S.E. I.F.A.); na venda de empresas situadas ou participantes do Estado e terceiros Estados não-membros da Comunidade; na situação de uma empresa em posição dominante em um só dos países da comunidade sem prejudicar as trocas entre países-membros ou outro membro da Comunidade (O.R.T.F., *Fédération Nationale des Cinemas*, a Comissão se pronunciou pela não-aplicação do art. 86).

118. Veja-se a decisão *Grosfillex/Fillistorf*, de 11.3.1964, JOCE 58, de 9.8.1964, para um contrato de concessão exclusiva entre uma empresa suíça e uma empresa francesa; *Bendix Mertens et Straet*, de 1.6.1964, JOCE 243; *Nicholas Frères-Vitapro*, de 30.7.1964, JOCE 136, de 26.8.1964; *Transocean Marine Paint Association*, de 27.6.1967, JOCE 163, de 20.7.1967. A decisão definitiva sobre a matéria

cabilidade das regras comunitárias de concorrência (decisão *Bendix-Mertens* e *Straet*, de 1.6.1964). Tal decisão não se refere à afetação do comércio entre Estados-Membros, mas sim à localização do efeito anticoncorrencial, que é uma condição distinta de aplicação do direito comunitário.

Um outro critério é o *grau de afetação do comércio* entre os Estados-Membros. Não será qualquer afetação que irá ensejar a aplicação do direito comunitário. O TJCE definiu que o Tratado não objetiva qualquer acordo entre empresas, mas somente aqueles que possam influenciar sensivelmente o comércio entre os Estados-Membros, e, por isso, prejudiquem a realização do mercado comum. Esse entendimento foi expresso no acórdão *Salonia*.[119]

O problema que se apresenta para nós é decorrente da verificação de que a existência de fenômenos anticoncorrenciais pode ensejar a violação de normas nacionais e comunitárias, o que implica uma preocupação com a situação de como resolver o concurso de normas. Admitindo-se que ambas as normas têm âmbitos de competência distintos, é inafastável o problema do *conflito de competência*.[120] É equivocado falar-se, aqui, de conflito de normas.

O Protocolo de Defesa da Concorrência utilizou, por outro lado, a expressão "(...) *produzir ou que produzam* efeitos sobre a concorrência no âmbito do Mercosul (...)" (grifos nossos), conforme o art. 2º do mesmo; e deixou de utilizar o verbo afetar para se referir aos casos de aplicação do Protocolo. Cabe perguntar-se sobre o sentido dessa alteração e sobre o seu alcance real, tarefa que ficará a cargo da aplicação das normas de proteção da concorrência.

2.2 O Protocolo de Defesa da Concorrência e sua ratificação no direito brasileiro

A defesa da concorrência se apresenta como um dos temas mais importantes na "agenda de diplomacia econômica" mundial, tendo dessa forma influência notória no processo de harmonização legislativa do Mercosul.

Conforme o Relatório Mundial de Investimento de 1997, da UNCTAD, por exemplo, há o registro de mais de 70 países com leis de concorrência na atualidade em contraste com menos de 40 até os anos oitenta.[121] De outra parte, desde a Reunião de Singapura, a defesa da concorrência constitui tema da agenda da OMC. Há crescente consenso entre especialistas de que esta área deverá representar uma das mais importantes da pauta da próxima rodada da OMC.[122]

foi dada na Decisão *Matières colorantes*, sobre a prática de preços concertadas entre empresas da comunidades e de empresas de fora da comunidade. Sobre o assunto, ver Goldman (1969, pp. 633 e ss.).

119. Conforme o acórdão de 16.6.1981, no processo 126/80, *Recueil* 1981, pp. 1.563 e ss., considerando n. 17: "Il convient toutefois de rappeler qu'un tel accord échape à la prohibition de l'article 85 lorsqu'il n'affecte pas le commerce entre États membres d'une manière sensible. S'il est vrai qu'en matière depresse l'appréciation du caractère sensible des effets qu'un accord de distribuition peut exercer sur le marché est plus rigoureuse que dans le cas d'autres produits, il y a cependant lieu de prendre en considération, pour aprécier si un accord est susceptible d'affecter d'une manière sensible le marché des journaux et périodiques provenant des autres États membres, la circonstance, d'une part, que ce marché peut emprunter, pour la mise en vente dans la zone territoriale considérée, d'autres canaux de distribuition que ceux réglés par l'accord et, d'autre part, que la demande portant sur les dits produits s'avére rigide, en ce sens qu'elle ne présenterait pas de variations substantielles en raison de la mise en vigueur et de la cessation de l'accord dont il s'agit". Nesse sentido, ver Nino, ob. cit., 325.

120. Fala-se erroneamente em *conflito de normas jurídicas*. Esta linguagem é claramente equivocada, pois, as normas jurídicas não têm conflito no interior do sistema jurídico. Ver, neste sentido, Kelsen (1932, p. 185). Para o autor trata-se de uma exigência da ciência do Direito e de uma conseqüência da tese monista do primado do direito internacional. Assim: "Les contradictions que l'on croit voir entre le droit international el le droit national ne sont nullement des contradictions logiques, mais des cas spéciaux de l'opposition qui peut existir entre une norme supérieure et une norme inférieure" (p. 193). Tratase em verdade de *conflito de competência*.

121. Ver, nesse sentido, Oliveira (2000, p. 4).

122. Ver, nesse sentido, Oliveira (2000, p. 9).

Uma das questões mais instigantes do próximo período será a determinação das relações entre o Protocolo de Defesa da Concorrência[123] e a legislação nacional brasileira. Indubitavelmente os critérios apresentados anteriormente (*ratione loci* e *ratione materiae*) são insuficientes para dar conta da complexidade da estrutura da defesa da concorrência em um processo de integração com as particularidades do Mercosul.

Tal situação decorre inicialmente devido ao fato da *inexistência de uma repartição de competências* no Mercosul. Não ocorreu, tal como no Direito Europeu, uma transferência de competências para uma ordem supranacional. Existe tão-somente um processo de delegação de competências para organismos intergovernamentais no âmbito de relações jurídicas fundadas essencialmente sobre tratados regidos pelo Direito Internacional.

Não foram criadas no Mercosul competências para a criação de competências (*Kompetenz-Kompetenz*), salvo se houver a aceitação de que existe uma competência implícita no Tratado de Assunção que autoriza tal interpretação.[124]

Outro entendimento possível seria o da verificação da existência de "graus de supranacionalidade", os quais seguiriam uma expressão crescente até atingir níveis correspondentes ao Direito Comunitário Europeu. O Mercosul apresentaria em tal modelo um "grau mínimo" de supranacionalidade. Apesar de tentadora tal conceituação conduz a possibilidade de entendimentos errôneos sobre a natureza das normas no Mercosul. O Mercosul seria em tal conceituação dotado de "supranacionalidade", mesmo que o grau de tal predicado fosse mínimo.

Contudo, tal não ocorre; o Mercosul não detém normas supranacionais e nem órgãos supranacionais, simplesmente porque suas normas não são dotadas de primazia, aplicabilidade imediata e efeito direto; bem como as suas instituições não são distintas do somatório dos representantes dos Estados-Partes, regendo-se nas suas relações internas pelo consenso.

Trata-se de uma "limitação objetiva" sob a qual não existem nuances ou gradções, ou se aplica a norma do Mercosul como norma de competência ou não se aplica. Da mesma forma podemos encontrar a distinção entre o Estado-Membro em uma Confederação (*Staatenbund*) e em uma Federação (*Bundestaat*). Ou o Estado-Membro tem personalidade jurídica própria e independente aos olhos do Direito Internacional (como na Confederação) ou não tem (Federação).

Não existe algo como uma gradação entre as duas situações. O que pode existir é um Estado com personalidade de Direito Internacional com soberania (competências) limitada por um tratado ou outro ato de direito internacional (Estado-associado, Estado-cliente, Estado-vassalo, protetorado, entre outros), contudo, mesmo nessa situação, continuará a existir como um Estado independente. Poderá, por outro lado, em virtude de uma repartição de competências internas, um Estado-Membro exercitar atos no plano internacional, tais como firmar tratados (Argentina, Alemanha, entre outros). Nesse caso, assim o fará não em virtude de uma independência, mas no exercício de competências delegadas constitucionalmente.

2.2.1 Principais desafios

As dificuldades de estabelecimento de um verdadeiro sistema de defesa da concor-

123. O texto do Protocolo de Defesa da Concorrência do Mercosul, assinado em Fortaleza, no dia 17.12.1996, bem como o respectivo anexo, assinado em Assunção, em 18.6.1997, foi recepcionado mediante o Decreto Legislativo 6, de 15.2.2000, publicado no *DOU* em 16.2.2000, p. 1.

124. Nesse sentido, ver os debates que realizaram-se sobre a incorporação do Protocolo de Defesa do Consumidor no Mercosul. Tais debates relacionam-se exatamente sobre os poderes conferidos aos organismos do Mercosul para legislar em matéria de defesa do consumidor. Sobre o assunto ver Cláudia Lima Marques, "Regulamento de defesa do consumidor no Mercosul — Primeiras observações sobre o Mercosul como legislador da proteção do consumidor", *Revista de Defesa do Consumidor* 23-24/79-103, jul.-dez. 1997.

rência encontram-se em face de duas grandes ordens de incompatibilidades normativas: incompatibilidades internas e externas. Sendo que as incompatibilidades[125] internas se dividem em materiais e institucionais (operativas), as quais serão analisadas a seguir.

125. O *conceito de incompatibilidade*, aqui utilizado, não esconde as suas dificuldades. A incompatibilidade pode ser tomada no sentido de ausência de "coerência". Nesse sentido, é utilizado por Copi, assim afirma o autor que: "o requisito de que uma hipótese aceitável seja *compatível ou coerente* com outras hipóteses que já foram bem confirmadas é sumamente razoável" (1978, p. 387). Tal uso do conceito traz algumas questões interessantes que não farão parte deste estudo, contudo, tal entendimento está em consonância com as análises de diversos filósofos do Direito que apresentam o Direito ou o discurso jurídico como uma ordem ou um argumento coerente, veja-se, nesse, sentido Robert Alexy e MacCormick, entre outros. No presente estudo a noção de "incompatibilidade" terá uso diverso. Entender-se-á como incompatível o argumento ou sistema de enunciados tais que exista a seleção de premissas incongruentes que não permitam como resultado um argumento legítimo (válido). O conceito de incompatibilidade estará mais próximo, nesse ponto de vista, do conceito clássico "contrariedade". A lei da contrariedade na lógica deôntica afirma que um mesmo ato não pode ser ao mesmo tempo obrigatório e proibido, ver in Guibourg (1999, p. 130). A distinção entre proposições contraditórias e contrárias está no fato de que na contradição somente uma proposição pode ser verdadeira, enquanto que contrariedade ambas as proposições podem ser falsas. Assim, a construção de um sistema de normas quando ocorre um dos casos de incompatibilidades estas podem orientar a conduta de modo contrário, permitindo que exista o surgimento de soluções diversas no sistema, mesmo com a possibilidade de não obrigatoriedade ou proibição, sendo permitida uma terceira conduta. Desse modo, p. ex., um caso-limite que não se sabe se se trata de matéria regulada pelo Comitê Intergovernamental de Defesa da Concorrência (CIDC) ou pelo CADE pode receber uma terceira solução. Digamos que a conduta não afete tãosomente o mercado gaúcho, mas afete o comércio entre os Estados-Partes do Acordo de Assunção, nesse caso, pela "repartição de competência *ratione materiae*" tratar-se-ia claramente de um caso a ser julgado pelo Comitê Intergovernamental de Defesa da Concorrência (CIDC). Seria obrigatório o seu julgamento pelo CIDC e proibido pelo CADE, contudo, pelo princípio da subsidiariedade poder-se-ia entender o julgamento pelo CADE favoreceria uma decisão mais adequada ao caso, sendo falsas as duas premissas anteriores.

2.2.1.1 Incompatibilidades externas

As *incompatibilidades externas* derivam da natureza do Tratado de Assunção e do atual estágio de integração do Mercosul.

Poderíamos citar como causas dessas incompatibilidades:

1ª) A *crise dos fundamentos do "modelo de integração"* do Mercosul. A crise de fundamentos encontra-se evidenciada no surgimento de um conjunto crescente de medidas comerciais restritivas do alcance original do Tratado de Assunção, tais como exemplo, o caso do arroz argentino, das autopeças brasileiras, do frango brasileiro, entre outros. Tais eventos antes de significarem um fenômeno desarticulado representam a incapacidade do Mercosul em gerar uma "criação de comércio" que supere o "desvio de comércio". Dessa forma, tem sido gerado um conjunto de atritos e uma preocupação crescente de intercâmbio comercial em área de elevada competitividade no bloco e de baixa complementaridade.

2ª) Uma *hipotrofia do "modelo de integração"*, apesar de seguir sabiamente um conjunto de princípios de condução diplomática tendentes a permitir uma integração flexível, gradual, recíproca e equilibrada o Mercosul pouco avançou em termos reais na sua estruturação econômica e, quiçá, comercial.

São poucas as normativas que realmente permitem vislumbrar a construção de uma nova ordem econômica supranacional, tendendo muitas vezes representar tão simplesmente um mero acordo tarifário de caráter amplo. O caso do arroz argentino representa, nesse sentido, o ápice do tratamento de um fenômeno complexo de política agrícola e econômica em termos puramente tarifário.[126]

126. O *caso do arroz argentino* refere-se ao julgamento da 4ª Turma do TRF da 4ª Região que atendeu ao pedido dos produtores da Fronteira-Oeste para barrar a entrada de grãos uruguaios e argentinos. A 4ª Turma do Tribunal Regional Federal (TRF) da 4ª Região suspendeu por maioria, a entrada de

3ª) *Descaracterização do sistema normativo.* Utilizando uma alegoria fundada no pensamento de Niklas Luhman podemos dizer que o sistema econômico tem realizado um "acoplamento estrutural" de modo dominante sobre o sistema jurídico do Mercosul, com óbvias implicações negativas para este último.[127]

A inexistência de um sistema de solução de controvérsias de natureza permanente e institucional (Tribunal de Justiça); a inexistência de previsão constitucional no Brasil da prevalência dos tratados sobre a legislação ordinária e de uma autorização constitucional à criação de organismos supranacionais, somada ao crescente "déficit democrático" do Mercosul tem aprofundado o sentimento de frustração e descrédito com uma das experiências mais ricas nascidas em solo latino-americano.

2.2.1.2 Incompatibilidades internas

As incompatibilidades internas referem-se às dificuldades de implementação de um processo de harmonização das legislações em matéria de concorrência.

2.2.1.3 Incompatibilidade material

A) Defesa da concorrência e regulação — A articulação entre a defesa da concorrência e o sistema de regulação estabelecido no Brasil se constitui em um dos desafios mais instigantes.[128]

Conforme Gesner de Oliveira: "O foco da agência de defesa de concorrência reside nos mercados não competitivos, nos quais ocorrem maior número de ilícitos. Porém, uma parcela razoável dos problemas está associada a falhas de regulação. Assim, o estabelecimento de regras próconcorrenciais pode eliminar, ou pelo menos atenuar, as falhas de mercado. Por exemplo, uma regulamentação adequada dos planos de saúde poderia diminuir o número de problemas nesta área. Portanto, a autoridade de defesa da concorrência não prescinde da autoridade regulatória nestes mercados. O foco da agência regulatória setorial reside, por seu turno, nos monopólios naturais. As condições de produção nestes últimos fazem com que uma única empresa tenha custos sempre decrescentes à medida em que aumenta sua atividade, fazendo com que a maneira mais eficiente (isto é, de menor custo) seja a produção por uma única firma.[129] Daí a necessidade de o regulador estabelecer regras setoriais específicas que impeçam o monopólio natural de abusar de sua posição. Neste sentido, a defesa da concorrência tem caráter mais geral do que a regulação. Esta última pres-

arroz argentino e uruguaio no território nacional. A medida atendeu ao pedido dos Sindicatos Rurais de Uruguaiana, São Borja, Itaqui e Maçambará e das Associações dos Arrozeiros de Itaqui e São Borja. Na sessão do dia 25.4.2000 a posição de Capeletti foi vencida pelos votos dos juízes Silvia Goraieb e Edgard Lippmann Júnior, que decidiram conceder a liminar para suspender as importações, ao menos até o julgamento do mérito da ação. Entre os argumentos do seu recurso, os arrozeiros citaram a notoriedade da concorrência comercial entre o Brasil e os dois países e o que caracterizam como omissão da União no que se refere à importação do alimento com valor abaixo do preço mínimo. De acordo com os orizicultores da Fronteira-Oeste, o arroz proveniente do Uruguai e da Argentina entra no país com valor médio de 7,37 dólares, o equivalente a R$ 12,75. Eles destacaram que esse valor representa um percentual de 5,1% a menos do que o custo da produção interna brasileira para a saca de 50 kg, que, segundo o Instituto Rio-Grandense do Arroz (Irga), atinge o montante de R$ 13,43. No voto da juíza foi salientado que a União tem de traçar os critérios para que sejam feitas as importações dos países vizinhos, porque a Constituição estabelece que a política agrícola deverá ser planejada e executada na forma da lei.

127. Ver, nesse sentido, Niklas Luhman, *O direito das sociedades*, trad. provisória de Javier Torres Nafarrate.

128. Ver, nesse sentido, Oliveira (2000, p. 5), entende o autor que: "A concorrência, neste sentido, não constitui algo que virá naturalmente como uma preocupação posterior à liberalização, mas como um de seus elementos catalisadores mais importantes, sem o qual torna-se difícil a integração no plano internacional".

129. A definição técnica de monopólio natural é a do segmento em que a função de custo de custo é subaditiva para os intervalos relevantes de produção. Ver a respeito, p. ex., Viscusi e outros (1995, pp. 351-358).

supõe uma determinada estrutura de mercado, cuja natureza de monopólio natural a justifica. A primeira atua sobre a própria estrutura de mercado, prevenindo, quando for o caso, configurações anticoncorrenciais".

2.2.1.4 Incompatibilidade institucional ou operativa

A primeira dificuldade está no estabelecimento de uma delimitação jurisdicional entre os órgãos nacionais e o Comitê Intergovernamental de Defesa da Concorrência (CIDC). Trata-se de uma difícil tarefa que deve levar em consideração entre outros:

- a troca de informações entre os organismos;
- a aplicação ou não do princípio da subsidiariedade;
- o alcance e aplicação do princípio da proporcionalidade;
- o conflito entre a natureza judicante do CIDC e a adoção do critério de consenso pelos órgão do Mercosul;
- a questão da natureza intergovernamental do CIDC e sua posição subordinada na estrutura de poder do Mercosul, bem como a possibilidade de subordinação do jurídico ao político e econômico.[130]

Conclusões

A defesa da concorrência no Mercosul é um dos temas mais importantes para a constituição de uma real "ordem econômica" a ser criada no Mercosul. Sua importância decorre da necessidade da criação de uma ordem fundada na eficiência e na manutenção de um mercado competitivo.

A construção de tal ordem, contudo, exige a superação de diversos obstáculos. Tais dificuldades aparecem como incompatibilidades externas e internas à adoção de um verdadeiro estatuto de defesa da concorrência no Mercosul.

Como incompatibilidades externas — e as *incompatibilidades externas* derivam das incongruências do Tratado de Assunção e do atual estágio de integração do Mercosul —, são causas dessas incompatibilidades: 1º) a *crise dos fundamentos do "modelo de integração"* do Mercosul; 2º) uma *hipotrofia do "modelo de integração"*; 3º) *descaracterização do sistema normativo.* Em especial, nesse caso, ressalta a inexistência de um sistema de solução de controvérsias de natureza permanente e institucional (Tribunal de Justiça); a fragilidade da proteção dos compromissos internacionais pelo Brasil no plano constitucional e o "déficit democrático" do Mercosul.

Como *incompatibilidades internas*, relativas ao modelo de defesa da concorrência adotado pelo Mercosul, poderíamos citar: as incompatibilidades *materiais*, tais como a ausência de critérios claros de separação e articulação entre defesa da concorrência e regulação, entre outras; e incompatibilidades *institucionais* decorrentes da dificuldade do estabelecimento e delimitação jurisdicional entre os órgãos nacionais e o Comitê Intergovernamental de Defesa da Concorrência (CIDC).

130. No mesmo sentido ver Oliveira (2000, p. 47).

Bibliografia

LIVROS SOBRE DIREITO DA CONCORRÊNCIA

AGUINIS, Ana Maria M. de. *Empresas y inversiones en el Mercosur*. Buenos Aires: Abeledo-Perrot, 1992.

ALPA, Guido *et alli. Interpretazione giuridica e analise economica.* Milano: Dott. A. Giuffrè Editore, 1982.

ALVES, Jorge de Jesus Ferreira. *Direito da Concorrência nas Comunidades Européias.* 2ª ed. Coimbra: Coimbra Editora, 1992.

ASCARELLI, Tulio. *Teoria della concorrenza e dei beni imamateriali: lezioni di diritto industriale.* 2ª ed. Milano: A. Giuffrè, 1957.

BALLARINO, Tito. *Lineamenti di Diritto Comunitario*. 4ª ed. Padova: CEDAM, 1993.

BALASSA, Bela. *Teoria de la integración económica*. México: Unión Tipográfica Editorial Hispano-Americana.

BETIOL, Laércio Francisco. *Integração econômica e união política internacionais*. São Paulo: Ed. RT, 1968.

BRAVO, Luigi Ferrari. *Lezioni di Diritto Internazionale*. 3ª ed. Roma: Editoriale Scientifica, 1992.

————. *Lezioni di Diritto delle Comunità Europee*. Roma: Editoriale Scientifica, 1992.

CALASSO, Francesco. *Introduzione al diritto comune*. Milano: Dott. A. Giuffrè, 1951.

CASELLA, Paulo Borba. *Comunidade Européia e seu ordenamento jurídico*. São Paulo: LTr, 1994.

COELHO, Fábio Ulhôa. *Direito Antitruste Brasileiro*. São Paulo: Saraiva, 1995.

FARIA, José Ângelo Estrella. *O Mercosul: Princípios, Finalidade e Alcance do Tratado de Assunção*. Brasília: Subsecretaria-Geral de Assuntos de Integração, Econômicos e de Comércio Exterior. Núcleo de Assessoramento Técnico, 1993.

FARIA, Werter. *Constituição Econômica; liberdade de iniciativa e de concorrência*. Porto Alegre: Fabris, 1990.

————. *Direito da Concorrência e contrato de distribuição*. Porto Alegre: Sérgio Antônio Fabris Editor, 1992.

————. *Disciplina da concorrência e controle das concentrações de empresas no Mercosul*. Estudos da Integração. Brasília, v. 5. Senado Federal. Subsecretaria de Edições Técnicas, 1993.

FONSECA, João Bosco Leopoldino da. *Lei de Proteção da Concorrência — Comentários à Lei Antitruste*. Rio de Janeiro: Forense, 1995.

FUGATE, Wilbur L. *Foreing Commerce and antitrust laws*. Boston and Toronto: Little, Brown and Company, v. II.

GOLDMAN, B. *Les champs d'application territoriale des lois sur la concurrence*. Cours Academie de Droit Internationale de La Haye, 1969, v. III.

GOLDMAN, Bertold. *Droit Commercial Européen*. Paris: Dalloz, 1975.

POCAR, Fausto. *Diritto delle Comunità Europee*. 4ª ed. Milano: Giuffrè Editore, 1991.

POPP, Carlyle *et* ABDALA, Edson Vieira. *Comentários à nova Lei Antitruste*. Curitiba: Juruá Ed., 1994.

SANTANA, Carlos Alberto Caboz Santana. *O abuso da posição dominante no direito da concorrência*. Lisboa: Edições Cosmos, 1993.

SCHUARTZ, Luís Fernando. "Poder econômico e abuso do poder econômico no direito de defesa da concorrência brasileiro". *Revista de Direito Mercantil* 94, abr.-jun. 1994.

SCHWEITZER, Michael *et* HUMMER, Waldemar. *Derecho Europeu*. Buenos Aires: Depalma, 1987.

SILVEIRA, Paulo A. Caliendo V. da. *Defesa da Concorrência no Mercosul*. São Paulo: LTr, 1998.

WALD, Arnoldo. "Algumas considerações a respeito da utilização do *trust* no Direito Brasileiro". *Revista de Direito Mercantil* 99/105-120, ano XXXIV, jul.-set. 1995.

ZACLIS, Lionel *et* FILHO SODRÉ, Antonio de Azevedo. *Comentários à legislação antitruste*. São Paulo: Atlas, 1992.

ARTIGOS EM REVISTAS SOBRE DEFESA DA CONCORRÊNCIA

ASCARELLI, Tulio. "O empresário" ("L'impreditore"). Trad. de Fábio Konder Comparato. *Revista da Faculdade de Direito da USP* 92/269-278, São Paulo, 1997.

BAPTISTA, Luiz Olavo. "Origens do Direito da concorrência". *Revista da Faculdade de Direito da USP* 91/3-26, São Paulo, 1996.

BASTOS, Aurélio Wander. "Cartéis e concorrência. Estudo sobre a recuperação legislativa de direito econômico no Brasil". *Revista de Direito do Consumidor* 23-24/104-111, São Paulo, 1997.

BIOLAY, Jean-Jacques. "Du principe de non-discrimination dans les relations commerciales". *Revue de Droit Commerciale*, pp. 429-469, 1981.

BOLZE, Christian. "Droit Communautaire de l'entreprise". *Revue Trimestriel de Droit Commerciel* 45(1), jan.-mar., pp. 296-310, 1992.

BUENOCUORE, Vincenzo. "La disciplina della concorrenza". *Rivista de Diritto Commerciale*.

CAGGIANO, Monica Herman Salem. "Controle do mercado por via do tabelamento". *Revista de Direito Público* 100/41-44.

CASELLA, Paulo Borba. "Mercosul: intégration économique et harmonisation juridique". *Revista da Faculdade de Direito da USP* 90/327-337, São Paulo, 1995.

——————. "Soberania e aplicação do direito da concorrência na CE e no Mercosul". Separata da *Revista de Informação Legislativa*. Brasília, a. 31, n. 121, jan.-mar. 1994c.

COELHO, Inocêncio Mártires. "A defesa da livre concorrência na Constituição de 1988". *Arquivo do Ministério da Justiça*. Brasília, 47(184):5-18, jul.-dez. 1994.

CORAPI, Diego. "Unno statuto dell'impresa per i paese de Mercosur". *Revista da Faculdade de Direito da USP* 90/339-358, São Paulo, 1995.

COUTO E SILVA, Clóvis. "Le Traité d'Asunción et les conditions de viabilité d'un marché commun sous-regional". *Journées de la Société de Legislation Comparée*, 12ª Journeés Franco-Latino-Américaines, pp. 227-237, 1991.

CRISTOFARO, Pedro Paulo. "Comércio exterior brasileiro: *antidumping*. Mercosul". *RDM* 91/58-63, nova série, ano XXXII, jul.-set. 1993.

FARIA, José Ângelo. "Aplicação extraterritorial do direito da concorrência". *Revista de Informação Legislativa* 105, Brasília, a. 27, jan.-mar. 1990.

FARIA, Werter R. "Domínio de mercado, acordos restritivos da concorrência e concentração de empresas". *Arquivo do Ministério da Justiça*. Brasília, 48(185):175-188, jan.-jun. 1995.

——————. "As infrações contra a concorrência". *Arquivo do Ministério da Justiça*. Brasília, 49(187):91-100, jan.-jun. 1996.

FARJAT, Gérard. "A noção de Direito Econômico". *Revista de Direito do Consumidor* 19/25-67, São Paulo, jul.-set. 1996.

FERRAZ JR. "Constituição brasileira e modelo de Estado: hibridismo ideológico e condicionantes históricas". *Revista dos Tribunais*, Cadernos de Direito Constitucional e Ciência Política, São Paulo, ano 5, n. 17, out.-dez. 1996.

FERRAZ JÚNIOR, Tércio Sampaio. "Lei de Defesa da Concorrência. Origem histórica e base constitucional". *Arquivos do Ministério da Justiça*. Brasília, 45(180):149-174, jul.-dez. 1992.

FONSECA, José Júlio Borges da. "Análise do regime jurídico do Conselho Administrativo de Defesa Econômica — CADE". *RDM* 103, nova série, ano XXXV, jul.-set. 1996.

——————. "Disciplina da concorrência nas operações de concentração empresarial". *RDM* 102, nova série, ano XXXV, abr.-jun. 1996.

FRADERA, Véra Jacob de. "A integração européia e o Mercosul: confronto atual. Direito da concorrência e integração em perspectiva comparatista". *Revista de Direito do Consumidor* 31/86-96, São Paulo, jul.-set. 1999.

FRANCESCHINI, José Inácio Gonzaga. "Legislação de defesa da concorrência comparada: Brasil-Argentina. Contribuição ao Mercosul". *Boletim de Integração Latino-Americana* 7/26-33, MRE/SGIE/NAT.

—————— *et* FRANCESCHINI, José Luiz Vicente de Azevedo. "Poder econômico: exercício e abuso. Direito antitruste brasileiro". *RT*, São Paulo, 1985.

GERBER, David. J. "The Transformation of European Community Competition Law?". *Harward International Law Journal* 35, number 1, winter, 1994.

GRAU, Eros Roberto. "Prática abusiva de mercado e abuso de poder econômico: revogação da lei anterior pela posterior e interpretação do direito". *Revista de Direito do Consumidor* 7/182-204, jul.-set. 1993.

GRINBERG, Mauro. "A concorrência entre empresas perante o Mercosul (enfoque específico sobre Brasil e Argentina face à legislação antitruste)". *RDM* 89/56-64, nova série, ano XXXII, São Paulo, jan.-mar. 1993.

IDOT, Laurence. "Les conflits de lois en droit de la concurrence". *Journal de Droit International* 2, 1995.

JUSTEN FILHO, Marçal. "Empresa, ordem econômica e Constituição". *Revista de Direito Administrativo* 212/109-133, Rio de Janeiro, abr.-jun. 1998.

LHUILIER, Gilles. "Le critère jurisprudentiel d'application du droit de la concurrence". *Revue Trimestriel du Droit Commerciel* 47(4), out.-dez., pp. 645-693, 1994.

LUTTER, Marcus. "Vers un konzert contractuel européen". *Revue Trimestrel de Droit Commerciel*, 1972.

MAGALHÃES, José Carlos de *et* SAMPAIO, Onofre Carlos de Arruda. "A concentração de empresas e a competência do CADE". *RDM* 113, nova série, ano XXXVII, jan.-mar. 1999.

MALARD, Neide Teresinha. "Integração de empresas: concentração, eficiência e controle". *Arquivo do Ministério da Justiça*. Brasília, 48(185):203-231, jan.-jun. 1995.

——————. "O cartel. A defesa da livre concorrência na Constituição de 1988". *Arquivo do Ministério da Justiça*. Brasília, 47(184):159-178, jul.-dez. 1994.

——————. "Práticas verticais restritivas da concorrência". *Arquivos do Ministério da Justiça*. Brasília, 47(183):121-33, jan.-jun. 1994.

MARQUES, Cláudia Lima. "Direitos do consumidor no Mercosul: sugestões frente ao impasse". *Revista de Direito do Consumidor* 32/16-44, São Paulo, out.-dez. 1999.

MAURIZI, Alessandro. "Il controlo sulle concentrazione di dimensione communitaria: il caso Aérospatiale-Alenia de Havilland". *Rivista di Diritto Commerciale*, ano XC, pp. 226-265, 1992.

——————. "L'individualizazione del mercato in un caso di abuso di posizione dominante". *Rivista del Diritto Commerciale*, ano XC, pp. 410-417, 1992.

OLIVEIRA, Gesner de. "Defesa da concorrência em países em desenvolvimento: aspectos da experiência do Brasil e do Mercosul" http://www.psdb.org.br/PARTIDO/ITV/itv.htm, 2000.

PINSKY, Lior. "Aplicação extraterritorial da Lei Antitruste". *RDM* 115/130-141, nova série, ano XXXVII, jul.-set. 1999.

REALE JR., Miguel *et* AZEVEDO, David Teixeira de. "A ordem econômica na Constituição". *Revista Trimestral de Direito Público* 12/134-142, São Paulo, 1995.

ROCHA, João Luiz Coelho da. "Alguns aspectos heréticos da Lei Antitruste (Lei 8.884/94)". *RDM* 97/108-114, São Paulo, 1995.

ROVIRA, Raul L. "Experiencia de la Ley 22.262 de Defensa de la Competencia". *El Derecho*, Buenos Aires, 1990.

RUIZ, Nino. "Relações entre o Direito nacional e o Direito comunitário da concorrência". *Documentação de Direito Comparado* 37-38, 1989.

SALOMÃO FILHO, Calixto. "Condutas anticoncorrenciais no setor bancário". *RDM* 113/51-62, nova série, ano XXXVII, jan.-mar. 1999.

SANTOS, Maria Cecília de Andrade. "Direito comunitário da concorrência. Perspectivas para o Mercosul". *Revista de Direito do Consumidor* 32/73-109, São Paulo, out.-dez. 1999.

VOGEL, Louis. "Le règlement européen sur le contrôle des concentrations ou de la difficulté de concilier efficacité et compromis". *Journal du Droit International* 4/897-902, a. 118, 1991.

WALD, Arnoldo. "Les groupements dans la vie économique". *Revista de Direito Mercantil Industrial, Econômico e Financeiro*, São Paulo.

ARTIGOS EM REVISTAS E LIVROS SOBRE DEFESA DO CONSUMIDOR E OUTROS TEMAS

ARRIGHI, Jean Michel. "A proteção dos consumidores no Mercosul" ("La protección de los consumidores y el Mercosul"). *Revista de Direito do Consumidor* 2, São Paulo, 1992.

BACELLAR FILHO, Romeu Felipe. "O Mercosul e a importância do direito comunitário emergente". *Revista de Direito Administrativo* 210/117-122, Rio de Janeiro, out.-dez. 1997.

BADIALI, Giorgio. *Le Droit International Privé des Communautés. Recueil des Cours*, t. 191, v. II, 1985.

FARIA, José Eduardo Campos de Oliveira. "Reforma constitucional em período de globalização econômica". *Revista da Faculdade de Direito da USP* 90/253-265, São Paulo, 1995.

FINATTI, Mauro André Mendes. "A difícil implementação do Direito do Consumidor do Mercosul: balanço e prognósticos". *Revista de Direito do Consumidor* 20/127-142, São Paulo, out.-dez. 1996.

LORENZETTI, Ricardo. "La relación de consumo: conceptualización dogmática en base el Derecho del Mercosur". *Revista de Direito do Consumidor* 21/9-32, São Paulo, jan.-mar. 1997.

MARQUES, Cláudia Lima. "Novos rumos do Direito Internacional Privado quanto as obrigações resultantes de atos ilícitos (em especial de acidentes de trânsito)". *RT* 629/72-92, São Paulo, 1988.

————. "O Código Brasileiro de Defesa do Consumidor e o Mercosul". *Revista de Direito do Consumidor* 8/40-57, São Paulo.

————. "Regulamento comum de defesa do consumidor — Primeiras observações sobre o Mercosul como legislador da proteção do consumidor". *Revista de Direito do Consumidor* 23-24/79-103, São Paulo, jul.-dez 1997.

PAOLANTONIO, Martín E. *et* BERGEL, Salvador D. "Anotaciones sobre la nueva Ley de Defensa do Consumidor de la República Argentina". *RDM* 92/21-52, São Paulo, 1999.

SIDJANSKI, Dusan. "Atualité et dinamique du fédéralisme européen". *RMC*, v. 33, n. 341, pp. 655-665, nov. 1990.

SILVEIRA, Paulo A. Caliendo V. da. "Direitos públicos subjetivos". *Revista da Faculdade de Direito da Ritter dos Reis*, ano 3, v. 3 (mar.-jul. 2000), Porto Alegre: Faculdades Integradas Ritter dos Reis, 2000.

TÔRRES, Heleno Taveira. *Pluritributação internacional sobre a renda de empresas*. Ed. RT, São Paulo, 1997.

NOTAS PARA O ESTUDO DA INCIDÊNCIA TRIBUTÁRIA

ROBERTO WAGNER LIMA NOGUEIRA

Professor de Direito Tributário da Universidade Católica de Petrópolis-RJ (UCP).
Advogado no Estado do Rio de Janeiro

1. A incidência tributária na visão de Paulo de Barros Carvalho

Merecem análise neste brevíssimo estudo, as recentes pesquisas (que almejam refutar a tradicional doutrina da "incidência infalível" de Becker) desenvolvidas pelo professor Paulo de Barros Carvalho — em livro a ser destacado — a respeito do tema: "Fundamentos da Incidência Tributária".

Sustenta o professor Paulo de Barros Carvalho que a bem do rigor científico a "incidência da regra não ocorrerá enquanto norma individual e concreta, dando conta da subsunção do fato à classe de acontecimentos descritos no suposto não for expedida pelo órgão competente. *É que as normas gerais e abstratas não ferem diretamente as condutas intersubjetivas, para regulá-las. Exigem o processo de positivação, vale dizer, reclamam a presença de norma individual e concreta a fim de que a disciplina prevista para a generalidade dos casos possa chegar ao sucesso efetivamente ocorrido, modalizando deonticamente as condutas*"[1] (grifos do autor).

1. Paulo de Barros Carvalho, *Direito tributário — Fundamentos da incidência tributária*, São Paulo, Saraiva, 1998, pp. 82-83.

Essa assertiva do professor Paulo de Barros Carvalho nos leva a concluir que, para ele, é impossível dissociar-se a *incidência* da *aplicação*, no caso a produção da norma individual e concreta (pelo particular, auto-acertamento, ou pelo Estado, lançamento). E isto fica patente em outras passagens da obra já citada.

Vejamos uma passagem do livro que confirma o que acabamos de dizer: "Seria até um desafio mental interessante tentar imaginar caso de incidência específica da regra-padrão, numa hipótese individualizada, sem a expedição de ato de aplicação. Eis uma tarefa impossível! E esse ato aplicativo será, inexoravelmente, um segmento de linguagem que tanto pode ser produzido pela entidade tributante como pelo próprio sujeito passivo, nos casos em que a lei assim determinar".[2]

Ou em outra passagem: "somente o ser humano é capaz de aplicar o direito, fazendo-o incidir".[3]

2. Paulo de Barros Carvalho, *Direito tributário — Fundamentos...*, ob. cit., p. 210.

3. Paulo de Barros Carvalho, *Direito tributário — Fundamentos...*, ob. cit., p. 175.

Estas colocações interessam ao nosso estudo, não só porque tocam o tema da "incidência da norma tributária" mas, também, porque percutem no campo do nascimento da obrigação tributária, precisando em termos lingüísticos a sua fenomenologia.

Elucida ele: "o instante em que nasce a obrigação tributária, é exatamente aquele em que a norma individual e concreta, produzida pelo particular ou pela Administração, neste último caso por meio do lançamento, ingressar no sistema do direito positivo, o que implica reconhecer que a relação se dá juntamente com a ocorrência do fato jurídico. Daí falar-se em instauração automática e infalível do vínculo obrigacional, ao ensejo do acontecimento do 'fato gerador'".[4]

Isto implica em reconhecermos, que para o eminente professor paulista o lançamento produz efeitos *constitutivos* e *declaratórios*. Explicando. O lançamento é declaratório de uma situação que se consumou no tempo, o enunciado de *fato* se refere ao passado, daí ser declaratório desse *evento*, entretanto, é constitutivo no sentido de que é pelo seu ingresso no sistema que nascem os direitos subjetivos e os deveres subjetivos contrapostos.

Eis aí a dualidade de efeitos do lançamento com base em marcos temporais, no dizer de Paulo de Barros Carvalho.

2. *Notas para uma leitura da fenomenologia da incidência da norma tributária*

Não obstante o amplo estudo desenvolvido por Paulo de Barros Carvalho, a respeito da incidência da norma tributária, ofereceremos doravante algumas notas a respeito do mesmo tema.

Pois bem. Paulo de Barros Carvalho afirma, conforme acima transcrito, que não ocorre a incidência enquanto não expedido o ato de aplicação, seja ele produzido pelo particular ou pela entidade tributante. Ou em outras palavras, não há um fato jurídico — sequer — sem os expedientes da linguagem, razão pela qual, sustenta ele, a impossibilidade jurídica da incidência sem a intervenção humana realizando a aplicação. Desta forma, não há incidência sem aplicação na dicção de Paulo de Barros Carvalho.

Amílcar Falcão,[5] apoiado na doutrina tradicional, leciona: "Quando se verifica a ocorrência do fato gerador, diz-se que, juridicamente, houve a incidência do tributo".

Por outros caminhos, escudados em estudos de Flávio Bauer Novelli[6] e Marcos Bernardes de Mello,[7] vamos às nossas observações para releitura do fenômeno da incidência da norma tributária, que também foi tratado por Amílcar Falcão.

É bem verdade que uma fatispécie (usamos a expressão fatispécie[8] e não fato

4. Paulo de Barros Carvalho, *Direito tributário — Fundamentos...*, ob. cit., p. 174

5. Amílcar de Araújo Falcão, *Fato gerador da obrigação tributária*, 6ª ed. rev. e atual. por Flávio Bauer Novelli, Rio de Janeiro, Forense, 1995, p. 63.

6. Flávio Bauer Novelli, "A eficácia do ato administrativo", *Revista de Direito Administrativo*, vs. 60 e 61, Rio de Janeiro, Renovar, mai.-jun., jul.-set. 1960, p. 21.

7. Marcos Bernardes de Mello, "Contribuição ao estudo da incidência...", in *Direito Tributário Moderno*, coord. José Souto Maior Borges, São Paulo, José Bushatsky, 1977, p. 21.

8. Adotamos neste artigo a expressão "fatispécie" vertida para o português pelo professor Flávio Bauer Novelli após diálogo travado por ele, com Aurélio Buarque de Holanda Ferreira. O signo "fatispécie" é utilizado para designar o fato sobre o qual incide a norma. Pontes de Miranda utiliza-se da expressão "suporte fáctico" para simbolizar aquele fato, ou complexo de fatos a que o ordenamento atribui a produção de um certo efeito jurídico. Anteriormente às conversas com Aurélio Buarque de Holanda Ferreira, o prof. Flávio Bauer Novelli valia-se da expressão "fatespécie", após, chegou a conclusão que o termo "fatispécie" com "i" e não com "e" soaria melhor na língua portuguesa. Vejamos seus argumentos anteriores quando explicava o porquê de ter utilizado a expressão "fatespécie" e não "suporte fáctico": "Aquele fato, ou complexo de fatos, a que o ordenamento atribui a produção de um certo efeito jurídico, constitui o que se chama fatespécie". E abaixo, em nota de rodapé 14, continua, "Pareceu-nos, por diversas razões, preferível adaptar a expressão latina medieval *facti species* (literalmente figura do fato), da qual, segundo Betti, *Neg. giur.*, cit., p. 2,

gerador) que não chegue a ser de conhecimento de ninguém, não pode ter sofrido a incidência da norma tributária geral e abstrata. Todavia, uma fatispécie conhecida por alguém — mesmo que ainda não provada a sua existência em linguagem jurídica competente — é fatispécie que já sofreu a incidência da norma tributária geral e abstrata, portanto, fatispécie já juridicizada. Quer dizer: fatispécie produtora de efeitos jurídicos, ou seja, fatispécie jurídica.

É que os efeitos da incidência se bipartem em: *efeitos preliminares* ou *prodrômicos* e *efeitos jurídicos finais*. Esclarecendo. Pontes de Miranda faz a distinção entre a eficácia da norma jurídica (que é a de incidir — eficácia legal) e a eficácia do fato jurídico (efeitos irradiados do próprio fato jurídico). E, sustenta ele, que "seria erro dizer-se que é a regra jurídica que produz eficácia jurídica", porquanto a "eficácia jurídica provém da juridicização dos fatos".[9]

Em nossa linha teórica, vemos o mesmo fenômeno sob o prisma da incidência, portanto, firmamos que ambos efeitos advém da incidência,[10] isto porque toda eficácia é eficácia oriunda da incidência. Isto implica em dizer que a incidência da norma tributária geral e abstrata em fatispécie concretizada, produz *efeitos prodrômicos* juridicizantes da fatispécie, que passa a ser uma fatispécie jurídica. Um alerta: a eficácia da fatispécie jurídica (o nascimento da obrigação tributária geral e abstrata) ainda é *efeito prodrômico* da incidência. Já o *efeito jurídico final* da incidência, é produzido pela norma individual e concreta do lançamento tributário ou auto-acertamento feito pelo particular.

Noutras palavras: ocorrida a fatispécie no mundo real, sendo a mesma conhecida de alguma pessoa ou pessoas ligadas ou não à fatispécie, portanto, havendo sua integração ao mundo dos pensamentos humanos, a incidência da norma tributária geral e abstrata produz o que chamamos de *efeitos prodrômicos*, no caso do direito tributário, *e.g.*, estes *efeitos prodrômicos* se evidenciam no dever funcional da autoridade administrativa em constituir o crédito tributário pelo lançamento (sob pena de prevaricação), independentemente da prova final da existência da fatispécie, pois que, o art. 142 do Código Tributário Nacional[11] é claro ao dizer que o lançamento é um procedimento administrativo *tendente a verificar a ocorrência da fatispécie da obrigação.*

Destarte, o dever funcional da autoridade administrativa (art. 142 CTN) é efeito jurídico (*efeito prodrômico*) da incidência da norma tributária geral e abstrata na fatispécie. Agora, se juridicamente existe em sua integridade constitutiva a fatispécie, é o que será apurado durante o procedimento do lançamento. Existindo-a, surge, por esta razão, os efeitos jurídicos finais da incidência, estes sim, só se darão com a interveniência do ato humano da aplicação no caso do lançamento de ofício, ou de um auto-acertamento por parte do particular.

Daí sustentar José Souto Maior Borges[12] que da norma tributária geral e abstrata não decorre necessariamente uma obrigação de caráter individual e concreto, muito embora já ocorram efeitos prodrô-

nota 2, deriva o termo italiano correspondente". Flávio Bauer Novelli, "A eficácia do ato administrativo", *Revista de Direito Administrativo*, v. 60, Rio de Janeiro, Editora Renovar, abr.-jun. 1960, p. 21.

9. Pontes de Miranda, *Tratado de Direito Privado*, 4ª ed., Parte Geral, t. I, São Paulo, Ed. RT, 1983, p. 17.

10. Ensina Eurico Marcos Diniz de Santi que "eficácia é qualidade de produzir efeitos mediatos e imediatos advindos da incidência" (*Lançamento tributário*, São Paulo, Max Limonad, 1996, p. 56).

11. Art. 142, CTN: "Compete privativamente à autoridade administrativa constituir o crédito tributário pelo lançamento, assim entendido o procedimento administrativo tendente a verificar a ocorrência do fato gerador da obrigação correspondente, determinar a matéria tributável, calcular o montante do tributo devido, identificar o sujeito passivo e, sendo o caso, propor a aplicação da penalidade cabível. Parágrafo único. A atividade administrativa de lançamento é vinculada e obrigatória, sob pena de responsabilidade funcional".

12. José Souto Maior Borges, *Lançamento Tributário*, 2ª ed. rev. e atual, São Paulo, Malheiros Editores, 1999, p. 423.

micos da incidência quando da ocorrência da fatispécie. Faz-se necessário, para sua individualização, concretização e produção dos efeitos jurídicos finais da incidência, um ato administrativo, precedido ou não de um procedimento (lançamento por ofício ou declaração), ou por uma atividade de auto-acertamento pelo sujeito passivo.

Dentro desta perspectiva teórica, oferecendo uma outra visão ao que sustenta Paulo de Barros Carvalho, parece-nos crer que existem *efeitos jurídicos prodrômicos* provocados pela incidência da norma tributária geral e abstrata, que se dão na ordem psíquica, independentemente do *logos* constitutivo da linguagem do lançamento tributário (norma individual e concreta), é que a incidência antes de se materializar em linguagem competente, se realiza no plano do enunciado mental, no âmbito do *juízo* ou produto de um julgamento conforme leciona Goffredo Telles Junior.[13]

Os *efeitos prodrômicos*[14] fazem com que a incidência — depois de conhecida a fatispécie por alguém — seja considerada incondicional, isto é, os seus *efeitos prodrômicos* ocorrem independentemente do *querer* dos destinatários da norma tributária geral e abstrata. Em face desta incondicionalidade da incidência da norma tributária geral e abstrata, e de seus *efeitos prodrômicos*, é que se sustenta o princípio da inalegabilidade da *ignorantia iuris*, ou seja, a ninguém é dado alegar que descumpriu a lei por desconhecê-la, exatamente por que a produção dos *efeitos prodrômicos* da incidência da norma tributária geral e abstrata independe da adesão das pessoas à norma, bem como, independe da produção da norma individual e concreta no plano da linguagem escrita, é da ordem do enunciado mental.[15]

Seguindo nosso raciocínio já podemos afirmar que: os *efeitos prodrômicos*, produzidos pela incidência da norma tributária geral e abstrata na fatispécie, se dão *independentemente* da aplicação da norma tributária individual e concreta pelo ser humano como quer Paulo de Barros Carvalho.

Frisamos. Os *efeitos prodrômicos* da *incidência* da norma tributária geral e abstrata *são avolitivos*, isto é, se realizam independentemente do querer das pessoas envolvidas.

O próprio ato de aplicação da norma tributária geral e abstrata à fatispécie, já é *efeito prodrômico* da incidência, ou seja, só há aplicação porque há *efeitos prodrômicos* produzidos pela incidência da norma

13. Compreendemos a palavra "juízo" na linha de Goffredo Telles Júnior, ou seja, um juízo é um ato pelo qual a inteligência aceita (afirma) ou rejeita (nega) uma idéia de outra idéia. O juízo se efetua em três fases; na primeira fase, a inteligência aproxima duas idéias, relaciona-as, isto é, afirma ou nega uma da outra, produzindo uma construção, sobre a qual a inteligência ainda não se manifestou; na segunda fase, a inteligência compara o simples enunciado mental com a realidade apresentada segundo um sistema de referência; na terceira fase, se a inteligência se convence de que há conformidade entre o enunciado mental e aquilo que lhe é apresentado, dá-lhe a sua adesão, no momento da adesão o simples enunciado mental passa a ser propriamente um juízo, ou seja, um produto de um julgamento. Em sua expressão verbal um juízo constitui o que se chama proposição judicativa. Cf. Goffredo Telles Júnior, *Direito Quântico*, 6ª ed., São Paulo, Max Limonad, 1985, pp.295-296.

14. São os efeitos prodrômicos da incidência que justificam que "aberta a sucessão" (Código Civil Brasileiro, art. 1.572), isto é, morto alguém, o "domínio e a posse da herança" se "transmitem" desde logo, "aos herdeiros legítimos e testamentários". Nenhum instante fica vazio entre a propriedade do falecido e a propriedade dos herdeiros.

15. "Nada obstante, o vínculo instaurado entre o Fisco e o sujeito passivo independe da circunstância de que ambos tenham conhecimento da ocorrência do fato jurídico tributário. Significa dizer que a obrigação de caráter geral, decorrência da norma geral e abstrata, já se inaugurou com a antecedência não só da observância do Direito pelo sujeito passivo, mas também da ciência, pelo Fisco, da realização do fato jurídico tributário.

"A vinculação do sujeito passivo à norma tributária, subsiste, então, independentemente de qualquer atividade de reconhecimento. Por isso mesmo é essa vinculação puramente abstrata, imperceptível sensorialmente, mas claramente apreensível no plano intelectual da descrição fenomenológica do Direito" (José Souto Maior Borges, *Lançamento tributário*, ob. cit., p. 444).

tributária. Precisando mais ainda. O primeiro efeito da incidência (*efeito prodrômico*) da norma tributária geral e abstrata é de ordem psíquica e independe da aplicação. A autoridade administrativa só aplica a norma tributária à fatispécie porque reconhece psiquicamente os efeitos prodrômicos produzidos pela incidência da norma tributária geral e abstrata, e como sua atuação é vinculada (art. 142, parágrafo único, CTN), vê-se na obrigatoriedade de materializar o ato de aplicação (lançamento tributário).

Não é necessária a *aplicação* da norma tributária geral e abstrata pelo ser humano para que a incidência tributária, em sua fase formativa, produza *efeitos prodrômicos*, é necessário apenas, que a existência suficiente da fatispécie seja de conhecimento de alguma pessoa, seja ela, interessada ou não, na percussão da norma tributária.

Daí ser ainda hoje, parcialmente procedente esta asserção ponteana: "A incidência da lei independe da sua aplicação".[16]

Dizemos nós: os efeitos prodrômicos da incidência da norma tributária geral e abstrata, independem de sua aplicação.

A distinção entre *texto de lei* (*base empírica*) e *norma* (*juízo de significação*) já trabalhada neste estudo, não prejudica o raciocínio acima, uma vez que a incidência é da norma tributária, e a norma tributária (redundância que se impõe) revela-se inicialmente no mundo dos pensamentos (portanto, sem revestimento lingüístico) e após, num processo crescente de positivação, na forma lingüística via auto-acertamento (Aurélio Pitanga Seixas Filho) ou lançamento de ofício.

Retomando o fio do pensamento, é bom gizarmos que os *efeitos prodrômicos* produzidos pela incidência da norma tributária geral e abstrata não param por aí, vão adiante, até que sejam produzidos os *efeitos jurídicos finais*.

Para que a incidência da norma tributária geral e abstrata produza seus *efeitos jurídicos finais* é necessário a prova da existência da fatispécie em linguagem jurídica competente, nesta fase final, não é necessário apenas o conhecimento de alguma pessoa sobre a existência da fatispécie, mas, sim, é imprescindível a elaboração de um documento (norma individual e concreta) em linguagem jurídica competente (*e.g.*, auto-acertamento — pelo particular — ou lançamento de ofício — autoridade administrativa).

Portanto, surge daí a importância do ser humano, para no caso concreto, aplicar a norma tributária geral e abstrata à fatispécie, fazendo com que a incidência produza seus *efeitos jurídicos finais*. Só nesta fase da incidência da norma tributária, se pode falar na indispensabilidade da aplicação para que a norma tributária geral e abstrata produza seus efeitos jurídicos finais, todavia, é bom repetir-se, que os *efeitos prodrômicos* desta incidência já ocorreram, porque *avolitivos*.

Em sendo assim — por um lado, a produção da norma individual e concreta pelo particular[17] (o auto-acertamento que nos fala Aurélio Pitanga Seixas Filho[18]), e por

16. Pontes de Miranda, ob. cit., p. 11.

17. José Souto Maior Borges sustenta que "não há no lançamento por homologação aplicação da lei tributária pelo particular ou, mais precisamente, pelo sujeito passivo, senão uma simples conformação à disciplina jurídica do tributo. A Administração Pública, ao contrário, aplica a norma tributária quando homologa a atividade de lançamento. A conduta do sujeito passivo será ou não de conformação (subsunção) à norma ao realizar os atos materiais e operações legalmente pressupostos. Entre essas duas situações há pontos de convergência, tais como a submissão da atividade a critério legais. Na conformação o ato do sujeito passivo, sob o ponto de vista lógico, é idêntico ao praticado pelo Fisco. Mas as diferenças vêm à tona quando se considera a diversidade de efeitos jurídicos que essas situações jurídicas produzem" (*Lançamento tributário*, ob. cit., p. 391).

18. "Assim, quando o devedor enquadrar juridicamente os fatos imponíveis estará *auto-acertando* por sua própria conta e risco, assumindo, conse-

outro, a aplicação e criação da norma individual e concreta do lançamento tributário (entidade tributante) — fazem com que a incidência da norma tributária geral e abstrata produza seus *efeitos jurídicos finais*.

Isto significa dizer que, para nós, diferentemente do que sustenta Paulo de Barros Carvalho, a incidência da norma tributária geral e abstrata produz *efeitos prodrômicos* independentemente do ato de aplicação e criação da norma individual e concreta feito pelo ser humano em linguagem jurídica competente, todavia, a mesma incidência tributária, só produzirá os seus *efeitos jurídicos finais* com a produção da norma individual e concreta pelo particular (auto-acertamento) ou pelo poder público (lançamento).

Com outras palavras, leciona no mesmo sentido Aurélio Pitanga Seixas Filho, "o pagamento do tributo poderá ser efetuado após ser o seu valor tornado líquido e certo pela autoridade fiscal, ou pelo próprio sujeito passivo, em decorrência de um auto-acertamento, ou de um acertamento em que o critério jurídico seja, específico, ou genericamente, de responsabilidade do Fisco".[19]

Do expendido, ressalta que o *efeito prodrômico* da incidência em fatispécie suficiente, é constitutivo da obrigação tributária geral e abstrata, e o *efeito jurídico final* da incidência, que se materializa através do lançamento, é constitutivo da obrigação tributária individual e concreta.[20]

Aplicado nossas idéias ao modelo ofertado por Paulo de Barros Carvalho, podemos dizer que o *tempo no fato* a que aduz o professor titular da PUC e USP, é para nós aquele átimo temporal que marca o início da produção dos *efeitos prodrômicos* da incidência da norma tributária geral e abstrata do IPTU, e o *tempo do fato* na dicção dele, é ao nosso conceber, aquele momento onde a incidência produz seus *efeitos jurídicos finais*, quando da produção da norma individual e concreta.

E-mail: nogueira@compuland.com.br

qüentemente, integral responsabilidade por esta valoração jurídico-tributária e por eventual erro ou incorreção na liquidação e pagamento do tributo" (grifos nossos) ("A função do lançamento tributário", Rio de Janeiro, *Revista Forense* 307/7).

19. "A função do lançamento...", ob. cit., p. 8.

20. "Se eficácia é, em certo sentido, produção de efeito jurídico, não há como se negar efeito constitutivo da obrigação tributária geral (principal) ao fato jurídico tributário, e da obrigação tributária individual e concreta ao lançamento" (José Souto Maior Borges, *Lançamento...*, ob. cit., p. 428).

COMPETÊNCIA TRIBUTÁRIA RESIDUAL E OS LIMITES CONSTITUCIONAIS À INSTITUIÇÃO DE NOVOS TRIBUTOS

FERNANDA MAIA S. ALVES
Advogada

1. Introdução. 2. Noções preliminares: 2.1 A Constituição e sua hierarquia – 2.2 Sistema constitucional tributário – 2.3 Tributo. 3. Sistema constitucional tributário brasileiro e suas peculiaridades. 4. Repartição constitucional das competências tributárias: 4.1 Conceito de competência tributária e suas características – 4.2 Limitações constitucionais ao exercício da competência tributária – 4.3 Critérios constitucionais de discriminação da competência tributária. 5. Competência tributária residual: 5.1 Conceito e repartição – 5.2 Requisitos constitucionais ao seu exercício: 5.2.1 Quanto aos tributos vinculados – 5.2.2 Quanto aos impostos e contribuições para custeio da Seguridade Social. 6. Síntese conclusiva. 7. Bibliografia.

1. Introdução

O presente trabalho, intitulado "Competência tributária residual e os limites constitucionais à instituição de novos tributos", tem por escopo analisar os enunciados presentes na Constituição Federal que delimitam o exercício da competência tributária, sobretudo a residual, bem como examinar cada um dos requisitos exigidos pela Lei Maior para a instituição de novos tributos.

Para tanto, serão desenvolvidas preliminarmente algumas noções acerca da Constituição e sua posição hierárquica no ordenamento jurídico, relativas a sistema constitucional tributário e sobre as acepções da palavra "tributo". Tudo com o objetivo de fundamentar coerentemente as considerações seguintes.

O sistema constitucional tributário brasileiro introduzido pela Constituição/1988 terá suas peculiaridades descortinadas. Dentre elas figuram a discriminação constitucional das competências tributárias entre União, Estados, Distrito Federal e Municípios como também os critérios em função dos quais foi efetuada.

Em seguida será investigada a atribuição de competência tributária residual, tal como foi perpetrada pela Carta Magna: apenas a algumas das pessoas políticas de direito público interno, e tão-somente para a criação de determinadas espécies tributárias.

Finalmente, serão estudados os limites constitucionais que confinam o exercício desta competência tributária residual, que, uma vez desrespeitados, tornam inconstitucionais[1] os tributos com base nela instituídos.

2. *Noções preliminares*

2.1 A Constituição e sua hierarquia

As normas componentes do ordenamento jurídico encontram-se hierarquizadas numa espécie de pirâmide em cujo topo figura a Constituição, que dá fundamento de validade e determina a própria criação dos atos normativos inferiores,[2] sejam emendas constitucionais, leis complementares, leis ordinárias, dentre outros. Por outras palavras, a Constituição, dentro do sistema hierarquicamente organizado de normas jurídicas que é o Direito, ocupa o patamar mais elevado, haja vista as normas por ela introduzidas prescreverem como deverão ser editadas as que lhe são subalternas, dando-lhes fundamento de validade. A Lei Maior é, por assim dizer, fonte de produção jurídica de outras normas. Todos os atos normativos não pretendidos inconstitucionais e, portanto, invalidáveis devem a ela se adequar.

A Assembléia Nacional Constituinte, em 5.10.1988, promulgou a Constituição da República Federativa do Brasil. Trata-se do documento normativo supremo que instituiu e organizou o novo Estado Brasileiro que surgia, em República, em Federação, em Estado Democrático de Direito. O poder estatal foi tripartido; e o os direitos e garantias fundamentais, assegurados. Estabeleceu ainda o Diploma Excelso os objetivos fundamentais a serem perseguidos, tais como a construção de uma sociedade livre, justa e solidária, a garantia do desenvolvimento nacional, a erradicação da pobreza e da marginalização, a redução das desigualdades sociais e regionais e a promoção do bem de todos, sem preconceitos de origem, raça, sexo, cor, idade e quaisquer outras formas de discriminação (art. 3º).

A Constituição/1988, Lei Suprema do sistema jurídico brasileiro, encontra-se, portanto, no ápice da pirâmide jurídica brasileira, fundamenta a validade de todos os atos normativos aqui produzidos, inclusive emendas constitucionais, que com suas regras e princípios devem ser compatíveis, sob pena de inconstitucionalidade.

2.2 Sistema constitucional tributário

O sistema de normas que estabelece a ordem jurídica brasileira, conforme ensina Paulo de Barros Carvalho, "é composto por subsistemas que se entrecruzam em múltiplas direções, mas que se afunilam na busca de seu fundamento último de validade semântica que é a Constituição do Brasil. E esta, por sua vez, constitui o subsistema mais importante, (...) ocupando o tópico superior do ordenamento e hospedando as diretrizes substanciais que regem a totalidade do sistema jurídico nacional".[3]

O chamado "sistema constitucional tributário", por sua vez, é considerado o subconjunto do sistema que forma a Constituição, e que é constituído pelas normas ali inseridas que dispõem sobre o exercício estatal da competência tributária e acerca dos direitos dos contribuintes em face desta. Assim, tomando o sistema constitucional tributário como o plexo de normas contidas na Constituição Federal que cuidam do fenômeno da tributação, encontra-se, por conseguinte, vinculado hierarquicamente àqueles comandos o legislador infraconstitucional. Daí a suma importância de conhecer este sistema, que será melhor desvelado na medida em que sejam mostradas suas peculiaridades, dentre elas a enorme gama de preceitos a disciplinar a matéria.

2.3 Tributo

Faz-se indispensável, neste momento, a definição do conceito de *tributo*, uma vez

1. "Inconstitucionalidade" será, aqui, tomada como desconformidade entre o que prescreve a Constituição Federal e o que estabelece o ato normativo que lhe é inferior.

2. Hans Kelsen, *Teoria Pura do Direito*, *passim*.

3. *Curso de Direito Tributário*, 10ª ed., pp. 138-139.

que o trabalho em tela volta-se para o tema da competência *tributária*. O próprio direito tributário, como sub-ramo do direito positivo, será delimitado pelo âmbito do conceito de tributo. Consoante Geraldo Ataliba, "o conceito de tributo é o centro da construção sistemática que se designa por direito tributário".[4]

Modernamente, diferente do que já houve no passado, a referência à noção de *tributo* corresponde ao comportamento de pagar quantia em dinheiro, e não ao de prestar serviços ou entregar bens em natureza. Tal é a postura do direito positivo brasileiro vigente.

Os juristas nacionais costumam adotar o conceito de tributo contido no art. 3º do Código Tributário Nacional, qual seja: "Art. 3º. Tributo é toda prestação pecuniária compulsória, em moeda ou cujo valor nela se possa exprimir, que não constitua sanção de ato ilícito, instituída em lei e cobrada mediante atividade administrativa plenamente vinculada".

Todavia, o mesmo Geraldo Ataliba[5] entende que o conceito de *tributo* do sistema jurídico brasileiro deve ser colhido diretamente da Constituição, e não de legislação infraconstitucional, embora admita que o conceito dado pelo legislador do Código Tributário Nacional se coadune com esse conceito constitucional por ele defendido, qual seja: "*Tributo* é a obrigação jurídica pecuniária, *ex lege*, que se não constitui em sanção de ato ilícito, cujo sujeito ativo é uma pessoa pública (ou delegado por lei desta), e cujo sujeito passivo é alguém nessa situação posto pela vontade da lei, obedecidos os desígnios constitucionais (explícitos e implícitos)".

Para que de tributo se trate é mister que o comando "pague dinheiro ao Estado" seja preso à hipótese "se acontecer um fato 'x', que não seja ilícito".

De seu turno, Paulo de Barros Carvalho[6] alerta para o uso da palavra "tributo", seja na legislação, seja na doutrina, seja na jurisprudência brasileiras, em seis acepções distintas, a saber:

a) *quantia em dinheiro*, isto é, o objeto da prestação ou o conteúdo do dever jurídico atribuído ao sujeito passivo da obrigação tributária;

b) *prestação correspondente ao dever jurídico do sujeito passivo*, ou seja, o comportamento do sujeito passivo ao satisfazer o dever jurídico que lhe fora designado;

c) *direito subjetivo de que é titular o sujeito ativo*; em outras palavras, o direito subjetivo de que é titular o credor tributário para exigir o objeto da prestação, ou seja, a quantia em dinheiro;

d) *relação jurídica tributária*, ou seja, a obrigação tributária que se estabelece em razão da ocorrência do fato descrito no antecedente da norma, ou seja, o vínculo obrigacional como um todo;

e) *norma, fato e relação jurídica*, exprimindo toda a fenomenologia da incidência, como se propôs determinar o art. 3º da Lei 5.172/1966; e, finalmente,

f) *norma jurídica tributária*, o que equivale a dizer regra de Direito, preceito normativo, já que instituir, criar um tributo é tarefa legislativa de edição de normas jurídicas específicas que condicionem ao acontecimento de um fato lícito o nascimento de uma relação jurídica patrimonial onde o devedor seja titular da obrigação de pagar quantia em dinheiro a ente público ou a ele equiparado por lei.

Diante da plurivocidade do termo "tributo", é importante ressaltar a necessidade de sua elucidação a fim de evitar ambigüidades no correr do discurso que se queira científico. Logo, será aqui utilizado na acepção de *norma jurídica*, na medida em que adotamos como objeto da Ciência do Direito apenas sua face normativa.

4. *Hipótese de Incidência Tributária*, 5ª ed., p. 35.

5. *Hipótese* ..., 5ª ed., pp. 31 e ss.

6. *Curso* ..., 10ª ed., pp. 15 e ss.

Novamente com Geraldo Ataliba,[7] toda vez que alguém seja obrigado a pagar quantia em dinheiro ao Estado (ou entidade dele delegada por lei) deverá verificar se se trata de obrigação convencional, multa, indenização por dano ou, realmente, tributo, haja vista a diversidade de regimes jurídicos que decorrem de cada instituto.

Distingue-se, portanto, o tributo das figuras anteriores. Caso se trate de figura convencional, onde a vontade das partes é essencial à instauração da relação jurídica, não haverá obrigação tributária, que prescinde da vontade das partes para seu surgimento, pois nasce da ocorrência do fato jurídico tributário descrito na hipótese da norma de incidência tributária. Se o fato descrito na norma for ilícito, dele decorrerão a obrigação de pagar multa ou a obrigação de indenizar. Aquela constitui sanção decorrente do desrespeito de preceito que impõe um dever, enquanto a última é mera reparação patrimonial, a título de composição de dano.

O tributo, de seu turno, não decorre da vontade das partes, nem é sanção por violação de dispositivo legal, nem reparação patrimonial. Deparando-se alguém com o dever de pagar quantia em dinheiro que não seja decorrente de fato ilícito, nem de acordo de vontades, estará diante de norma tributária, que deve, por conseguinte, obedecer aos ditames do sistema constitucional tributário, sob pena de apresentar desconformidade com relação ao sistema constitucional tributário brasileiro.

3. Sistema constitucional tributário brasileiro e suas peculiaridades

A existência propriamente de um sistema constitucional tributário no Direito Brasileiro é visível a partir da comparação das Constituições de diversos países, onde pouco foi feito na seara tributária.

Do contraste das Constituições dos Estados Unidos da América, da Itália, da Espanha, dentre outras, Geraldo Ataliba concluiu que o sistema constitucional tributário brasileiro é o mais rígido de quantos se conhece, além de complexo e extenso.[8]

Em matéria tributária o Constituinte Brasileiro foi bastante minucioso, o legislador infraconstitucional restou vinculado a um sem-fim de preceitos delimitadores de sua competência, diferentemente do que se dá nos outros sistemas jurídicos, bem mais flexíveis, que relegam ao legislador infraconstitucional a missão de delinear o exercício da própria atividade tributante.

É possível, assim, vislumbrar a singularidade do sistema constitucional pátrio na medida em que nos deparamos com as seguintes peculiaridades:

a) classifica os tributos em espécies[9] – quais sejam, impostos, taxas, contribuições de melhoria, empréstimo compulsório e contribuições –, e a elas atribui regimes jurídicos distintos a serem observados na sua criação;

b) atribui ao legislador complementar da União a tarefa de edição de normas gerais em matéria tributária;

c) estatui limitações ao exercício da competência tributária;

d) reparte entre os entes políticos – isto é, União, Estados, Municípios e Distrito Federal – a competência para instituir os tributos, a fim de preservar o pacto federativo e a autonomia municipal e distrital, inclusive ditando as materialidades passíveis de tributação por cada um deles; e, por último,

e) estabelece a partilha do produto da arrecadação dos tributos entre as pessoas políticas de forma a que participem da re-

7. *Hipótese ...*, 5ª ed., p. 34.

8. *Sistema Constitucional Tributário*, pp. 22-39.

9. Não obstante a enorme divergência doutrinária quanto a este tópico, tomamos aqui três critérios classificatórios, a saber: a) *a vinculação ou não da hipótese de incidência da norma tributária a uma atividade estatal*; b) *a previsão ou não do destino legal do produto da arrecadação*; e c) *a previsão ou não do dever de restituição da quantia paga*.

ceita uns dos outros a fim de minimizar as desigualdades econômicas entre elas. Trata-se de faceta do federalismo nacional.

Diante desse panorama, é de se deduzir a forte dependência do legislador infraconstitucional aos dispositivos constitucionais quando objetivar cuidar de matéria tributária, visto que nosso sistema constitucional é rígido e, quando não exaustivo, bastante minucioso nesse assunto. Com isso, dá-se margem à verificação da constitucionalidade dos atos normativos infraconstitucionais perante inúmeros dispositivos constitucionais. Daí a importância, a que nos referimos, de conhecer o sistema constitucional tributário pátrio, repleto de comandos a que o legislador está jungido.

Por ora permaneceremos com a análise do item "d", relativo à repartição constitucional das competências tributárias, para que a partir dele adentremos a competência tributária residual e sua específica repartição.

4. Repartição constitucional das competências tributárias

4.1 Conceito de competência tributária e suas características

Conforme preleciona Paulo de Barros Carvalho: "A competência tributária é uma das parcelas entre as prerrogativas legiferantes de que são portadoras as pessoas políticas, consubstanciada na faculdade de legislar para a produção de normas jurídicas sobre tributos".[10]

Por sua vez, segundo Roque Antônio Carrazza, "competência tributária é a permissão para criar, *in abstracto*, tributos, descrevendo, legislativamente, suas hipóteses de incidência, seus sujeitos ativos, seus sujeitos passivos, suas bases de cálculo e suas alíquotas, isto é, o direito subjetivo de editar normas jurídicas tributárias, inovando a ordem jurídica".[11]

Por outro giro verbal, *competência tributária* é a faculdade que receberam União, Estados, Distrito Federal e Municípios, diretamente da Constituição, para editar leis que instituam tributos, ou seja, normas jurídicas que condicionem ao acontecimento de fato lícito o pagamento de determinada quantia de dinheiro ao Poder Público, ou entidade sua delegada. Assim, sempre que o Estado exija compulsoriamente uma prestação pecuniária devida em razão da ocorrência de um fato lícito estará exercendo competência tributária. Resta investigar se este exercício se dá ou não consoante os ditames constitucionais que o cerceiam.

A Constituição Federal, "lei tributária fundamental",[12] contém as diretrizes essenciais aplicáveis à criação de todos os tributos, especifica quem pode instituí-los e dentro de que limites.

Detêm competência tributária, no Brasil, somente as pessoas políticas – ou seja, a União, os Estados, o Distrito Federal e os Municípios –, visto que só a elas cabe criar normas jurídicas primárias por atividade de órgão legislativo próprio.

Aos titulares da competência tributária é proibido modificá-la ou mesmo delegá-la, sob pena de alterarem dispositivos constitucionais por intermédio de normas inferiores. Entretanto, é-lhes permitido deixar de exercê-la.

4.2 Limitações constitucionais ao exercício da competência tributária

O exercício da competência tributária – isto é, a faculdade de criação de normas jurídicas que associem ao acontecimento de fato lícito uma prestação pecuniária de índole tributária – encontra diversas limitações no corpo da Constituição Federal. Inúmeras restrições foram inscritas a fim de regrar essa atividade legislativa e proteger os contribuintes contra uma tributação sem

10. *Curso* ..., 10ª ed., p. 156.

11. *Curso de Direito Constitucional Tributário*, 14ª ed., p. 303.

12. Roque Antônio Carrazza, *Curso* ..., 14ª ed., *passim*.

freios. A competência tributária já surge, portanto, limitada. Dessa forma, toda a atividade legislativa criadora de tributos deve estar jungida a esse rol de proibições, sob pena de incorrer em inconstitucionalidade.

Cada norma jurídica tributária deve respeitar as limitações fixadas na Carta Magna, seja de modo direto, mediante preceitos especificamente endereçados à tributação, seja de modo indireto, através de regras disciplinadoras de outros direitos – como o de propriedade, o da livre iniciativa, o de transitar livremente pelo território nacional, dentre muitos outros –, sob pena de incorrer em inconstitucionalidade.

É possível dividir as chamadas "limitações constitucionais ao poder de tributar"[13] em três grupos: cláusulas que instituem princípios (genéricos ou especificamente tributários); preceitos que impõem imunidades tributárias; e, por sua vez, dispositivos que atribuem materialidades tributáveis exclusivas.

No último grupo figuram os dispositivos que discriminam materialidades sobre as quais aos entes políticos é permitido exercer privativamente sua competência tributária. O texto constitucional foi bastante minucioso, sempre no intuito de evitar a bitributação, o *bis in idem*, bem como os conflitos de competência. Além disso, só pode ser alterado mediante emenda constitucional e desde que não ofenda o princípio federativo e os direitos e garantias individuais dos contribuintes[14] – o que lhe confere acentuada rigidez, quando não imutabilidade em algumas hipóteses.

Assim, qualquer tentativa legislativa de usurpar competência tributária alheia, seja gravando materialidade que não lhe foi atribuída, seja tributando materialidades fora de seu território, representará violação à repartição constitucional de competências.

4.3 Critérios constitucionais de discriminação da competência tributária

A Constituição Federal partilhou a competência para instituir tributos minuciosamente; e, para tanto, utilizou-se de diversos critérios, a depender da espécie tributária que se tratar.

O primeiro critério de repartição da competência tributária levado a cabo pela Lei Maior foi o *territorial*. Trata-se de corolário do próprio princípio da Federação, que atribui autonomia legislativa a seus membros dentro de seus territórios, observado apenas o que preceituar a Constituição Federal. Assim, as leis que instituem tributos incidem apenas sobre os fatos verificados no território da ordem jurídica que as editou. Por exemplo, lei tributária de determinado Estado só é vigente dentro de seu território. Tentativa de gravar fatos ocorridos em território alheio será inconstitucional, por ferir o princípio federativo. Cumpre acrescentar que tal critério é válido no tocante à repartição da competência para criação de todos as espécies tributárias.

Outro critério utilizado pela Carta Magna na partilha da competência tributária foi o *material*, isto é, o da materialidade passível de gravame por parte das pessoas políticas. O Constituinte descreveu fatos que podem constar das hipóteses de incidência das normas tributárias editadas pelos legisladores ordinários federal, estaduais, municipais e distrital. Por exemplo, o constituinte prescreveu que a renda e o faturamento só poderão ser tributados pela União; a propriedade de veículos automotivos, pelos Estados; e a propriedade territorial urbana, pelos Municípios. Este critério, no entanto, é válido tão-somente para as seguintes espécies tributárias: impostos e contribuições parafiscais.

Por sua vez, a faculdade de instituir tributos vinculados, isto é, as taxas e as con-

13. Desaconselhamos o uso de tal expressão, por partir da idéia de existência de um prévio poder ilimitado de tributar, posteriormente restringido por força das famigeradas limitações, fenômeno que não ocorre.

14. Ressalte-se a existência de outras cláusulas pétreas contidas no art. 60, § 4º, da Constituição Federal, além das implícitas.

tribuições de melhoria, cujas hipóteses de incidência consistem numa atuação estatal, seja a prestação de um serviço público, seja o exercício de um poder de polícia, ambos específicos e divisíveis, seja a realização de uma obra pública valorizadora de imóveis circunvizinhos, foi constitucionalmente repartida consoante outro critério – qual seja, o da competência administrativa para a realização da atividade estatal. Assim, a competência administrativa para prestar o serviço público, para praticar o ato de polícia ou para realizar a obra pública é o que determina a competência da pessoa política para tributar por meio, respectivamente, de taxas de serviço, taxas de polícia ou contribuições de melhoria. Em outras palavras: a pessoa que recebeu da Constituição a competência para realizar a atividade administrativa em tela será, de conseguinte, competente para instituir o tributo vinculado que a custeie.[15] Caso a pessoa política realize a atuação estatal sem ter competência administrativa para tanto, não lhe cabe instituir ou arrecadar qualquer tributo vinculado a ela referente, sob pena de estar ferindo o princípio federativo e a rígida repartição de competências tributárias erigida pela Lei Fundamental.

Logo, a competência tributária fica repartida entre as pessoas políticas da forma a seguir exposta.

Cabe à *União* instituir impostos sobre (art. 153): 1) importação de produtos estrangeiros; 2) exportação, para o Estrangeiro, de produtos nacionais ou nacionalizados; 3) renda e proventos de qualquer natureza; 4) produtos industrializados; 5) operações de crédito, câmbio e seguro, ou relativas a títulos ou valores mobiliários; 6) propriedade territorial rural; 7) grandes fortunas.

Pode, ainda, a União instituir: 8) contribuições sociais, dentre as quais as contribuições para custeio da Seguridade Social; contribuições de intervenção no domínio econômico e contribuições de interesse das categorias profissionais ou econômicas, como instrumento de sua atuação nas respectivas áreas (art. 149, *caput*, c/c art. 195); 9) empréstimos compulsórios (art. 148); 10) impostos extraordinários de guerra (art. 154, II); 11) taxas pelo exercício do poder público ou prestação de serviço público de sua atribuição (art. 145, II); 12) contribuições de melhoria, em razão de obra pública por ela realizada (art. 145, III).

Aos *Estados* incumbe criar impostos sobre (art. 155): 1) rransmissão *mortis causa* e doação de quaisquer bens ou direitos; 2) operações reativas à circulação de mercadorias e sobre prestação de serviços de transporte interestadual e intermunicipal e de comunicação; 3) propriedade de veículos automotores.

Podem, também, os Estados instituir: 4) contribuição, cobrada de seus servidores, para o custeio, em benefício destes, de sistema de previdência e assistência social (art. 149, parágrafo único); 5) taxas pelo exercício do poder público ou prestação de serviço público de sua atribuição (art. 145, II); 6) contribuições de melhoria, em razão de obra pública por eles realizada (art. 145, III).

Aos *Municípios* compete instituir impostos sobre (art. 156): 1) propriedade predial e territorial urbana; 2) transmissão *inter vivos*, a qualquer título, por ato oneroso, de bens imóveis, por natureza ou acessão física, e de direitos reais sobre imóveis, exceto os de garantia, bem como cessão de direitos à sua aquisição; 3) serviços de qualquer natureza não compreendidos na competência tributária dos Estados, definidos em lei complementar.

Podem, ainda, os Municípios instituir: 4) contribuição, cobrada de seus servidores, para o custeio, em benefício destes, de sistema de previdência e assistência social (art. 149, parágrafo único); 5) taxas pelo exercício do poder público ou prestação de serviço público de sua atribuição (art. 145,

15. É importante ressaltar a necessidade de prévia lei disciplinadora da atividade administrativa, diante da exigência do princípio da legalidade no âmbito da Administração Pública, que só permite ao agente público atuar mediante lei.

II); 6) contribuições de melhoria, em razão de obra pública por eles realizada (art. 145, III).

Ao *Distrito Federal* cabe instituir os tributos da competência dos Estados e dos Municípios (art. 32, § 1º, c/c o art. 147).

5. *Competência tributária residual*

5.1 *Conceito e repartição*

A competência tributária residual, espécie do gênero *competência tributária*, compreende igualmente a faculdade de criar legislativamente normas tributárias. Entretanto, especifica-se quando acrescenta a seu conceito a possibilidade de inovação. Em outras palavras, consubstancia-se a competência tributária residual na permissão constitucional de instituir tributo sobre materialidade nova, isto é, ainda não discriminada na Constituição Federal. Trata-se de conceito alcançado por exclusão, já que a competência cuja base imponível está minuciosamente discriminada e devidamente repartida é a chamada *competência exclusiva*. Contraposta a esta encontra-se a competência remanescente ou residual.[16]

Seu exercício é da mesma forma submetido às prescrições constitucionais que instituem os princípios constitucionais tributários e as imunidades tributárias. Ademais, fica jungido às normas gerais tributárias veiculadas por lei complementar da União, assim como o exercício da competência tributária expressa. Todavia, os limites constitucionais ao seu exercício são mais numerosos, além de variarem em razão da espécie tributária cuja materialidade se queira inovar. Além disso, a prerrogativa de legislar sobre novos tributos só é atribuída à União e aos Estados-membros.

O art. 154, I, da Constituição Federal estabelece que, além daqueles impostos do art. 153, a União pode instituir, mediante lei complementar, impostos nela não previstos, desde que sejam não-cumulativos e não tenham fato gerador ou base de cálculo próprios dos outros impostos nela discriminados.

Por sua vez, o art. 195, § 4º, prescreve que a lei poderá instituir outras fontes destinadas a garantir a manutenção ou expansão da Seguridade Social, obedecido o art. 154, I.

De seu turno, o art. 25, § 1º, do mesmo Diploma Magno garante que são reservadas aos Estados as competências que não lhes sejam por ele vedadas.

Diante deste panorama, é possível inferir que no tocante aos impostos e às contribuições para custeio da Seguridade Social cabe à União exercer a competência tributária residual.

Entretanto, com relação aos tributos vinculados a uma atuação estatal a competência tributária residual pertence aos Estados e ao Distrito Federal, uma vez que eles é que são titulares da competência administrativa residual, pressuposto para criação de taxas e de contribuições de melhoria.

Finalmente, o exercício pela União ou pelos Estados-membros e pelo Distrito Federal da competência tributária residual está limitado por uma série de requisitos que vinculam essa tarefa legislativa; todavia, variam conforme se trate de nova taxa, nova contribuição de melhoria, novo imposto ou nova contribuição. Vejamos.

5.2 *Requisitos constitucionais ao seu exercício*

5.2.1 Quanto aos tributos vinculados

O exercício da competência tributária que tem por fim criar taxas ou contribuições de melhoria em razão da prestação de serviços públicos, ou exercício do poder de polícia, ou realização de obra pública ainda não discriminados na Constituição Federal configurará exercício de competência tributária residual relativa a tributos vinculados.

16. Consulte-se Fernanda D. M. de Almeida, *Competências na Constituição de 1988*, 2ª ed., pp. 78 e ss., para esclarecimentos acerca da questão terminológica que envolve a competência privativa e a exclusiva e a competência remanescente e residual.

Como a competência administrativa residual pertence aos Estados e ao Distrito Federal, por força dos arts. 25, § 1º, e 32, § 1º, da Carta Magna, uma vez que eles é que, em matéria administrativa, podem fazer tudo o que não foi expressamente conferido pela Carta Fundamental à União nem aos Municípios, é de se concluir que serão os titulares da competência tributária residual referente a tributos vinculados a uma atuação estatal. Por outras palavras, como a competência administrativa é o pressuposto da competência para criar tributos vinculados, os Estados-membros e o Distrito Federal possuem, destarte, competência residual para criar taxas e contribuições de melhoria.

Assim, é possível afirmar que os requisitos para que seja exercida constitucionalmente a competência tributária residual para criação de novas taxas e contribuições de melhoria são os seguintes: não só a observância aos chamados *princípios constitucionais tributários*, como também a titularidade pertencente aos Estados e ao Distrito Federal da competência administrativa não conferida a outra pessoa política e que não lhes seja vedada; a edição de lei que discipline a nova atividade estatal, como exigência do princípio da legalidade, ao qual se submete a Administração Pública; e a especificidade e divisibilidade da atividade estatal que figurará como hipótese de incidência.

Conseqüentemente, exercício desta competência residual que não respeite os limites constitucionais que o conformam será considerado inconstitucional, passível de controle, tanto abstrato como concreto, por todos aqueles prejudicados pela tributação exorbitante.

5.2.2 Quanto aos impostos e contribuições para custeio da Seguridade Social

O art. 154, I, bem como o 195, § 4º, da Constituição Federal facultam expressamente à União exercer competência tributária residual no tocante a impostos e contribuições para custeio da Seguridade Social.

Para tanto, o Constituinte foi mais rigoroso e criou outros obstáculos para tal exercício, quais sejam: exigência de lei complementar como instrumento introdutório dos novos impostos ou contribuições; observância ao princípio da não-cumulatividade; vedação da utilização de hipótese de incidência ou base de cálculo já discriminados no texto constitucional; e, finalmente, a destinação de 20% do produto da arrecadação dos impostos residuais para os Estados onde foram arrecadados. Passemos a eles.

a) *Lei complementar* – A instituição ou majoração dos tributos, com exceção dos empréstimos compulsórios, prescindem de lei complementar; basta que lei ordinária editada pela pessoa política competente as implemente.

Por outro lado, no que tange à instituição e posterior majoração de residuais impostos ou contribuições para financiamento da Seguridade Social, indispensável será a exigência de lei complementar como instrumento introdutor. Trata-se do primeiro requisito ao qual a Constituição Federal vinculou a União no exercício de sua competência tributária residual. É o que determina a primeira parte do art. 154, I, c/c o 195, § 4º, da Lei Maior.

Para José Eduardo Soares de Melo: "A remissão que o § 4º do art. 195 faz ao art. 154, I, constitui uma efetiva condicionante, um requisito irremovível, só permitindo a imposição de novos encargos aos contribuintes (pela via das contribuições inseridas na competência residual da União) mediante camisa-de-força jurídica".[17]

b) *Não-cumulatividade* – O segundo requisito exigido pela Carta Magna para a instituição de novos impostos e contribuições para custeio da Seguridade Social, no exercício da competência tributária residual

17. *Contribuições Sociais no Sistema Tributário Brasileiro*, 2ª ed., p. 180, *apud* Fabiana Del Padre Tomé, *Contribuições para a Seguridade Social: Aspectos Constitucionais*, p. 147.

da União, é a observância ao princípio da "não-cumulatividade".

Segundo o escólio de Fabiana Del Padre Tomé, a Constituição Federal utilizou o termo "não-cumulatividade" no mesmo sentido empregado na disciplina do ICMS e do IPI. A "não-cumulatividade" a que a jovem jurista se refere "consiste em um princípio constitucional (limite-objetivo) erigido com a finalidade de evitar a superposição de cargas tributárias, impedindo a incidência de um mesmo tributo mais de uma vez sobre valor que já serviu de base à sua cobrança em fase anterior do processo econômico".[18]

Por sua vez, Estevão Horvath também entende que a não-cumulatividade prescrita no art. 154, I, do Texto Maior, é a mesma prevista para o IPI e ICMS:

"Diz-se que o imposto é não-cumulativo quando se quer referir ao mecanismo segundo o qual se abate (ou se compensa) do que for devido a cada operação (com mercadorias, produtos industrializados, certos serviços) o montante de tributo devido em operações anteriores. Faz-se isto para que seja evitada a denominada 'tributação em cascata'.

"A Constituição de 1988, trazendo idéia já existente no texto anterior, reporta-se à não-cumulatividade em pelo menos três de seus dispositivos: a) quando trata de ICMS (art. 155, § 2º, I); b) ao cuidar do IPI (art. 153, § 3º, I); e c) ao versar sobre a chamada competência residual da União para instituir impostos (art. 154, I), ora objeto de análise.

"Assim as coisas, temos que, logicamente, se a Lei Maior se refere ao ICMS e ao IPI, dizendo que estes serão impostos não-cumulativos, e a essa expressão empresta o significado supramencionado, o conteúdo semântico da mesma locução constante do art. 154, I, não pode ser diverso daquele."[19]

Por conseqüência, quando a União pretender instituir novos impostos e novas contribuições para a Seguridade Social, no exercício de sua competência tributária residual, deverá criá-los por lei complementar, como já foi dito, bem como fazê-los não-cumulativos – isto é, serão compensados com o montante cobrado nas operações anteriores.

c) *Vedação de "fato gerador" ou base de cálculo discriminados no texto constitucional* – O terceiro requisito exigido pela Constituição Federal para que a União exerça sua competência tributária residual no tocante a impostos e contribuições é a vedação da utilização de hipótese de incidência[20] ou base de cálculo já discriminados no texto constitucional. Trata-se de mais um cuidado a que o Constituinte se apegou na intenção de preservar o pacto federativo: a proibição de bitributação e de *bis in idem*.

Nessa esteira, ao criar novo imposto ou contribuição, à União não se permite legislar de forma a desrespeitar a repartição da competência tributária, constitucionalmente traçada. Tal limitação objetiva impossibilitar não só a invasão de competências alheias, como também a pluralidade de incidências tributárias sobre a mesma hipótese, conforme reza Misabel Abreu Machado Derzi:

"Mas o art. 195, § 4º, além de exigir a edição de lei complementar, veda:

"– a invasão de competência, impondo o respeito ao campo de incidência privativo de Estados e Municípios;

"– a dupla ou tríplice imposição, pela coibição do *bis in idem*, assim como da cumulatividade."[21]

A Constituição Federal, por conseguinte, nos termos fixados pelos arts. 154, I, e 195, § 4º, só permite o exercício da

18. *Contribuições para a Seguridade Social: ...*, pp. 148-149.

19. *Questões do Temário*, pp. 33-34, *apud* Fabiana Del Padre Tomé, *Contribuições para a Seguridade Social: ...*, p. 150.

20. Consulte-se Paulo de Barros Carvalho, *Curso ...*, 10ª ed., pp. 154 e ss., para conhecer crítica acerca da locução "fato gerador".

21. *Contribuições Sociais*, p. 145, *apud* Fabiana Del Padre Tomé, *Contribuições para a Seguridade Social: ...*, p. 152.

competência tributária no que se refere à criação de impostos e contribuições residuais quando suas hipóteses de incidência e bases de cálculo sejam distintas daquelas já discriminadas no corpo da Lei Maior.

d) *20% do produto da arrecadação para os Estados* – Finalmente, o último requisito específico estabelecido pela Carta Magna para que a União crie impostos residuais é aquele inscrito no art. 157, II, que assim reza: "Pertencem aos Estados e ao Distrito Federal 20% (vinte por cento) do produto da arrecadação do imposto que a União instituir no exercício da competência que lhe é atribuída pelo art. 154, I".

Por outras palavras, determinou o Constituinte de 1988 que pertenceriam aos Estados e ao Distrito Federal 20% da receita que a União alcançar com a arrecadação dos impostos instituídos no exercício da competência residual e cobrados em seus territórios.

Assim, confirma o texto constitucional sua opção por um federalismo cooperativo e financeiro, onde se preza pela atenuação das desigualdades econômicas e financeiras entre os diversos entes tributantes.

Resta acrescentar que no dispositivo em análise não foi incluído no rateio entre União e Estados o produto da arrecadação de contribuições, quer instituídas no exercício da competência privativa da União, quer no uso da competência residual. Portanto, descabe falar em exigência constitucional de partilha do produto da arrecadação de contribuições residuais como limite ao exercício da competência residual da União nesta seara.

6. *Síntese conclusiva*

O objeto do presente estudo é o plexo de normas presentes na Constituição Federal que atribuem às pessoas políticas competência tributária residual, sobretudo aqueles dispositivos que prescrevem os limites à instituição de novos tributos.

Para tanto, fez-se necessário analisar preliminarmente algumas noções fundamentais, como, por exemplo, "tributo"; o sistema constitucional tributário brasileiro e suas peculiaridades foram descortinados para que melhor se compreendesse a sistemática da repartição de competências tributárias elaborada pela Lei Maior.

Posteriormente examinaram-se especificamente a competência tributária residual e os limites constitucionais ao seu exercício, que servirão de parâmetro na investigação de constitucionalidade das leis que instituam novos tributos.

Efetuado o trabalho a que nos propusemos, chegamos às seguintes conclusões:

6.1 A Constituição, dentro do sistema hierarquicamente organizado de normas jurídicas que é o Direito, ocupa o patamar mais elevado, uma vez que as normas por ela introduzidas prescrevem como deverão ser editadas as que lhe são subalternas, dando-lhes fundamento de validade. Todos os atos normativos que não se pretendam inconstitucionais e, portanto, invalidáveis devem a ela se adequar.

6.2 A Constituição/1988, Lei Suprema do sistema jurídico brasileiro, encontra-se, portanto, no ápice da pirâmide jurídica brasileira, fundamenta a validade de todos os atos normativos aqui produzidos, inclusive emendas constitucionais, que com suas regras e princípios devem ser compatíveis, sob pena de inconstitucionalidade.

6.3 O sistema constitucional tributário é o plexo de normas contidas na Constituição Federal que dispõem sobre o exercício estatal da competência tributária e acerca dos direitos dos contribuintes em face desta.

6.4 Não obstante a diversidade de acepções que comporte o termo "tributo", será aqui utilizado como norma jurídica tributária, o que equivale a dizer regra de Direito que condicione ao acontecimento de um fato lícito o nascimento de uma relação jurídica patrimonial, onde o devedor seja titular da obrigação de pagar quantia em dinheiro a ente público ou a ele equiparado por lei.

6.5 A norma jurídica tributária distingue-se daquelas que instituem multa, indenização por dano e obrigação convencional, haja vista a diversidade de regimes jurídicos que decorrem de cada instituto.

6.6 O sistema constitucional tributário brasileiro é bastante minucioso no trato da matéria tributária; o legislador infraconstitucional restou vinculado a um sem-fim de preceitos delimitadores de sua competência.

6.7 São peculiaridades do sistema constitucional pátrio:

6.7.1 classificação constitucional dos tributos em espécies e a outorga de regimes jurídicos distintos a ser observados na criação de cada uma delas;

6.7.2 atribuição ao legislador complementar da União da tarefa de edição de normas gerais em matéria tributária;

6.7.3 estatuição de limitações ao exercício da competência tributária;

6.7.4 repartição entre os entes políticos – isto é, União, Estados, Distrito Federal e Municípios – da competência para instituir os tributos, a fim de preservar o pacto federativo e a autonomia municipal, inclusive com a discriminação das materialidades passíveis de tributação por cada um deles; e, por último,

6.7.5 estabelecimento da partilha do produto da arrecadação dos tributos entre as pessoas políticas de forma a que participem da receita uns dos outros, a fim de minimizar as desigualdades econômicas entre elas.

6.8 A competência tributária é a faculdade que receberam União, Estados, Distrito Federal e Municípios, diretamente da Constituição, de editar leis que instituam tributos, ou seja, normas jurídicas que condicionem ao acontecimento de fato lícito o pagamento de determinada quantia de dinheiro ao Poder Público ou entidade sua delegada.

6.9 A Constituição Federal partilhou a competência para instituir tributos minuciosamente, e, para tanto, utilizou-se de diversos critérios, a depender da espécie tributária que se tratar – quais sejam: o territorial, o material e o da competência administrativa.

6.10 A competência tributária residual consubstancia-se na permissão constitucional de instituir tributo cuja materialidade ainda não foi discriminada na Constituição Federal. Trata-se de conceito alcançado por exclusão.

6.11 Seu exercício é submetido às mesmas prescrições constitucionais que limitam a competência tributária, acrescidas de outras que lhe são específicas, em razão da espécie tributária de que se tratar.

6.12 Os requisitos para que seja exercida constitucionalmente a competência tributária residual para criação de novas taxas e contribuições de melhoria são os seguintes: prévia lei estadual ou distrital que discipline a nova atividade estatal, como exigência do princípio da legalidade na Administração Pública; divisibilidade e especificidade da nova atividade estatal, no tocante às taxas; lei estadual ou distrital que confira à nova atividade estatal a função de hipótese de incidência tributária da nova taxa ou contribuição de melhoria, bem como a observância aos chamados princípios constitucionais tributários; como também a titularidade pertencente aos Estados e Distrito Federal, já que detentores da competência administrativa residual.

6.13 No tocante aos impostos e contribuições para financiamento da Seguridade Social o Constituinte foi mais rigoroso e acrescentou obstáculos para o exercício da competência residual a eles referentes, quais sejam: exigência de lei complementar como instrumento introdutório dos novos impostos ou contribuições; observância ao princípio da não-cumulatividade; vedação da utilização de hipótese de incidência ou base de cálculo já discriminados no texto constitucional; e, finalmente, a destinação de 20% do produto da arrecadação dos impostos residuais para os Estados onde foram arrecadados.

Diante desse cenário, repleto de normas constitucionais que funcionam como balizas ao exercício da competência tributária residual, é forçoso concluir pela extrema dependência do legislador infraconstitucional quando tiver por escopo instituir novos tributos, pois qualquer desobediência aos preceitos constitucionais ensejará a inconstitucionalidade da nova exação.

7. Bibliografia

ALMEIDA, Fernanda D. M. de. *Competências na Constituição de 1988*. 2ª ed. São Paulo, Atlas, 2000.

ALVES, Fernanda Maia S. "Competência reformadora do Congresso Nacional, em matéria tributária, em face do princípio federativo". *Revista de Informação Legislativa* 149/141-152. Brasília.

ARAÚJO, Luiz Alberto D., e NUNES JÚNIOR, Vidal S. *Curso de Direito Constitucional*. 3ª ed. São Paulo, Saraiva, 1999.

ATALIBA, Geraldo. *Hipótese de Incidência Tributária*. 5ª ed. São Paulo, Malheiros Editores, 1997 (Coleção Estudos de Direito Tributário).

——————. *Sistema Constitucional Tributário Brasileiro*. São Paulo, Ed. RT, 1968.

BALEEIRO, Aliomar. *Limitações Constitucionais ao Poder de Tributar*. 7ª ed. Rio de Janeiro, Forense, 1999.

CARRAZZA, Roque Antônio. *Curso de Direito Constitucional Tributário*. 14ª ed. São Paulo, Malheiros Editores, 2000.

CARVALHO, Paulo de Barros. *Curso de Direito Tributário*. 10ª ed. São Paulo, Saraiva, 1998.

——————. "Isenções tributárias do IPI, em face do princípio da não-cumulatividade". *Revista Dialética de Direito Tributário* 33/143-166. São Paulo, 1998.

——————. "O princípio da anterioridade em matéria tributária". *RDTributário* 63/94-105. São Paulo.

——————. "Sobre os princípios constitucionais tributários". *RDTributário* 55/143-155. São Paulo.

COÊLHO, Sacha Calmon Navarro. *Comentários à Constituição de 1988 – Sistema Tributário*. 8ª ed. Rio de Janeiro, Forense, 1999.

DE SANTI, Eurico Marcos Diniz. "As classificações no sistema tributário brasileiro". *Justiça Tributária: 1º Congresso Internacional de Direito Tributário – IBET*. São Paulo, Max Limonad, 1998 (pp. 125-147).

KELSEN, Hans. *Teoria Pura do Direito*. Trad. de João Baptista Machado. São Paulo, Martins Fontes, 1999.

MACHADO, Hugo de Brito. *Os Princípios Jurídicos da Tributação na Constituição de 1988*. 3ª ed. São Paulo, Ed. RT, 1994 (Coleção de Textos de Direito Tributário).

SEVERINO, Antônio J. *Metodologia do Trabalho Científico*. 20ª ed. São Paulo, Cortez, 1988.

SOARES DE MELO, José Eduardo. *Contribuições Sociais no Sistema Tributário*. 2ª ed. São Paulo, Malheiros Editores, 1996 (Coleção Estudos de Direito Tributário).

TEMER, Michel. *Elementos de Direito Constitucional*. 15ª ed. São Paulo, Malheiros Editores, 1999.

TOMÉ, Fabiana Del Padre. *Contribuições para a Seguridade Social: Aspectos Constitucionais*. Dissertação de Mestrado. São Paulo. PUC/SP, 2000.

ESTUDOS & COMENTÁRIOS

INCIDÊNCIA DO IPI NA IMPORTAÇÃO

CLÁUDIA GUERRA
Mestre pela PUC/SP

1. Considerações iniciais. 2. Extrafiscalidade: 2.1 O Estado intervencionista – 2.2 Direito positivo e ciência do Direito – 2.3 Direito tributário e ciência das finanças – 2.4 Conceito de extrafiscalidade – 2.5 Incentivos fiscais e os tributos extrafiscais. 3. A norma jurídica tributária: 3.1 Norma jurídica como fruto da construção do intérprete – 3.2 Regra-matriz de incidência do IPI. 4. Imunidade objetiva do art. 153, § 3º, III, da Constituição Federal/1988: 4.1 Conceito de imunidade – 4.2 Imunidade de produtos industrializados destinados à exportação. 5. Incidência do IPI na importação: 5.1 Critério da tributação no país do destino – 5.2 Experiência no Mercado Comum Europeu e no MERCOSUL – 5.3 Proteção ao mercado interno: livre concorrência, isonomia e eqüidade – 5.4 Tese de que se trata de adicional do imposto de importação – 5.5 Tomada de posição. 6. Conclusões. 7. Bibliografia.

1. Considerações iniciais

As profundas alterações no panorama econômico brasileiro e a busca de meios para fomentar o desenvolvimento industrial fazem com que se torne importante analisar, dentro do contexto jurídico, as influências provocadas pelo sistema tributário vigente. O objetivo deste estudo é, exatamente, demonstrar quão relevantes têm sido tais influências, principalmente no que diz respeito ao imposto sobre produtos industrializados (IPI).

De fato. O IPI atinge parcela considerável das relações econômicas brasileiras, uma vez que incide sobre *operações com produtos industrializados*. Como é fácil perceber, trata-se de tema bastante extenso, envolvendo aspectos não apenas tributários, mas das diversas áreas do Direito e, até mesmo, de cunho extrajurídico.

Aqui se pretende cuidar mais detidamente da incidência do IPI na importação, tanto do ponto de vista formal e prático quanto sob o ângulo teleológico, finalístico. Sem dúvida, esta abordagem constitui apenas uma gota d'água no vasto oceano do IPI; mas a proposta é demonstrar a forte repercussão da incidência deste imposto na importação, dentro do sistema econômico pátrio, e os princípios constitucionais que são garantidos mediante esta exação.[1] To-

1. Ao darmos início ao estudo sobre um assunto devemos limitar seu objeto e estipular as premissas de construção teórica. Eurico De Santi ressalta a importância da demarcação do objeto estudado, principalmente no que diz respeito à ciência do Direito. Neste sentido, e seguindo a doutrina do professor Lourival Vilanova, conclui que: "A parcialidade é condição essencial do tratamento científico: o conhecimento é redutor de complexidades. Se de um lado importa a perda da totalidade, de outro, pro-

davia, não podemos olvidar a necessidade do exame, ainda que de modo ligeiro, da estrutura da norma jurídica em geral, em especial da regra-matriz do tributo, e dos aspectos formais de sua instituição. Ambas as feições envolvem questões relacionadas com o conteúdo extrafiscal do imposto.

2. *Extrafiscalidade*

2.1 *O Estado intervencionista*

A explosão do modelo do Estado Liberal do século XIX, oriundo dos ideais da Revolução Francesa, trouxe inúmeros problemas, tanto no campo social como político e econômico, sobretudo no que se refere ao surgimento de profundas desigualdades, as quais, por sua vez, tentou-se amenizar a partir da idéia da intervenção estatal. O Estado intervencionista é, sem dúvida, atributo distintivo do Estado Moderno, afastando-se a concepção do Estado mínimo, cuja intromissão do Poder Público deveria ater-se a questões indispensáveis à convivência em sociedade, e que a iniciativa privada ditaria os rumos da economia.

Em verdade, o exacerbado Liberalismo econômico foi uma das mais fortes causas do aparecimento de desigualdades econômicas e sociais, não apenas no interior dos países individualmente considerados, mas sobretudo em relação às diversas soberanias entre si. Referimo-nos, aqui, ao aparecimento dos grandes blocos econômicos em oposição aos países subdesenvolvidos, com o amplo poder de dominação que os primeiros exercem sobre os segundos.

Não cabe, nesta oportunidade, alongarmos o exame do conteúdo político e econômico das alterações sofridas em virtude da passagem do Liberalismo para o Intervencionismo, mas apenas pontuar que, com o passar dos tempos, tornaram-se cada vez maiores a participação e a interferência do Estado na atividade privada; e, neste sentido, a atividade tributante manifesta-se como poderoso instrumento de intervenção. Esta é, inclusive, a orientação da ordem constitucional trazida com o Texto Magno de 1988, notadamente no que diz respeito aos objetivos fundamentais da República. Apesar do traço da política "neoliberal" abraçada pelo Governo vigente, a presença do Estado é bastante visível, principalmente no campo tributário, conforme buscaremos demonstrar.

2.2 *Direito positivo e ciência do Direito*

Feitas essas considerações, há de se observar que o Direito sempre aparece como principal instrumento de orientação econômica, política e social das comunidades organizadas. É por isso que se impõe delimitar o que realmente se entende por *direito positivo*, efetuando reflexões sobre sua natureza de elemento motivacional de condutas, seu aparato coercitivo e, especialmente, o papel do cientista do Direito.[2]

O direito positivo – conjunto de normas jurídicas válidas em determinado país – dispõe sobre o comportamento das pessoas nas suas relações de intersubjetividade. A ciência do Direito, por sua vez, propõe-se descrever esse universo de normas, ordenando-as e traçando seus conteúdos de significações.

De um lado temos, pois, a linguagem de cunho prescritivo (direito positivo), a regular comportamentos, aplicando os operadores deônticos *permitido*, *proibido* ou *obrigatório*. De outro, a ciência do Direito, a utilizar linguagem de sobrenível (metalinguagem), descrevendo e estudando o

picia a especialização que torna possível, em decorrência da homogeneidade do produto epistemologicamente produzido, o desenvolvimento de técnicas adequadas para análise dos subjacentes fenômenos" (*Lançamento Tributário*, 2ª ed., pp. 25-30).

2. Esta é a importante observação de Paulo de Barros Carvalho (*Direito Tributário: Fundamentos Jurídicos da Incidência*, p. 3), ao anotar que, "quando se afirma algo como verdadeiro, portanto, faz-se mister que indiquemos o modelo dentro do qual a proposição se aloja, visto que será diferente a resposta dada, em função das premissas que desencadeiam o raciocínio".

plexo normativo do direito positivo, sua linguagem-objeto. Ao cientista do Direito, de acordo com critérios metodológicos e isento de contradições, cabe conhecer as normas jurídicas, interpretá-las e descrevê-las.

De fato. As deficiências encontradas no sistema do direito positivo (contradições, ambigüidades e vacuidades) desaparecem no campo da ciência do Direito, já que o objetivo desta é, fundamentalmente, afastar as impropriedades insertas nas regras jurídicas, decorrentes da linguagem técnica do legislador, para descrever seu conteúdo imperativo. Lenio Luiz Streck[3] salienta a importância da ideologia no trabalho de interpretação das regras jurídicas e a necessidade de coerência do discurso do cientista do Direito, asseverando que "as contradições do Direito e da Dogmática Jurídica que o instrumentaliza não 'aparecem' aos olhos do jurista, uma vez que há um processo de justificação/fundamentação da 'coerência' do seu próprio discurso. Esse processo de justificação não prescinde, para sua elucidação, do entendimento acerca do funcionamento da ideologia".

Percebe-se, então, que a literalidade textual das regras jurídicas é a porta de entrada para o Direito, constituindo seu único aspecto objetivo. A partir daí é que cada um construirá seu próprio universo normativo, e, se houver conflito intersubjetivo que tenha condições de ser apreciado pelo Judiciário, este declarará a interpretação pertinente, assegurando a estabilidade das relações jurídicas.

A linguagem do direito positivo, portanto, funciona como vetor motivacional de condutas, direcionado ao cumprimento da lei, constituindo, então, o objeto da ciência do Direito. Esta, descrevendo seus termos, declarará o respectivo conteúdo de significação e construirá a norma jurídica a partir do texto positivado.

Dessa forma, cabe aos cientistas do Direito o importante papel de descrever o significado da norma jurídica e, no que se refere ao objeto do estudo de que se cuida, fazê-lo com observância dos fins pretendidos pelo Direito, e com especial consideração, justo por se tratar, no caso em tela, de tributo de cunho eminentemente extrafiscal. Nenhum aspecto que envolva a instituição e manejo das alíquotas do IPI pode ser ignorado pelo intérprete, sob pena de vulnerar a política fiscal idealizada pelo Governo, segundo as ponderações a seguir expostas.

2.3 Direito tributário e ciência das finanças

Em virtude da imperiosa necessidade de prévios estudos de impacto tributário quando se concebe a política fiscal, o direito positivo, neste campo, sofre inúmeras influências, tanto de outras áreas do Direito como das advindas de ciências extrajurídicas. Por isso, cabe sensibilidade ao legislador na adequação das imposições tributárias aos desideratos da sociedade. Isto significa dizer que a instituição dos tributos, o manejo das alíquotas incidentes, a composição da base de cálculo, as formas e prazos de arrecadação etc. devem ser eficientes para atender e ultimar os fins da política fiscal, a qual, em última análise, serve de instrumento à consecução dos objetivos da própria sociedade.

Atento a isso, Aliomar Baleeiro adverte que a ciência das finanças fornece princípios e orientações para a adoção de determinada política financeira, a qual, por sua vez, busca diversos resultados mediante a atividade tributante, tais como reprimir a inflação, evitar o desemprego, proteger a indústria nacional e o desenvolvimento econômico etc. Com isso, este autor infere que "os homens d'Estado, os legisladores e funcionários se inspiram nas observações e lições dos economistas e financistas para que a elaboração e a execução das normas jurídicas financeiras atinjam os fins da política legislativa do país. E como, na época atual, já ninguém contesta que a atividade financeira não pode ser neutra, os

3. *Hermenêutica Jurídica e(m) Crise*, p. 56.

juízes buscam nos fins das leis a bússola para a interpretação do direito tributário".[4]

Vale ressaltar, porém, que todas essas reflexões não nos permitem conduzir à falsa idéia de que o direito tributário é sinônimo de direito financeiro, direito fiscal ou, muito menos, ciência das finanças. Como esclarece Paulo de Barros Carvalho,[5] a expressão "direito fiscal", empregada por doutrinadores portugueses e franceses, dá especial relevo ao sujeito ativo da pretensão tributária, isto é, salienta a atividade do Fisco como agente responsável pela fiscalização e arrecadação tributária. Já o "direito financeiro" cuida da atividade financeira do Estado, na qual a tributária é apenas uma faceta. Daí por que o emprego da expressão "direito tributário" é a mais apropriado, pois, além de não enfatizar qualquer dos pólos da relação jurídica, também indica o real campo de investigação do jurista: a atividade tributária.

Quanto à separação conceitual da ciência das finanças, porém, torna-se imperioso reafirmar que seu objeto é, em tese, o mesmo que o de direito financeiro (dentro do qual, repita-se, inclui-se o direito tributário como tópico). De fato, trata-se da disciplina que procura explicar "fenômenos ligados à obtenção e dispêndio do dinheiro necessário ao funcionamento dos serviços a cargo do Estado, ou de outras pessoas de direito público, assim como os efeitos outros resultantes dessa atividade governamental".[6]

Todavia, o que identifica as ciências em geral, ou, em contraponto, o que as caracteriza como autônomas, não é a coincidência entre seus objetos, mas sim o método de aproximação e de investigação. Contudo, apesar de possuírem o mesmo objeto – a atividade financeira do Estado –, a ciência das finanças não possui a marca da normatividade inerente ao direito financeiro. Disto se conclui que os legisladores tributários e os aplicadores do Direito possuem na ciência das finanças importantes subsídios para a compreensão do fenômeno financeiro e do conseqüente impacto que a política fiscal, mediante a instituição e manejo de tributos, pode provocar.

2.4 *Conceito de extrafiscalidade*

É comum, ao pensarmos em exação tributária, procedermos à associação desta atividade com os fins arrecadadores, ou seja, meios para que a Administração obtenha recursos financeiros para o atingimento de suas finalidades públicas. Trata-se daquilo que no âmbito da ciência do Direito se denomina *fiscalidade*.

Contudo, por inúmeras vezes o Estado institui e maneja tributos não apenas para lograr recursos, mas, sobretudo, para intervir em certas atividades privadas. Conforme leciona Paulo de Barros Carvalho,[7] há extrafiscalidade sempre que o legislador, ao configurar o tributo, prestigia interesses sociais, econômicos ou políticos, alheios aos meramente arrecadadores, como, por exemplo, o ITR (maior onerosidade quanto a imóveis rurais inexplorados ou de baixa produtividade), o IR (permite deduções por determinados gastos), IPTU (maior onerosidade quanto a terrenos baldios ou prédio indevidamente aproveitado) e o IPI (as alíquotas são seletivas em função da essencialidade do produto). Esclarece, ainda, que os tributos não assumem uma única natureza, fiscalidade ou extrafiscalidade. Esses dois objetivos convivem harmoniosamente em relação a um mesmo tributo, existindo, apenas, predominância de um sobre o outro, devendo, todavia, ser observados pelo legislador as limitações da competência impositiva e os princípios referentes à matéria legislada.

2.5 *Incentivos fiscais e os tributos extrafiscais*

A partir da manifesta necessidade que a experiência histórica revelou de interven-

4. *Uma Introdução à Ciência das Finanças*, 13ª ed., pp. 7 e 33.

5. *Curso de Direito Tributário*, 10ª ed., pp. 13-14.

6. Aliomar Baleeiro, *Uma Introdução* ..., 13ª ed., p. 6.

7. *Curso* ..., 10ª ed., p. 162.

ção do Estado em diversos fatores da vida social, econômica, política etc., tornou-se imprescindível a adoção do que chamamos "política fiscal", ou seja, a instituição de tributos de natureza extrafiscal, com o fito de orientar os rumos da atividade privada para os fins almejados pelo Poder Público, e em benefício da sociedade.

Aliomar Baleeiro anota que a expressão "política fiscal" é utilizada em dois sentidos: "a) o conjunto de medidas financeiras (despesas públicas, impostos, empréstimos etc.) empregadas pelos Governos para comando da conjuntura econômica, quer promovendo a volta à prosperidade nas crises de depressão, quer reprimindo um processo inflacionário e também para alterações racionais das estruturas; b) o estudo axiológico, à luz da teoria econômica e financeira".[8]

A atividade tributária – manifestada não apenas pela instituição de tributos, mas, também, pelo manuseio das alíquotas incidentes e, até mesmo, pelo sistema de arrecadação – é um dos principais instrumentos que o Estado possui para interferir diretamente em diversos setores da sociedade. Em virtude disso, seu exercício deve ser realizado com bastante cuidado, sempre baseado em prévios estudos de impacto econômico, político e social que a exação poderá provocar.

Percebe-se, então, que os chamados "incentivos fiscais" são o principal instrumento de ultimação dos objetivos traçados na política fiscal do país, observada a partir do maior ou menor grau de intervenção do Estado no setor privado. Os incentivos fiscais, portanto, aparecem, no Direito, como normas jurídicas que cuidam da incidência tributária, imunidades, isenções, suspensão e extinção do crédito tributário etc., tudo com o fito de provocar o desenvolvimento querido pela política fiscal.

A legislação tributária realiza os incentivos de forma direta ou indireta, mas sempre – repita-se – buscando o fim visado pela política fiscal. Todavia, repita-se que os tributos não nascem com natureza puramente fiscal ou extrafiscal, mas apenas com pendor para um ou outro aspecto. O que, de fato, se verifica é que, para atender à política fiscal estabelecida pelo Governo, ou diante da necessidade de abastecer os cofres públicos, o Estado institui e maneja tributos. É naquele primeiro sentido que podemos falar em extrafiscalidade, bem como em tributos com natureza predominantemente extrafiscal.[9]

Em relação ao conteúdo extrafiscal desta espécie de tributos – tais como o IPI, ICMS, IPTU, ITR –, tomemos como exemplo (i) medidas que objetivam o protecionismo alfandegário, por força da não-incidência de IPI sobre produtos destinados ao Exterior (art. 153, § 3º, III); (ii) manejo das alíquotas incidentes do IPI em virtude da seletividade dos produtos (art. 153, § 3º, I); (iii) progressividade das alíquotas e o critério de deduções quanto ao imposto de renda (art. 153, § 2º, I); (iv) fixação de alíquotas diferenciadas do ITR de forma a desestimular a manutenção de propriedades improdutivas e não-incidência deste imposto sobre pequenas glebas rurais (art. 153, § 4º); (v) seletividade do ICMS em função da essencialidade das mercadorias e dos serviços (art. 155, § 2º, III); etc.[10]

Tão essencial se mostra o papel dos incentivos fiscais dentro da conjuntura po-

8. *Uma Introdução ...*, 13ª ed., p. 26.

9. Cf. Paulo de Barros Carvalho, *Curso ...*, 10ª ed., p. 162.

10. Roque Carrazza (*ICMS*, 6ª ed., p. 254, nota de rodapé), demonstrando a importância do papel extrafiscal desses tributos, cita como exemplo de incentivos fiscais os projetos SUDENE, SUDAM, SUCAM etc., que isentam do pagamento do IR, do IPI, do Imposto sobre a Importação etc., por determinado espaço de tempo, as indústrias que se instalam em certas regiões carentes do país. Isto faz com que tais empresas contribuam para o desenvolvimento econômico de áreas com mão-de-obra abundante mas com pouca disponibilidade de recursos financeiros. Este autor alerta que, caso não fossem criados tais projetos, as indústrias dificilmente se estabeleceriam fora do eixo Rio/São Paulo, onde há mais elevada qualificação da mão-de-obra, maior volume de capitais, melhores estradas, portos e, por fim, maior quantidade de consumidores.

lítica, econômica e social do país, que a Constituição Federal, no art. 151, I, veda à União instituir tributos não-uniformes dentro do território nacional, admitindo-o, todavia, se tal procedimento importar "concessão de incentivos fiscais destinados a promover o equilíbrio do desenvolvimento sócio-econômico entre as diferentes regiões do país".

3. A norma jurídica tributária

3.1 Norma jurídica como fruto da construção do intérprete

A noção de que o Direito é o conjunto de normas jurídicas válidas no ordenamento jurídico positivo, com vistas a disciplinar o comportamento humano nas suas relações de intersubjetividade, não nos diz muita coisa acerca do Direito: é preciso estabelecer o que se entende por "norma jurídica" e "validade no ordenamento jurídico positivo".

Em verdade, o Direito é objeto cultural, fruto da produção humana, e portador de valor a ser compreendido pelo sujeito cognoscente. Todavia, é preciso admitir que para qualquer regulação jurídica há de existir, sempre, uma norma que especifique o objeto e amplitude dessa determinação. A partir dessa idéia, concordamos com Paulo de Barros Carvalho no magistério de que as normas jurídicas são, em rigor, os conteúdos de significações que construímos a partir da leitura das regras do direito positivo.[11]

A norma jurídica, dessa forma, é fruto do trabalho hermenêutico desenvolvido pelo operador do Direito, fundado nos enunciados prescritivos das regras do direito positivo, no método de interpretação sistemática e na unidade do sistema jurídico. Por força disso, as chamadas "fontes formais" são, em verdade, instrumentos introdutores de normas, uma vez que o operador do Direito se depara, em primeiro lugar, com as regras do direito positivo – os textos de lei –, para, após submetê-las a análises e comparações com as demais regras do sistema, construir o comando prescritivo.

Contudo, é preciso observar que qualquer norma jurídica possui a mesma estrutura sintática: a descrição de um acontecimento ligada a uma conseqüência jurídica por implicação deôntica, $D[F \rightarrow C(SaRSp)]$, isto é, o antecedente descritor de acontecimento do mundo concreto e o conseqüente prescritor de efeitos jurídicos.

Quando nos referimos à norma geral e abstrata temos de atentar a que ela está voltada para o futuro, prevê acontecimentos de possível ocorrência. Assim, sua hipótese normativa descreve um evento da realidade social que, uma vez sucedido e vertido em linguagem competente, ensejará a produção da norma individual e concreta, a qual encerra a descrição em linguagem jurídica deste evento no tempo pretérito – o fato jurídico – e desencadeia os efeitos prescritos no seu conseqüente, instalando a relação jurídica entre os sujeitos ativo e passivo.

Todavia, a descrição abstrata da norma jurídica jamais poderá acolher as generalidades dos possíveis eventos da realidade social, e muito menos descrever todos os seus aspectos. Em razão disso, o legislador seleciona fatos considerados relevantes para o Direito e indica critérios identificadores de suas propriedades. Lourival Vilanova anota que "a relevância jurídica é a qualificação genérica do que, ocorrendo no mundo, por sua valiosidade ou desvaliosidade, tem relação com o sujeito-de-direito. E essa relação é jurídica no sentido amplo do termo. Sem norma incidente na relação fática, essa relação fática não se eleva ao nível de relação jurídica".[12]

Percebe-se, portanto, ser a lei o suporte material da linguagem prescritiva do Direito, e a norma jurídica o juízo implicacional obtido pelo processo de interpretação. Logo, são coisas distintas a norma jurídica e a expressão literal dos enunciados prescri-

11. *Direito Tributário: Fundamentos ...*, pp. 18-21.

12. *Causalidade e Relação no Direito*, p. 136.

tivos. Construídos os conteúdos de significação a partir da literalidade textual, compõe-se um sistema de significações proposicionais. Posteriormente, elas se unem, ora no antecedente, ora no conseqüente, para construir as entidades mínimas de manifestação do deôntico com sentido completo,[13] isto é, as normas jurídicas. Essas normas, articuladas em relações de coordenação e em vínculos de hierarquia, formam o sistema normativo.

Resta esclarecer, ainda, que a aplicação do Direito se dá com o processo de positivação, quando o jurista saca o conteúdo de significação da regra jurídica, fazendo incidir a norma por ela veiculada, alterando o comportamento humano. A aplicação do Direito, então, pressupõe a incidência da norma jurídica sobre o fato da realidade social, o que será possível somente com a formação do fato jurídico, quando o homem subsume o fato concreto àquele hipoteticamente descrito no antecedente da norma jurídica.

Identificamos, portanto, o plano de expressão do direito positivo (literalidade da lei), o das significações (norma jurídica geral e abstrata) e o da facticidade jurídica, ou da incidência, realizada mediante a operação lógica levada a efeito pela atividade humana de subsunção do conceito descrito hipoteticamente no antecedente da norma geral e abstrata ao conceito do fato ocorrido na realidade social, produzindo-se a norma individual e concreta, todos constituídos em linguagem.

3.2 Regra-matriz de incidência do IPI

A norma de incidência tributária possui a mesma estrutura lógico-sintática inerente a qualquer norma jurídica: um antecedente, ou descritor, ligado a um conseqüente, ou prescritor, por um conector deôntico, o qual instala uma permissão, obrigação ou proibição. Nestes termos evidenciada, encontramos na hipótese normativa três critérios identificadores do fato: material, espacial e temporal.

O critério material da hipótese de incidência designa um comportamento em determinadas condições de tempo e espaço (temporal e espacial). Contudo, para perceber o critério material – isto é, o aspecto descritivo deste comportamento humano – é preciso isolá-lo dos aspetos temporais e espaciais. Numa análise sintática do critério material nota-se que o verbo utilizado da descrição do fato há de ser sempre pessoal, de predicação incompleta, tornando necessária a presença de um complemento. São, portanto, imprescindíveis a identificação do sujeito que pratica a ação e o complemento do predicado verbal.[14]

Estabelecidos esses contornos do antecedente da norma jurídica tributária, podemos avançar um pouco no que diz respeito ao critério material da regra-matriz de incidência do IPI. O art. 153, IV, da Constituição Federal estabelece que "compete à União instituir impostos sobre: (...) produtos industrializados". Dessa forma, a descrição normativa da hipótese de incidência, necessariamente, deve envolver um produto, resultado de processo de industrialização.[15]

13. A expressão "unidade mínima e irredutível de significação do deôntico" é utilizada por Paulo de Barros Carvalho. O autor, apesar de reconhecer a força prescritiva das frases isoladas dos textos positivados, afirma que "somente a norma jurídica, tomada em sua integridade constitutiva, terá o condão de expressar o sentido cabal dos mandamentos da autoridade que legisla" (*Direito Tributário: Fundamentos* ..., pp. 17-19).

14. Cf. Paulo de Barros Carvalho, *Curso* ..., 10ª ed., p. 181.

15. Geraldo Ataliba ("Hipótese de incidência do IPI", *RDTributário* 37/146) define "produto", para fins de incidência de IPI, como bem, material e corpóreo, originário de elaboração industrial. Anota que é necessária a fabricação, "obra humana, ação do homem sobre a matéria-prima, transformando-a na sua natureza, utilidade, função ou aplicação", excluindo-se, portanto, produção artística, artesanal ou extrativista. Esta definição não destoa do parágrafo único do art. 46 do Código Tributário Nacional, que reza que "considera-se industrializado o produto que tenha sido submetido a qualquer operação que lhe modifique a natureza ou a finalidade, ou o aperfeiçoe para o consumo".

Geraldo Ataliba, apesar de tecer comentários sob a égide da Constituição anterior, os quais são, neste ponto, plenamente aplicáveis à atual, esclarece que quando o texto constitucional previu a instituição do IPI a menção a "produto industrializado" aparece como simples locução adjetiva, redutora do campo material das operações tributadas. Isto porque – adaptando-se a observação do antigo art. 23, § 3º, para o art. 153, § 3º, II, da Constituição Federal – a Constituição falou em "operação", e, dessa forma, o autor conclui que se gravam "atos ou operações tão-somente qualificados pelo objeto material ao qual referidos, ou seja: os produtos industrializados. Essa cláusula objetiva exerce função meramente delimitadora ou restritiva do conteúdo da operação tributável. Em outras palavras: o IPI incide sobre operações; não todas, porém. Do universo dos atos que os industriais podem realizar, apenas autorizam a incidência do tributo os (atos) que digam específico respeito (que tenham por simples objeto) a produtos industrializados. O produto é, assim, nesse contexto, simples elemento de determinação da operação tributável. Não é e não constitui, em si mesmo, o núcleo da hipótese de incidência do IPI".[16]

Dessa forma, o comportamento humano descrito na hipótese normativa é traduzido pelo verbo e seu complemento "realizar operações", acrescido da locução adjetiva "com produtos industrializados", na acepção já referida anteriormente, isto é, fruto da ação humana de um processo industrial. Eis, então, caracterizado o critério material da hipótese de incidência do IPI: "realizar operações com produtos industrializados".

Em virtude da grande repercussão resultante do impacto tributário sobre a vida dos membros da sociedade, faz-se mister que a norma tributária determine o tempo no qual se considera ocorrido o fato, a fim de que os sujeitos da relação possam conhecer seus direitos e obrigações e se tenha garantido o princípio da segurança jurídica. Como bem se pode ver, é pelo critério temporal do suposto normativo que se estabelece o preciso instante da ocorrência do fato descrito na hipótese normativa e, com isso, marca-se o Direito aplicável ao caso concreto.

No que tange ao IPI, o art. 46 do Código Tributário Nacional estabelece três hipóteses de fatos geradores, os quais, como ficará demonstrado, são apenas variações do aspecto temporal do antecedente normativo: (i) desembaraço aduaneiro; (ii) saída do estabelecimento industrial; e (iii) arrematação. Percebe-se que essas três situações não indicam o fato gerador do imposto, isto é, a realização de operações com produtos industrializados, mas somente identificam o momento em que se considera ocorrido o fato jurídico tributário.

Mesmo por motivos de ordem prática, não é justificável que os legisladores passem a identificar o critério temporal com o fato gerador da forma como o fizeram em relação ao IPI. Essa impropriedade, apesar de ser muito utilizada, não pode merecer acolhida pela ciência do Direito, pois há grande diferença entre *fato gerador*, composto dos critérios material, espacial e temporal, com o simples *critério temporal*, o qual constitui apenas um de seus elementos.[17]

O critério espacial da hipótese tributária, encontrado no antecedente da norma jurídica, é um dos elementos que compõem a descrição objetiva do fato. Corresponde ao local onde deve ocorrer o fato típico tributário, descrito pelo critério material. São três as formas de determinação da condi-

16. Geraldo Ataliba, "Hipótese ...", *RDTributário* 37/149.

17. Esta falha legislativa não passou despercebida por Paulo de Barros Carvalho (*Curso* ..., 10ª ed., p. 187), segundo o qual "são muitas as ocasiões em que o legislador assevera que a hipótese de incidência da exação é aquilo que denominamos critério temporal do suposto normativo. Com o emprego de circunlóquios, escolhe um momento, topicamente determinado, para situar, no tempo, a inauguração do vínculo jurídico patrimonial".

ção espacial encontradas nos supostos normativos: (i) a que se refere a determinado local para a ocorrência do fato típico; (ii) a que indica áreas específicas dentro das quais o acontecimento deve ocorrer; (iii) e uma forma genérica, segundo a qual todo e qualquer evento ocorrido no âmbito territorial de vigência da lei desencadeará efeitos jurídicos.

Assim, embora não esteja explicitamente descrito na norma jurídica o local em que o fato deve ocorrer, como no caso do IPI, sempre haverá um critério espacial no núcleo da hipótese normativa. Diante disso, conclui-se que o critério espacial coincide com o âmbito de validade territorial da lei (território nacional), uma vez que não seria concebível tal norma sem esta determinação. Neste caso, deve ocorrer a incidência tributária sobre os fatos ocorridos dentro deste campo; o critério material está implícito.

No conseqüente normativo, ou prescritor, é estabelecida a regulação da conduta propriamente dita, bem como dos direitos e deveres dos sujeitos da relação jurídica tributária. Por isso, o prescritor contém os critérios identificadores do vínculo jurídico instalado por força da imputação normativa – quais sejam, o critério pessoal, indicador dos sujeitos passivo e ativo, e o critério quantitativo, com a determinação da base de cálculo e alíquota.

A regra-matriz de incidência do IPI, sendo uma norma geral e abstrata, possui o descritor e o prescritor dirigidos para o futuro, na qual constam a previsão de um fato e a prescrição de um vínculo jurídico que nascerá se esse fato hipoteticamente considerado ocorrer e for transcrito em linguagem juridicamente competente. Assim, no descritor apontam-se critérios identificadores de um fato que ainda não ocorreu e que, quando acontecer, provocará os efeitos jurídicos prescritos no conseqüente: *Se ocorrer o fato F, deve-ser o pagamento do tributo X pelo sujeito S1 ao sujeito S2.*

Apesar de não existir supremacia do prescritor ou do descritor da norma jurídica, é pertinente afirmar que o primeiro é o dado por excelência da realização do Direito. O prescritor normativo contém os critérios identificadores da relação jurídica instalada com a ocorrência na realidade social dos fatos hipoteticamente descritos no antecedente normativo, isto é, os dados da relação jurídica, o vínculo estabelecido entre os sujeitos ativo e passivo, com os correspondentes direitos subjetivos e deveres jurídicos. No prescritor manifesta-se com maior força o poder coercitivo do Direito, e em virtude dele torna-se possível alcançar a eficácia social das normas jurídicas, disciplinadoras do comportamento das pessoas nas suas relações de intersubjetividade. Esta é, sem dúvida, a principal função do Direito.[18]

O critério pessoal abrange os sujeitos ativo e passivo da relação jurídica tributária. Quanto ao sujeito ativo, será aquele que ocupa o pólo ativo da relação, detentor do direito subjetivo de exigir o cumprimento da obrigação tributária pelo sujeito passivo. A competência constitucional para a instituição do IPI é deferida à União; e, dessa forma, é ela o sujeito ativo. A competência tributária é indelegável, embora a capacidade ativa para sua cobrança seja passível de delegação. O sujeito passivo, por sua vez, é a pessoa, física ou jurídica, privada ou pública, obrigada a cumprir a prestação, seja ela pecuniária, nos vínculos obrigacionais, seja aquela consubstanciada em meros deveres instrumentais ou formais.

O art. 121, parágrafo único, do Código Tributário Nacional determina que pode ser o contribuinte, quando tenha relação pessoal e direta com o fato gerador, ou o responsável, quando, sem ser o contribuinte, sua obrigação decorre de disposição expressa de lei. Tal distinção mostra-se insatisfatória, uma vez que, assim como o responsável, também o contribuinte vem sempre determinado expressamente na lei.[19]

18. Cf. Paulo de Barros Carvalho, *Curso ...*, 10ª ed., p. 201.

19. Sem pretender adentrar o campo tormentoso da substituição e responsabilidade tributárias,

Todavia, em relação ao IPI é preciso tecer alguns comentários quanto à separação entre contribuinte de fato e contribuinte de direito. Estas considerações serão úteis à compreensão dos motivos pelos quais se justifica a incidência deste imposto na importação como forma de proteção ao mercado interno.

O IPI, oriundo do antigo imposto sobre o consumo, submete-se, assim como o ICMS, ao princípio da não-cumulatividade, pelo qual o sujeito passivo tem direito de abatimento do montante devido nas operações ou prestações anteriores. Por meio deste princípio, portanto, conforme observa Roque Carrazza, "o Constituinte beneficiou o contribuinte (de direito) deste tributo e, ao mesmo tempo, o consumidor final (contribuinte de fato), a quem convêm preços mais reduzidos ou menos gravemente onerados pela carga tributária".[20] Este mesmo autor esclarece que o princípio da não-cumulatividade se realiza pela aplicação do chamado "mecanismo das deduções", que importa abatimento correspondente aos montantes cobrados nas operações ou prestações anteriores.

Este aspecto é de fundamental importância para a compreensão do fenômeno tributário do IPI, principalmente quando nos referimos ao seu conteúdo extrafiscal, em virtude da incidência na importação. Isto porque o contribuinte, ao proceder ao cálculo do imposto incidente sobre as operações que realizar, compensa-se com o imposto pago em operações anteriores. Este comportamento faz com que se onere, de fato, o consumidor final.[21]

As obrigações tributárias sempre se referem a um valor economicamente apreciável, e dentro dos textos legislativos é que encontraremos os dados suficientes para expressar este valor, isto é, a exata quantia devida a título de tributo. Trata-se do critério quantitativo do conseqüente das normas tributárias, manifestado pela conjugação da base de cálculo e alíquota, elementos indispensáveis para mensurar o valor do tributo.

A base de cálculo do IPI é o valor da operação com o qual o produto sai do estabelecimento industrial, incluindo-se, aí, o valor pago a título de ICMS. Quanto à alíquota, porém, ela deve ser variável conforme a essencialidade do produto (obediência ao princípio da seletividade).

4. Imunidade objetiva do art. 153, § 3º, III, da Constituição Federal/1988

4.1 Conceito de imunidade

Imunidade tributária é uma das diversas formas pelas quais o legislador demarca as competências dos entes políticos quanto à instituição de tributos. Dirige-se, portanto, ao legislador ordinário, traçando as linhas de competências em matéria tributária. São, de fato, normas que colaboram com o desenho das competências tributárias, estruturadas sintaticamente sob o modal deôntico *proibido*, e esgotam em seu texto a descrição do fato sobre o qual recaem, sem possibilidade de exame subjetivo por parte do aplicador do Direito.

Paulo de Barros Carvalho[22] define *imunidade tributária* como a "classe finita

principalmente no que diz respeito ao IPI, fazemos, aqui, referência à sua legislação específica, Decreto 2.637, de 25.6.1998, que prescreve quem é considerado contribuinte (art. 23), responsável (art. 24), responsável como contribuinte substituto (art. 25) e, ainda, casos de responsabilidade solidária (arts. 26 e 27).

20. *ICMS*, 6ª ed., p. 205.

21. Misabel Derzi (in Aliomar Baleeiro, *Direito Tributário Brasileiro* (nota), 11ª ed., p. 337) esclarece que "o tributo, do ponto de vista técnico da estrutura da norma de tributação, é um imposto que incide sobre operações com produtos industrializados, sendo contribuinte, por imposição legal, o industrial que promove a operação. A norma estrutural-tributária afiança-nos de que se trata de um tributo sobre operações com produtos industrializados. Formalmente, de fato, o IPI não é imposto sobre o consumo, mas a Constituição, ao mesmo tempo, garante, por meio de outra norma – que consagra o direito subjetivo de compensação do imposto suportado nas operações anteriores –, que se desonere o contribuinte *de iure*".

22. *Curso ...*, 10ª ed., p. 132.

e imediatamente determinável de normas jurídicas, contidas no texto da Constituição Federal, e que estabelecem, de modo expresso, a incompetência das pessoas políticas de direito constitucional interno para expedir regras instituidoras de tributos que alcancem situações específicas e suficientemente caracterizadas".

4.2 Imunidade de produtos industrializados destinados à exportação

O art. 153, § 3º, III, da Constituição Federal estabelece que o IPI não incidirá sobre aqueles produtos destinados ao Exterior. Este dispositivo constitucional prescreve uma imunidade tributária, isto é, uma limitação da competência tributária da União quanto à instituição deste imposto federal. As regras de imunidade estão exaustivamente contidas na Constituição, e não cabe a qualquer ato infraconstitucional restringir, limitar ou ampliar seu conteúdo. Dessa forma, é apenas confirmativa (desnecessária, portanto) a regra inserta no art. 18, II, do Decreto 2.637/1998 (Regulamento do IPI), segundo o qual: "São imunes da incidência do imposto: (...); II – os produtos industrializados destinados ao Exterior".

Com efeito, o comando constitucional afasta as operações relativas a produtos industrializados destinados ao Exterior da incidência do IPI, proibindo a União de instituir o tributo na hipótese ali descrita. Trata-se, portanto, de norma que fixa como outras normas serão introduzidas no sistema e que, mediante demarcação da competência (ou, melhor, da incompetência tributária), limita o campo de atuação do legislador ordinário.

O IPI é tributo de caráter eminentemente extrafiscal, e a imunidade prevista no art. 153, § 3º, III, da Constituição Federal confirma esta assertiva. Indo-se a fundo no conteúdo finalístico desta prescrição constitucional, percebe-se que o Constituinte pretendeu, de fato, prestigiar o mercado nacional, mediante o favorecimento das exportações, uma vez que, por força desta imunidade, o produto brasileiro terá condições de chegar ao Exterior livre de impostos – e, logo, com preços competitivos no mercado internacional. Trata-se de método de "defesa da produção interna, que, muitas vezes, não tem competitividade em face dos produtos estrangeiros, servindo de proteção às divisas e ao equilíbrio da balança comercial".[23]

5. Incidência do IPI na importação

5.1 Critério da tributação no país do destino

O critério adotado pela maioria dos países, como método de incentivo à exportação, é o de livrar os produtos destinados ao Exterior da incidência do maior número possível de tributos, a fim de que cheguem ao outro país com preços mais baixos e, por conseguinte, mais competitivos.

Diante desta regra geral, os países destinatários de tais produtos, não apenas por motivos de ordem extrafiscal mas, sobretudo, a fim de garantir os princípios da igualdade e eqüidade, na forma como ressalta Misabel Derzi,[24] fazem incidir tributos outros, além dos simples impostos aduaneiros, isto é, tributos de natureza de impostos sobre o consumo, tais como o IPI e o ICMS, no caso brasileiro. Trata-se do critério da tributação no país de destino, isto é, os produtos são tributados na importação, ficando livres da imposição tributária na exportação.

É intuitivo que cada país queira prestigiar seus próprios produtos, para que o mercado interno os absorva de modo a aumentar a produção nacional e promover o desenvolvimento econômico etc. Destarte, o sistema tributário, mediante o sistema da tributação na importação, gera a conseqüência inevitável de afastar a possibilidade de os produtos estrangeiros aqui chegarem

23. Misabel Derzi, in Aliomar Baleeiro, *Direito* ... (nota), 11ª ed., p. 341.

24. Idem, ibidem.

com preços inferiores, porque não sofreram incidência no país de origem, o que retiraria a força competitiva dos produtos nacionais.

Percebe-se, por conseguinte, que a utilização do critério oposto – isto é, tributação no país de origem, no qual há incidência de imposto na exportação e isenção na importação – só seria viável mediante a ultimação de acordos internacionais, ou, por melhor dizer, um sistema tributário integrado pelos países envolvidos na questão.[25]

5.2 Experiência no Mercado Comum Europeu e no MERCOSUL

Para que se adote o critério de tributação na origem é necessária a integração dos países, um sistema tributário harmonizado. A União Européia, não obstante encontrar-se em avançado estágio de integração, ainda adota o critério da tributação no destino; ali existe o IVA, o equivalente ao nosso ICMS e IPI, ou seja, os tributos com natureza dos chamados "impostos sobre o consumo". Este tributo, de acordo com o que estabelece o item 3 da 6ª Diretiva do IVA, de 17.5.1977, reza que o "o fato gerador ocorre e o imposto é exigível, no momento em que é efetuada a importação do bem". Percebe-se, portanto, que também no regime europeu, no tocante ao imposto sobre o consumo, o regime adotado é de tributação no destino.

Édison Carlos Fernandes[26] anota, porém, que este sistema tende a ser alterado, em virtude da consolidação do Mercado Comum. Esclarece que podem ser encontrados, inclusive, alguns projetos legais para modificá-lo, mas garantindo, todavia, a repartição das receitas tributárias.

Se no Mercado Comum Europeu ainda não se atingiu um nível de integração suficiente, capaz de permitir que se adote o critério da tributação na origem, no MERCOSUL esta integração encontra-se ainda mais incipiente. Na Argentina, Uruguai e Paraguai existe, como espécie de imposto sobre o consumo, o IVA (Imposto sobre o Valor Agregado), apesar de cada país utilizar certos conceitos de maneira diversa. No Brasil, por sua vez, encontramos, como impostos equivalentes àquela natureza, o IPI, o ICMS e o ISS. Estes impostos, ao contrário do IVA, que adota a tributação única a todos os estágios da relação de consumo, são diferenciados a partir dos produtos nos quais incidem.

Misabel Derzi insiste que "a nova realidade reclamou estudos comparados do sistema tributário em vigor nos países integrantes do MERCOSUL. É que, para se conseguir a livre circulação de mercadorias e serviços, de capital e de pessoas, é mister criarem-se condições objetivas que garantam a livre concorrência e a necessária segurança jurídica aos agentes econômicos envolvidos. Impõe-se, então, reduzir aquilo que se convencionou chamar de *efeito Delaware* (busca incessante do Estado que ofereça maiores vantagens fiscais e menores exigência) por meio da harmonização das diferentes ordens jurídicas partícipes".[27]

Todavia, enquanto não for realizada esta harmonização dos sistemas tributários, os diferentes tratamentos legais acabam por provocar a necessária adoção do critério de incidência do tributo no país de destino, sob pena de, caso contrário, vulnerar-se os princípios da igualdade e eqüidade, na forma já aduzida anteriormente.

25. Este ponto foi amplamente discutido por Édison Carlos Fernandes (*Sistema Tributário do MERCOSUL*, 2ª ed., p. 164): "Pelo fato de a mercadoria ou produto saírem tributados do país exportador e não sofrerem imposição no país importador, não há necessidade de manutenção das fronteiras e, em conseqüência, dos aparatos burocráticos da administração aduaneira. Dessa forma, não há divisão aparente dos sistemas fiscais nacionais, sendo integrada a imposição ao consumo, pelo fato, principalmente, de não haver separação fronteiriça entre os países, ao menos no aspecto tributário".

26. *Sistema Tributário ...*, 2ª ed., pp. 166-167.

27. "Fundamentos da tributação ampla das importações pelo ICMS e pelo IPI", *RDTributário* 69/334.

Concordamos com o ponto de vista sustentado por Édison Carlos Fernandes[28] no sentido de que seria preferível que se adotasse o sistema de tributação na origem, principalmente, porque: (i) como não seriam mais necessárias fronteiras fiscais, as barreiras da burocracia alfandegária seriam eliminadas, facilitando, portanto, o processo de integração; (ii) propiciaria o incremento do comércio intrabloco, e, conseqüentemente, o fortalecimento do MERCOSUL.

Para tanto, este autor aduz que poderia haver, enquanto não ocorrer a harmonização definitiva dos sistemas tributários, limitação à coordenação tributária, uma vez que os signatários do Tratado de Assunção prevêem este regime nas suas respectivas legislações. E, no que tange à questão fiscal, assevera que poderia ser adotado, através de tratado internacional ou protocolo adicional, um "mecanismo diferencial de alíquota", da mesma maneira que se dá com as transações interestaduais no Brasil, já que quando se trata de Mercado Comum não é pertinente falar em importação e exportação. No que diz respeito ao comércio extrabloco o autor propõe que poderiam ser concedidos benefícios fiscais (isenções) à exportação, considerando-se a importação como fato gerador do imposto geral de consumo.

5.3 *Proteção ao mercado interno: livre concorrência, isonomia e eqüidade*

A imunidade do art. 153, § 3º, III, da Constituição Federal acompanha a técnica legislativa mundial, na qual se adota o critério da tributação mediante imposto desta natureza no país de destino. Com isso chega-se à questão central deste estudo, ou seja, o contraponto da imunidade, consubstanciado na incidência do IPI na importação.

Como se apontou, é prática comum que os produtos industrializados destinados ao Exterior saiam livres de tributação a fim de sofrer a exação no país de destino. Caso não houvesse a incidência do IPI na importação surgiriam duas ordens de problemas: (i) os produtos estrangeiros importados entrariam no país com preços inferiores aos nacionais, uma vez que apenas estes últimos seriam atingidos pelo IPI; (ii) provocar-se-ia perigoso mecanismo de evasão fiscal, pois o industrial poderia exportar o produto livre do imposto, por força da imunidade do art. 153, § 3º, II, da Constituição Federal, para, logo depois, importá-lo novamente, sem que fosse alcançado pela exação.[29] Tanto é verdade que o imposto incide até mesmo sobre produtos nacionais reimportados, uma vez que o art. 46, I, do Código Tributário Nacional fala em produtos de "procedência estrangeira", coisa diversa do conceito de "produtos estrangeiros".

A conseqüência advinda do primeiro problema exposto – isto é, o objetivo protecionista da incidência do IPI na importação, como método de garantir a livre concorrência entre os produtos nacionais e estrangeiros – não foi esquecida por Misabel Derzi,[30] ao concluir que "seria agressivo à regra da livre concorrência e aos interesses nacionais pôr em posição desfavorável a produção nacional, que sofre a incidência do IPI e do ICMS". Atenta a isso, adverte que esta hipótese de incidência não revela apenas o caráter extrafiscal deste imposto, uma vez que se trata de "fenômeno necessário de isonomia e eqüidade".

5.4 *Tese de que se trata de adicional do imposto de importação*

Quando tratamos do aspecto material da regra-matriz de incidência do IPI, bem

28. *Sistema Tributário* ..., 2ª ed., p. 169.

29. Neste sentido, Antônio Maurício da Cruz assevera que "produto industrializado no pís e exportado foge à incidência do IPI; se pudesse retornar ao país sem a incidência do imposto sobre produtos industrializados, estaria aberta a porta à fraude, uma vez que não ocorre também a incidência do imposto de importação (por não ser produto estrangeiro)" (*IPI – Limites Constitucionais*, p. 55).

30. In Aliomar Baleeiro, *Direito* ... (nota), 11ª ed., p. 341.

como da delimitação do seu exato núcleo, estabelecemos contornos que, agora, se mostram úteis no que diz respeito à sua incidência na importação. Isto porque parte da doutrina, considerando que a incidência do IPI na importação abrange parcela da mesma hipótese do imposto de importação, sustenta tratar-se de incidência inconstitucional, pois constituiria "sobreimposto" do imposto aduaneiro. Este é o entendimento de Antônio Maurício da Cruz,[31] segundo o qual, apesar de não ferir a discriminação de competência, já que ambos são tributos federais, a hipótese seria inconstitucional porque invadiria o campo material reservado ao imposto de importação.

Da mesma forma, entendendo que constitui invasão da materialidade do imposto de importação, José Roberto Vieira[32] afirma cuidar-se de verdadeiro adicional do imposto aduaneiro, não obstante a denominação dada pelo legislador. Alicerça sua proposta também acrescentando que a base de cálculo desta hipótese tributária é composta pela base de cálculo do imposto de importação, pelo próprio imposto de importação incidente e pelos encargos cambiais, sendo que o valor do imposto aduaneiro seria o aparente elemento distintivo da base de cálculo do imposto de importação.

Fundamenta seu pensamento nas lições de Amílcar de Araújo Falcão, e esclarece que, da mesma forma que o legislador pode aumentar a alíquota do tributo, ele pode criar um outro tributo, idêntico, incidente sobre a mesma base de cálculo, para realizar simples majoração, na forma como o fez com o IPI incidente na importação. Como se trataria de imposto calculado sobre a mesma base de cálculo do imposto de importação, seria, dessa forma, um adicional deste. Ainda para confirmar essa assertiva, o autor segue a doutrina de Cléber Giardino, segundo o qual há adicional tributário quando a base de cálculo é composta pelo valor do tributo devido, isto é, "calculado mediante aplicação de uma alíquota determinada sobre o 'quantum' daquele primeiro tributo". Por isso, conclui que não seria caso de bitributação, mas de aumento do imposto.[33] Por fim, adverte que este caráter de adicional foi "intuído" pelo legislador federal ao cuidar de forma idêntica as isenções aplicáveis ao imposto de importação e ao IPI incidente sobre produtos importados.

5.5 *Tomada de posição*

Conforme ficará demonstrado, a tese de "adicional" ou "sobreimposto" não merece acolhida. Comungamos do entendimento defendido por Misabel Derzi[34] no sentido de que se trata de verdadeiro IPI.

Com efeito. A amplitude da hipótese de incidência do imposto de importação é diversa do IPI na importação, uma vez que atinge todo e qualquer produto estrangeiro, seja ele industrializado ou não, e, além disso, não pode recair sobre produtos nacionais ou nacionalizados. O IPI, no caso em estudo, por sua vez, abrange "operações sobre produtos industrializados", independentemente de tais produtos serem nacionais ou estrangeiros.

Quando cuidamos do aspecto material da hipótese de incidência do IPI delimitamos o conceito de tais operações. A partir disso, podemos separá-lo do aspecto material do imposto de importação, o qual atinge qualquer produto, industrializado ou não. Também quando falamos da necessidade de se tributar produtos nacionais reimportados apontamos outra profunda diferença entre as hipóteses de incidência destes dois impostos, uma vez que o imposto aduaneiro somente atinge produtos estrangeiros.

Se acolhermos entendimento diverso – isto é, que se trata de adicional do imposto de importação, e como não é legítima a incidência deste imposto sobre produtos

31. *IPI – ...*, p. 74.
32. *A Regra-Matriz de Incidência do IPI: Texto e Contexto*, pp. 166-170.
33. José Roberto Vieira, idem, pp. 217-218.
34. "Fundamentos da tributação ...", *RDTributário* 69/342.

nacionais reimportados, porque fogem do seu campo material de incidência –, tais produtos não seriam tributados, provocando-se o problema antes descrito, qual seja, a evasão fiscal, realizada pela prática de exportação do produto nacional (imune) e posterior importação (não atingida pelo imposto de importação).

6. Conclusões

Diante do que foi exposto, sem ter a pretensão de esgotar tema tão discutido, acreditamos que, apesar de fortes os argumentos em contrário, o IPI incidente na importação não pode ser tratado como adicional do imposto de importação. Trata-se de imposto diferenciado, com características próprias e, principalmente, com finalidades louváveis: a proteção das mercadorias nacionais e a garantia de igualdade e competitividade com os produtos vindos do Exterior.

A incidência do IPI na importação afasta a possibilidade de produtos estrangeiros, livres de tributação no país de origem, ingressarem no Brasil com preços inferiores aos dos produtos nacionais. Da mesma forma, evita-se a evasão fiscal, pois se não houvesse esta previsão de hipótese de incidência o industrial poderia exportar o produto livre do imposto para, logo depois, importá-lo novamente sem que fosse alcançado pelo gravame.

7. Bibliografia

ATALIBA, Geraldo. "Hipótese de incidência do IPI". *RDTributário* 37.

__________. *Hipótese de Incidência Tributária*. 5ª ed. São Paulo, Malheiros Editores, 1998.

BALEEIRO, Aliomar. *Direito Tributário Brasileiro*. 11ª ed., revista e complementada por Misabel Derzi. Rio de Janeiro, Forense, 1999.

__________. *Uma Introdução à Ciência das Finanças*. 13ª ed., revista e atualizada por Flávio Bauer Novelli. Rio de Janeiro, Forense, 1981.

CALDERARO, Francisco R. S. *Incentivos Fiscais à Exportação – Comentários à Legislação Específica na Área Tributária – IPI, ICM, IR, II*. São Paulo, Resenha Tributária, 1973.

CARRAZZA, Roque Antônio. *Curso de Direito Constitucional Tributário*. 11ª ed. São Paulo, Malheiros Editores, 1998.

__________. *ICMS*. 6ª ed. São Paulo, Malheiros Editores, 2000.

CARVALHO, Paulo de Barros. *Curso de Direito Tributário*. 10ª ed. São Paulo, Saraiva, 1998.

__________. *Direito Tributário: Fundamentos Jurídicos da Incidência*. São Paulo, Saraiva, 1998.

__________. "IPI – Comentários sobre as regras de interpretação da Tabela NBH/SH (TIPI/TAB)". *Revista Dialética de Direito Tributário* 12/42-60. 1998.

CRUZ, Antônio Maurício. *IPI – Limites Constitucionais*. São Paulo, Ed. RT, 1984.

DE SANTI, Eurico Marcos Diniz. *Lançamento Tributário*. 2ª ed. São Paulo, Max Limonad, 1999.

DERZI, Misabel Abreu Machado. "Fundamentos da tributação ampla das importações pelo ICMS e pelo IPI". *RDTributário* 69.

FERNANDES, Édison Carlos. *Sistema Tributário do MERCOSUL*. 2ª ed. São Paulo, Ed. RT, 1999.

MELO, José Eduardo Soares de. *O Imposto sobre Produtos Industrializados (IPI) na Constituição de 1988*. São Paulo, Ed. RT, 1991.

STRECK, Lenio Luiz. *Hermenêutica Jurídica e(m) Crise*. São Paulo, Livraria do Advogado, 1999.

VIEIRA, José Roberto. *A Regra-Matriz de Incidência do IPI: Texto e Contexto*. Dissertação de Mestrado em Direito Tributário (PUC/SP). São Paulo, 1992.

VILANOVA, Lourival. *As Estruturas Lógicas e o Sistema do Direito Positivo*. São Paulo, Ed. RT, 1977.

MODERNAS FORMAS DE CONTROLE DE CONSTITUCIONALIDADE À LUZ DO CONSTRUTIVISMO DE PAULO DE BARROS CARVALHO

MARIANA OITICICA RAMALHO
Advogada. Mestranda na Pontifícia Universidade Católica de São Paulo (PUC/SP)

1. Interpretação: 1.1 Interpretação constitucional. 2. Sistema normativo segundo Paulo de Barros Carvalho. 3. Inconstitucionalidade: 3.1 Elementos que podem ser declarados inconstitucionais. 4. Declaração de inconstitucionalidade sem redução do texto e interpretação conforme à Constituição: 4.1 Interpretação conforme à Constituição – 4.2 Declaração de inconstitucionalidade parcial sem redução do texto – 4.3 Diferenças e semelhanças entre declaração de inconstitucionalidade sem redução do texto e interpretação conforme à Constituição. 5. Conclusão. 6. Bibliografia.

1. Interpretação

O texto legal é formado por palavras, e estas são em sua maioria vagas e ambíguas. As palavras são vagas pois "seu possível campo de referência é indefinido", assim como o termo "igualdade". Há ambigüidade de um termo "quando é possível usá-lo para um campo de referência com diferente intensão (com *s* não com *ç*), isto é, manifestando qualidades diversas",[1] como a expressão "manga", que tanto pode se referir a parte de roupa como tipo de fruta. Partindo deste pressuposto, verificamos ser complexa a tarefa de determinar o sentido das leis.

A interpretação é essencial, por mais bem-formuladas que sejam as leis. O legislador não tem como prever todas as situações concretas; assim, as regras legais são dispostas de maneira genérica. Cabe ao aplicador do Direito, desta forma, enquadrar o fato social a uma norma; mas este ajuste só é feito após se compreender o conteúdo da regra jurídica. Ora, é através da interpretação que se constrói o conteúdo da norma.

A interpretação, desta forma, tem papel fundamental no sistema jurídico, e é através dela que se faz possível a aplicação das normas jurídicas. A aplicação nada mais é do que pôr a norma em contato com atos e fatos,[2] adequando-a aos casos concretos. Não há aplicação sem que haja antes uma interpretação.

1. Tércio Sampaio Ferraz Júnior, *Introdução ao Estudo do Direito*, 2ª ed., p. 258.

2. Tércio Sampaio Ferraz Júnior, *Interpretação e Estudos da Constituição de 1988*, p. 14.

O método clássico de interpretação, representado por Savigny, baseia-se no fato de que interpretar é reconstruir o conteúdo da lei, elucidá-lo, de modo a se operar uma restituição de sentido ao texto viciado ou obscuro.[3] Segundo esta corrente doutrinária, há um significado exato que seria atingido por uma operação lógica, técnica, sem maiores discussões ou subjetivismos.

Kelsen[4] surge com outra proposta teórica, defendendo que a interpretação é, na realidade, um ato de escolha, pois, se houver desequilíbrio entre ato de vontade e de conhecimento, aquele deve prevalecer em face deste. Mesmo agindo com método e de acordo com procedimentos racionais, não há como eleger apenas uma interpretação verdadeira, pois as palavras são ambíguas e vagas.

O jurista austríaco afirma que: "A questão de saber qual é, entre as possibilidades que se apresentam nos quadros do Direito a aplicar, a 'correta', não é sequer (...) uma questão de conhecimento dirigido ao direito positivo, não é um problema de teoria do Direito, mas um problema de política do Direito (...). Assim como na Constituição, através de interpretação, não podemos extrair as únicas leis corretas, tampouco podemos, a partir da lei, por interpretação, obter únicas sentenças corretas".[5]

Esta corrente revolucionou a Hermenêutica ao sustentar a inexistência de uma interpretação correta, um caminho ideal a ser seguido, concluindo que a escolha de uma significação em face de outra é um ato de vontade, ato político. Neste diapasão, o autor defende que a "interpretação correta" é "uma ficção de que se serve a jurisprudência tradicional para consolidar o ideal da segurança jurídica. Em vista da plurissignificação da maioria das normas jurídicas, este ideal somente é realizável aproximativamente".[6] Não há interpretação verdadeira cientificamente, mas sim valores políticos.

O autor austríaco ainda distingue dois tipos de interpretação: aquela realizada por autoridades e a efetuada por cientistas do Direito ou outros que não autoridades. A interpretação concretizada pelo órgão aplicador do Direito é denominada de *interpretação autêntica*, já que cria Direito. Para Kelsen a aplicação do Direito implica a criação de normas individuais e concretas, com base nas normas gerais e abstratas postas pelo legislador. Assim, a interpretação realizada pelo órgão competente se dá no ato da criação das normas individuais e concretas, daí denominar-se este tipo de interpretação de *autêntica*, por ser criadora de normas, de Direito.

A *interpretação não-autêntica* é a efetuada por outros que não as autoridades competentes; trata-se de interpretação que não cria novo Direito. Escolhe-se, dentre vários sentidos possíveis, um em especial; mas, como a escolha não é efetuada pelo aplicador do Direito, não vincula ninguém, nem cria normas jurídicas. Esta interpretação pode até ser tida como equivocada pelo órgão competente.

A Ciência do Direito tem por função descrever o direito positivo, analisando os fenômenos que ali ocorrem. Observa-se, entretanto, haver várias interpretações possíveis para cada texto legal, cabendo ao órgão aplicador escolher uma delas. Os cientistas do Direito não podem eleger uma interpretação como sendo a "correta", do contrário estariam deturpando a realidade. Há, como se pode observar, um juízo de valor político feito por uma autoridade competente. Concordamos, pois, com Kelsen.

Outra divergência quanto à interpretação diz respeito às correntes dos *subjetivistas* e *objetivistas*. Os primeiros buscam, através da interpretação, *alcançar a vontade oculta do legislador*, mantendo fidelidade com seu pensamento no momento da criação normativa. A problemática nortea-

3. Paulo Bonavides, *Curso de Direito Constitucional*, 10ª ed., p. 398.
4. *Teoria Pura do Direito*, p. 368.
5. Hans Kelsen, *Teoria Pura ...*, p. 368.
6. Idem, ibidem, p. 371.

dora deste pensamento é que não se sabe em que consiste a vontade do autor normativo, se é "fenômeno psicológico ou vontade entendida como metáfora".[7]

Além do mais, nota-se que as leis são redigidas num dado momento histórico, e a realidade social modifica-se com o passar do tempo, sendo muitas vezes inviável retornar à vontade do legislador no momento da criação normativa. Há regras no Direito Brasileiro insuscetíveis de aplicação na forma como redigidas. Temos como exemplo o art. 219, IV, do Código Civil, que permite a anulação do casamento por iniciativa do marido quando a mulher tenha sido deflorada antes do matrimônio sem o conhecimento do cônjuge.[8]

Os *objetivistas* sustentam que *o texto legal alcança autonomia*, juntando-se ao sistema jurídico e moldando-se à evolução do ordenamento. Assim, a lei torna-se mais sábia que o legislador, pois se desmembra dele, tendo força e vida próprias, acomodando-se às variações surgidas no mundo social. Trata-se, como visto, de método progressista, desvantajoso para alguns, por conferir ao mundo jurídico insegurança, por ser o sentido da norma modificado com as mudanças sociais.

O tema da interpretação jurídica é ponto suscitador de grandes discussões, desde a forma de interpretação que se deve escolher até os métodos utilizados para atingir o sentido "verdadeiro" – se é que existe tal coisa. A discussão torna-se mais complexa quando estudamos a interpretação constitucional, por se tratar de interpretação da Lei Fundamental, que confere validade a todas as demais normas do ordenamento.

1.1 Interpretação constitucional

A interpretação constitucional é a inteligência das normas infraconstitucionais quando postas em confronto com a Constituição. A interpretação da Constituição, por sua vez, cuida-se da interpretação da Lei Maior em relação a seus princípios e normas.[9] Deteremos nossos estudos na primeira forma de interpretação, centrando-nos na análise das normas inferiores em face da Constituição, que lhes confere fundamento de validade.

Para Tércio Sampaio Ferraz "não se pode levar à interpretação da Constituição todos aqueles formalismos típicos da interpretação da lei. A lei constitucional chama-se lei apenas por metáfora, ela não é igual às outras leis".[10]

A interpretação constitucional suscitou o aparecimento de diversas correntes doutrinárias. A corrente clássica compreendia que a Constituição deveria ter interpretação com prevalência da vontade objetiva e autônoma da lei. O direito constitucional ganhou perfil fechado, sólido, mais jurídico que político, mais científico que filosófico.[11] Verifica-se nesta corrente a busca de um Direito mais estável, cultuando-se a estrita legalidade, a neutralidade.

A moderna interpretação constitucional surgiu por inconformidade dos juristas com o Positivismo lógico-formal, buscando sentido mais profundo das Constituições, procurando adequá-las à realidade da sociedade. Desejava-se atingir um estado de justiça, adequando a letra da lei à realidade social.

Houve diversas teorias desenvolvidas para se alcançar uma melhor interpretação constitucional. A partir do método hermenêutico-concretizante,[12] foram desenvolvi-

7. Paulo Bonavides, *Curso* ..., 10ª ed., p. 412.

8. Sobre este artigo verificamos a seguinte jurisprudência que o desaplica em face da igualdade entre homens e mulheres disposta na Constituição: *RT* 711/172 e *RF* 327/204 (cf. Theotônio Negrão, *Código Civil Anotado*, p. 78).

9. Celso Bastos, *Hermenêutica e Interpretação Constitucional*, 2ª ed., p. 166.

10. In *Cadernos de Direito Constitucional e Ciência Política* 17/49, 1996, *apud* Celso Bastos, *Hermenêutica* ..., 2ª ed., p. 50.

11. Paulo Bonavides, *Curso* ..., 10ª ed., p. 424.

12. O método concretizante determina que a interpretação de normas jurídicas é feita através de um problema concreto. Não se pode falar em interpretação sem que haja fato ocorrido. A norma geral

dos princípios que norteariam a interpretação constitucional, quais sejam: o da unidade da Constituição, efeito integrador, máxima efetividade, conformidade funcional, harmonização e da força normativa da Constituição.[13]

Pela *unidade da Constituição* o intérprete deve observar as normas constitucionais como sendo um todo uniforme, buscando dirimir os conflitos entre normas aparentemente contraditórias. O princípio do *efeito integrador* determina que os conflitos jurídico-constitucionais devem ser solucionados com a integração política e social. Consoante a *máxima efetividade* busca-se dar maior eficácia à norma constitucional. A *conformidade funcional*, por sua vez, procura impedir que se alterem as funções constitucionalmente estabelecidas. A *harmonização* pretende coordenar e combinar os bens jurídicos em conflito, evitando a mutilação dos mesmos. Por fim, a *força normativa* da Constituição tende a manter as normas constitucionais atualizadas através das soluções hermenêuticas.

Nas modernas formas de interpretação esta passou a ter por finalidade não apenas o esclarecimento do sentido da lei, mas também sua atualização. Surgem críticas à nova interpretação e se defende que esta não poderia ir além de limites "razoáveis", criando interpretações contrárias à letra da lei. A doutrina mais conservadora entende ter havido extremado alargamento da interpretação constitucional, provocando incerteza e insegurança no mundo jurídico.

Entendendo a importância das interpretações modernas, Konrad Hesse e F. Müller consideram a mutação constitucional (atualização do sentido das regras jurídicas) um ato legítimo de interpretação constitucional; e Richter sustenta que a mutação constitucional é forma de complementação e desenvolvimento constitucional.[14] Tais atualizações são necessárias em face da evolução social, que demanda leis mais atuais. Como o processo legislativo é lento, a mutação constitucional aparece como eficaz solução na adequação das leis à realidade social.

Estes princípios desenvolvidos pela doutrina constitucionalista auxiliam a interpretação constitucional, que, por sua vez, é utilizada na interpretação conforme à Constituição e na decretação de inconstitucionalidade sem redução do texto. A importância que a interpretação tem no sistema jurídico é tamanha, que Paulo de Barros Carvalho demonstrou os passos dados pelo intérprete na construção da norma jurídica, dividindo o ordenamento em três subdomínios, a serem estudados no próximo item.

2. Sistema normativo segundo Paulo de Barros Carvalho

O termo "sistema jurídico" pode designar dois tipos de sistemas: o do direito positivo e o da Ciência do Direito. O sistema da Ciência do Direito é formado pelo conjunto de proposições que *descrevem* e analisam o direito positivo, rege-se pela Lógica Apofântica e tem como valores a verdade e a falsidade. O sistema do direito positivo, por sua vez, é composto por proposições prescritivas e se rege pela Lógica Deôntica, tendo por valores a validade e a invalidade.

O sistema objeto de nosso estudo é o do direito positivo, formado pelo conjunto de enunciados, proposições e normas jurídicas. Paulo de Barros Carvalho, na sua obra *Curso de Direito Tributário*, demonstrou que para o intérprete construir uma norma jurídica precisa passar por três subdomínios do ordenamento jurídico. São eles os planos da expressão, do conteúdo e das normas jurídicas *stricto sensu*.

Num primeiro momento o intérprete se depara com o conjunto de frases, pala-

e abstrata não pode ser interpretada, pois, sem que haja um caso concreto.

13. J. J. Gomes Canotilho, *Direito Constitucional e Teoria da Constituição*, 2ª ed., pp. 1.096-1.099.

14. J. J. Gomes Canotilho, *Direito* ..., 2ª ed., p. 1.102.

vras presentes nos textos prescritivos; são os textos de leis. Segundo Paulo de Barros este é o *plano da expressão*, o primeiro contato do intérprete com a mensagem expedida pelo legislador. "Os textos jurídico-positivos, nesta dimensão de análise, vão constituir conjuntos finitos de enunciados prescritivos, racionalmente organizados na forma de sistema."[15]

Neste plano o intérprete *extrai* os enunciados, que são as frases completas de sentido, formadas por sujeito, verbo e, se necessário, o complemento. Nas palavras de Paulo de Barros *enunciados* são "formações bem-construídas e dotadas de referência objetiva".[16] No processo de interpretação este é o único dado objetivo do intérprete, a partir de onde se construirá o sentido. É neste plano que o legislador modifica as leis e, em regra, o controle de constitucionalidade é efetuado. Normalmente as palavras e frases são transformadas na sua literalidade, donde se observam com clareza as transformações do mundo jurídico. O plano da expressão é o primeiro passo na construção das normas jurídicas.

O segundo momento da interpretação dá-se no *plano do conteúdo*. Após o intérprete *extrair* os enunciados presentes nos textos normativos, passa a verificar a significação dos mesmos. Este plano é formado pelas proposições, que são conteúdos de significação constituídos a partir da fórmula gráfica do enunciado.[17]

Necessário ressaltar a diferença entre os *enunciados*, que são a literalidade da lei, e as *proposições*, que são as significações construídas pelos intérpretes a partir dos enunciados. Observa-se, portanto, que este posicionamento é diverso da interpretação clássica, onde o intérprete *extrairia* o sentido inserido nas letras da lei. Por se cuidar de uma construção, sempre haverá diversas interpretações possíveis a partir de um mesmo enunciado.

Não pode haver plano do conteúdo (das significações) sem que haja plano da expressão (dos enunciados), ou vice-versa. Tanto no plano da expressão como no do conteúdo, os enunciados e proposições, apesar de plenos de sentido, não têm uma organização lógica entre si. Tais planos estão desorganizados, os elementos não estão ligados uns aos outros de forma coordenada. Daí a necessidade de uma organização, que se dará no plano das normas jurídicas *stricto sensu*.

O terceiro plano presente no sistema jurídico é o das *normas jurídicas em sentido estrito*. As significações obtidas nos outros planos não são suficientes para orientar condutas humanas. É necessário organizá-las de forma a trazer todas as prescrições e informações necessárias para que o cidadão cumpra seus preceitos. Neste plano constrói-se a norma jurídica, que possui uma estrutura lógica com sentido deôntico completo.

Paulo de Barros, adotando o conceito de Lourival Vilanova, entende que norma jurídica é "estrutura lógico-sintática de significação".[18] A norma jurídica não é a literalidade da lei (enunciado) ou mera significação *extraída* do texto (proposição); cuida-se da significação do texto dotada de estrutura própria. A norma jurídica é formada por um *antecedente*, que descreve um fato qualquer, e um *conseqüente*, que impõe o cumprimento de uma conduta. Estes elementos formadores da norma estão unidos por um conectivo lógico do dever-ser neutro. Assim, a norma jurídica tem a seguinte fórmula: *D [f > R (S' S")]*: dado o fato *F*, deve ser a relação jurídica *R* entre os sujeitos S' e S".

Desta forma, a partir da literalidade dos textos jurídicos e das significações construídas, o intérprete chega às normas jurídicas em sentido estrito. Nesta altura o

15. Paulo de Barros Carvalho, *Curso de Direito Tributário*, 15ª ed., p. 114.
16. *Curso* ..., 15ª ed., p. 117.
17. Paulo de Barros Carvalho, *Curso* ..., 15ª ed., p. 117.
18. Lourival Vilanova, "Norma jurídica – Proposição jurídica", *RDP* 61/16.

intérprete precisa retornar aos planos da literalidade e do conteúdo para formar a norma.

Verifica-se a importância deste modelo desenvolvido por Paulo de Barros, demonstrando detalhadamente como se dá o processo de interpretação e construção da norma jurídica em sentido estrito.

É importante ressaltar que estes planos fazem parte de um todo: o sistema jurídico, e não apenas o sistema jurídico tributário. Neste sentido, o *modelo* elaborado pelo ilustre mestre paulista aplica-se também ao direito constitucional. A adoção deste *modelo* muito servirá na *análise* da interpretação conforme à Constituição e da decretação de inconstitucionalidade sem redução do texto, quando verificaremos o que efetivamente é atacado com a decretação de inconstitucionalidade e constitucionalidade: se o plano da literalidade, do conteúdo ou das normas jurídicas em sentido estrito.

A decretação de inconstitucionalidade sem redução do texto e a interpretação conforme à Constituição utilizam-se da interpretação e são formas de controle de constitucionalidade. Por este motivo, passaremos a estudar a inconstitucionalidade, vício do qual resulta a necessidade de sua fiscalização pelas formas criadas pelo ordenamento.

3. *Inconstitucionalidade*

Segundo Jorge Miranda: "Constitucionalidade e inconstitucionalidade designam conceitos de relação: a relação que se estabelece entre uma coisa – a Constituição – e outra coisa – uma norma ou um acto – que lhe está ou não conforme, que com ela é ou não compatível, que cabe ou não cabe em seu sentido". [19] Afirma ainda o jurista que quando uma regra jurídica inferior contraria a Constituição, esta se torna ineficaz.

J. J. Gomes Canotilho sustenta que "os actos normativos só estarão conformes com a Constituição quando não violem o sistema formal, constitucionalmente estabelecido, da produção desses actos, e quando não contrariem, positiva ou negativamente, os parâmetros materiais plasmados nas normas ou princípios constitucionais".[20] A inconstitucionalidade ocorrerá, assim, quando houver violação do sistema formal ou material posto na Constituição.

Marcelo Rebelo de Sousa afirma que a "inconstitucionalidade representa sempre uma desconformidade entre certa conduta pública ou privada e a Constituição vigente (...) a desconformidade em si própria, provenha ela de ação ou omissão, deve ser qualificada de inconstitucionalidade".[21] Entendemos que este conceito de inconstitucionalidade abrange uma gama mais ampla de situações, incluindo as omissões legislativas, que também implicam inconstitucionalidades.

A inconstitucionalidade, em nosso entender, é toda e qualquer contrariedade à Constituição, causada por um ato normativo qualquer ou pela ausência do mesmo, maculando a Lei Maior, que confere validade a todo o ordenamento jurídico.

3.1 Elementos que podem ser declarados inconstitucionais

Ao descrevermos o sistema jurídico desenvolvido por Paulo de Barros Carvalho queríamos não apenas apresentar esta nova forma de sistema jurídico, mas também aplicá-lo ao direito constitucional. Pois bem, utilizaremos este modelo construído a partir do processo de interpretação das normas jurídicas para aplicarmos ao controle de constitucionalidade. O controle de constitucionalidade difuso ou abstrato poderá atuar nesses três subsistemas, decre-

19. *Contributo para uma Teoria da Inconstitucionalidade*, p. 1.

20. *Direito* ..., 2ª ed., p. 784.

21. *O Valor Jurídico do Acto Inconstitucional*, pp. 11-19, *apud* Clèmerson Merlin Clève, *A Fiscalização Abstrata da Constitucionalidade no Direito Brasileiro*, 2ª ed., p. 35.

tando a inconstitucionalidade dos enunciados, das proposições e das normas jurídicas em sentido estrito.

O controle efetuado no plano da literalidade é o mais comum, dá-se quando o Tribunal reduz alguma palavra do texto legal para sanar o vício de inconstitucionalidade.[22] O controle de constitucionalidade também pode afetar apenas as proposições, as significações construídas pelos intérpretes. Neste caso os enunciados podem permanecer os mesmos, mas o controle modifica as proposições, declarando-as constitucionais ou inconstitucionais.[23]

Por fim, o controle pode ser efetuado indiretamente neste terceiro subdomínio, modificando a estrutura das normas jurídicas criadas pelos intérpretes. Esta modificação no terceiro subdomínio, entretanto, dá-se de forma indireta, através da alteração do primeiro e segundo plano. *Não* vislumbramos a alteração direta na estrutura das normas jurídicas, apesar de verificarmos mudanças nas relações que existem entre as proposições ou enunciados, sem que estes sejam diretamente alterados.

4. *Declaração de inconstitucionalidade sem redução do texto e interpretação conforme à Constituição*

A interpretação conforme à Constituição bem como a declaração de inconstitucionalidade sem redução do texto são modernas formas de controle de constitucionalidade desenvolvidas para resolver inconstitucionalidades que não podem ser sanadas com a mera restrição do texto legal. Elas em muito se assemelham, tanto é assim que parte da doutrina alemã entende que são a mesma coisa. O Supremo Tribunal Federal e a doutrina pátria dividem-se entre defini-las como semelhantes ou divergentes.

Celso Ribeiro Bastos bem como Gilmar Ferreira Mendes sustentam que se trata de técnicas de controle de constitucionalidade diversas, apesar de na prática resultarem nas mesmas conseqüências. O último autor explica que, apesar de ser difícil distinguir os dois institutos, parte da doutrina alemã, que criou e desenvolveu ricamente estas duas formas de controle, insiste em diferençá-las,[24] sendo este o caminho trilhado pelo Supremo Tribunal Federal.

Clèmerson Clève fica com a outra parte da doutrina alemã que defende serem espécies de controle idênticas. Neste mesmo sentido, alega que o Supremo Tribunal Federal está, nos seus atuais julgados, equivalendo os institutos em tela. Antes de nos posicionarmos a respeito das diferenças e semelhanças destas formas de controle, passaremos a analisar cada uma delas, estudando o perfil brasileiro.

4.1 Interpretação conforme à Constituição

Celso Ribeiro Bastos define a interpretação conforme à Constituição como sendo "mais do que uma técnica de salvamento da lei ou do ato normativo, pois ela consiste em uma técnica de decisão (...) tem como seus objetivos precípuos excluir as demais interpretações existentes e suprir possível lacuna de lei".[25]

Canotilho bem como Arthur de Castilho Neto afirmam que a interpretação con-

22. Como a ADIn 691-6, que, em medida liminar publicada no *DJU* em 19.6.1992, suspendeu a eficácia dos arts. 2º e 8º da Lei estadual 374 de Tocantins.

23. ADIn 1.758-4 (Medida Liminar), *DJU* 22.5.1998, *in verbis*: "Preliminarmente, o Tribunal, por unanimidade, não conheceu da ação direta com relação à Medida Provisória n. 1.636, de 12.12.1997. E, no que toca ao art. 28 da Lei n. 9.532, de 10.12.1997, o Tribunal, por unanimidade, emprestando interpretação conforme à Constituição à expressão 'inclusive pessoa jurídica imune', decidiu que ela não alcança as pessoas públicas que gozam da imunidade recíproca (CF, art. 150, VI, 'a'). (...) (Plenário, 16.4.1998)".

24. Gilmar Ferreira Mendes, *Controle de Constitucionalidade: Aspectos Jurídicos e Políticos*, p. 286.

25. "As modernas formas de interpretação constitucional", *Cadernos de Direito Constitucional e Ciência Política* 24/48, julho-setembro/1998.

forme à Constituição ocorre quando o dispositivo legal permite mais de uma interpretação, sendo algumas delas contrárias à Constituição. Entendemos, seguindo as lições de Paulo de Barros, que a partir de um mesmo texto surgem infinitas proposições, pois a interpretação é processo de construção, e não de extração de sentido. Desta forma, todo texto legal tem mais de uma interpretação possível, e dentre estas significações construídas geralmente haverá ao menos uma em conformidade com a Constituição.

A interpretação conforme à Constituição, em nosso entender, poderá ser utilizada em qualquer texto legal, uma vez que todo texto implica diversas interpretações, vários sentidos. Como se trata de interpretação efetuada por autoridade competente, esta só será utilizada quando o Poder Judiciário a entender necessária e possível.

Quando o Supremo Tribunal Federal determina a constitucionalidade de uma regra, se esta for interpretada conforme à Constituição, o que está fazendo é um controle de constitucionalidade das proposições, das significações construídas a partir do texto legal. Aplicando a construção de Paulo de Barros Carvalho, verificamos que o controle de constitucionalidade neste caso é realizado no segundo e terceiro subdomínios do sistema jurídico: no plano das significações e, por conseguinte, das normas jurídicas em sentido estrito.

Nesta forma de controle o julgador deixa intacta a letra da lei (o plano dos enunciados), modificando apenas o plano das significações, restringindo ou ampliando seus sentidos, acarretando mudanças no plano das normas jurídicas.

Há diversos julgados do Supremo Tribunal Federal que decidem pela constitucionalidade do texto legal, restringindo seu sentido.[26] Há casos, entretanto, em que o Tribunal amplia a significação das normas. Quando isto ocorre o Tribunal está funcionando como um intérprete, no âmbito de suas funções, alterando as significações construídas a partir do texto constitucional. Isto é possível porque a interpretação é necessária para que se mantenha atual o texto legal e que o ordenamento permaneça de acordo com a Constituição.

Compreendemos que a ampliação do sentido é importante, visto que o intérprete tem a função de manter a lei atual, tornando-a mais próxima da realidade; contudo, nem sempre pode-se alcançar tal desiderato com a restrição da norma. No mais das vezes é mister uma ampliação do sentido posto inicialmente, para que a regra jurídica não

26. ADIn 1.797-PE, rel. Min. Ilmar Galvão. "*Ementa*: Ação direta de inconstitucionalidade. (...). *A Medida Provisória n. 434/1994 não determinou que a conversão*, no caso sob enfoque, *se fizesse na forma prevista em seu art. 21* (...). Considerando, entretanto, que *a decisão impugnada não esclareceu os limites temporais de aplicação da diferença sob enfoque, impõe-se dar-lhe interpretação conforme à Carta, para o fim de deixar explicitado ser ela devida, aos servidores, de abril de 1994 a dezembro de 1996; e, aos magistrados, de abril de 1994 a janeiro de 1995*; (...). Ação julgada procedente, em parte, na forma explicitada" (grifos nossos) *Neste caso há restrição da incidência da lei.*

ADIn 1.150-RS, rel. Min. Moreira Alves, *DJU* 17.4.1998, p. 1. "*Ementa*: Ação direta de inconstitucionalidade, §§ 3º e 4º do art. 276 da Lei n. 10.098, de 3.2.1994, do Estado do Rio Grande do Sul. (...). *Quanto ao § 3º* desse mesmo artigo, *é de dar-se-lhe exegese conforme à Constituição, para excluir*, da aplicação dele, *interpretação que considere abrangidas*, em seu alcance, *as funções de servidores celetistas que não ingressaram nelas mediante concurso a que aludem os dispositivos constitucionais acima referidos*. Por fim, no tocante ao *§ 4º* do artigo em causa, na redação dada pela Lei estadual n. 10.248/1994, também é de se lhe dar *exegese conforme à Constituição, para excluir*, da aplicação dele, interpretação que considere abarcados, em seu alcance, *os empregos relativos a servidores celetistas que não se submeteram a concurso*, nos termos do art. 37, II, da parte permanente da Constituição ou do § 1º do art. 19 do Ato das Disposições Constitucionais Transitórias (...) *declarar que os §§ 3º e 4º desse mesmo art. 276* (sendo que o último deles na redação que lhe foi dada pela Lei n. 10.248, de 30.8.1994) *só são constitucionais com a interpretação que exclua da aplicação deles as funções ou os empregos relativos a servidores celetistas* que não se submeteram ao concurso aludido no art. 37, II, da parte permanente da Constituição, ou referido no § 1º do art. 19 do seu Ato das Disposições Constitucionais Transitórias" (grifos nossos).

caia em desuso, tornando-se letra morta ou sendo declarada inconstitucional.

Há decisões do Supremo Tribunal Federal que ampliam a interpretação, abrangendo mais situações do que se depreende da interpretação literal do texto.[27]

4.2 Declaração de inconstitucionalidade parcial sem redução do texto

Outra moderna forma de controle de constitucionalidade é a declaração de inconstitucionalidade sem redução do texto. Este tipo de controle implica a decretação de inconstitucionalidade do significado extraído do texto legal sem que o mesmo seja modificado. Para Fernando Osório de Almeida Júnior[28] a declaração de inconstitucionalidade parcial sem redução do texto é uma das espécies da interpretação conforme à Constituição.

No entender de Celso Bastos trata-se de outra forma de controle de constitucionalidade, não se confundindo com a interpretação conforme à Constituição. Para o autor a declaração de inconstitucionalidade parcial sem redução do texto ocorre quando "não é possível suprimir dele qualquer expressão para alcançar a parte inconstitucional. Impõe-se, então, a suspensão da eficácia parcial do texto impugnado sem redução da expressão literal".[29]

O texto, assim como na interpretação conforme à Constituição, permanece intacto, mas o sentido construído a partir dele é modificado. A declaração de inconstitucionalidade sem redução do texto também ocorre através da transformação das proposições e, por conseguinte, das normas jurídicas em sentido estrito.

No nosso entender, na interpretação conforme se vislumbra a declaração de *constitucionalidade*, enquanto que na declaração de inconstitucionalidade parcial sem redução do texto observa-se a declaração de *inconstitucionalidade* de determinada *proposição, acarretando modificações nas normas jurídicas em sentido estrito*.[30]

4.3 Diferenças e semelhanças entre declaração de inconstitucionalidade sem redução do texto e interpretação conforme à Constituição

Gilmar Ferreira Mendes afirma que a declaração de inconstitucionalidade parcial sem redução do texto ganhou autonomia como técnica de decisão no Supremo Tribunal Federal. O autor aponta algumas ca-

27. ADIn 2.209-1-PI (Medida Liminar), rel. Min. Maurício Corrêa, *DJU* 1.9.2000: "O Tribunal, por unanimidade, concedeu a liminar para emprestar, ao dispositivo atacado, *interpretação consentânea com a Constituição Federal*, observando-se, no tocante às vagas, a previsão estabelecida nas alíneas 'b' e 'c' do inciso I do § 2º do art. 88 da Constituição do Estado do Piauí, assegurando-se, em conseqüência, a primeira escolha para o auditor. Por maioria, *o Tribunal também deferiu a liminar para emprestar à referência, nas alíneas 'b' e 'c', à lista tríplice o sentido de alcançar as vagas a serem preenchidas por merecimento e também por antigüidade, vencido, nesta parte, o Presidente (Min. Marco Aurélio), que restringia a existência da lista às vagas destinadas ao preenchimento por merecimento*. Votou o Presidente" (grifos nossos).

No mesmo sentido a ADIn319-DF (Questão de Ordem), rel. Min. Moreira Alves, *DJU* 30.4.1993, p. 7.563. "*Ementa*: Ação direta de inconstitucionalidade – Lei n. 8.039, de 30.5.1990, que dispõe sobre critérios de reajuste das mensalidades escolares e da outras providencias. (...) – *Interpretação conforme à Constituição* aplicada ao *caput* do art. 2º, ao § 5º desse mesmo artigo e ao art. 4º, todos da lei em causa – *Ação que se julga procedente em parte, (...) parcialmente, o 'caput' e o § 2º do art. 2º, bem como o art. 4º, os três em todos os sentidos que não aquele segundo o qual de sua aplicação estão ressalvadas as hipóteses em que, no caso concreto, ocorra direito adquirido, ato jurídico perfeito e coisa julgada*" (grifos nossos).

28. "Considerações sobre o princípio da interpretação conforme à Constituição e sobre sua aplicação na jurisprudência do Supremo Tribunal Federal em matéria tributária", *RDTributário* 77/269.

29. *Hermenêutica* ..., 2ª ed., p. 175.

30. Verificamos, entretanto, que este posicionamento não é pacífico no Supremo Tribunal Federal. Observamos diversos julgados em que a ação direta de inconstitucionalidade é julgada procedente, declarando-se a inconstitucionalidade das normas, com a aplicação da interpretação conforme à Constituição.

racterísticas da interpretação conforme à Constituição (ICC) e a declaração de inconstitucionalidade sem redução do texto (DISRT), que impedem sua equiparação.[31]

a) A ICC é método de interpretação, e não técnica de declaração de inconstitucionalidade. A equiparação dos institutos faria com que a ICC se convertesse em técnica de declaração de inconstitucionalidade.

De fato, a ICC não declara a inconstitucionalidade de uma proposição; ao revés, no nosso entender, declara sua constitucionalidade. Discordamos do autor sul-matogrossense quando sustenta que a ICC é apenas um método de interpretação. Aos nossos olhos a ICC também é forma de controle de constitucionalidade, assim como a DISRT, mas, ao contrário desta, declara a constitucionalidade das proposições, e não sua inconstitucionalidade.

b) A ICC é utilizada normalmente pelo controle difuso (demais tribunais), com prescindência do cumprimento do art. 97 da Constituição Federal, que exige o voto da maioria absoluta de membros do órgão jurisdicional. A igualdade da ICC e da DISRT implicaria uma necessidade de modificação das regras da ICC.

De fato, a ICC resulta numa declaração de constitucionalidade, e não de inconstitucionalidade. Apenas por este motivo a ICC não precisará obedecer ao art. 97 da Constituição Federal, que determina só ser possível a declaração de inconstitucionalidade de lei ou ato normativo através do voto da maioria absoluta dos tribunais.

Compreendemos, entretanto, que as duas formas de controle podem ser utilizadas nos controles difuso e concentrado.

c) A declaração de constitucionalidade de uma interpretação não implica a declaração da inconstitucionalidade de todas as demais interpretações.

Estamos em consonância com este pensamento de Gilmar Ferreira Mendes, já que a declaração de constitucionalidade de uma proposição não implica a declaração de inconstitucionalidade das demais. Apenas retira-se qualquer dúvida quanto à constitucionalidade de uma proposição.

d) As decisões do controle difuso não vinculam os demais tribunais, motivo pelo qual os institutos não devem ser igualados.

Nenhuma decisão no controle difuso, seja através da ICC, seja pela via de DISRT, vincula os demais tribunais se não houver resolução do Senado suspendendo a eficácia da norma objeto do controle. As únicas decisões que os vinculam são aquelas conferidas em controle abstrato de constitucionalidade pelo Supremo Tribunal Federal. Nestes termos, verificamos o parágrafo único do art. 28 da Lei 9.868/1999, que regulamenta o controle abstrato, *in verbis*: "Parágrafo único: A declaração de constitucionalidade ou de inconstitucionalidade, inclusive a interpretação conforme à Constituição e a declaração parcial de inconstitucionalidade sem redução do texto, têm *eficácia contra todos e efeito vinculante em relação aos órgãos do Poder Judiciário e à Administração Pública* Federal, Estadual e Municipal" (grifos nossos).

Assim, as duas formas de controle podem ser utilizadas no controle difuso, com as características próprias de cada uma delas, impedindo a aplicação de uma regra quando da declaração de inconstitucionalidade ou obrigando à aplicação de determinada proposição quando da declaração de constitucionalidade entre as partes da lide.

Compreendemos que a ICC e a DISRT são institutos assemelhados, por conta do objetivo comum, que é o de realizar o controle de constitucionalidade através dos sentidos construídos a partir do texto legal; mas diferenciam-se pelo resultado a que chegam: enquanto a ICC declara a constitucionalidade de uma proposição, a DISRT declara a inconstitucionalidade de um sentido, suspendendo sua eficácia jurídica. As diferenças que verificamos entre a ICC e a DISRT advêm não da técnica de verifica-

31. *Moreira Alves e o Controle de Constitucionalidade no Brasil*, pp. 54 e ss.

ção do vício, mas da conclusão a que chega o julgador. Se não, vejamos.

A decretação de *inconstitucionalidade* pelo Supremo Tribunal Federal implica a suspensão da eficácia jurídica da norma, fazendo com que os demais tribunais não possam mais aplicá-la.[32] A declaração de *constitucionalidade* de um texto legal, ainda que indique o sentido que deverá ser seguido, não exclui outras formas de interpretação ratificando a concordância da proposição com o sistema jurídico.[33] No nosso entender, na interpretação conforme à Constituição há a declaração de constitucionalidade de uma proposição, o que não implica a declaração de inconstitucionalidade dos demais sentidos existentes. O Tribunal, quando confere interpretação conforme à Constituição *não exclui as demais interpretações*, tanto é assim que posteriormente pode vir a modificar seu entendimento, declarando também constitucional outros sentidos sobre o mesmo texto legal.

Tendo claro isto, vemos que a DISRT bem como a ICC são procedimentos iguais de resultados diversos. Ambos se utilizam do controle de constitucionalidade do conteúdo, do sentido do texto legal, sem causar modificações na letra da lei. O resultado da análise do intérprete, a decisão que este toma a respeito da proposição, indicando pela constitucionalidade ou inconstitucionalidade de determinado sentido, é que indicará se houve interpretação conforme à Constituição ou declaração de inconstitucionalidade sem redução do texto.

Em ambos os casos há verificação dos subdomínios do conteúdo e das normas jurídicas em sentido estrito,[34] mantendo-se intacto o subdomínio da literalidade. Ressaltamos, assim, que ambas as formas de controle dizem respeito ao controle de constitucionalidade do sentido; entretanto, os resultados a que chega o aplicador do Direito são diversos.

Há casos em que o Supremo Tribunal Federal declara a inconstitucionalidade parcial sem redução do texto, conferindo interpretação conforme à Constituição; neste caso, ao mesmo tempo em que declara inconstitucional uma ou mais proposições, determina que um dado sentido é constitucional.[35]

32. ADIn 761-RS, rel. Min. Néri da Silveira, *DJU* 1.7.1994, p. 17.495. "*Ementa*: Ação direta de inconstitucionalidade – *Procedência, em parte, da ação, declarando, sem redução do texto, a inconstitucionalidade parcial do parágrafo único do art. 1º da Lei n. 9.696, de 24.7.1992, do Estado do Rio Grande do Sul, para excluir interpretação do dispositivo que considere abrangidos, na regra de reajustes e de equiparação, nele prevista, os oficiais da Polícia Militar* (...)" (grifos nossos).

RE 183.119-SC, rel. Min. Ilmar Galvão, *DJU* 14.2.1997, p. 1.988. "*Ementa*: Tributário – Contribuição Social sobre o Lucro decorrente de exportações incentivadas – Expressão "correspondente ao período-base de 1989' *contida no 'caput' do art. 1º da Lei n. 7.988, de 28.12.1989, enquanto referida ao inciso II do mesmo dispositivo – Inconstitucionalidade que se declara, sem redução de texto, por manifesta incompatibilidade com o art. 195, § 6º, da Constituição Federal (princípio da anterioridade mitigada)*" (grifos nossos).

33. ADIn 234-RJ (Questão de Ordem), rel. Min. Néri da Silveira, *DJU* 9.5.1997, p. 18.126. "*Ementa*: Ação direta de inconstitucionalidade – Questão de ordem. (...) passando a proclamação do resultado, neste ponto, a constar, nos seguintes termos: 'E, por maioria de votos, *julgou procedente, em parte, a ação com relação ao 'caput' do art. 69, para dar-lhe interpretação conforme à Constituição, segundo a qual a autorização legislativa nela exigida há de fazer-se por lei formal, mas só será necessária quando se cuide de alienar o controle acionário da sociedade de economia mista*'" (grifos nossos).

ADIn 2.325-0-DF (Medida Liminar), rel. Min. Marco Aurélio, j. 29.11.2000: "O Tribunal, apreciando a questão do princípio da anterioridade, emprestou *interpretação conforme à Constituição e sem redução de texto, no sentido de afastar a eficácia do art. 7º da Lei Complementar n. 102, de 11.7.2000, no tocante à inserção do § 5º do art. 20 da Lei Complementar n. 87/1996, e às inovações introduzidas no art. 33, II, da referida lei, bem como à inserção do inciso IV. Observar-se-á, em relação a esses dispositivos, a vigência consentânea com o dispositivo constitucional da anterioridade, vale dizer, terão eficácia a partir de 1º de janeiro de 2001*. (...)" (grifos nossos).

34. Aplicando a teoria de Paulo de Barros no que diz respeito aos subsistemas presentes no sistema jurídico.

35. Plenário, ADIn 1.671-7-GO (Medida Liminar), rel. Min. Nélson Jobim, j. 6.8.1998: "(...) o Tri-

5. *Conclusão*

Foi aplicado o modelo do sistema jurídico desenvolvido por Paulo de Barros Carvalho com base no processo de interpretação a estas modernas formas de controle de constitucionalidade. Observamos que a distinção de subdomínios torna o sistema jurídico mais claro, possibilitando vislumbrar todo o processo de construção das normas jurídicas.

Com a aplicação desta teoria conseguimos diferençar a interpretação conforme à Constituição da declaração de inconstitucionalidade sem redução do texto pelo resultado das decisões judiciais através de um mesmo método: controle das proposições. A aplicação do estudo da linguagem no campo jurídico, como fez Paulo de Barros, é de grande valia para o direito constitucional.

Conseguimos traçar diferença clara e de suma importância entre tais formas de controle. Num caso há a suspensão da eficácia da proposição, que não poderá unir-se a outras para formar norma jurídica em face da sua declaração de inconstitucionalidade através da "declaração de inconstitucionalidade sem redução do texto". Noutro caso há a confirmação da constitucionalidade de um sentido, impedindo que este seja discutido pelos tribunais inferiores em face da ratificação de sua constitucionalidade pelo Supremo Tribunal Federal, através da "interpretação conforme à Constituição". Neste último caso os demais sentidos não restam inconstitucionais, apenas declara-se a constitucionalidade de uma das interpretações possíveis.

bunal, por votação majoritária, deferiu, em parte, o pedido de medida cautelar, para suspender, até a decisão final da ação, a execução e a aplicabilidade, no § 1º do art. 114 da Lei n. 11.651/1991, do Estado de Goiás, da expressão 'inventários', decidindo, ainda, quanto às demais hipóteses previstas nesse mesmo preceito, *em interpretação conforme à Constituição, sem redução de texto, que a taxa judiciária a que a norma se refere somente incide nos casos em que haja transmissão dominial de bens* (...)" (grifos nossos).

São diferenças essenciais, que têm efeitos práticos relevantes, atingidas graças ao estudo da linguagem desenvolvido por Paulo de Barros na construção das normas jurídicas.

6. *Bibliografia*

ALMEIDA JÚNIOR, Fernando Osório de. "Considerações sobre o princípio da interpretação conforme à Constituição e sobre sua aplicação na jurisprudência do Supremo Tribunal Federal em matéria tributária". *RDTributário* 77/265-284. São Paulo, Malheiros Editores, 2000.

BASTOS, Celso Ribeiro. "Algumas notas sobre a interpretação constitucional". *Cadernos de Direito Constitucional e Ciência Política* 19/64-69. São Paulo, Ed. RT, abril-junho/1997.

——————. "As modernas formas de interpretação constitucional". *Cadernos de Direito Constitucional e Ciência Política* 24/45-50. São Paulo, Ed. RT, julho-setembro/1998.

——————. *Hermenêutica e Interpretação Constitucional*. 2ª ed. São Paulo, Celso Bastos Editor, 1999.

BASTOS, Celso Ribeiro, e BRITO, Carlos Ayres. *Interpretação e Aplicabilidade das Normas Constitucionais*. São Paulo, Saraiva, 1982.

BITTENCOURT, C. A. Lúcio. *O Controle Jurisdicional da Constitucionalidade das Leis*. Rio de Janeiro, Revista Forense, 1949.

BONAVIDES, Paulo. *Curso de Direito Constitucional*. 10ª ed. São Paulo, Malheiros Editores, 2000.

BULOS, Uadi Lamêgo. *Mutação Constitucional*. Dissertação de Mestrado. PUC/SP, 1995.

CANOTILHO, J. J. Gomes. *Constituição Dirigente e Vinculação do Legislador*. Reimpr. Coimbra, Coimbra Editora, 1994.

——————. *Direito Constitucional e Teoria da Constituição*. 2ª ed. Coimbra, Almedina, 1998.

CARVALHO, Paulo de Barros. *Curso de Direito Tributário*. 15ª ed. São Paulo, Saraiva, 2000.

———. *Direito Tributário – Fundamentos Jurídicos da Incidência*. 2ª ed. São Paulo, Saraiva, 1999.

CLÈVE, Clèmerson Merlin. *A Fiscalização Abstrata da Constitucionalidade no Direito Brasileiro*. 2ª ed. São Paulo, Ed. RT, 2000.

FERRARI, Regina Maria Nery. *Efeitos da Declaração de Inconstitucionalidade*. 4ª ed. São Paulo, Ed. RT, 1999.

FERRAZ JÚNIOR, Tércio Sampaio. *Interpretação e Estudos da Constituição de 1988*. São Paulo, Atlas, 1990.

———. *Introdução ao Estudo do Direito: Técnica, Decisão, Dominação*. 2ª ed. São Paulo, Atlas, 1994.

FERREIRA FILHO, Manoel Gonçalves. " sistema constitucional brasileiro e as recentes inovações no controle de constitucionalidade" *RDA* 220/1-17. Abril-junho/2000.

KELSEN, Hans. *Teoria Geral do Direito e do Estado*. São Paulo, Martins Fontes, 1992.

———. *Teoria Pura do Direito*. São Paulo, Martins Fontes, 1985.

LEITE, Eduardo de Oliveira. *A Monografia Jurídica*. 3ª ed. São Paulo, Ed. RT, 1997.

MAXIMILIANO, Carlos. *Hermenêutica e Aplicação do Direito*. 8ª ed. São Paulo, Freitas Bastos, 1965.

MENDES, Gilmar Ferreira. *Direitos Fundamentais e Controle de Constitucionalidade*. São Paulo, Celso Bastos Editor, 1999.

———. "A declaração de nulidade da lei inconstitucional, a interpretação conforme à Constituição e a declaração de inconstitucionalidade da lei na jurisprudência da Corte Constitucional Alemã". *Cadernos de Direito Tributário e Finanças Públicas* 1/7-30, n. 4.

MIRANDA, Jorge. *Contributo para uma Teoria da Inconstitucionalidade*. Coimbra, Coimbra Editora, 1996.

———. *Manual de Direito Constitucional*. 2ª ed., t. II. Coimbra, Coimbra Editora, 1988.

NEVES, Marcelo. "Constitucionalização simbólica e desconstitucionalização fática: mudança simbólica da Constituição e permanência das estruturas reais de poder". *RTDP* 12/156-167. São Paulo, Malheiros Editores, 1995.

PIZARRO, Patrícia Ulson. "Interpretação constitucional: o método hermenêutico-concretizante". *Cadernos de Direito Constitucional e Ciência Política* 17/78-97. São Paulo, Ed. RT, outubro-dezembro/1996.

RAMOS, Elival da Silva. *A Inconstitucionalidade das Leis: Vício e Sanção*. São Paulo, Saraiva, 1994.

SILVA, Roberto Baptista Dias da. *Uma Interpretação Conforme à Constituição: a Remissão como Forma de Exclusão do Processo e os Direitos dos Adolescentes*. Dissertação de Mestrado. PUC/SP, 1999.

SILVA NETO, Manoel Jorge e. "Considerações sobre a interpretação constitucional". *Cadernos de Direito Constitucional e Ciência Política* 25/169-186. São Paulo, Ed. RT, outubro-dezembro/1998.

TAVARES, André Ramos. *Teoria da Inconstitucionalidade das Leis*. Dissertação de Mestrado em Direito. PUC/SP. São Paulo, 1998.

DA UTILIZAÇÃO DA AÇÃO CIVIL PÚBLICA EM MATÉRIA TRIBUTÁRIA

RICARDO BEZOSA SALIBA
Professor de Direito Tributário da Universidade de Osasco. Mestrando da PUC/SP. Advogado

1. Da ação civil pública: 1.1 Do tratamento adequado à ação civil pública – 1.2 A questão da natureza jurídica – 1.3 Do objeto da ação civil pública – 1.4 Amplitude trazida pela Lei 8.078/1990 (inciso IV do art. 110 da LACP) – 1.5 A questão da relevância social. 2. O Estado e o patrimônio público: 2.1 O poder do Estado soberano e o patrimônio público – 2.2 Conceito de patrimônio público – 2.3 Receita tributária e patrimônio público. 3. Da intervenção do Ministério Público: 3.1 Da legitimidade – 3.2 O Ministério Público e a Constituição/1988 – 3.3 A Lei Complementar 75/1993. 4. Do cabimento da ação civil pública em matéria tributária: 4.1 Classificação dos tributos – 4.2 Intervenção do Ministério Público em face do patrimônio público e das espécies tributárias. 5. Algumas outras modalidades de intervenção através da ação civil pública: 5.1 A isenção – 5.2 A anistia – 5.3 A moratória e o parcelamento – 5.4 A imunidade – 5.5 O poder regulamentar que amplie direitos dos contribuintes que impliquem redução de receita – 5.6 Os procedimentos genéricos de fiscalização – 5.7 O art. 150, V, da Constituição Federal/1988 – 5.8 O art. 151, I, da Constituição Federal/1988 – 5.9 O art. 152 da Constituição Federal/1988 – 5.10 Cobrança de taxas para a expedição de certidão (art. 5º, XXXIV, "b", da CF/1988).

1. Da ação civil pública

Com o intuito de abraçar interesses maiores do que os previstos em nosso direito positivo à época, o legislador ordinário, quando do exercício de suas atividades, houve por bem criar um diploma que fosse compatível com o crescimento e desenvolvimento de toda uma coletividade. Assim, diante desta expectativa, surgiu a Lei 7.347, de 24.7.1985, mais conhecida como a *Lei da Ação Civil Pública* – LACP.

Inicialmente há que se alertar que o escopo do presente trabalho visa a trazer algumas considerações acerca da possibilidade de se ingressar a com ação civil pública tendo como legitimado ativo o Ministério Público, considerando a questão tributária quando envolvidos o patrimônio público e os interesses transindividuais.

Nesse diapasão, não será cogitado – e nem é nossa intenção – dissertar acerca dos pontos que ainda causam certas discussões doutrinárias e jurisprudenciais em sede de ação civil pública, tais como o relacionado à competência (absoluta ou relativa), ao inquérito civil, o litisconsórcio e a assistência, a natureza processual das sanções impostas etc.

Outrossim, não será objeto de estudo a Medida Provisória 2.180-35, de 24.8.2001,[1] que, dentre seus acréscimos e alterações, acabou, em seu art. 6º, modificando a Lei da Ação Civil Pública, especificamente no novel parágrafo único do art. 1º, que não reconheceu a possibilidade de se intentar tal ação em face de pretensões tributárias, nada obstante considerarmos tal inserção descabida.

Assim, cabe-nos iniciar este trabalho verificando a questão acerca do tratamento que fora dado no início à ação civil pública, para que desta forma seja possível delimitar todos os pontos onde este instituto processual deverá se desenvolver.

1.1 Do tratamento adequado à ação civil pública

Sob uma visão doutrinária que acirradamente se comprometeu em elucidar algumas vertentes ocorridas, a ação civil pública, a rigor, foi tratada como uma ação não-penal, haja vista, em específico, as dúvidas crescentes em torno da questão de se tratar de ação coletiva ou ação civil pública.[2] Em face dessas várias discussões – se se trata de ação coletiva ou ação civil pública –, restou, diante de sua melhor técnica, a denominação de *Lei da Ação Civil Pública.*

Todavia, posteriormente, e de maneira mais precisa, o Código de Defesa do Consumidor (Lei 8.078/1990), quando da sua referência à efetiva defesa de interesses transindividuais em juízo, tratou de denominá-la de *ação coletiva.* Tal distinção denominativa se fez em face do legitimado para a propositura da ação, na medida em que, se ela estiver sendo movida pelo Ministério Público, o mais correto, sob o enfoque puramente doutrinário, será chamá-la de *ação civil pública.*

No entanto – nada obstante não haver efeito processual quanto ao resultado –, caso a demanda venha a ser proposta por qualquer outro co-legitimado previsto no art. 5º da Lei da Ação Civil Pública, mais correto será denominá-la de *ação coletiva.*[3]

1.2 A questão da natureza jurídica

Há ainda que se levar em conta, por prudência quanto ao assunto que vai ser tratado, a questão acerca da natureza jurídica da Lei da Ação Civil Pública, de modo a ser considerado o objeto ou a natureza da norma legal sob análise.

Tal interesse se dá na medida que é preciso saber se esta norma é vocacionada à definição, criação ou modificação de categorias jurídicas ou se, de outra parte, o texto tende a estabelecer instrumentos que possam viabilizar a forma pela qual essas categorias, situações e direitos haverão de operar na prática.[4]

Com efeito, essa distinção sobre a natureza jurídica da Lei da Ação Civil Pública torna-se necessária para definir as conseqüências diversas que dela irão advir na proporção do descumprimento de normas de caráter substantivo ou adjetivo. Nesse diapasão, entendemos *normas de caráter substantivo ou material*, pela lição de Oswaldo Aranha Bandeira de Mello,[5] como

1. Originária: 1.798. Edições: 1.798-1, 1.798-2, 1.798-3, 1.798-4, 1.798-5, 1.906-6, 1.906-7, 1.906-8, 1.906-9, 1.906-10, 1.906-11, 1.984-12, 1.984-13, 1.984-14, 1.984-15, 1.985-16, 1.984-17, 1.984-18, 1.984-19, 1.984-20, 1.984-21, 1.984-22, 1.984-23, 1.984-24, 1.984-25, 2.102-26, 2.102-27, 2.102-28, 2.102-29, 2.102-30, 2.102-31, 2.102-32, 2.180-33, 2.180-34 e 2.180-35, de 24.8.2001 (*DOU* 27.8.2001). Ressalte-se que após tal data não houve mais reedições, tendo em vista o disposto no art. 2º da Emenda Constitucional 32, de novembro/2001, que determina que as medidas provisórias editadas em data anterior à da publicação da Emenda continuam em vigor até que medida provisória ulterior as revogue explicitamente ou até deliberação definitiva do Congresso Nacional.

2. Cf. Hugo Nigro Mazzilli, *A Defesa dos Interesses Difusos em Juízo*, São Paulo, Saraiva, p. 59.

3. Idem, ibidem, pp. 59-60.

4. Cf. Rodolfo de Camargo Mancuso, *Ação Civil Pública – Em Defesa do Meio Ambiente, do Patrimônio Cultural e dos Consumidores*, São Paulo, Ed. RT, p. 24.

5. *Princípios Gerais de Direito Administrativo*, Rio de Janeiro, Forense, 1969.

sendo aquelas que têm por objetivo definir e regular relações jurídicas e criar os próprios direitos.

Por outro lado, as *normas de caráter adjetivo ou formal* têm por fim apenas o modo de efetivar outras relações jurídicas ou fazer valer os respectivos direitos, quando ameaçados ou violados.

Pois bem, ao analisar os preceitos contidos na Lei da Ação Civil Pública pode-se facilmente verificar que tal norma acaba dispondo sobre a forma processual adequada para a proteção dos interesses e direitos difusos, coletivos e individuais homogêneos violados.

Assim, e tendo em vista o caráter do qual se revestiu a Lei da Ação Civil Pública, podemos facilmente concluir que se trata de dispositivos de direito processual; que deve ser utilizada para dispor sobre a proteção de direito material.

1.3 Do objeto da ação civil pública

Conforme o magistério de Rodolfo Camargo Mancuso, o objeto nas ações civis é exteriorizado através do pedido, que vai permitir várias formulações, tais como simples, cumulada, sucessiva, alternativa, eventual, bem como se se trata de pedido mediato ou imediato.[6]

Pelos ensinamentos de Vicente Greco Filho,[7] *pedido imediato* é o tipo de providência jurisdicional pretendida que, nos termos da natureza das sentenças de conhecimento, pode ser declaratória, constitutiva ou condenatória; já *pedido mediato* é o bem jurídico de direito material que se pretende seja tutelado pela sentença (exemplo: a entrega da coisa, a desocupação do imóvel, o pagamento etc.).

Diante dessa explanação, na qual é possível deparar com a questão concernente ao objeto tratado em ações dessa natureza, faz-se necessário atentar ao art. 3º da Lei da Ação Civil Pública, que diz que esta ação terá por objeto – *lato sensu* – a condenação em dinheiro ou o cumprimento de obrigação de fazer ou não-fazer.

Não obstante, o disposto no art. 11 do mesmo diploma legal supracitado diz que: "Na ação que tenha por objeto o cumprimento de obrigação de fazer ou não-fazer, o juiz determinará o cumprimento da prestação da atividade devida ou a cessão da atividade nociva, sob pena de execução específica, ou de cominação de multa diária, se esta for suficiente ou compatível, independentemente de requerimento do autor".

Com efeito, pode-se verificar com precisão que o campo de atuação trazido pelos ditames da ação civil pública é de natureza condenatória, haja vista que o fim perseguido é que seja responsabilizado quem causou danos ao meio ambiente, aos consumidores e ao patrimônio cultural e natural do país.

Diante deste resumido quadro, podemos agora começar a traçar algumas idéias acerca da possibilidade de se utilizar a ação civil pública para a proteção dos interesses dos contribuintes, inclusive com o alargamento no campo dos interesses e direitos incluído através da Lei 8.078/1990 (Código de Defesa do Consumidor), bem como da necessidade de proteção do patrimônio público. Vejamos.

1.4 Amplitude trazida pela Lei 8.078/1990 (inciso IV do art. 110 da LACP)

Inicialmente, quando da edição da Lei 7.347/1985, o objeto da ação civil pública centrou-se apenas naqueles casos em que se vislumbrava o fim de responsabilizar agentes que provocassem ou estivessem na iminência de provocar danos ao meio ambiente, ao consumidor, a bens e direitos de valor artístico, estético, histórico, turístico e paisagístico.

Todavia, com o advento do Código de Defesa do Consumidor (Lei 8.078/1990),

6. *Ação Civil Pública – ...*, p. 29.

7. *Direito Processual Civil Brasileiro*, v. 2º, São Paulo, Saraiva, p. 98.

especificamente seu art. 110, acabou restando uma amplitude muito maior ao campo do objeto da ação civil pública, através da inserção do inciso IV, que estendeu a proteção a qualquer outro interesse difuso ou coletivo.

Quando se fala em "qualquer outro interesse difuso ou coletivo" devemos lembrar qual sua abrangência, e para tanto citamos a lição de José Carlos Barbosa Moreira, *in verbis*: "A expressão 'interesses coletivos ou difusos' tem sido empregada pela doutrina moderna para indicar, de maneira precípua, interesses comuns a uma coletividade de pessoas não necessariamente ligadas por vínculo jurídico bem definido. Tal vínculo pode até inexistir ou ser extremamente genérico, reduzindo-se eventualmente à pura e simples pertinência à mesma comunidade política; e os interesses de cuja proteção se cogita não surgem em função dele, mas antes se prendem a dados de fatos, muitas vezes acidentais e imutáveis: existirão, *v.g.*, para todos os habitantes de determinada região, para todos os consumidores de certo produto, para todos que vivam sob tais e quais condições sociais e econômicas, ou se sujeitam às conseqüências deste ou daquele empreendimento público ou privado, e assim por diante".[8]

Assim, e considerando a importância da proteção de um grupo de pessoas, é que se acabou utilizando a denominação de interesse *transindividual*, haja vista que a ordem jurídica reconhece a necessidade de que a defesa individual possa ser trocada por uma defesa em proveito de todo um grupo.

Nesse diapasão, cumpre-nos trazer trecho do acórdão exarado pelo eminente Min. José Augusto Delgado, do Superior Tribunal de Justiça, que bem explana o que ora se sustenta: "Há situações em que, muito embora os interesses sejam pertinentes a pessoas identificadas, eles, contudo, pelas características de universalidade que possuem, atingindo a vários estamentos sociais, transcendem a esfera individual e passam a ser interesse da coletividade".[9]

Não podemos olvidar que através do art. 81 do Código de Defesa do Consumidor é que se acabou atendendo a esta realidade e que se passou a distinguir tais interesses segundo sua qualificação. Confira-se:

"Art. 81. A defesa dos interesses e direitos dos consumidores e das vítimas poderá ser exercida em juízo individualmente, ou a título coletivo.

"Parágrafo único. A defesa coletiva será exercida quando se tratar de:

"I – interesses ou direitos difusos, assim entendidos, para efeitos deste Código, os transindividuais, de natureza indivisível, de que sejam titulares pessoas indeterminadas e ligadas por circunstâncias de fato;

"II – interesses ou direitos coletivos, assim entendidos, para efeitos deste Código, os transindividuais, de natureza indivisível, de que seja titular grupo, categoria ou classe de pessoas ligadas entre si ou com a parte contrária por uma relação jurídica-base;

"III – interesses ou direitos individuais homogêneos, assim entendidos os decorrentes de origem comum."

Note-se que para uma situação que evolva a proteção de direitos e interesses transindividuais, conforme supraqualificado, faz-se necessária a utilização de provimentos jurisdicionais ágeis, que bem tragam a paz e a justiça, mantenedora dos interesses sociais.

Assim, e através da necessidade de proteção de questões de relevância social, é que se deve admitir a utilização da ação civil pública visando à manutenção da ordem social, inclusive na esfera tributária, levando-se em consideração os interesses transindividuais, haja vista a grande intensificação populacional neste sentido.

8. " Tutela jurisdicional dos interesses coletivos ou difusos", *Temas de Direito Processual*, 3ª Série.

9. REsp 98.286-SP, *DJU* 23.3.1998.

1.5 A questão da relevância social

Quando se trata de assuntos de relevância social – e isso é de suma importância ressaltar, haja vista ser um ponto a mais no entendimento acerca da necessidade de se admitir provimentos jurisdicionais através de ações civis públicas em defesa dos interesses e direitos dos contribuintes, considerados os transindividuais – não podemos esquecer que tal conceito está intimamente ligado à contenda relativa à questão do interesse da sociedade.

Tal sugestão está bem delimitada nos termos do art. 82, § 1º, da Lei 8.078/1990 (Código de Defesa do Consumidor), que bem menciona essa peculiaridade: "(...) quando haja manifesto interesse social evidenciado pela dimensão ou característica do dano, ou pela relevância do bem jurídico a ser protegido".

Sendo a relevância social um dos critérios identificadores da dimensão do dano, este só será considerado a partir do momento em que se buscam a paz e a justiça através do fácil acesso à Justiça, a consolidação do desafogamento dos foros, bem como fazer valer o princípio da economia processual, com o intuito de que a Justiça não precise se manifestar várias vezes sobre a mesma questão, tornando-se, assim, um serviço muito mais ágil e útil à coletividade.

Note-se que essa tratativa é de suma importância na medida que, verificada a preexistência de tal situação – relevância social –, far-se-á necessária, dentre outros possíveis legitimados, a intervenção do Ministério Público através da ação civil pública, haja vista ter este órgão o dever de zelar pelos requisitos identificadores de indisponibilidade.

Neste contexto é o magistério de Hugo Nigro Mazzilli[10] quando diz que o Ministério Público é votado a um fim externo, imposto na Constituição e nas leis: a defesa da coletividade. Se a lei vê conveniência ou necessidade de que acione ou intervenha, está afirmado a existência de *interesse social* em sua atuação. Assim, não cabe ao Ministério Público ou ao Poder Judiciário negar a intervenção institucional exigida por lei; se o fizessem estariam a negar a existência do interesse já reconhecido pela norma que confere a atuação ministerial.

Lembramos, ainda, os ensinamentos do Promotor de Justiça do Estado do Rio Grande do Sul, Paulo Valério Dal Pai Morais, que assim já expôs: "Desta forma, em qualquer situação fática, diga ela respeito a problemas envolvendo o consumidor, o meio ambiente, o patrimônio histórico, turístico, paisagístico, ou até mesmo em casos em que alguma lesão tenha atingido contribuintes coletivamente considerados, desde que presentes os requisitos acima apontados, caracterizadores da 'relevância social', estará o Ministério Público não somente autorizado, mas *obrigado* a intentar todas as ações necessárias à coibição de eventuais abusos (v. arts. 83 e 117 do CDC – este último introduziu todo o Título III, ou seja, quase toda a parte processual do CDC, do art. 81 até o 104, na Lei 7.347/1985, que é a Lei da Ação Civil Pública)".[11]

Nestes termos, pode-se facilmente verificar que a efetividade do órgão ministerial em situações desse jaez acaba sendo imprescindível, haja vista suas atribuições constitucionais, o que o Poder Constituinte, quando da elaboração da Magna Carta de 1988, assim o determinou.

Seguindo este entendimento – agora, todavia, conscientes da importância do dever de proteger situações que envolvam questões de interesses de toda uma sociedade civil através de ações coletivas –, faz-se necessário verificar a ligação entre o interesse social e o patrimônio do Estado.

Note-se que tal questão cresce de interesse na medida que, entendendo que o patrimônio público também é formado pe-

10. *A Defesa* ..., p. 224.

11. "Ação civil pública em matéria tributária (II)", *Revista de Estudos Tributários* 11/133, janeiro-fevereiro/2000.

las receitas tributárias advindas do conjunto de particulares, estes, de toda sorte, devem ter à sua disposição remédios jurídicos eficazes, ainda que seja para uma proteção de caráter universal, que bem resguardem seus interesses sociais dos abusos praticados pelo Estado quando de imposições fiscais.

Para tanto faz-se imprescindível, nesse primeiro momento, verificar como ficam as questões conceituais no campo do Direito que trata da soberania do Estado quando da composição de seu patrimônio.

2. *O Estado e o patrimônio público*

2.1 O poder do Estado soberano e o patrimônio público

Através de seu poder soberano, o Estado, de maneira coercitiva, alcança meios para a efetividade de sua atividade-fim, inclusive utilizando-se de vias patrimoniais próprias para tais consecuções, sem ferir determinados princípios que asseguram não só seu poder, bem como as garantias individuais e coletivas dos seus administrados.

Afirma Wilhelm Von Humboldt que o Estado deve propor-se com um fim, o bem-estar da Nação ou simplesmente sua segurança, vendo em todas as instituições qual é seu objeto principal ou quais são seus efeitos e analisando, ao mesmo tempo, dentro de cada um destes fins, os meios de que o Estado pode valer-se.[12]

Este poder soberano para a realização de determinadas empreitadas em benefício de seus administrados exterioriza-se através de atividades de direito público – ação financeira do Estado –, positivando-se através de sistema tributário a serviço de uma política econômica que irá sustentar os gastos de ordem pública, via ingressos públicos.

O ingresso público advém da constrição havida do poder coercitivo do Estado em face dos particulares. Por oportuno, confira-se o conceito de *ingressos públicos* de José Ferreiro Lapatza, que muito bem o expõe: "Son ingresos públicos las sumas de dinero que el Estado y los demás entes públicos perciben y pueden emplear en el logro de sus fines. Los ingresos públicos son sumas en dinero".[13]

Diante das premissas acima assumidas, pode-se concluir que as quantias obtidas pelo Estado através do exercício de sua atividade financeira, via ingressos públicos, transformam-se em patrimônio público, pois, do ponto de vista econômico, patrimônio relaciona-se com riqueza de qualquer espécie e de qualquer origem.

2.2 Conceito de patrimônio público

Partindo de conceitos sistematizados pelo direito civil, trata-se o patrimônio de um conjunto de bens de quem alguém é titular, abrangendo todas as relações jurídicas passíveis de avaliação pecuniária e imputáveis à mesma pessoa. Fazem parte de patrimônio tanto os direitos como os deveres, tanto o ativo como o passivo.

Na composição do patrimônio deve ser considerados bens tais como os bens públicos, dinheiro, valores e direitos. A esse respeito é bom que se anote que em alguns casos o acervo deste patrimônio é informado por princípios de inexpressivo ou nenhum valor econômico, mas de importância ética ou moral.[14]

Costumeiramente, o bem patrimonial terá como objeto mediato, em certas ocasiões, negócios que são ligados aos interesses difusos ou coletivos, haja vista estarem suscetíveis de circulação econômica.

Esse conceito traz em seu bojo a questão relacionada a um conjunto de bens também entendidos como aqueles não suscetíveis de imediata utilização, todavia poden-

12. *Os Limites da Acção do Estado*, trad. de Fernando Couto, ed. Resjuridica.

13. *Curso de Derecho Financiero Español*, v. I, Madri, Marcial Pons.

14. Fernando Rodrigues Martins, *Controle do Patrimônio Público*, São Paulo, Ed. RT.

do ser efetivados no momento adequado e com considerações exclusivas.[15]

Podemos considerar também como patrimônio do Estado todas as entradas via receitas arrecadas que o ente competente, através do seu poder soberano, obtém das pessoas que se encontram em seu território politicamente constituído.

Pois bem, se as receitas tributárias acabam nos cofres públicos com o intuito de serem geridas, através de relações gerais, em razão do tráfico de massa, ainda que não suscetíveis de imediata utilização, não há como desconsiderarmos que o ente público estará evidentemente disponibilizando uma parte do seu patrimônio para a efetivação daquilo que entende importante para toda uma ordem social, a qual está à frente.

2.3 Receita tributária e patrimônio público

Partindo das premissas acima suscitadas, devemos considerar que as receitas tributárias acabam compondo parte do patrimônio público que é representado por uma gama de bens e serviços sob seu domínio com o propósito de atender não só a objetivos próprios, como àqueles indispensáveis à coletividade.

Devemos lembrar que tais receitas podem advir de impostos, tais como aqueles discriminadas constitucionalmente nos arts. 153, 155 e 156,[16] os quais vão agregar o patrimônio do Estado para que oportunamente sejam utilizados para suprir necessidades públicas através de bens e serviços determinados.

Há ainda neste contexto de receitas, e seguindo os dizeres do art. 5º do Código Tributário Nacional, as taxas e a contribuição de melhoria. Ressalte-se que todos esses tributos citados também estão previstos em nossa Carta Maior, no art. 145 I, II e III, respectivamente.

Na doutrina pátria existe o entendimento, consolidado através da Carta Magna de 1988, de que também se classificam como tributos os empréstimos compulsórios e as contribuições sociais, os quais baseiam-se na questão acerca da vinculação ou não de uma atuação estatal.

Assim, *receita* será o capital arrecadado do povo, tomado por empréstimo ou produzido pela renda dos seus bens ou pela sua atividade, de que o Estado dispõe para fazer face às despesas públicas.[17]

No conceito trazido por Gian Antonio Micheli[18] as receitas é que vão fornecer condições ao Estado de efetivar suas funções institucionais. Em outros termos, *in verbis*: "(...) debe tratarse de una prestación pecuniaria que tenga por objeto una suma de dinero, propia para suministrar al ente público los medios para hacer frente a los gastos, considerados, en su conjunto, aunque ciertos tributos (...) son debidos en razón del cumplimento, por parte del ente público, de determinados actos exigidos por el individuo, en ejercicio de sus funciones institucionales, sin que excluya que excepcionalmente la suma requerida por ciertos tributos tenga por ley un destino determinado".

A receita é todo um complexo de capital que vai ser utilizado para a consecução de inúmeros serviços de ordem pública, advindo dos particulares pela força coer-

15. A. G. Papi conceitua: "Patrimonio è il complesso dei beni, non suscettibili di immediato consumo, che in un momento determinato e con uma considerazione esclusivamente statica si trovano in possesso di una persona fisica o giuridica" (*Lezione di Economia Politica*, Pádua, CEDAM, 1974).

16. Constituição Federal da República Federativa do Brasil – 1988:

"Art. 153. Compete à União instituir impostos sobre:

"(...).

"Art. 155. Compete aos Estados e ao Distrito Federal instituir impostos sobre:

"(...).

"Art. 156. Compete aos Municípios instituir impostos sobre:

"(...).

17. Alberto Deodato, *Manual de Ciência das Finanças*, São Paulo, Saraiva, 1965.

18. *Curso de Derecho Tributario*, Madri, Editorial de Derecho Financiero, 1975.

citiva do ente tributante competente para a exigência de uma determinada exação, que, impreterivelmente, acaba se unindo ao Estado, com a denominação de *patrimônio público*.

Portanto, o produto ou o serviço objeto mediato da relação jurídica de massa – distintos da entrega ou restituição do produto e da prestação do serviço, respectivamente – devem ser cumpridos na forma acordada,[19] sob pena de intervenção ministerial através de meios processuais, tais como a ação civil pública, no cumprimento dos exatos termos dos mandamentos constitucionais garantidores da ordem social, considerados o patrimônio do Estado e os interesses transindividuais.

Ressalte-se que esta intervenção dar-se-á em dois momentos: o primeiro, quando da não-entrada de receitas aos cofres públicos em decorrência de fatos ilegais ou até mesmo inconstitucionais, que de toda maneira acabam fazendo com que o patrimônio público seja diminuído. E o segundo, para a proteger os abusos praticados pelo ente público que acaba aumentando seu acervo econômico patrimonial quando da consecução de sua finalidade fiscal, inclusive em face daqueles que demonstrem insuficiência de recursos.

Note-se que o desvio de conduta arrecadatória estatal, na maior parte das vezes, acaba atingindo inúmeras pessoas, motivo pelo qual deve-se permitir, em situações dessa natureza, seu controle de maneira universal, na proteção dos interesses transindividuais.

Com efeito, há que se permitir a utilização de instrumentos processuais que visem à proteção dos contribuintes – questões de relevância social – quando da exigência de tributos indevidos, através da ação civil pública pelo órgão ministerial, haja vista sua designação constitucional.

Não obstante, não podemos olvidar que esta mesma proteção buscada pelo Ministério Público deve-se dar em face também de ocorrência de atos praticados não pelo próprio Estado, mas sim por pessoas ligadas a ele, que, diante das funções das quais estão incumbidas, acabam gerando desfalque nos cofres do Estado.

3. Da intervenção do Ministério Público

3.1 Da legitimidade

Diz o art. 5º, *caput*, da Lei da Ação Civil Pública que a ação principal e a cautelar poderão ser propostas pelo Ministério Público, pela União, pelos Estados e Municípios. E, no § 1º, que o Ministério Público, se não intervier no processo como parte, atuará obrigatoriamente como fiscal da lei.

Atente-se a que a legitimidade como sujeito ativo do Ministério Público para a propositura da ação civil pública está perfeitamente manifesta, de modo que a interpretação da Lei da Ação Civil Pública deve ser realizada em consonância com a Lei Maior.

Assim, a exegese relacionada à legitimidade do órgão ministerial deve ser ampla, de modo a contribuir para o avanço da entrega da prestação jurisdicional por via de uma só ação, onde os interesses possam ser solucionados.

Com efeito, no caso de proteção a interesses transindividuais não há como se admitir tal fato de outra maneira, pois é perceptível, na configuração sócio-institucional contemporânea, a necessidade da mescla de interesses entre o Ministério Público e a população local, sem falar quando da necessidade de atuação.

É inconcebível, a partir daí, imaginar-se que poderia seu representante permanecer inerte em face de violações de interesses de toda a comunidade – interesses que, embora fluidos, se substanciam numa ordem econômica estável.[20]

19. Roberto Senise Lisboa, *Contratos Difusos e Coletivos*,São Paulo, Ed. RT.

20. Welber Barral, "Notas sobre a ação civil pública em matéria tributária", *RePro* 80.

Já em face da proteção ao patrimônio público tal questão não carece de maiores detalhes, haja vista sua incumbência constitucional de proteção, conforme adiante será exposto.

3.2 O Ministério Público e a Constituição/1988

Nada obstante, com a promulgação da Carta Magna de 1988 a Instituição ganhou novas atribuições, consoante o art. 127, que acabou traçando ao Ministério Público sua institucionalização permanentemente, incumbindo-lhe a defesa da ordem jurídica, do regime democrático e dos interesses sociais e individuais indisponíveis.

Já no art. 129, e dentre aquilo que nos interessa, há um rol de atribuições do *Parquet* no qual podemos destacar o inciso II, que o incumbe de "zelar pelo efetivo respeito dos Poderes Públicos e dos serviços de relevância pública aos direitos assegurados nesta Constituição, promovendo as medidas necessárias à sua garantia".

Ainda dentre suas funções institucionais está a de promover o inquérito civil e a ação civil pública, para a proteção do patrimônio público e social, do meio ambiente e de outros interesses difusos e coletivos (art. 129, III, da CF). Nessa quadra, forçoso é reconhecer que, hoje, outra é sua magnitude, outro é seu papel, máxime em razão do princípio da indisponibilidade, que norteia a atuação da Instituição.[21]

Assim, além de dar proteção ao patrimônio público e social e ao meio ambiente, podemos ter outros interesses alcançados, desde que difusos e coletivos, considerando, inclusive, o art. 127, que, ao dispor sobre a atuação do Ministério Público na defesa dos direitos e interesses sociais e individuais indisponíveis, albergou, de toda sorte, os homogêneos.

Diante desses preceitos constitucionais, resta patente que o Ministério Público possui legitimidade para promover as medidas judiciais cabíveis na proteção do patrimônio público e social e dos interesses transindividuais, e principalmente para zelar pelos preceitos contidos no art. 5º, XXXV e LXXIV, da Constituição Federal/1988, que dizem que "a lei não excluirá da apreciação do Poder Judiciário lesão ou ameaça de lesão"; "o Estado prestará assistência jurídica integral e gratuita aos que comprovarem insuficiência de recursos".

3.3 A Lei Complementar 75/1993

Não bastasse, a Lei Complementar 75, de 20.5.1993, que dispôs sobre a organização, as atribuições e o estatuto do Ministério Público, em seu art. 5o, II, acabou prescrevendo o seguinte: "Art. 5º. São funções institucionais do Ministério Público da União: (...) II – zelar pela observância dos princípios constitucionais relativos: a) ao sistema tributário, às limitações do poder de tributar, à repartição do poder impositivo e das receitas tributárias e aos direitos do contribuinte".

Seguindo as incumbências de zelo predeterminadas nos arts. 127 e 129 da Lei Maior, a Lei Complementar 75/1993 acabou trazendo novas situações onde deve haver a proteção constitucional de outros interesses individuais indisponíveis, homogêneos sociais, difusos e coletivos.

Assim, e considerando que a guarda dos interesses e direitos difusos e coletivos acabou abraçando os individuais homogêneos, é que o Conselho do Ministério Público do Estado de São Paulo acabou editando a súmula sobre tais interesses em juízo: "O Ministério Público está legitimado à defesa de interesses individuais homogêneos, que tenham expressão para a coletividade, como aqueles em que haja extraordinária dispersão dos lesados e quando convenha à coletividade o zelo pelo funcionamento de um sistema econômico, social ou jurídico".

Note-se que, se vislumbrada tal situação de forma coletiva e impessoal, impre-

21. Sérgio Shimura, *Título Executivo*, São Paulo, Saraiva, 1997.

terivelmente passará a constituir interesses da coletividade como um todo.

Levando-se, então, em consideração o disposto na Lei Complementar 75/1993, cabe ao Judiciário atentar não só ao prisma jurídico do direito material, mas também ao fator de relevância social mantenedora da situação de estabilidade que deve haver entre as relações do ente estatal de direito e o cidadão.

Ao decidir acerca de questão similar à que ora se debate, o Min. Marco Aurélio de Mello, do egrégio Supremo Tribunal Federal, assim já se pronunciou: "Por último, atente-se para a lei complementar regedora da atividade do Ministério Público – a Lei Complementar n. 75/1993, art. 5º, II, impõe-lhe zelar pela observância dos princípios constitucionais relativos ao sistema tributário, e entre eles as limitações ao poder de tributar. Cumpre ao Judiciário agasalhar as iniciativas voltadas ao restabelecimento da paz social e ao equilíbrio das relações Estado/cidadão, viabilizando, até mesmo, o melhor funcionamento da grande máquina que encerra".[22]

Nesse contexto vê-se, então, assegurada a legitimidade do Ministério Público na ação civil pública, haja vista não só considerando o interesse social, bem como a necessidade de propor ação visando à defesa de princípios constitucionais tributários – limitações do poder de tributar –, à repartição do poder impositivo, às receitas tributárias e aos direitos do contribuinte, considerados os ilícitos de origem legal comum.

Com efeito, resta, agora, adentrarmos especificamente a questão do cabimento da ação civil pública em matéria tributária, iniciando com a questão relacionada à classificação dos tributos, haja vista que, nada obstante a necessidade de proteção do patrimônio público, os interesses transindividuais – ainda que relacionados a matérias de ordem fiscal – devem ser resguardados.

22. RE 213.631-0-MG, *DJU* 7.4.2000.

4. Do cabimento da ação civil pública em matéria tributária

4.1 Classificação dos tributos

Conforme preceituado no art. 3º do Código Tributário Nacional, "tributo é toda prestação pecuniária compulsória, em moeda ou cujo valor nela se possa exprimir, que não constitua sanção de ato ilícito, instituída em lei e cobrada mediante atividade administrativa plenamente vinculada".

Já, em termos de classificação, houve época em que o tema era controvertido; todavia, atualmente encontra-se pacificado, inclusive, após a promulgação da Constituição Federal/1988 e alguns julgados do Supremo Tribunal Federal, haja vista que em tempos passados predominava entendimento diverso.

Comentando o assunto, Misabel Derzi[23] expõe que o importante é realçar que antes da Constituição/1988, dentro do gênero *tributo*, a jurisprudência do Supremo Tribunal Federal somente incluía os impostos, as taxas e a contribuição de melhoria, dele afastando as contribuições sociais e de intervenção no domínio econômico, além dos empréstimos compulsórios.

Assim, após a promulgação da atual Carta Maior tal discussão foi definitivamente solucionada no sentido de que os tributos são classificados como impostos, taxas, contribuição de melhoria, contribuições sociais e empréstimos compulsórios.

Corroborando o assunto, Paulo de Barros Carvalho[24] assim também já se pronunciou, outrora, entendendo que o empréstimo compulsório tinha natureza jurídica peculiar às entidades tributárias, não se justificando aquelas elaborações que o colocavam debaixo de outras rubricas, ainda que amparadas pela distinção que o próprio tex-

23. Aliomar Baleeiro, *Direito Tributário Brasileiro*, 11ª ed., atualizada por Misabel Abreu Machado Derzi, Rio de Janeiro, Forense, 2000, p. 71.

24. *Curso de Direito Tributário*, São Paulo, Saraiva, 2000, pp. 31 e 43.

to fazia entre "casos excepcionais" e "casos especiais".

Com relação às *contribuições sociais* entende que outra coisa não fez o legislador constituinte senão prescrever manifestamente que são entidades tributárias, subordinando-se em tudo e por tudo às linhas definidoras do regime constitucional peculiar aos tributos.

Com efeito, nada obstante o Código Tributário Nacional, em seu art. 5º, tratar apenas de impostos, taxas e contribuição de melhoria, a Lei Maior acabou colocando parâmetro sobre tal enfoque, considerando os tributos nos seguintes termos:

"Art. 145. A União, os Estados, o Distrito Federal e os Municípios poderão instituir os seguintes tributos:

"I – impostos;

"II – taxas, em razão do exercício do poder de polícia ou pela utilização, efetiva ou potencial, de serviços públicos específicos e divisíveis, prestados ao contribuinte ou postos à sua disposição;

"III – contribuição de melhoria, decorrente de obras públicas. (...).

"Art. 148. A União, mediante lei complementar, poderá instituir empréstimos compulsórios:

"I – para atender a despesas extraordinárias, decorrentes de calamidade pública, de guerra externa ou sua iminência;

"II – no caso de investimento público de caráter urgente e de relevante interesse nacional, observado o disposto no art. 150, III, 'b'; (...).

"Art.149. Compete exclusivamente à União instituir contribuições sociais, de intervenção no domínio econômico e de interesse das categorias profissionais ou econômicas, como instrumento de sua atuação nas respectivas áreas, observado o disposto nos arts. 146, III, e 150, I e III, e sem prejuízo do previsto no art. 195, § 6º, relativamente às contribuições a que alude o dispositivo."

Pois bem, verificada a questão relacionada à legitimidade do órgão ministerial para a propositura da ação civil pública, bem como da classificação dos tributos, resta-nos, como corolário, refletir acerca do cabimento desta ação em matéria tributária, considerando o patrimônio público e os interesses transindividuais.

Tal medida torna-se imperiosa se, de um lado, refletirmos acerca da não-entrada de receitas aos cofres públicos decorrente de fatos que impeçam seu ingresso, que irão gerar, por conseqüência, diminuição do acervo patrimonial público.

Já, por outra banda, deve ser levada em respeito, outrossim, a necessidade de proteção dos interesses difusos e coletivos, na medida da crescente ocorrência de atos abusivos praticados pelo Estado quando da imposição tributária.

Tal situação apresenta-se pertinente considerando a indispensabilidade da obtenção de provimentos que resguardem os interesses e direitos dos cidadãos, que de toda maneira devem ter a possibilidade de se socorrer de um instrumento ágil e de abrangência geral que consubstancie os anseios espalhados de um grupo social.

Mesmo tratando-se de interesses individuais homogêneos não há que se falar da inadequação da via eleita, haja vista que sua pertinência sucede se analisarmos sua origem comum através de um todo, de maneira universal – coletivo *lato sensu*.

Perfilhando desse entendimento, confira-se o voto-condutor do Min. Demócrito Reinaldo, do Superior Tribunal de Justiça, nos autos do REsp 49.272-6-RS, que bem demonstra a relação havida entre os interesses individuais homogêneos e o interesse de toda a coletividade:

"Processual civil – Ação civil pública para defesa de interesse e direitos individuais homogêneos – Taxa de iluminação pública – Possibilidade. (...).

"Os interesses individuais, *in casu* (suspensão do indevido pagamento de taxa de iluminação pública), embora pertinentes a pessoas naturais, se visualizados em seu conjunto, em forma coletiva e impessoal, transcendem a esfera de interesses puramente individuais e passam a constituir interesses da coletividade como um todo, impondo-se a proteção por via de um instrumento processual único e de eficácia imediata – a ação coletiva."

Os interesses individuais homogêneos são aqueles que advêm de origem comum, que decorrem da mesma fonte jurídica ou fática.

Ressalte-se, ainda, que, os interesses individuais homogêneos, em uma relação jurídica tributária, tanto podem envolver interesses difusos como interesses coletivos, *stricto sensu*; ou, ainda, pode a mesma eventualidade conter os três interesses cumulados.

Segundo a lição de Mancuso,[25] se uma classe, grupo ou categoria de pessoas está sofrendo um lançamento tributário indevido, e um dos co-legitimados ativos à ação civil pública ou coletiva quer atacar essa relação jurídica não com efeito *erga omnes*, mas limitadamente ao grupo, classe ou categoria atingida (interesse coletivo), ou quer a repetição do tributo que indevidamente foi recolhido (interesse individual homogêneo), não há como negar o caráter coletivo, *lato sensu*, do interesse pretendido, nem sua possibilidade de defesa por meio de ação civil pública ou coletiva.

Note-se que em algumas eventualidades pode ocorrer o fato de haver tributos lançados por um determinado ente de direito público que causem lesão a certos interesses, mesmo que sejam divisíveis, causando, assim, danos a interesses coletivos ou a interesses individuais homogêneos.

Com efeito, tal mescla acaba existindo, na medida que os interesses e direitos homogêneos surgem exatamente numa situação que envolve uma coletividade, titular de direitos e interesses difusos ou coletivos, haja vista a conexão existente entre a causa de pedir mediante o mesmo fundamento.

25. *Ação Civil Pública* – ..., p. 117.

Nem se diga, ainda, por outra ótica – o que se faz apenas a título argumentativo –, que determinado pedido na ação civil pública poderia fazer valer a substituição da ação direta de inconstitucionalidade.

A causa de pedir da ação civil pública não visa à declaração com efeito *erga omnes* de norma supostamente inconstitucional, mas sim, através de uma norma tida como inconstitucional, pudesse o Ministério Público, no cumprimento de suas funções, ingressar com a ação visando à repetição do indébito, ou até mesmo à suspensão do lançamento de determinada exação.

Dissertando sobre a *causa agendi*, Consuelo Yoshida[26] diz que em questões tributárias pode ser feito pedido no sentido de que fique obrigado o Fisco a parar de cobrar determinado tributo; ou seja, com apenas um provimento é resolvido o problema de um e automaticamente de todos que estão unidos pela "origem comum", pela "relação jurídica tributária-base" (pretensão coletiva *stricto sensu*) eventualmente reconhecida como ilegal, bem como pode se assim deseja explicitar o autor coletivo (pretensão individual homogênea – *an debeatur*).

Após, cada contribuinte liquidará individualmente seu crédito (o que pode acontecer também pela via coletiva), atendidas as especificidades de cada situação.

4.2 Intervenção do Ministério Público em face do patrimônio público e das espécies tributárias

Levando-se em consideração o quanto exposto, resta-nos verificar, agora, a necessidade de intervenção do Ministério Público em situações de ordem tributária, ligadas ao patrimônio público, através da sua manutenção e proteção, bem como das questões envolvendo os cidadão (interes-

26. Consuelo Yatsuda Moromizato Yoshida, in *Livro de Teses do 12º Congresso Nacional do Ministério Público Brasileiro* (Fortaleza, 26-29.5.1998), t. III, Fortaleza, p. 762.

ses transindividuais) que se submetem às práticas ilegais do Estado quando da sua imposição fiscal soberana.

Perceba-se que a guarda do patrimônio público, que é representado por bens e serviços com o propósito de atender a objetivos próprios e indispensáveis à coletividade, faz-se necessária quando da ocorrência de atos lesivos à sua estrutura e finalidade precípua.

Dentro do acervo patrimonial, como já cediço, encontramos também as receitas tributárias obtidas através do poder coercitivo que o Estado detém sobre seus administrados quando da exigência de tributos.

Assim, não há que se admitir, por exemplo, que determinada pessoa ou grupo de pessoas se beneficiem através de medidas, fatos ou até mesmo de provimentos eivados de ilegalidade ou até de inconstitucionalidade, em detrimento dos cofres do Erário, sob pena, inclusive, de desfalque orçamentário.

O patrimônio público deve ser defendido pelo próprio Estado, que é seu legitimado ordinário, bem como pelo Ministério Público, através da utilização da ação civil pública.

Nesse sentido, Hugo Mazzilli[27] comenta, com base no REsp 119.827-SE, que, após bastante controvérsia, embora sem maior razão, à vista do claro mandamento constitucional (CF, art. 129, III), o Superior Tribunal de Justiça pacificou entendimento no sentido de que, sem prejuízo da iniciativa da própria Fazenda Pública lesada (legitimação ordinária), o Ministério Público está legitimado à defesa do patrimônio público, por meio da ação civil pública.

Outra atenção que não se pode desconsiderar centra-se quando da ocorrência de imposição fiscal ilícita praticada pelo Estado em face de determinada coletividade.

É a partir da exigência de tributos indevidos, ou seja, contrários à ordem legal e constitucional, que se faz necessário seu efetivo estancamento através de medida judicial eficaz, sob pena de aumento indevido do acervo patrimonial via receita derivada, inclusive em face daqueles que demonstrem insuficiência de recursos.

Não podemos desconsiderar que, corriqueiramente, o Estado, no anseio da arrecadação, comete desvios de ordem legal quando da imposição fiscal. Na maior parte das vezes resta ao Poder Judiciário decidir sobre tais questões fiscais em face de um número desmesurado de processos da mesma natureza que acabam assoberbando toda essa estrutura, haja vista o ingresso de ações individuais.

Desta forma, a ação civil pública torna-se o meio processual mais adequado para o restabelecimento da ordem, haja vista seu campo de abrangência. muito maior que o de qualquer outro meio processual.

Não podemos olvidar que o benefício trazido por tal provimento acaba atingindo inclusive os menos informados e capacitados, atacados pelas ilegalidades praticadas pelo Estado soberano tributante, quando somente alguns acabam se defendendo.

5. *Algumas outras modalidades de intervenção através da ação civil pública*

5.1 *A isenção*

Há que se ressaltar, ainda, na esfera de intervenção por meio da ação civil pública, que existem outras situações nas quais se faz necessária sua utilização para o restabelecimento da ordem social no Estado Democrático de Direito. Dentre elas encontra-se a isenção.

Pois bem. Ensina Amílcar de Araújo Falcão[28] que nela (isenção) há incidência, ocorre o fato gerador. O legislador, todavia, seja por motivos relacionados à apreciação da capacidade econômica do contribuinte, seja por considerações extrafis-

27. *A Defesa* ..., p. 143.

28. *Fato Gerador da Obrigação Tributária*, 6ª ed., Rio de Janeiro, Forense, 1999, p. 65.

cais, determina a inexigibilidade do débito tributário – ou, como diz Rubens Gomes de Souza, delibera "dispensar o pagamento de um tributo devido".

Acrescente-se que tal preceito está previsto no Código Tributário Nacional, no Capítulo V, quando trata da exclusão do crédito tributário, Seções I e II. Não obstante, o instituto da isenção deve se apoiar em princípios que autorizem e delimitem seu exercício de competência tributária.

Os princípios constitucionais da tributação – conforme ensinamento de Sainz de Bujanda – cristalizam-se formalmente numa *superlegalidade* e, nesse sentido, limitam e condicionam o exercício das faculdades normativas do legislador ordinário, fenômeno posto em relevo pela doutrina moderna, com referência especial ao direito tributário, ora pelos autores alemães, ao se referirem aos vínculos jurídicos que ligam o legislador ordinário à Constituição (*Verfassungsrechtliche Bindungen Steuergesetzgebers*), ora pelos escritores ibero-americanos, que enfocam esse tema sob a idéia de "limitação", falando, então, em "limitações constitucionais ao poder de tributar" (Baleeiro) ou "limites constitucionais ao exercício do poder fiscal" (Jarach).[29]

Note-se que a Constituição Federal/1988 anuncia a lei de diretrizes orçamentárias, que pode dispor sobre as alterações da legislação tributária, e a lei orçamentária anual, que não contém dispositivo estranho à previsão da receita e à fixação da despesa.

Com efeito, a inserção das isenções na lei tributária material possibilita, de certo modo, a previsão orçamentária da receita em cada exercício (art. 165, § 2º).

Por outro lado, a lei orçamentária anual não pode conter dispositivo estranho à previsão da receita e à fixação da despesa, apenas autoriza a arrecadação dos tributos.

Desta forma – conforme ensina Souto Maior Borges –, a lei orçamentária não pode alterar tributo ou suprimi-lo, como também não pode suprimir ou ampliar isenções, necessariamente estabelecidas na lei tributária material, nunca no orçamento.[30]

Nas isenções, ao contrário, por não transitarem pelo orçamento fiscal, o controle é diminuto, e flagrante a impossibilidade de se medirem os gastos públicos.[31]

Levando-se em conta ter sido a isenção – que se dá no plano legislativo ordinário – concedida de maneira contrária à ordem, esta acabará, de toda sorte, contribuindo para o decréscimo do acervo patrimonial público, haja vista a não-entrada de receita.

Assim, com o intuito de proteger o patrimônio público, em decorrência de desrespeito a preceito normativo constitucional, cabe ao órgão ministerial ingressar com a ação civil pública visando ao restabelecimento da ordem, inclusive, outrossim, em razão do desfalque que inevitavelmente irá ocorrer nos cofres do Erário.

5.2 A anistia

Pairando ao lado das isenções temos a anistia, que, nos termos do art. 180 do Código Tributário Nacional, é hipótese de exclusão do crédito tributário aplicável somente a infrações e penalidades, que pode ser em caráter geral ou limitado.

Aqui, a exclusão da obrigação do crédito tributário dá-se somente à obrigação principal que corresponde exclusivamente a penalidades aplicáveis às infrações de normas tributárias.

Para tanto, conforme notas de Misabel Derzi,[32] dispõe a Constituição, somente lei da pessoa competente para legislar pode conceder anistia, em caráter geral ou limi-

29. José Souto Maior Borges, *Teoria Geral da Isenção Tributária*, São Paulo, Malheiros Editores, 2001, p. 31.

30. *Teoria Geral ...*, p. 92.

31. Ricardo Lobo Torres, *Restituição dos Tributos*, 1ª ed., Rio de Janeiro, Forense, 1983, p. 218.

32. Aliomar Baleeiro, *Direito ...*, 11ª ed., atualizada por Misabel Abreu Machado Derzi, p. 957.

tado (art. 181). É que as infrações aos deveres tributários e respectivas multas e penalidades pecuniárias somente são postos por ato do Poder Legislativo da pessoa competente para legislar. Igualmente, a concessão de anistia, que é o perdão legal pelas infrações cometidas, depende de lei expressa da mesma pessoa competente.

Com efeito, qualquer ocorrência contrária à concessão da anistia, que certamente beneficiará um universo de pessoas, trará sérios prejuízos aos cofres do Erário, motivo, este, pelo qual se deve permitir a utilização de medida judicial via ação civil pública, com o fim específico de estabilizar e manter intacta parte do patrimônio público.

5.3 A moratória e o parcelamento

Outra figura passível de controle via ação civil pública em benefício ao patrimônio público é a moratória (art. 152 do CTN). Tal instituto acaba sendo, de certa forma, uma tolerância para o recebimento de dívidas.

A moratória, que pode ser concedida em caráter geral ou individual, tem que ter base em lei. Se for de caráter geral ela poderá ser concedida pela pessoa jurídica de direito público competente para instituir o tributo.

Todavia, poderá a União decretar a moratória em face de tributos estaduais ou municipais, na mesma oportunidade em que for decretada também para os tributos federais e para as obrigações privadas.

Ressalte-se que o discricionarismo do legislador competente para instituir o tributo é limitado quanto à moratória. Não pode concedê-la por tempo indefinido nem incondicionalmente, se em caráter individual. Geral ou individual, deverá ter prazo prefixado.

Num contexto próximo, e dentro das suas peculiaridades determinadas em lei, podemos também considerar a questão do parcelamento (art. 151, VI, do CTN). Note-se que este instituto foi acrescentado pela Lei Complementar 104/2001 com o intuito, outrossim, de suspender a exigibilidade do crédito tributário, não dispensando o cumprimento das obrigações acessórias dependentes da obrigação principal, nos termos do parágrafo único do art. 151 do Código Tributário Nacional.

Com efeito, tanto a moratória como o parcelamento, se concedidos de maneira contrária aos limites da ordem constitucional, ou até mesmo não respeitando o devido curso legal para a concessão, estarão sujeitos ao controle jurisdicional via ação civil pública, para o restabelecimento do *statu quo ante*, em benefício e proteção do patrimônio público – receitas tributárias.

Busca-se, como já cediço, provimento de caráter de abrangência universal, de modo a permitir uma efetividade maior aos interesses da sociedade como um todo.

5.4 A imunidade

Conforme as precisas lições de Sacha Calmon Navarro Coêlho,[33] cabe à Carta Magna estabelecer a competência tributária das pessoas políticas, definindo-lhe o alcance e o limite. Nos países que adotam Constituições rígidas, como o Brasil, a imunidade, limitação constitucional ao poder de tributar, delimita o campo tributável posto à disposição do ente tributante.

Note-se que tal preceito está previsto de maneira objetiva, nos termos do art. 150, VI, da Constituição Federal, atuando não sobre tributos, mas tão-somente sobre a espécie *impostos*: "Art. 150. Sem prejuízo de outras garantias asseguradas ao contribuinte, é vedado à União, aos Estados, ao Distrito Federal e aos Municípios: (...); VI – instituir impostos sobre: a) patrimônio, renda ou serviços, uns dos outros; b) templos de qualquer culto; c) patrimônio, renda ou serviços dos partidos políticos, inclusive suas fundações, das entidades sindicais dos trabalhadores, das instituições de

33. Ob. cit., p. 258.

educação e de assistência social, sem fins lucrativos, atendidos os requisitos da lei; d) livros, jornais, periódicos e o papel destinado à sua impressão".

Assim, se levarmos em conta que eventualmente algum tipo de norma, infraconstitucional, desconsidere o alcance albergado pela regra imunitória àquelas pessoas incluídas nesse desenho jurídico, inclusive através de restrições incabíveis que prejudicassem tal ordem, passível seria a interposição de ação civil pública tendo como objeto – *lato sensu* – o cumprimento de obrigação de não-fazer para o seu restabelecimento.

Aqui, diferentemente de outrora, o interesse no qual se vislumbra a proteção não está relacionado ao patrimônio público, mas sim aos interesses transindividuais (difusos, coletivos, individuais homogêneos), haja vista a gama de pessoas envolvidas.

Não há como se admitir que pessoas devidamente qualificadas, consideradas de maneira coletiva, se sujeitem a tributações contrárias à ordem constitucional imunitória, bem como que, para se beneficiar dela, se submetam à imposição de determinados estorvos praticados por entes públicos.

Desta forma, e levando-se em consideração que esta regra advém da própria Lei Maior, toda e qualquer imposição contrária estará sujeita ao controle jurisdicional.

5.5 *O poder regulamentar que amplie direitos dos contribuintes que impliquem redução de receita*

Ligados, aqui, à proteção do patrimônio público, há que se atentar com a devida cautela aos poderes regulamentares que ampliem os direitos dos contribuintes, em razão do desfalque que possa ocorrer nos cofres do Erário.

O poder regulamentar exterioriza-se através da veiculação de decretos, portarias ou resoluções, que vinculam as autoridades administrativas, inclusive aquelas que os expedem.

Há que se ressaltar, conforme lição de Ricardo Lobo Torres,[34] que, em face do fenômeno da deslegalização ou do afrouxamento do princípio da legalidade, passou à competência regulamentar, atendidos as condições e os limites estabelecidos em lei, a faculdade de alterar as alíquotas dos impostos de importação e exportação, IPI e IOF (art. 153, § 1º, da CF).

Assim, sob a ótica de proteção do patrimônio público, as autoridades administrativas que expedem determinadas normas regulamentares devem se ater, quando da sua edição, a certos limites quando da prática de seu exercício nessa seara, sob pena de desestabilizar parte do patrimônio público.

5.6 *Os procedimentos genéricos de fiscalização*

Não muito distante do que se comentou acerca dos poderes regulamentares que ampliem os direitos dos contribuintes estão os procedimentos genéricos de fiscalização.

Todavia, a questão, agora, cinge-se aos interesses transindividuais (difusos, coletivos, individuais homogêneos), de maneira que, se analisarmos a prática indevida dos referidos procedimentos pelos seus agentes, ainda que estes sejam devidamente habilitados, hão que existir meios legais de defesa de forma universal, que abranjam todos os interessados.

Notes-se que tal medida – e aqui podemos refletir acerca da ação civil pública – resta totalmente pertinente, na medida em que diversas são as situações em que ocorre a fiscalização de procedimentos fiscais.

Com efeito, nem sempre tal prática acaba ocorrendo nos exatos moldes da legislação pertinente, inclusive, ocasionalmente, saindo dos lindes constitucionais garantidores dos direitos dos contribuintes.

34. *Curso de Direito Financeiro e Tributário*, Rio de Janeiro, Renovar, 1998, p. 48.

Assim, faz-se necessária a intervenção do órgão ministerial, via ação civil pública, inclusive em face daqueles cidadãos menos informados e capacitados, contra as ilegalidades praticadas pelos agentes do Estado quando da ocorrência de fiscalização.

Ressalte-se que, tendo em vista o campo de pessoas envolvidas, muitas destas acabam se sujeitando às reiteradas ilegalidades praticadas pelos agentes estatais, posto que somente algumas delas, dentro desse universo, acabam se defendendo.

5.7 O art. 150, V, da Constituição Federal/1988

Diz o art. 150, V, da Constituição Federal/1988 que: "Art. 150. Sem prejuízo de outras garantias asseguradas ao contribuinte, é vedado à União, aos Estados, ao Distrito Federal e aos Municípios: (...); V – estabelecer limitações ao tráfego de pessoas ou bens, por meio de tributos interestaduais ou intermunicipais, ressalvada a cobrança de pedágio pela utilização de vias conservadas pelo Poder Público".

Note-se que neste artigo, conforme bem acentua Sacha Calmon,[35] o dispositivo é quase vazio. No sistema brasileiro é impossível embaraçar o tráfego de pessoas ou coisas com tributos intermunicipais ou interestaduais, já ressalvado o pedágio, que *tem que ser igual* para todos os passantes, por classes, jamais pela origem, destino ou naturalidade.

Nada obstante, temos, aqui, mais uma das limitações do poder de tributar, que, garantindo o contribuinte (interesses transindividuais) das imperfeições fiscais praticadas pelo Estado, acaba por preservar a ordem jurídica e social.

Assim, o desrespeito por parte do ente público tributante a tal limitação poderá ser sanado de maneira coletiva *lato sensu*, via ação civil pública, no interesse e proteção de todos os envolvidos.

35. Ob. cit., p. 254.

5.8 O art. 151, I, da Constituição Federal/1988

Ainda tratando de limitações constitucionais do poder de tributar, chegamos à questão relacionada à proteção dos interesses e direitos transindividuais com observância ao princípio da tributação federal uniforme.

Diz o art.151 da Constituição Federal/1988 que: "Art. 151. É vedado à União: I – instituir tributo que não seja uniforme em todo o território nacional ou que implique distinção ou preferência em relação a Estado, ao Distrito Federal ou a Município, em detrimento de outro, admitida a concessão de incentivos fiscais destinados a promover o equilíbrio do desenvolvimento sócio-econômico entre as diferentes regiões do país".

Aqui, trata-se de uma questão muito bem trabalhada pelo Constituinte, que, através de isenções e reduções de determinado tributo instituído, desequilibra sua uniformidade em favor de algum Estado ou Município.

Afora esta situação em prol do desenvolvimento de certas regiões, tais como Norte, Nordeste e Centro-Oeste, não há como se admitir a instituição de tributos que não sejam uniformes ou que impliquem distinção ou preferência, pois se assim não for inúmeros cidadãos estarão sujeitos ao recolhimento de exação inconstitucional.

Com efeito, acaso a grotesca afronta se mostre real e enérgica, haja vista a sujeição dos contribuintes a uma tributação mórbida, a ação civil pública, neste caso, também se mostra ser o remédio eficaz e ágil, de abrangência ampla, para restabelecer a ordem da coletividade.

5.9 O art. 152 da Constituição Federal/1988

"Art. 152. É vedado aos Estados, ao Distrito Federal e aos Municípios estabelecer diferença tributária entre bens e serviços, de qualquer natureza, em razão de sua procedência ou destino."

Conforme bem se denota deste dispositivo constitucional, existe uma vedação que é destinada a Estados e Municípios, para que não se estabeleçam barreiras fiscais em território nacional.

Há que se ressaltar que esta vedação não entra em confronto com dispositivos constitucionais que permitem sejam certas operações imunes, ou tenham alíquotas diferenciadas, em razão precisamente da origem ou do destino das mercadorias.

Não obstante, apesar de esta limitação ser direcionada aos entes públicos – Estados e Municípios –, há que se levar em conta seus reflexos em face dos contribuintes, que, de toda sorte, estarão sempre envolvidos.

Sacha Calmon diz que o objeto da limitação, pois, cifra-se em obstar a "políticas" fiscais, por parte de Estados e Municípios, capazes de ofender o espírito federativo e o mercado comum brasileiro quando assentadas em discriminação quanto à origem ou destino de serviços e mercadorias.[36]

Assim, as vedações que proíbem aos Estados e aos Municípios estabelecer diferenças tributárias em razão da procedência ou destino de bens e serviços de qualquer natureza, se não respeitadas, estarão sujeitas a intervenção do Ministério Público, via ação civil pública, visando à manutenção da ordem dos contribuintes considerados transindividuais.

5.10 Cobrança de taxas para a expedição de certidão (art. 5º, XXXIV, "b", da CF/1988)

Por derradeiro, não podemos olvidar o preceito constitucional que trata de imunidade em face da obtenção de certidões perante repartições públicas. Tal dispositivo está previsto na alínea "b" do inciso XXXIV do art. 5º da Constituição Federal/1988, que trata dos direitos e deveres individuais e coletivos: "XXXIV – são a todos assegurados, independentemente do pagamento de taxas: (...); b) a obtenção de certidões em repartições públicas, para defesa de direitos e esclarecimento de situações de interesse pessoal".

Tal é a inteligência deste artigo, que para a defesa de direitos e esclarecimento de situações de interesse pessoal o direito resta incontestável, inclusive para se obter certidão de inteiro teor de depoimentos prestados em sindicância de procedimentos administrativos.

Aqui, o desejo de utilização da ação civil pública centra-se na necessidade de amparar o direito do cidadão, inclusive os menos informados e capacitados, contra as ilegalidades praticadas pelo Estado em face de inúmeras pessoas, quando somente algumas delas acabam se defendendo quando da exigência do pagamento de taxa para a obtenção de certidões.

36. Ob. cit., p. 305.

ESTUDOS & COMENTÁRIOS

IPI – DESCONTOS INCONDICIONAIS

DANIELA DE ANDRADE BRAGHETTA

Mestranda na Pontifícia Universidade Católica de São Paulo (PUC/SP)

1. Considerações preliminares. 2. Delimitação do tema proposto: 2.1 Histórico das normas infraconstitucionais – 2.2 A norma infraconstitucional – 2.3 Razões para o equívoco – 2.4 Norma jurídica e interpretação dos textos legislados. 3. O IPI: 3.1 A regra-matriz de incidência – 3.2 Hipótese: 3.2.1 Critério material – 3.2.2 Critério espacial – 3.2.3 Critério temporal – 3.3 Conseqüente: 3.3.1 Critério pessoal: 3.3.1.1 Sujeito ativo – 3.3.1.2 Sujeito passivo – 3.3.2 Critério quantitativo: 3.3.2.1 Base de cálculo – 3.3.2.2 Alíquota – 3.4 Aplicação da norma em questão à regra-matriz do IPI. 4. O IPI no sistema constitucional brasileiro: 4.1 Considerações preliminares – 4.2 Do princípio da estrita legalidade – 4.3 A inconstitucionalidade da norma infraconstitucional. 5. O IPI no Código Tributário Nacional: 5.1 A disposição contida no Código Tributário Nacional – 5.2 Apuração do montante devido a título de tributo. 6. Síntese conclusiva. 7. Bibliografia.

1. Considerações preliminares

O presente estudo tem o escopo de analisar norma jurídica específica, construída a partir do art. 118, II, e § 3º, do Regulamento do IPI (doravante, RIPI), com o propósito de concluir se a mesma se coaduna, ou não, com a Constituição Federal/1988, que lhe é hierarquicamente superior.

Como premissa salientamos que a norma em questão é valida,[1] já que introduzida no ordenamento jurídico da forma prevista para tanto e através dos agentes competentes para fazê-lo.

Entretanto, a assertiva acima não leva, sob qualquer hipótese, à conclusão de que, uma vez posta no ordenamento uma norma jurídica, exista o dever de que seja aceita, de forma absoluta, sem a possibilidade de questionar sua adequação.

Temos para nós, de forma clara, a impossibilidade de uma norma qualquer não se adequar ao que foi disposto, sobre a mesma matéria, na Constituição Federal vigente à época em que aquela foi posta em vigor.[2]

1. Paulo de Barros Carvalho esclarece que "a validade não é, portanto, atributo que qualifica a norma jurídica, tendo *status* de relação: é o vínculo que se estabelece entre a proposição normativa e o sistema do Direito posto, de tal sorte que ao dizermos que u'a norma 'N' é válida estaremos expressando que ela pertence ao sistema 'S'" (*Curso de Direito Tributário*, 13ª ed., p. 80).

2. Utilizamos o vocábulo no sentido aplicado por Tércio Sampaio Ferraz Júnior (*Introdução ao Estudo do Direito*, 2ª ed., p. 201), relacionado à imperatividade de uma norma.

Como fundamento de nosso estudo traremos à baila a Lei 7.798/1989, cujo art. 15 alterou a redação do § 2º do art. 14 da Lei 4.502/1964, ficando este com o mesmo teor do atual § 3º do inciso II do art. 118 do RIPI, aprovado pelo Decreto 2.637, de 25.6.1998, que determina seja considerado como valor tributável o *valor total da operação* de que decorrer a saída do estabelecimento industrial ou equiparado a industrial.

A conformidade da norma em epígrafe será investigada tomando por base princípios e normas de nosso subsistema constitucional tributário para, ao final, obtermos, de forma clara e precisa, a resposta que buscamos nesse trabalho: pode esta norma permanecer no ordenamento jurídico ora vigente?

Além da análise confrontativa do dispositivo legal em face da Lei Magna, faremos também um estudo de sua pertinência levando em conta o Código Tributário Nacional. Isto não significa, em absoluto, ser possível compará-lo à Lei das Leis; o subsistema constitucional tributário atual será, pela sua rigidez, *sempre*, hierarquicamente superior às demais leis tributárias. Buscaremos apenas vislumbrar se, levando-se em conta o disposto no Código Tributário Nacional, poderia o dispositivo em questão ser considerado pertinente com o sistema tributário como um todo.

Concluindo, não cabe, neste trabalho, onde se busca a construção da ciência do Direito, a presença de qualquer manifestação jurisprudencial, o que certamente atrapalharia nossa proposta primeira – qual seja, descrever o Direito posto.

2. *Delimitação do tema proposto*

2.1 *Histórico das normas infraconstitucionais*

O antigo RIPI (Decreto 87.981/1982) falava apenas em inclusão, no preço, de descontos, abatimentos ou diferenças, desde que subordinados a evento futuro e incerto.

Não fazia, portanto, qualquer referência a descontos incondicionais, referindo-se somente a desconto sob condição.

Surge, então, a Lei 7.798/1989, cujo art. 15 alterou a redação do § 2º do art. 14 da Lei 4.502/1964, ficando este com o mesmo teor do atual § 3º do inciso II do art. 118.

Nada mais absurdo. Veremos, linhas adiante, a impossibilidade de se pretender tributar aquilo que sequer fez parte da operação.

2.2 *A norma infraconstitucional*

O RIPI, aprovado pelo Decreto 2.637, de 25.6.1998, no § 3º do inciso II do art. 118 determina que "não podem ser deduzidos do valor da operação os descontos, diferenças ou abatimentos, concedidos a qualquer título, ainda que incondicionalmente".

Significa isto que se considerará como valor tributável o *valor total da operação* de que decorrer a saída do estabelecimento industrial ou equiparado a industrial.

Pelo que se extrai do texto supra, emitindo o contribuinte do IPI[3] nota fiscal contendo um valor estabelecido como preço da mercadoria e, por uma razão qualquer, colocando, numa coluna destacada, um percentual, com seu respectivo valor, relativo a um desconto oferecido aos compradores de seu produto, sendo que este desconto, obviamente, não integrará o preço final da mercadoria, aquele deverá ser, pela retrocitada disposição, considerado como valor da operação e, efetivamente, integrará a base de cálculo[4] do IPI para efeitos de tributação.

3. A figura do contribuinte do tributo em tela será demoradamente esmiuçada adiante, quando nos debruçarmos sobre a regra-matriz do imposto.

4. Segundo Aires Fernandino Barreto (*Base de Cálculo, Alíquota e Princípios Constitucionais*, 2ª ed., p. 51), base de cálculo vem a ser a "descrição legal de um padrão ou unidade de referência que possibilite a quantificação da grandeza financeira do fato tributário". Sendo a base de cálculo o alicerce deste trabalho, inúmeras vezes voltaremos à sua conceituação e conseqüente análise.

Evidencia-se, a seguir, a incongruência existente em tal pretensão, demonstrando sua inadequação tanto com relação ao disposto no Código Tributário Nacional, norma evidentemente superior à Lei 7.798/1989 e ao então vigente RIPI (Decreto 2.637, de 25.6.1998),[5] como com o que estabelece a Constituição Federal/1988.

Contudo, neste momento, cabe a nós buscar uma explicação para uma pretensão deste jaez, que salta aos olhos pela sua impropriedade.

2.3 Razões para o equívoco

Busca-se uma elucidação condizente na ânsia de se tributar algo que sequer se encontra numa base de cálculo, esta apresentada por Paulo de Barros Carvalho na forma de "três funções distintas: a) medir as proporções reais do fato; b) compor a específica determinação da dívida; e c) confirmar, infirmar ou afirmar o verdadeiro critério material da descrição contida no antecedente da norma".[6]

Este singular Mestre[7] procura explicação para os "erros, impropriedades, atecnias, deficiências e ambigüidades" no fato de que as Casas Legislativas, produtoras das leis, geralmente contam com membros dos mais diversos segmentos da sociedade, tais como médicos, professores, dentistas, publicitários, operários. Realmente, com esta diversidade, impossível seria conseguir perfeição nos textos legislados.

Ademais, lembremos a lição de José Artur Lima Gonçalves, que, consternado com os abusos provenientes dos mais diversos agentes públicos, afirma que "antes de proceder aos necessários ajustes fiscais, por meio dos imprescindíveis cortes e/ou redirecionamentos das despesas públicas, as elites dominantes brasileiras teimosamente insistem em concentrar os seus esforços no aumento das receitas. *Tudo é motivo para arrecadar. E arrecadar sem critério, atropelando a sistemática constitucional.* Estamos vivendo grave momento de desrespeito aos direitos e garantias individuais"[8] (grifamos).

É certo que, atualmente, tudo pode ser motivo para arrecadar; e, adicionando isto à diversidade na formação dos membros das Casas Legislativas, fatalmente chegaremos à resposta à nossa indagação.

2.4 Norma jurídica e interpretação dos textos legislados

Entendemos que ao jurista cabem a análise dos textos inseridos no ordenamento jurídico e a avaliação sobre sua adequação, ou não, ao que dispõe a Constituição Federal.

Geraldo Ataliba insistia no fato de que o ordenamento jurídico brasileiro é único em todo o mundo levando-se em conta a exaustividade com que a Constituição trata das matérias tributárias, vindo a afirmar que "nosso direito positivo está organizado hierarquicamente; ou seja, há nele um escalonamento em graus de produção normativa que impõe, de maneira evidente, categórica e cabal, a supremacia da Constituição".[9]

Isto leva-nos à conclusão de que toda e qualquer norma que viermos a estudar deverá ser sempre confrontada com o disposto na Lei Maior para, assim, averiguarmos sobre sua adequação, ou não, ao ordenamento jurídico como um todo.

3. O IPI

3.1 A regra-matriz de incidência

Quando o Estado se vê na necessidade de cumprir seus compromissos financei-

5. O Código Tributário Nacional – Lei 5.172, de 25.10.1966 – foi recepcionado não só pela Constituição de 1969, como também pela Lei das Leis de 1988. Pacífico é na doutrina pátria, embora tendo sido promulgado nos moldes de lei ordinária, ter o Código, materialmente, *status* de lei complementar.

6. *Curso ...*, 13ª ed., pp. 324 e ss.

7. Idem, pp. 4-5.

8. *Imposto sobre a Renda – Pressupostos Constitucionais*, p. 13.

9. "Pressupostos do estudo jurídico do ICM", *RDTributário* 15-16/97.

ros, estabelece prestações pecuniárias a uma parte selecionada de seus administrados – o que se denomina *tributos*.

Geraldo Ataliba, em consonância com a clássica definição contida no art. 3º do Código Tributário Nacional, define tributo como a "obrigação jurídica pecuniária, *ex lege*, que não se constitui em sanção de ato ilícito, cujo sujeito ativo é uma pessoa pública (ou delegado por lei desta), e cujo sujeito passivo é alguém nessa situação posto pela vontade da lei, obedecidos os desígnios constitucionais (explícitos e implícitos)".[10]

Definido o que vem a ser *tributo*, surge a questão seguinte – qual seja: que situação ensejaria o cumprimento da obrigação tributária. Seguindo a escola de Paulo de Barros Carvalho, temos que, "publicado o veículo introdutor de enunciados prescritivos (lei, decreto, sentença, ato administrativo etc.), seu destinatário saberá que, uma vez ocorrido o fato 'F', deverá recolher aos cofres do Poder Público certa importância a título de tributo".[11]

Assim, faz-se necessário, analisadas as competências tributárias rigidamente estabelecidas na Constituição Federal, construir as regras-matrizes, os arquétipos de todas as espécies tributárias nela discriminadas.

Seria a regra-matriz de um tributo a norma jurídica, geral e abstrata, determinante para verificar se, ocorridos os fatos, existe a coadunação com o que prescreve a Lei Maior, para fins de tributação.

Neste mesmo sentido, vêm nos esclarecer as palavras sempre precisas de Alfredo Augusto Becker: "Que na relação jurídica *tributária* os indivíduos ocupam o pólo negativo na posição de sujeito do dever jurídico ninguém duvida, e a doutrina é pacífica. Esta ausência de dúvidas decorre da circunstância de, na relação jurídica tributária, o conteúdo jurídico ser, normalmente, pleno; no pólo positivo: direito, pretensão, coação (ação de direito material); e, no pólo negativo, os correlativos dever, obrigação e sujeição. Esta plenitude de conteúdo jurídico como ocorrência normal na relação jurídica tributária faz com que a maioria dos juristas, ao tratarem da relação jurídica tributária, resolvam os problemas de sua realização (pela prestação do tributo) sem se darem conta daquela tripartição vertical de seu conteúdo jurídico"[12] (grifo no original).

Posto isto, resta claro que cada indivíduo que se encontra sob as asas de determinado Estado deve contar com um meio de saber se se encontra relacionado como sujeito passivo de determinada prestação pecuniária. Isto porque, como dito, os contribuintes dos tributos são selecionados em função de vários caracteres.

Nos argutos dizeres de Geraldo Ataliba, "acontecido o fato previsto na hipótese da lei (hipótese legal), o mandamento, que era virtual, passa a ser atual e se torna atuante, produtivo dos seus efeitos próprios: exigir inexoravelmente (tornar obrigatórios) certos comportamentos, de determinadas pessoas".[13]

Para Kelsen[14] a norma nada mais é que "esquema de interpretação". E vai além, dizendo que "o juízo em que se enuncia que um ato de conduta humana constitui um ato jurídico (ou antijurídico) é o resultado de uma interpretação específica, a saber, de uma interpretação normativa".

Afirma Paulo de Barros Carvalho que "a hipótese, como proposição descritiva de situação objetiva real, na lição rigorosamente correta de Lourival Vilanova, é construída pela vontade do legislador, que recolhe os dados de fato da realidade que deseja disciplinar (realidade social), qualificando-os, normativamente, como *fatos*

10. *Hipótese de Incidência Tributária*, 5ª ed., p. 32.

11. *Direito Tributário – Fundamentos Jurídicos da Incidência*, 2ª ed., São Paulo, Saraiva, 1999, p. 13.

12. *Teoria Geral do Direito Tributário*, 3ª ed., p. 239.

13. *Hipótese* ..., 5ª ed., p. 39.

14. *Teoria Pura do Direito*, 6ª ed., p. 20.

jurídicos. Mas esse descritor, que é o antecedente ou suposto da norma, está imerso na linguagem prescritiva do direito positivo, porque, mesmo formulado por um conceito de teor descritivo, vem atrelado à conseqüência da regra, onde reside a estipulação da conduta (*prescritor*), meta finalística e razão da própria existência do Direito. Por isso, os conceitos jurídicos veiculados na hipótese não estão sujeitos aos valores de verdade ou falsidade, como as proposições descritivas que os cientistas emitem. As hipóteses das normas jurídicas valem ou não valem, como também as respectivas conseqüências (*prescritores*) têm validade ou invalidade"[15] (grifos no original).

Ainda verificando a necessidade de conceituação da regra-matriz, José Roberto Vieira assevera que "desta norma de comportamento é que diligentemente perseguimos, até aqui, demarcar os limites conceptuais, a fim de aplicá-la com eficiência ao tributo cujo esqueleto jurídico intentaremos extrair do sistema. Outro não enquadraria ser o caminho, senão o da norma jurídica, o único capaz de conduzir-nos às mais íntimas regiões de uma figura tributária, autorizando-nos a penetrar sua arquitetura estrutural. O conhecimento do tributo passa necessariamente pelo conhecimento da norma, pois, afinal, *tributo é norma*"[16] (grifos no original).

Passaremos – finalizadas essas considerações preliminares – a uma análise atenta de cada um dos critérios, tanto da hipótese como do conseqüente, da regra-matriz de incidência do IPI.

3.2 Hipótese

3.2.1 Critério material

Geraldo Ataliba afirma ser o critério material o aspecto mais complexo da hipótese de incidência.

Segundo nosso saudoso Mestre, o aspecto material "contém a designação de todos os dados de ordem objetiva, configuradores do arquétipo em que ela (h.i.) consiste; é a própria consistência material do fato ou estado de fato descrito pela h.i.; é a descrição dos dados substanciais que servem de suporte à h.i.".[17]

Assim, compõe-se, necessariamente, o critério material da norma de um verbo mais complemento.

Vejamos o que diz a Carta Maior de 1988 acerca desse imposto: "Art. 153. Compete à União instituir impostos sobre: (...) IV – produtos industrializados".

Oriundo desta prescrição constitucional, e sem se confrontar com ela, encontramos no art. 46 do Código Tributário Nacional as três possibilidades de ocorrência do critério material do IPI – quais sejam: promover operação relativa à industrialização de produto, importar produto industrializado e arrematar, em leilão, produto industrializado apreendido ou abandonado.

Antônio Maurício da Cruz vem afirmar, levando em conta a Constituição anterior, sobre o critério material do IPI:

"A expressão *produto industrializado* constitui outro juízo categórico do sistema constitucional tributário e, como tal, há de ter um sentido compatível com a rigidez do nosso sistema, de sorte que não se confunda a específica competência do art. 21, V, com outras competências da própria União ou com a dos Estados e Municípios.

"Cumpre desvendar, pois, o conceito jurídico de *produto industrializado*, que não pode ser um bem qualquer, uma simples mercadoria, já que isto esvaziaria o adjetivo *industrializado*.

"Não pode se confundir com *produto natural*, isto é, com algo construído apenas pela força da Natureza, simplesmente colhido pelo homem em qualquer dos reinos mineral, animal ou vegetal.

15. *Curso* ..., 13ª ed., p. 249.

16. *A Regra-Matriz de Incidência do IPI – Texto e Contexto*, p. 107.

17. *Hipótese* ..., 5ª ed., p. 95.

"Há de ser algo resultante de um processo de industrialização e, exceto no caso de reimportação, tal como se vê a seguir, industrialização exercida pelo próprio contribuinte.

"(...).

"Os conceitos de industrialização (campo material de tributação pela União) e o de prestação de serviços (sob tributação municipal) são, pois, mutuamente exclusivos"[18] (os grifos estão no original).

Mais além, o mesmo autor continua sua esmiução criteriosa do campo material desse imposto: "Campo material de incidência exclusiva do IPI (CF – EC 1/1969, art. 21, V) – Esforço humano com ou sem emprego de equipamentos e/ou instalações, exercido sobre bens móveis, acrescendo-lhes ou alterando-lhes utilidades pela modificação de qualquer característica (industrialização). Resulta em *produto industrializado*. Excluem-se lubrificantes ou combustíveis líquidos e gasosos, e bens imóveis"[19] (grifos do autor).

Sem mais delongas, certos de que as considerações acima se fizeram suficientes, passaremos aos demais critérios.

3.2.2 Critério espacial

Na definição de Geraldo Ataliba, "designa-se por aspecto espacial a indicação de circunstâncias de lugar – contidas explícita ou implicitamente na h.i. – relevantes para a configuração do fato imponível".[20]

Isto significa que o fato jurídico tributário deverá ter ocorrido em determinado espaço territorial indicado, explícita ou implicitamente, na norma jurídica.

Quanto a Constituição nos fala, no supratranscrito art. 153, que compete à União instituir o IPI, podemos concluir que o mesmo se refere a todo o território nacional, incluindo aí o Distrito Federal.

Neste mesmo sentido, Antônio Maurício da Cruz apenas confirma que "o *aspecto espacial* encerra os elementos que nos permitirão reconhecer a circunstância de lugar que limita, no espaço, a ocorrência do fato imponível. Sendo a competência para cobrança do IPI deferida constitucionalmente à União, que jurisdiciona todo o território nacional, inclusive os Territórios e o Distrito Federal, pode o legislador ordinário federal criar incidência deste imposto em todo espaço, de sorte que a demarcação de um 'estabelecimento' pelo legislador ordinário constitui mero expediente técnico. Por outro lado, desde que não ofenda o princípio da igualdade, poderá o legislador limitar a base territorial das incidências"[21] (grifo do autor).

3.2.3 Critério temporal

A norma tributária deverá, ainda, fornecer o marco temporal em que se poderá assentar ter ocorrido o fato, para que os sujeitos de uma relação jurídica saibam o momento exato do nascimento de seus direitos e de suas obrigações.

Ensina Paulo de Barros Carvalho que "o marco de tempo deve assinalar o surgimento de um direito subjetivo para o Estado (no sentido amplo) e de um dever jurídico para o sujeito passivo. Exacerbando a observação desse fenômeno, porém, os estudiosos, os legisladores e os jurisprudentes passaram a dar nome de fato gerador dos impostos justamente ao critério temporal estabelecido na lei para cada um, o que muito contribuiu para o desalinho teórico formado em derredor de gravames como o IPI e o ICMS, cuja consistência material sempre experimentou profundas divergências conceptuais".[22]

José Roberto Vieira,[23] em dissertação mencionada linhas acima, entende que em nossa Lei Maior não podemos encontrar base alguma para a extração do aspecto temporal do IPI e que, segundo ele, o le-

18. *O IPI – Limites Constitucionais*, p. 43.
19. Idem, p. 45.
20. *Hipótese* ..., 5ª ed., p. 93.
21. *O IPI* – ..., p. 63.
22. *Curso* ..., 13ª ed., p. 259.
23. *A Regra-Matriz* ..., pp. 175 e ss.

gislador constitucional deixou a cargo do legislador ordinário.

Ousamos discordar. Claro está que, como o próprio jurista afirma, o Código Tributário Nacional (art. 116) oferecerá diretrizes do aspecto temporal. Mas acreditamos poderem estas diretrizes, da mesma forma que o aspecto espacial, ou seja, implicitamente, ser encontradas na Constituição Federal.

Se para Kelsen[24] a Constituição é a norma positiva ou as normas positivas através das quais é regulada a produção das normas jurídicas gerais, deverá ser na Lei Máxima onde procuraremos – e encontraremos – os aspectos básicos que disciplinarão o fato jurídico tributário.

O aspecto temporal, implícito na Magna Carta e evidenciado no Código Tributário Nacional, será o momento da saída do estabelecimento do produto industrializado, do desembaraço aduaneiro do produto industrializado de procedência estrangeira e, também, da arrematação em leilão do produto industrializado.

3.3 Conseqüente

3.3.1 Critério pessoal

Na definição de Geraldo Ataliba, "o aspecto pessoal, ou subjetivo, é a qualidade – inerente à hipótese de incidência – que determina os sujeitos da obrigação tributária, que o fato imponível fará nascer. Consiste numa conexão (relação de fato) entre o núcleo da hipótese de incidência e duas pessoas, que serão erigidas, em virtude do fato imponível e por força da lei, em sujeitos da obrigação. É, pois, um critério de indicação de sujeitos, que se contém na h.i.".[25]

Aqui também sentimos a força do Texto Constitucional, que, explícita ou implicitamente, determinará quem será parte na relação.

3.3.1.1 *Sujeito ativo* – Em qualquer relação jurídica tributária haverá uma pessoa, que se denomina por sujeito ativo, que terá o papel de credor do tributo.

Desta forma, o sujeito ativo do IPI encontra-se explícito no retromencionado art. 153 – qual seja, a União.

3.3.1.2 *Sujeito passivo* – Da mesma forma que expusemos anteriormente, será sujeito passivo da relação jurídica tributária o industrial (e aqui podemos incluir seus equiparados), com relação aos produtos que industrializar e que, real ou fictamente, saírem de seu estabelecimento, o importador ou ainda o arrematante, em leilão, de produtos industrializados.

3.3.2 Critério quantitativo

O critério quantitativo vem finalizar a regra-matriz de incidência, apontando, com seus dois elementos integrantes – a saber, a base de cálculo e a alíquota –, qual montante será o sujeito passivo obrigado a entregar ao sujeito ativo.

3.3.2.1 *Base de cálculo* – Já tivemos oportunidade, neste trabalho, de iniciar a discussão sobre a base de cálculo do IPI.

Vimos, logo de início, que esta base de cálculo indicará precisamente sobre o quê deverá incidir o cálculo do tributo.

José Eduardo Soares de Melo afirma que "a grandeza contida no tributo, transformada em expressão numérica, só é factível pelo conhecimento preciso da base imponível, caracterizadora do *quantum* devido pelo contribuinte".[26]

A Constituição Federal dá o parâmetro e a norma hierarquicamente inferior prescreverá, minuciosamente, qual será a base de cálculo do tributo.

Será, pois, o preço normal do produto, podendo incluir-se as taxas e, quando for o caso, o imposto de importação ou, ainda, o preço da arrematação.

24. *Teoria Pura* ..., 6ª ed., p. 310.
25. *Hipótese* ..., 5ª ed., p. 72.
26. *O Imposto sobre Produtos Industrializados na Constituição de 1988*, p. 189.

3.3.2.2 *Alíquota* – Define Valdir de Oliveira Rocha a alíquota como sendo "o fator que se aplica à base de cálculo, para se quantificar o montante do tributo".[27]

José Roberto Vieira, cuidando da alíquota, vem afirmar que "se as funções mensuradora e comparativa da base de cálculo consistem em ofício de que se deve desincumbir sozinha, outro é o papel que lhe cabe na tarefa aritmética de determinação da dívida tributária, função dita objetiva, e que a base de cálculo não pode isoladamente levar a cabo, senão congregando-se à alíquota. E essa *conotação de necessária, aqui exibida pela alíquota*, ganha ares de grande amplitude perante o fato de que a base de cálculo, para a qual é imprescindível a cooperação da alíquota, constitui exigência constitucional irrefragável"[28] (grifos no original).

Como sempre, vale aqui lembrar a lição de Geraldo Ataliba, para quem "a alíquota é um termo do mandamento da norma tributária, mandamento esse que incide *se* e *quando* se consuma o fato imponível, dando nascimento à obrigação tributária concreta".[29] Continua o Mestre, afirmando que "deve receber a designação de alíquota só esse termo que se consubstancia na fixação de um critério indicativo de uma parte, fração – sob a forma de percentual, ou outra – da base imponível".

De acordo com o art. 153, § 3º, I, da Lei das Leis, as alíquotas do IPI deverão obedecer ao princípio da seletividade em função da essencialidade do produto.

O entendimento de Antônio Maurício da Cruz acerca do princípio da seletividade em função da essencialidade consiste em estabelecer alíquotas "gravando mais os mais nocivos, os supérfluos, em benefício de uma menor taxação ou isenção dos bens socialmente mais importantes".[30]

27. *Determinação do Montante do Tributo – Quantificação, Fixação e Avaliação*, 2ª ed., p. 119.
28. *A Regra-Matriz* ..., p. 230.
29. *Hipótese* ..., 5ª ed., p. 101.
30. *O IPI* – ..., p. 66.

Lembramos, aqui, que, mesmo com estas estipulações, as alíquotas não podem ser confiscatórias, ou seja, tão elevadas que sua aplicação corresponderia (ou mesmo se aproximaria) ao valor total do bem.

Entende, aliás, Aires Fernandino Barreto ser esta a *função* da alíquota, ou seja, "no caso de imposto, o possibilitar o exame da não-confiscatoriedade (...)".[31]

No entendimento de Antônio Maurício da Cruz, "pode a base de cálculo ou a alíquota ser onerosa, mas se há de permitir sempre que a produção permaneça economicamente viável".[32]

Hoje temos uma série de alíquotas, relacionadas na Tabela do IPI, cada qual correspondendo ao produto sujeito ao tributo em questão.

3.4 Aplicação da norma em questão à regra-matriz do IPI

Tomada a norma que ora nos propomos estudar, devemos partir da premissa de que critérios como o espacial e o temporal estão em consonância com a Constituição. Não são estes aspectos que vão nos interessar neste estudo.

Comungamos com a tese do professor Paulo de Barros Carvalho,[33] para quem a verificação acerca da pertinência de qualquer tributo está na perfeita integração entre a base de cálculo e a hipótese do mesmo.

Sem deixar apartada a necessidade de que o estudo ora produzido se paute em aspectos meramente tributários da preten-

31. *Base de Cálculo*, ..., 2ª ed., p. 116.
32. *O IPI* – ..., p. 67.
33. O autor vem afirmar estar convicto "no reconhecer à base de cálculo toda a importância necessária a um fator imprescindível para a fisionomia de qualquer tributo. Entretanto, não iremos ao limite de subtrair, com isso, à hipótese normativa a enorme dimensão que ocupa nos esquadros lógicos da regra-matriz. Redizemos que hão de compaginar-se os dois elementos, segundo a diretriz constitucional a que já nos referimos, para que assome o tipo impositivo, em toda a pujança e na completude de seus componentes últimos e irredutíveis" (*Curso* ..., 13ª ed., pp. 323 e ss.).

dida exação, há que se tratar da definição de *descontos incondicionais.*

Seriam considerados descontos comerciais aqueles "concedidos pelo vendedor a favor do comprador, no ato da compra, em função de vários motivos: seja pela grande quantidade que está sendo vendida, seja porque o comprador é um cliente especial, ou, ainda, porque a empresa imprime catálogos com os preços das mercadorias e, para não alterá-los freqüentemente, faz a aplicação de porcentagens de desconto sobre os mesmos etc.".[34]

Fornecido o desconto, o procedimento usual é que o mesmo não fique registrado na contabilidade do cedente.

Acontece que casos específicos podem ocorrer no sentido de que determinada empresa opte por deixar registrado, inclusive na própria nota fiscal de saída de produtos de seu estabelecimento, que se proporcionou uma redução predeterminada no preço quando da efetivação da transação comercial. É o que se denomina *desconto incondicional.*

Resta claro, pois, que o equívoco está na base de cálculo da norma em questão, já que ela pretende impedir que sejam retirados do valor da operação os descontos incondicionais concedidos pelo sujeito passivo.

4. O IPI no sistema constitucional brasileiro

4.1 Considerações preliminares

O ordenamento jurídico positivo deve ser visto como um sistema, subtraindo-se daí sua coerência interna, decorrente da adequada organização de suas normas, que encontram seu fundamento último de validade na Constituição.

De tal sorte, qualquer questão de direito deve ser sempre analisada a partir do que dispõe, a seu respeito, o subsistema constitucional tributário, para, apenas a partir daí, analisar as disposições infraconstitucionais, que deverão ser, necessariamente, harmônicas com o que está disposto na Lei Maior.

E não estamos falando apenas dos princípios e regras constitucionais específicos, mas também das demais disposições constitucionais que outorgam e asseguram os direitos e garantias individuais fundamentais.

A não-observância de qualquer destes comandos superiores implica a inconstitucionalidade da norma jurídica que veicule a norma tributária, por desconformidade às normas constitucionais que autorizam sua instituição,[35] definindo-lhe o conteúdo material e o procedimento formal a ser observado para sua edição válida.

Em vista do que até então se expôs, ressaltemos ainda que o Estado Democrático de Direito visa a garantir a manutenção de clássicas instituições governamentais e certos princípios, como separação de Poderes, legalidade, segurança jurídica. Mais que isso, seu empenho, hoje, está em afastar direitos meramente retóricos e abstratos, buscando a efetividade e a concreção.

Citando Giorgio Balladore Pallieri, Geraldo Ataliba afirma que "para que se repute um Estado como de Direito é preciso

34. A definição acima está contida no livro *Contabilidade Introdutória*, coordenado por Sérgio de Iudícibus, 7ª ed., pp. 117 e ss.

35. Imbuídos do escopo de demonstrar a supremacia constitucional, trazemos nota de Misabel A. M. Derzi na atualização de *Limitações Constitucionais ao Poder de Tributar*, de Aliomar Baleeiro, 7ª ed., para quem "(...) a Constituição é concebida como uma lei, mas uma lei muito especial, porque nela se encontram expressos – mais do que em qualquer outra – grandes compromissos políticos, grandes decisões de valores e de contradições, como fruto de um grave e profundo sopesamento social. O concretismo alemão é, assim, a consciência plena desse fenômeno – de que, entre nós, Aliomar Baleeiro, às vezes intuitivamente, na maioria das vezes com franca objetividade, dá notícia – pelo qual se dá efetividade aos dispositivos constitucionais em geral, expandindo o texto, balanceando valores e princípios ou *topoi* adequados ao caso, e cujo método exige plena investigação da pertinência e das conseqüências da solução adotada".

que nele se reúna à característica da subordinação à lei a da submissão à jurisdição".[36]

Saliente-se, ademais, que todas as disposições normativas presentes no Código Tributário Nacional hão de encontrar seu fundamento de validade na Constituição Federal, assim como toda a legislação tributária ordinária, sob pena de serem, *necessariamente*, extirpadas do ordenamento jurídico pátrio pelo Poder Judiciário.

4.2 Do princípio da estrita legalidade

Trata-se de princípio basilar do já mencionado Estado de Direito, uma vez que, através dele, o poder de tributar passa a sofrer uma série de limitações, determinando-se que seu exercício se dê apenas por meio de lei.

O princípio da reserva absoluta de lei para exigência de tributo, ou simplesmente princípio estrita da legalidade, como é ordinariamente chamado, está previsto na Constituição vigente de 1988, nos seguintes termos: "Art. 150. Sem prejuízo de outras garantias asseguradas ao contribuinte, é vedado à União, aos Estados, ao Distrito Federal e aos Municípios: I – exigir ou aumentar tributo sem lei que o estabeleça; (...)".

Afirma José Eduardo Soares de Melo, acerca deste princípio, que "a instituição, majoração ou extinção dos tributos deve ser sempre prevista em lei (art. 150, I, da CF), compreendida esta como espécie normativa editada pelo Poder Legislativo, dotado de competência para emanar normas genéricas, impessoais, abstratas, contendo preceitos vinculantes".[37]

A vedação imposta a União, Estados, Distrito Federal e Municípios de "exigir ou aumentar tributo sem lei que o estabeleça", a par de ser garantia assegurada ao contribuinte, é princípio que exige do legislador feitura de lei mais pronta e acabada (estabelecedora do tributo, em si). A instituição ou aumento do tributo resultam direta e imediatamente da lei.

O princípio da reserva absoluta para exigência do tributo é princípio geral da tributação. Trata-se não apenas de vedação à exigência de tributo, mas também a qualquer aumento que eventualmente se pretenda realizar.

Vale observamos que para Paulo de Barros Carvalho "o veículo introdutor da regra tributária no ordenamento há de ser sempre a lei (sentido lato), porém o princípio da estrita legalidade diz mais do que isso, estabelecendo a necessidade de que a lei adventícia traga no seu bojo os elementos descritores do fato jurídico e os dados prescritores da relação obrigacional. Esse *plus* caracteriza a *tipicidade tributária*, que alguns autores tomam como outro postulado imprescindível ao subsistema de que nos ocupamos, mas que pode, perfeitamente, ser tido como uma decorrência imediata do princípio da estrita legalidade"[38] (grifos no original).

A nós parece evidente que a Carta Magna de 1988, ao permitir, em seu art. 153, IV, a instituição e cobrança de IPI, o faz tendo como base o valor real da operação.

4.3 A inconstitucionalidade da norma infraconstitucional

Encontramos estabelecido no RIPI, aprovado pelo Decreto 2.637, de 25.6.1998, mais precisamente em seu art. 118, II, que será considerado valor tributável o *valor total da operação* de que decorrer a saída do estabelecimento industrial ou equiparado a industrial.

Trata-se de ultraje ao princípio constitucional aqui apresentado, já que nada permite a uma norma infraconstitucional afrontar ou ir além do que a Constituição lhe permitiu.

36. *República e Constituição*, 2ª ed., p. 120.
37. *O Imposto ...*, p. 39.
38. *Curso ...*, 11ª ed., p. 114.

Há, evidentemente, total desrespeito entre as linhas traçadas pela Lei Maior para a tributação de produtos industrializados com o que dispõe esta norma contida no RIPI.

5. *O IPI no Código Tributário Nacional*

5.1 *A disposição contida no Código Tributário Nacional*

A matéria *sub examine* foi tratada, no pano da legislação infraconstitucional, através do Código Tributário Nacional, nos seguintes termos: "Art. 47. A base de cálculo do imposto é: (...) II – no caso do inciso II do artigo anterior: *[fato gerador como a saída da mercadoria dos estabelecimentos a que se refere o parágrafo único do art. 51]* a) o valor da operação de que decorrer a saída da mercadoria; (...)".

Analisando, assim, o dispositivo supra, bem como aquele a que faz referência, notamos sua adequação ao contexto da Lei Maior, se coadunando com seu art. 153, IV, e, conseqüentemente, respeitando o princípio da legalidade.

Devemos ter em mente, ainda, que, sendo o Código Tributário Nacional norma com *status* de lei complementar, toda a legislação ordinária que entender ter competência para alargar o campo de incidência do IPI deve, necessariamente, ser expulsa do ordenamento jurídico, por não encontrar fundamento de validade em lei superior – no caso, o Código Tributário Nacional.

De tal sorte, não nos parece outra senão a evidência de que apenas pode compor a base de cálculo do IPI o valor da operação de que decorrer a saída da mercadoria.

5.2 *Apuração do montante devido a título de tributo*

Um dos maiores tributaristas de todos os tempos, o já citado Alfredo Augusto Becker, assim definiu a base de cálculo de um tributo: "Como se viu, da fórmula aritmética apenas resultou a *grandeza* do tributo. A *qualidade* jurídica (gênero jurídico do tributo) foi conferida *unicamente* pela *base de cálculo*, porque, como se demonstrou, o *tributo – sempre e logicamente –* consiste *numa parcela daquele fato que foi transfigurado em cifra (base de cálculo) por escolha e determinação da regra que estrutura a regra jurídica de tributação*"[39] (grifos no original).

Ora, evidentemente, não podemos supor esta base de cálculo ou achar que podemos criar uma, incondizente com a Lei Maior ou até mesmo com a legislação infraconstitucional que com esta se harmoniza.

6. *Síntese conclusiva*

Dado que a Constituição Federal, norma hierarquicamente superior a todas as demais existentes no sistema, vincula o legislador infraconstitucional e também o Poder Executivo quando da edição de seus dispositivos, tudo o que for posto no sistema em desconformidade com aquela deverá, necessariamente, ser *desqualificado* do ordenamento.

Assim, para a análise de cada uma das espécies tributárias existentes no Direito Brasileiro devemos montar o arquétipo constitucional da regra-matriz do tributo, e a partir do mesmo teremos condições para analisar os dispositivos infraconstitucionais e sua pertinência, ou não, com o sistema como um todo.

Visto que, por tudo o que foi traçado linhas acima, a norma jurídica específica, dispositivo legal previsto no art. 118, II, e § 3º, do RIPI, não se coaduna com o que dispõe a Lei das Leis acerca deste tributo, e tampouco com o que está contido no Código Tributário Nacional, por prever base de cálculo maior do que a que efetivamente prevêem estes dois dispositivos, e por esta razão não se coaduna com a regra-matriz de incidência do IPI, concluo pela sua retirada do ordenamento, através do Poder

39. *Teoria Geral ...*, 3ª ed., pp. 377 e ss.

Judiciário, visando à garantia do Estado Democrático de Direito.

7. *Bibliografia*

ATALIBA, Geraldo. *Hipótese de Incidência Tributária*. 5ª ed. São Paulo, Malheiros Editores, 1994.

————. "Pressupostos do estudo jurídico do ICM". *RDTributário* 15-16. São Paulo, Ed. RT.

————. *República e Constituição*. 2ª ed., atualização de Rosolea Miranda Folgosi. São Paulo, Malheiros Editores, 1998.

BALEEIRO, Aliomar. *Limitações Constitucionais ao Poder de Tributar*. 7ª ed., atualização de Misabel Abreu Machado Derzi. Rio de Janeiro, Forense, 1998.

BARRETO, Aires Fernandino. *Base de Cálculo, Alíquota e Princípios Constitucionais*. 2ª ed. São Paulo, Max Limonad, 1998.

BECKER, Alfredo Augusto. *Teoria Geral do Direito Tributário*. 3ª ed. São Paulo, Lejus, 1998.

CARRAZZA, Roque Antônio. *Curso de Direito Constitucional Tributário*. São Paulo, Malheiros Editores, 1994.

CARVALHO, Paulo de Barros. *Curso de Direito Tributário*. 11ª e 13ª ed. São Paulo, Saraiva, 1999 e 2000.

————. *Direito Tributário – Fundamentos Jurídicos da Incidência*. 2ª ed. São Paulo, Saraiva, 1999.

CRUZ, Antônio Maurício da. *O IPI – Limites Constitucionais*. São Paulo, Ed. RT, 1984.

DE IUDÍCIBUS, Sérgio (coord.). *Contabilidade Introdutória*. 7ª ed. São Paulo, Atlas, 1990.

FERRAZ JÚNIOR, Tércio Sampaio. *Introdução ao Estudo do Direito*. 2ª ed. São Paulo, Atlas, 1994.

GONÇALVES, José Artur Lima. *Imposto sobre a Renda – Pressupostos Constitucionais*. São Paulo, Malheiros Editores, 1997.

JARDIM, Eduardo Marcial Ferreira. *Dicionário Jurídico Tributário*. 3ª ed. São Paulo, Dialética, 2000.

KELSEN, Hans. *Teoria Pura do Direito*. 6ª ed., trad. de João Baptista Machado. Coimbra, Arménio Amado Editor, 1984.

MACHADO, Hugo de Brito. *A Compensação no Direito Tributário*. 5º Simpósio Nacional IOB de Direito Tributário. São Paulo, IOB, 1996.

MELO, José Eduardo Soares de. *O Imposto sobre Produtos Industrializados na Constituição de 1988*. Dissertação de Mestrado em Direito Tributário na PUC/SP. São Paulo, 1990.

NERY JÚNIOR, Nélson. *Princípios do Processo Civil na Constituição Federal*. São Paulo, Ed. RT, 1996.

OLIVEIRA, Waldemar de. *Regulamento do IPI Anotado, Atualizado e Comentado*. São Paulo, Resenha Tributária, 2000.

ROCHA, Valdir de Oliveira. *Determinação do Montante do Tributo – Quantificação, Fixação e Avaliação*. 2ª ed. São Paulo, Dialética, 1995.

SEVERINO, Antônio Joaquim. *Metodologia do Trabalho Científico*. 20ª ed. São Paulo, Cortez Editora, 1998.

VIEIRA, José Roberto. *A Regra-Matriz de Incidência do IPI – Texto e Contexto*. Dissertação de Mestrado em Direito Tributário na PUC/SP. São Paulo, 1992.

A SUJEIÇÃO PASSIVA TRIBUTÁRIA DA FONTE PAGADORA E DO BENEFICIÁRIO DOS RENDIMENTOS NAS REGRAS-MATRIZES DE DOIS "IMPOSTOS SOBRE A RENDA"

Um caso de pagamento de rendimentos supostamente isentos por pessoa jurídica a pessoa física

JÚLIA DE MENEZES NOGUEIRA
Advogada em São Paulo

1. Introdução. 2. Caso concreto. 3. As normas tributárias incidentes: 3.1 A ajuda de custo a ser paga pela empresa "X" é isenta de imposto sobre a renda? – 3.2 De quem é a responsabilidade pelo eventual descumprimento dessas obrigações tributárias: da fonte pagadora, da pessoa física beneficiária dos rendimentos ou de ambas, e em que circunstâncias?: 3.2.1 As regras-matrizes de incidência tributária do imposto sobre a renda retido na fonte (sobre rendimentos pagos a pessoas físicas) – IRF/PF e do imposto sobre a renda anual das pessoas físicas – IRPF – 3.2.2 O mecanismo da substituição tributária – 3.2.3 Direito de retenção da fonte pagadora e direito de crédito do beneficiário dos rendimentos – 3.2.4 "Exclusividade" das obrigações – 3.2.5 Responsabilidade pela não-retenção e não-recolhimento do IRF/PF. 4. Conclusões.

A retenção na fonte do imposto sobre a renda é tema de grande complexidade e, conseqüentemente, de palpitante interesse científico. Lida-se com variadas relações jurídicas entre fonte pagadora e Fisco, entre fonte pagadora e beneficiário dos rendimentos, entre este e Fisco – relações, essas, coordenadas segundo as regras da substituição tributária. Embora sejam bem conhecidos os efeitos dessa técnica de tributação, o estudo doutrinário analítico da estrutura e incidência das normas jurídicas nela utilizadas bem como sua aplicação pelos tribunais administrativos e judiciais são ainda incipientes. O presente estudo é uma tentativa de expor – breve porém analiticamente – a estrutura dessas normas e o mecanismo de sua incidência num caso concreto.

1. Introdução

Nenhum estudo científico pode prescindir de prévia determinação das premissas metodológicas utilizadas. Explicitá-las, estabelecendo de antemão os critérios escolhidos para o enfoque do objeto, é essencial para que se proceda a investigação consistente, apta a gerar conclusões coerentes. Como ensina Paulo de Barros Carvalho, "quando se afirma algo como verdadeiro (...) faz-se mister que indiquemos o modelo dentro do qual a proposição se aloja, visto que será diferente a proposta dada, em função das premissas que desencadeiam o raciocínio".[1]

O pressuposto fundamental deste trabalho é a análise do direito positivo no modo peculiar em que se manifesta: a linguagem. Embora esta afirmação possa parecer óbvia, nem sempre tal idéia é levada, como aqui se fará, às últimas conseqüências. Afirmar que o Direito se manifesta por linguagem é proclamar que não há Direito sem linguagem. Saliente-se, porém, que, de acordo com Paulo de Barros Carvalho, deve entender-se a linguagem como "não tendo *outro fundamento além de si própria*, não havendo *elementos externos à linguagem (fatos, objetos, coisas, relações) que possam garantir sua consistência e legitimála*".[2] O Direito é, portanto, objeto eminentemente lingüístico, e como tal construído pelo homem, tendo natureza cultural e social.

Tampouco os fatos sociais, como gênero do qual os fatos jurídicos são espécie, prescindem de linguagem, ou comunicação, para sua manifestação. É isso que afirma a Sociologia contemporânea, cujos maiores expoentes são Jürgen Habermas[3] e Niklas Luhmann. Sem linguagem um fato não entra sequer no mundo social, e muito menos no mundo jurídico.

Uma avalanche nos Andes, longe de qualquer percepção humana, não existe no sistema social, pois não é documentada por tipo algum de linguagem. Do mesmo modo, uma ultrapassagem de sinal vermelho sem documentação por autoridade competente não entra no sistema do Direito, é mero evento sem qualquer conseqüência jurídica.

A diferença entre o objeto lingüístico da Sociologia e o objeto lingüístico do Direito – pode-se dizer simplificadamente – é que a manifestação das normas jurídicas e dos fatos jurídicos que as compõem deve dar-se de modo específico, previsto pelo próprio Direito,[4] competindo a enunciação dessa linguagem a pessoas também autorizadas pelo Direito. Já a manifestação dos fatos sociais pode ocorrer dos mais variados modos, sendo necessário apenas que o receptor efetivamente receba e compreenda a mensagem do emissor.

Dando seguimento à utilização deste pressuposto, parte-se para um estudo do direito positivo que leva em conta os três planos da linguagem[5] – o do suporte físico, o da significação dos enunciados e, por fim, o das normas jurídicas.

1. *Direito Tributário – Fundamentos Jurídicos da Incidência*, 2ª ed., São Paulo, Saraiva, 1999, p. 3.

2. *Direito Tributário – ...*, 2ª ed., p. 5.

3. Habermas é um dos muitos filósofos alinhados com o que se convencionou chamar de "reviravolta lingüística". Como afirma Manfredo Araújo de Oliveira, "tal reviravolta tem, para Habermas, muitos motivos, entre os quais o de que a linguagem constitui a mediação para as objetivações histórico-culturais do espírito humano e, por conseguinte, que uma análise confiável da atividade do espírito deve radicar-se não diretamente em fenômenos da consciência, mas em suas expressões lingüísticas." (*Reviravolta Lingüístico-Pragmática na Filosofia Contemporânea*, São Paulo, Edições Loyola, 1996, p. 345).

4. Isto significa dizer, na terminologia "luhmaniana", que o Direito, por ser subsistema social operativamente fechado, opera com código próprio (para Luhman, o código lícito/ilícito), e que para que outras comunicações do sistema social sejam por ele absorvidas é necessário que passem pelo filtro do sistema, adaptando-se às suas regras.

5. Como afirma Eurico Marcos Diniz De Santi, tal investigação parte "da premissa instalada por Paulo de Barros Carvalho, segundo a qual o Direito apresenta-se em três planos: o da expressão, o das significações e o das normas jurídicas. Como os dois últimos dependem do primeiro, buscamos na Lingüística, disciplina que tem por objeto o estudo da língua, um meio de compreender o processo de geração do sentido a partir dos textos do direito positivo" (*Decadência e Prescrição no Direito Tributário*, São Paulo, Max Limonad, 2000, p. 61).

2. *Caso concreto*

Nenhuma teoria tem sentido se desvinculada da realidade. Os esclarecimentos sobre o modelo adotado permitem uma nova abordagem sobre o tema, ressaltando elementos jurídicos que passariam despercebidos numa análise tradicional do Direito. Sendo assim, tentar-se-á resolver com esse instrumental a questão proposta.

A empresa "X" relata que um de seus funcionários será transferido para o Exterior. Considerando que ele terá despesas com moradia no país onde vai trabalhar, a empregadora estuda a possibilidade de lhe pagar, a título de "ajuda-de-custo", um determinado valor.

Pergunta-se:

(i) A ajuda de custo a ser paga pela empresa "X" é isenta de imposto sobre a renda?

(ii) Em caso negativo, quem responde pelo eventual descumprimento dessas obrigações tributárias: a fonte pagadora, a pessoa física beneficiária dos rendimentos ou ambas, e em que circunstâncias?

É o que se passa a responder.

3. *As normas tributárias incidentes*

3.1 A ajuda de custo a ser paga pela empresa "X" é isenta de imposto sobre a renda?

Entendem-se como isenções os enunciados que, reunidos àqueles que compõem a regra-matriz de incidência tributária, atuam na delimitação de um de seus critérios. Paulo de Barros Carvalho esclarece: "O que o preceito da isenção faz é subtrair parcela do campo de abrangência do critério do antecedente ou do conseqüente".[6] Haverá, portanto, "enunciados isentivos", que integrarão o critério subjetivo da regra-matriz de incidência, fazendo com que, por exemplo, esta não se aplique aos apresentados, tornando-os pessoas isentas. Outros poderão compor o critério espacial da norma tributária, de modo a que fatos ocorridos em determinados lugares não sejam tributados – e assim por diante.

Buscando nos textos legislativos os enunciados que estabelecem a pretensa isenção da ajuda-de-custo, encontramos: o art. 6º, XX, da Lei 7.713/1988 (art. 39, I, do Regulamento do Imposto de Renda, introduzido pelo Decreto 3.000/1999 – RIR/1999) e o art. 623 do RIR[7] (sem base específica em lei, por se tratar de enunciado interpretativo).

O art. 6º, em seu inciso XX, escolhe como critério para outorga da isenção um elemento quantitativo. Estabelece que o montante correspondente à "ajuda-de-custo destinada a atender às despesas com transporte, frete e locomoção do beneficiado e sua família, em caso de remoção de um Município para outro, sujeita à comprovação posterior pelo contribuinte", não comporá a *base de cálculo* do imposto sobre a renda.

Conjugando-se o disposto no art. 39, I, e o enunciado explicativo previsto pelo art. 623, ambos do RIR (este último dispondo que "não estão sujeitos à incidência do imposto de renda na fonte os rendimentos especificados no art. 39"), tem-se que as ajudas de custo destinadas a atender a despesas com transporte, frete e locomoção do beneficiário e sua família, em caso de remoção de um Município para outro, *são isentas tanto do imposto sobre a renda anual da pessoa física quanto do imposto sobre a renda retido na fonte* (devido pela pessoa jurídica sobre rendimentos pagos a pessoas físicas).

6. *Curso de Direito Tributário*, 13ª ed., São Paulo, Saraiva, 2000, p. 482.

7. "Art. 6º. Ficam isentos do imposto sobre a renda os seguintes rendimentos percebidos por pessoas físicas: (...) XX – ajuda-de-custo destinada a atender às despesas com transporte, frete e locomoção do beneficiado e seus familiares, em caso de remoção de um Município para outro, sujeita à comprovação posterior pelo contribuinte."

"Art. 623. Não estão sujeitos à incidência do imposto de renda na fonte os rendimentos especificados no art. 39."

Por conseguinte, duas regras-matrizes são alteradas por esses enunciados, nos seus critérios quantitativos, de modo que as ajudas-de-custo, com as referidas características, não comporão as bases de cálculo de qualquer dos dois tributos.

Na hipótese sob análise, porém, a ajuda-de-custo tem a finalidade de cobrir despesas do beneficiário com *moradia*. Como o enunciado isentivo se refere exclusivamente a despesas com *transporte*, *frete* e *locomoção*, deverá ela compor a base de cálculo dos referidos impostos, na ausência de determinação expressa em contrário.[8]

A ajuda-de-custo que a empresa "X" pagará ao empregado será, portanto, rendimento tributável pelo imposto sobre a renda. A questão objeto de estudo, a partir de agora, será a determinação do sujeito passivo dessa obrigação tributária. Deve-se estabelecer se é a fonte pagadora dos rendimentos (sujeito passivo do imposto sobre a renda retido na fonte – IRF/PF) ou o respectivo beneficiário (sujeito passivo do imposto sobre a renda anual da pessoa física – IRPF), ou ambos.

3.2 De quem é a responsabilidade pelo eventual descumprimento dessas obrigações tributárias: da fonte pagadora, da pessoa física beneficiária dos rendimentos ou de ambas, e em que circunstâncias?

No caso concreto descrito acima, a fonte pagadora considera pagar à pessoa física, como rendimento isento, ajuda-de-custo tributável, sem proceder a retenção do imposto de renda na fonte, nem seu recolhimento. Como conseqüência, tais rendimentos constarão como isentos no informe de rendimentos a ser entregue pela fonte pagadora à pessoa física, e esta assim os declarará em seu ajuste anual perante o Fisco, não os submetendo a tributação pelo imposto de renda da pessoa física.

8. Dispõe o art. 111, II, do Código Tributário Nacional que se interpreta literalmente a legislação tributária que disponha sobre outorga de isenção.

Deve-se estabelecer, aqui: (i) quem terá descumprido obrigação tributária – se a fonte pagadora, o beneficiário dos rendimentos, ou ambos; e, por conseguinte, (ii) de quem o Fisco deverá cobrar o imposto de renda que deixou de ser recolhido.

Para o deslinde dessas questões vários enunciados de lei têm de ser interpretados e conjugados, com vista à construção de normas jurídicas. Em primeiro lugar deve-se determinar e investigar as obrigações tributárias envolvidas, sendo necessário construir as regras-matrizes de incidência tributária aplicáveis. Em seguida é necessário demonstrar as relações existentes entre essas normas – relações, estas, que também deverão estar contidas em normas jurídicas –, para determinar qual delas deverá ser aplicada ao caso concreto.

3.2.1 As regras-matrizes de incidência tributária do imposto sobre a renda retido na fonte (sobre rendimentos pagos a pessoas físicas) – IRF/PF e do imposto sobre a renda anual das pessoas físicas – IRPF

Paulo de Barros Carvalho denominou *regras-matrizes de incidência tributária* às normas que estabelecem os critérios para a incidência dos tributos. Descrevendo-as, observa que "a hipótese trará a previsão de um fato (se alguém industrializar produtos), enquanto a conseqüência prescreverá a relação jurídica (obrigação tributária) que se vai instaurar, onde e quando acontecer o fato cogitado no suposto (aquele alguém deverá pagar à Fazenda Federal 10% do valor do produto industrializado)".[9]

A importância da regra-matriz é fundante. Por seu intermédio abrevia-se o caminho para a investigação do tributo e de sua incidência. Para a subsunção identificam-se as notas do evento possível descrito no antecedente da norma, onde e quando se realizará. Para a imputação investigam-se os critérios da relação jurídica a ser

9. *Curso* ..., 13ª ed., p. 236.

estabelecida, determinando-se sujeito ativo, sujeito passivo e montante – base de cálculo e alíquota – a ser cobrado.

No contexto do problema a resolver é essencial descrever as regras-matrizes de incidência do imposto sobre a renda retido na fonte e do imposto sobre a renda da pessoa física, para determinar quem, no caso de tratamento inadequado – como se isento fosse – do montante da ajuda-de-custo, terá descumprido obrigação tributária. Iniciemos pela regra-matriz de incidência tributária do imposto sobre a renda retido na fonte (sobre rendimentos pagos a pessoas físicas) – IRF/PF.

Para a construção dessa regra-matriz de incidência tributária pelo intérprete vários enunciados normativos são necessários. Procederemos, aqui, a uma redução metódica das complexidades do objeto, e pinçaremos do texto legal apenas aqueles essenciais à conformação do tributo.[10]

Da leitura dos enunciados transcritos em nota, tem-se:

Antecedente

– *Critério material*: *pagar ou creditar* (verbos) *rendimentos do trabalho assalariado e demais rendimentos*, não sujeitos a tributação exclusiva na fonte, *a pessoas físicas*

– *Critério espacial*: no território nacional (âmbito de validade da Lei 7.713/1988)

– *Critério temporal*: o momento do pagamento ou crédito dos rendimentos

Conseqüente

– *Critério subjetivo*: sujeito ativo: *União*; sujeito passivo: *fonte pagadora*

– *Critério quantitativo*: base de cálculo: o montante dos rendimentos tributáveis pagos; alíquota: progressiva de 0, 15 e 27,5%, conforme o montante da base de cálculo

Verifica-se, então, que a fonte pagadora dos rendimentos é autêntico sujeito passivo de obrigação tributária. Assim, se pagar ou creditar a uma pessoa física rendimentos do trabalho assalariado ou demais rendimentos não sujeitos a tributação exclusiva na fonte, estará obrigada a recolher o imposto, ainda que não o tenha retido.

Vejamos agora como se estrutura a regra-matriz do imposto sobre a renda anual da pessoa física – IRPF:

Antecedente[11]

– *Critério material*: perceber (verbo) renda e proventos de qualquer natureza,

10. *Lei 7.713/1988*: "Art. 7º. Ficam sujeitos à incidência do *imposto de renda na fonte*, calculado de acordo com o disposto no art. 25 desta Lei: I – os rendimentos do trabalho assalariado, pagos ou creditados por pessoas físicas ou jurídicas; II – os demais rendimentos percebidos por pessoas físicas, que não estejam sujeitos à tributação exclusiva na fonte, pagos ou creditados por pessoas jurídicas."

Constituição Federal/1988: "Art. 153. Compete à União instituir impostos sobre: (...) III – renda e proventos de qualquer natureza."

Decreto-lei 5.844/1943: "Art. 103. Se a fonte ou o procurador não tiver efetuado a retenção do imposto, responderá pelo recolhimento deste, como se o houvesse retido".

Decreto 3.000/99: "Art. 620. Os rendimentos de que trata este Capítulo estão sujeitos à incidência do imposto na fonte, mediante a aplicação de alíquotas progressivas, de acordo com as seguintes tabelas em Reais: I – relativamente aos fatos geradores que ocorrerem durante os anos-calendários de 1998 e 1999 (Lei n. 9.532/1997, art. 21)".*

Base de cálculo em R$	**Alíquota %**	**Parcela a deduzir do imposto em R$**
Até 900,00	–	
Acima de 900,00 até 1.800,00	15	135,00
Acima de 1.800,00	27,5	360,00

* A tabela prevista neste inciso aplica-se aos fatos geradores que ocorrerem até o ano-calendário de 2002 inclusive (Lei n. 9.532/1997, art. 21, e Lei n. 9.887/1999, art. 1º).

11. *Lei 8.383 de 30.12.1991*: "Art. 4º. A renda e os proventos de qualquer natureza, inclusive os rendimentos e ganhos de capital, percebidos por pessoas físicas residentes ou domiciliadas no Brasil, serão tributa-

inclusive rendimentos e ganhos de capital (complementos)

– *Critério espacial*: no território nacional (âmbito de validade da Lei 8.383/1991)

– *Critério temporal*: o momento da percepção dos rendimentos ou ganho de capital

Conseqüente[12]

– *Critério subjetivo*: sujeito ativo: *União*; sujeito passivo: *pessoa física*

– *Critério quantitativo*: base de cálculo: rendimento bruto, excetuado das deduções previstas em lei; alíquota: progressiva de 0,15 e 27,5%, dependendo do montante da base de cálculo

Algumas conclusões interessantes decorrem da construção dessas duas regras-matrizes de incidência tributária. Verifica-se, por exemplo, que o legislador utilizou a técnica da tributação sintética conjugada à da tributação analítica. Isso significa que ele optou, de início, por tributar os rendimentos isoladamente, quando *pagos* pela fonte, e posteriormente a renda, quando *auferida* pelo beneficiário, de forma sintética.[13]

Nada contra-indica a utilização dessa técnica de tributação, já que *o legislador constitucional não determinou o sujeito passivo do imposto sobre a renda*, estabelecendo apenas a materialidade do imposto de competência da União, qual seja, "renda e proventos de qualquer natureza". E não o fez apenas no que se refere ao imposto sobre a renda, mas também em vários outros casos.

Ao tratar da hipótese do IPI, por exemplo, Paulo de Barros Carvalho anota que "o legislador da União, ao fazer uso da competência tributária que lhe foi adjudicada, toma o ponto de referência – *produto industrializado* – construindo, em seu derredor, três faixas de incidência: a) uma, que onera a industrialização de produtos; b)

dos pelo imposto sobre a renda na forma da legislação vigente, com as modificações introduzidas por esta Lei".*Lei 8.134, de 27.12.1990*:

"Art. 2º. O imposto sobre a renda das pessoas físicas será devido à medida em que os rendimentos e ganhos de capital forem percebidos, sem prejuízo do ajuste estabelecido no art. 11."

"Art. 4º. Em relação aos rendimentos percebidos a partir de 1º de janeiro de 1991, o imposto de que trata o art. 8º da Lei n. 7.713, de 1988: I – será calculado sobre os rendimentos efetivamente recebidos no mês; II – deverá ser pago até o último dia útil da primeira quinzena do mês subseqüente ao da percepção dos rendimentos."

12. *Constituição Federal/1988*: "Art. 153. Compete à União instituir impostos sobre: (...) III – renda e proventos de qualquer natureza (...)".

Lei 7.713, de 22.12.1988:

"Art. 3º. O imposto incidirá sobre o rendimento bruto, sem qualquer dedução, ressalvado o disposto nos arts. 9º a 14 desta Lei.

"§ 1º. Constituem rendimento bruto todo o produto do capital, do trabalho ou da combinação de ambos, os alimentos e pensões percebidos em dinheiro, e ainda os proventos de qualquer natureza, assim também entendidos os acréscimos patrimoniais não correspondentes aos rendimentos declarados."

Decreto 3.000/1999: "Art. 86. O imposto devido na declaração de rendimentos será calculado mediante a utilização das seguintes tabelas: I – relativamente aos fatos geradores que ocorrerem durante os anos-calendários de 1998 e 1999 (Lei n. 9.532/1997, art. 21)".*

Base de cálculo em R$	**Alíquota %**	**Parcela a deduzir do imposto em R$**
Até 900,00	–	
Acima de 900,00 até 1.800,00	15	135,00
Acima de 1.800,00	27,5	360,00

* A tabela prevista neste inciso aplica-se aos fatos geradores que ocorrerem até o ano-calendário de 2002 inclusive (Lei n. 9.532/1997, art. 21, e Lei n. 9.887/1999, art. 1º).

13. Sobre tributação sintética e analítica, v. Alberto Xavier, Alberto, *Direito Tributário Internacional do Brasil*, 5ª ed., Rio de Janeiro, Forense, 2000, p. 388.

outra, que grava a importação de produtos industrializados, do Exterior; e c) uma terceira, que colhe a arrematação de produtos industrializados, levados a leilão por terem sido apreendidos ou abandonados (a atual legislação do IPI revogou esse canal de incidência, podendo restabelecê-lo a qualquer momento)".[14] Mecanismo análogo foi utilizado, como se pode concluir, na instituição dos vários impostos sobre a renda, com a criação de várias hipóteses de incidência, entre as quais (i) auferir renda e (ii) pagar rendimentos a pessoa física.

Com relação a essas duas faixas de incidência, pelo fato de onerarem o mesmo bem econômico – renda/rendimentos da pessoa física – em diferentes momentos – o do pagamento dos rendimentos por pessoa jurídica e o do auferimento da renda por pessoa física –, fez-se necessário estabelecer regras que garantissem o respeito aos princípios da capacidade contributiva e do não-confisco, normas de superior hierarquia construídas a partir dos enunciados constantes nos arts. 145, § 1º, e 150, IV, da Constituição Federal.

3.2.2 O mecanismo da substituição tributária

O estabelecimento das regras acima pelo legislador ordinário tem como finalidade realizar aquilo que se convencionou chamar de "substituição tributária", matéria disciplinada pelo Código Tributário Nacional no capítulo dedicado à "responsabilidade tributária".

Sobre esse mecanismo de tributação dispõe o Código Tributário Nacional: "Art. 128. Sem prejuízo do disposto neste Capítulo, a lei pode atribuir de modo expresso a responsabilidade pelo crédito tributário a terceira pessoa, vinculada ao fato gerador da respectiva obrigação, excluindo a responsabilidade do contribuinte ou atribuindo-a a este em caráter supletivo do cumprimento total ou parcial da referida obrigação".

14. *Curso* ..., 13ª ed., p. 316.

Com relação, especificamente, à substituição tributária no âmbito do imposto sobre a renda, estabeleceu:

"Art. 45. Contribuinte do imposto é o titular da disponibilidade a que se refere o art. 43, sem prejuízo de atribuir a lei essa condição ao possuidor, a qualquer título, dos bens produtores da renda ou dos proventos tributáveis. Parágrafo único. A lei pode atribuir à fonte pagadora da renda ou dos proventos tributáveis a condição de responsável pelo imposto cuja retenção e recolhimento lhe caibam."

Como qualquer enunciado de lei, merecem estes cauteloso processo de interpretação, no intuito da construção de norma jurídica.

Que pretendeu o legislador do Código Tributário Nacional ao estabelecer o dispositivo instituidor da chamada "substituição tributária"? Cremos que, politicamente, seu objetivo foi o de estabelecer formas mais eficazes de arrecadação. Para implementar, no plano jurídico, esta finalidade, autorizou a tributação da mesma materialidade sob diferentes ângulos, como, por exemplo, mediante a instituição de duas regras-matrizes de incidência tributária – uma tendo como critério material "pagar rendimentos", e outra, "auferir renda".

Sendo assim, o que se conclui é que a "atribuição de responsabilidade à fonte pagadora da renda", prevista no parágrafo único do art. 45, nada mais é do que autorização para que esta seja posta na condição de sujeito passivo da obrigação tributária. Tanto é assim que o Decreto-lei 5.844/1943 dispõe, em seu art. 103, que se a fonte ou o procurador não tiver efetuado a retenção do imposto responderá pelo recolhimento deste, como se o houvesse retido.

Não ocorre, portanto, como pode parecer à primeira vista, substituição do sujeito passivo de uma regra-matriz de incidência tributária por outro, simplesmente. O que se verifica no imposto de renda é a criação de duas regras-matrizes de incidência tributária, tendo como sujeitos passivos o chamado "contribuinte", que é quem "aufere a renda", e a "fonte", que paga os rendimentos, a quem o Código Tributário Nacional chama "responsável".

Entretanto, como os rendimentos pagos pela fonte (sujeito passivo tributário do IRF/PF) se destinam a compor a renda auferida pelo "contribuinte" (sujeito passivo tributário do IRPF), torna-se necessário estabelecer normas de relacionamento entre essas regras-matrizes, de modo a evitar dupla tributação do mesmo bem econômico. Do contrário haveria o risco de se desrespeitar princípios constitucionais como os da isonomia, da capacidade contributiva e do não-confisco, bem como outras regras de hierarquia superior.

3.2.3 Direito de retenção da fonte pagadora e direito de crédito do beneficiário dos rendimentos

Vimos, ao construir sua regra-matriz, que a materialidade tributada pelo IRF/PF, cujo sujeito passivo é a fonte pagadora dos rendimentos, são os próprios rendimentos pagos ao beneficiário pessoa física, jamais seu patrimônio ou sua renda própria. É importante deixar isso claro, para afastar o falso argumento de que a fonte pagadora não pode ser sujeito passivo de obrigação tributária, por lhe faltar capacidade contributiva. É titular, sim, de capacidade contributiva, na medida em que tem o direito de reter dos rendimentos pagos o valor da prestação pecuniária compulsória (IRF/PF).

Nesse sentido doutrina, com a costumeira clareza, Luciano Amaro: "Se, por exemplo, se trata do imposto de renda o indivíduo que aufere a renda seria, naturalmente, elegível como *contribuinte*. Se um terceiro for eleito como responsável é preciso que a lei preveja mecanismos através dos quais o pagamento desse tributo possa ser efetuado sem onerar esse terceiro. Desse modo, a fonte pagadora da renda é elegível como responsável pelo tributo incidente sobre os rendimentos que ela pague, mas a lei lhe dá a condição de *reter* o tributo, descontando-o do valor devido ao beneficiário".[15]

Garantindo tal direito de retenção, dispõe a Lei 7.713/1988, no § 1º de seu art. 7º, que "o imposto a que se refere este artigo será *retido* por ocasião de cada pagamento ou crédito e, se houver mais de um pagamento ou crédito, pela mesma fonte pagadora, aplicar-se-á a alíquota correspondente à soma dos rendimentos pagos ou creditados à pessoa física no mês, a qualquer título".

Esta é a primeira norma de relacionamento entre as regras-matrizes do IRF/PF e do IRPF: o direito de retenção da fonte pagadora, estabelecido para que fique assegurada sua capacidade contributiva e, conseqüentemente, seu equilíbrio econômico-financeiro.

Explicando esta característica do "fenômeno" da substituição tributária, Alfredo Augusto Becker ensina:

"Simultaneamente, *[à escolha, pelo legislador, para sujeito passivo da relação jurídica, da própria sociedade, em lugar de cada um dos sócios]*, o legislador mediante outra regra jurídica outorga a esta sociedade o *direito de repercussão **jurídica** mediante retenção* na fonte do imposto de renda por ela pago. A outorga deste direito de retenção não é essencial para a existência do substituto legal tributário e *o legislador só estará juridicamente obrigado a outorgar esse direito de retenção quando legisla dentro de um sistema jurídico cuja constituição juridicizou o princípio da capacidade contributiva*"[16] (grifamos).

Todavia, também é necessário assegurar a capacidade contributiva da pessoa física beneficiária dos rendimentos, que ao final

15. *Direito Tributário Brasileiro*, 2ª ed., São Paulo, Saraiva, 1998, p. 294.

16. *Teoria Geral do Direito Tributário*, 3ª ed., São Paulo, Lejus, 1998, p. 551.

do ano de exercício será devedora do IRPF. Para isso se lhe atribui o direito de crédito, ou seja, o direito de deduzir, do montante do IRPF devido, valor idêntico ao montante do IRF/PF retido pela fonte pagadora.

Tal direito é inferido do disposto no art. 12 da Lei 9.250/1995, segundo o qual "do imposto *[IRPF]* apurado na forma do artigo anterior, poderão ser *deduzidos* (...) V – o imposto retido na fonte ou o pago, inclusive a título de recolhimento complementar, correspondente aos rendimentos incluídos na base de cálculo".

Trata-se de mecanismo muito simples, obscurecido, porém, pela má redação do art. 128 do Código Tributário Nacional, o qual induz ao errôneo entendimento de que, havendo uma só regra-matriz de incidência tributária, seu sujeito passivo é "substituído" por outro, que não protagoniza fato jurídico tributário algum, mas se torna responsável pelo recolhimento do tributo.

Fica, assim, evidente que o mecanismo de retenção na fonte do imposto sobre a renda da pessoa física consiste, simplesmente, na *instituição de duas regras-matrizes de incidência tributária*, aliadas a duas outras normas jurídicas, de natureza não-tributária (em sentido estrito), que dão ao sujeito passivo do IRF/PF *direito de retenção*, e ao sujeito passivo do IRPF *direito de crédito* dos valores retidos.

3.2.4 "Exclusividade" das obrigações

Além dessas duas regras de relacionamento (direito de crédito e direito de retenção), há mais uma que coordena as relações entre as regras-matrizes do IRPF e do IRF/PF: a da *exclusividade* de obrigações.

A substituição tributária, implementada por meio da instituição de duas regras-matrizes, pode dar a idéia de que ambos os sujeitos passivos são responsáveis pelo mesmo tributo, em momentos diferentes.

No entanto, não é assim. O "substituto", responsável pela retenção e recolhimento do imposto em momento anterior ao auferimento da *renda*, ou seja, quando o *rendimento* é pago, nada mais é que sujeito passivo da obrigação tributária prevista no conseqüente da regra-matriz do IRF/PF. O "substituído" será sujeito passivo do IRPF – outro imposto –, incidente sobre a totalidade da sua renda, composta, inclusive, por rendimentos sujeitos a retenção na fonte do IRF/PF.

Ao se instituir a fonte pagadora no pólo passivo da obrigação tributária do IRF/PF, cuja hipótese de incidência é "pagar rendimentos a pessoa física", a responsabilidade do beneficiário dos rendimentos é excluída. A pessoa física que recebe rendimentos tributáveis de pessoa jurídica já os recebe presumivelmente líquidos. Sua obrigação consistirá em declarar que os auferiu, computar os créditos decorrentes da retenção efetuada pela fonte pagadora e pagar o "restante" do imposto sobre a renda devido, a título de IRPF.

Esse "restante" decorrerá de:

(a) *diferença de alíquota ocasionada pelos montantes dos rendimentos pagos* (por exemplo: três fontes pagadoras pagam R$ 1.000,00 cada a uma pessoa física; retêm o IRF/PF, portanto, à alíquota de 15%; entretanto, o total auferido pela pessoa física é de R$ 3.000,00, devendo, portanto, ser tributado à alíquota de 27,5%; a pessoa física somente terá crédito decorrente de retenção no montante de 15% sobre cada rendimento pago;. o valor resultante da diferença de alíquotas será, então, recolhido a título de IRPF);

(b) *recebimento de rendimentos não sujeitos a retenção na fonte* (nesse caso, estarão sujeitos apenas ao IRPF, que deverá ser calculado e pago pela pessoa física beneficiária dos rendimentos).

O recebimento de rendimentos sujeitos a tributação na fonte mas que não sofreram retenção e recolhimento pela fonte pagadora não obriga o beneficiário a pagar IRPF, pois estes valores serão considerados já tributados, ou "líquidos de imposto". A obrigação tributária decorrente do seu pagamento é exclusivamente da fonte pagadora.

Chega-se às conclusões acima por vários motivos.

Primeiro porque *a legislação não prevê, em momento algum, responsabilidade subsidiária para o beneficiário dos rendimentos*. E responsabilidade pelo pagamento de tributo, como é sabido, deve ser prevista em lei. Como opina Luciano Amaro, "o art. 128 admite que, eleito o terceiro, a lei *exclua a responsabilidade do contribuinte* ou mantenha este como responsável *subsidiário* (ao prever que ao contribuinte pode ser atribuída responsabilidade em *caráter supletivo* caso o responsável nada pague ou pague menos que o devido)".[17] Ora, se a lei não manteve o "contribuinte" como responsável subsidiário, excluiu sua responsabilidade.

Em segundo lugar porque, como já visto, *a fonte é obrigada a pagar o IRF/PF ainda que não tenha retido da pessoa física beneficiária o respectivo montante* (art. 103 do Decreto-lei 5.844/1943) – o que deixa bastante claro que sua obrigação tributária é autônoma, independente de exercer ou não seu direito à retenção.

Em terceiro, e principalmente, porque o art. 5º da Lei 4.154/1962 determina que, "quando a fonte pagadora assumir o ônus do imposto devido pelo beneficiado, a importância paga, creditada, empregada, remetida ou entregue, será considerada como líquida, cabendo o reajustamento do respectivo rendimento bruto, sobre o qual recairá o tributo". A assunção do ônus do imposto é presumida[18] quando a fonte pagadora não efetua a respectiva retenção e recolhimento. Conseqüentemente, considerar-se-á o valor dos rendimentos pagos à pessoa física como líquido, calculando-se o IRF/PF devido pela fonte pagadora com base no valor bruto obtido mediante cálculo do reajuste.

Ora, se para efeito de cálculo do IRF/PF devido pela pessoa jurídica se considerarão líquidos os valores pagos, para efeito de IRPF os rendimentos recebidos pela pessoa física também terão de ser considerados líquidos. Por conseguinte, a pessoa física terá um direito de crédito, presumido, correspondente ao imposto supostamente retido do valor bruto do rendimento que lhe foi pago.

Esta regra – de que a responsabilidade da fonte pagadora exclui a do beneficiário dos rendimentos – comporta apenas uma exceção, que, como deve ser, é expressa na legislação. Trata-se de norma estabelecida por enunciado constante do parágrafo único do art. 722 do RIR, instituído pelo Decreto 3.000/1999. Dispõe este, sem base em lei,[19] que, "quando se tratar de imposto devido como antecipação e a fonte pagadora comprovar que o beneficiário já incluiu o rendimento em sua declaração, aplicar-se-á a penalidade prevista no art. 957, além dos juros de mora pelo atraso, calculados sobre o valor do imposto que deveria ter sido retido, sem obrigatoriedade do recolhimento deste".

O objetivo desse dispositivo é evitar o enriquecimento ilícito da União, que ocorreria se o total dos rendimentos auferidos pelo beneficiário fosse submetido a tributação pelo IRPF e, posteriormente, o IRF/PF a eles aplicável viesse a ser exigido à fonte pagadora. Contudo, a atribuição das penalidades à fonte pagadora confirma que a esta cabia, originalmente, a obrigação tri-

17. *Direito* ..., 2ª ed., p. 295.

18. A jurisprudência administrativa assim o declarou na Decisão 7ª RF de n. 145/2000, em que dispôs: "O reajustamento da base de cálculo do imposto de renda devido na fonte, na hipótese desta ter assumido o ônus da exação, aplica-se tanto aos casos em que a assunção tenha sido contratualmente ajustada como também às situações de mera inadimplência da fonte, sendo desta exigível o tributo com a base reajustada, considerando-se o valor recebido pela pessoa beneficiária como já líquido do imposto".

19. Apesar de não ter fundamento em lei em sentido estrito, este enunciado foi introduzido no ordenamento jurídico por "enunciação-enunciada" que lhe outorga, como já visto, "presunção de validade" até que seja expulso do ordenamento jurídico, se se entender esta como ilegítima.

butária, tendo sido adimplida pelo beneficiário dos rendimentos por mera liberalidade.

Verifica-se, interpretando os enunciados transcritos, que a exclusão da responsabilidade da fonte pagadora pelo pagamento do IRF/PF, mediante inclusão dos rendimentos na declaração de IRPF do respectivo beneficiário, *somente* ocorre *se* o beneficiário *já* os incluiu em sua declaração e *se* a fonte pagadora puder demonstrá-lo.

Daí se conclui, *a contrario sensu*, que se o beneficiário dos rendimentos *não* os incluir em sua declaração e/ou se a fonte pagadora *não* puder comprová-lo, a fonte, sujeito passivo tributário do IRF/PF, é responsável pelo recolhimento do imposto devido, acrescido dos encargos legais.

3.2.5 Responsabilidade pela não-retenção e não-recolhimento do IRF/PF

Com base em todo o exposto, cabe responder à seguinte questão: caso os rendimentos pagos por pessoa jurídica a pessoa física sejam tratados pela primeira como isentos e em conseqüência não incluídos pela última em sua declaração anual de rendimentos, a quem poderá o Fisco cobrar o imposto devido?

Já vimos que, na hipótese em foco, o beneficiário dos rendimentos faz o papel de "substituído" ou "contribuinte", na linguagem do Código Tributário Nacional. Observamos também que sua obrigação de pagar imposto de renda sobre rendimentos sujeitos a retenção na fonte é excluída, tendo, ademais, direito a creditar-se dos valores suposta ou efetivamente retidos pela pessoa jurídica do montante bruto dos rendimentos.

Ao pagar a pessoa física rendimentos tributáveis, sem retenção e recolhimento do IRF/PF, a fonte pagadora deixa de cumprir sua obrigação tributária. Ocorre o previsto no antecedente da regra-matriz de incidência tributária (pagar rendimentos a pessoa física), mas sem ser cumprido o disposto em seu conseqüente (a obrigação da fonte de pagar o IRF/PF).

Estando estes rendimentos sujeitos ao IRF/PF e ao IRPF, e sendo "excluída" a obrigação tributária do beneficiário dos rendimentos (note-se: é excluída sua responsabilidade apenas no que se refere aos rendimentos sujeitos à retenção na fonte), é a fonte pagadora quem deverá ser submetida à cobrança pelo Fisco. O beneficiário dos rendimentos, em conseqüência, não pode ser instado a pagar imposto sobre a renda incidente sobre a "ajuda-de-custo tributável".

As próprias autoridades fiscais em alguns casos posicionam-se nesse sentido. Importante manifestação do Fisco foi externada no Parecer Normativo COSIT-1, de 8.8.1995. Ali tratava-se de "imposto de renda na fonte incidente sobre indenização paga na rescisão de contrato de trabalho". Interpretando-se o disposto nos já referidos arts. 103 do Decreto-lei 5.844/1943 e 5º da Lei 4.154/1962, concluiu-se o seguinte:

"8.1 Logo, na interpretação dos dispositivos legais transcritos, não resta dúvidas que a lei, ao criar obrigação de reter o imposto, atribuiu-a à fonte pagadora, pessoa física ou jurídica obrigada ao pagamento do rendimento, responsabilizando-a pelo respectivo recolhimento.

"8.2 Assim, ao criar a obrigação de a fonte pagadora recolher o imposto devido na fonte, ainda que não o tenha retido, o legislador, no livre exercício da atividade legislativa, atribuiu à fonte pagadora a condição de responsável substituto, de quem passa a exigir o imposto no lugar do seu natural devedor: o beneficiário do rendimento. O contribuinte, nesse caso, é mero beneficiário, devendo suportar o ônus tributário, mas para ele a lei não cria a obrigação de pagar o imposto.

"9. À luz desses comandos legais, pode-se afirmar que, caso a fonte pagadora não efetue a retenção do imposto a que está obrigada, o rendimento deverá ser considerado líquido, devendo ser efetuado o reajustamento da base de cálculo (item 8), assumindo a fonte pagadora o ônus do imposto. Neste caso, a fonte pagadora deverá fornecer ao beneficiário o informe de rendimentos que evidencie o valor reajustado e o imposto correspondente."

É incensurável esse entendimento das autoridades administrativas. Não obstante, em outros momentos manifestam-se no sentido de poder o beneficiário dos rendimentos ser cobrado pelo imposto de renda não retido pela fonte pagadora, sem que o imposto sobre a renda retido na fonte seja exigido da pessoa jurídica pagadora (Processo de Consulta 37/2000, SRRF-3ª Região Fiscal, data da decisão: 15.6.2000, *DOU* 23.6.2000):

"Responsabilidade tributária – Tratando-se de imposto em que a incidência na fonte se dá por antecipação daquele a ser apurado na declaração de ajuste anual, inexiste responsabilidade tributária concentrada, exclusivamente, na pessoa da fonte pagadora.

"(...) – Imposto sobre a renda de pessoa física – IRPF – Incidência do imposto – Natureza do rendimento.

"A tributação dos rendimentos pagos à pessoa física independe da denominação, origem ou classificação adotada pela fonte pagadora. Integrarão a base de cálculo para incidência do imposto, apurado na declaração anual, os rendimentos tributáveis recebidos no curso do ano-calendário, inobstante a falta de retenção e recolhimento pela fonte pagadora (...)."

A jurisprudência do Superior Tribunal de Justiça, corretamente, tem-se posicionado no sentido de considerar responsável pelo pagamento do imposto incidente sobre os rendimentos pagos a pessoas físicas a fonte pagadora:

"Tributário – Imposto de renda – Retenção na fonte – Substituição tributária – Responsabilidade pelo pagamento – Arts. 45, parágrafo único, do Código Tributário Nacional, 103 do Decreto-lei n. 5.844/1943 e 576 do Decreto n. 85.450/1980.

"1. O substituto tributário do imposto de renda de pessoa física responde pelo pagamento do tributo, caso não tenha feito a retenção na fonte e o recolhimento devido.

"2. Recurso especial conhecido e provido" (2ª T., REsp 153.664-ES, rel. Min. Francisco Peçanha Martins, j. 8.8.2000, v.u., *DJU* 11.9.2000).

A decisão acima foi prolatada em caso muito similar ao que ora se analisa. A Assembléia Legislativa do Estado do Espírito Santo pagara a um deputado rendimentos – na espécie, auxílio-transporte, moradia, telefone etc. – tratando-os como equiparáveis a "diárias", e, portanto, supostamente isentos. O deputado beneficiário dos rendimentos foi cobrado pelo imposto sobre a renda anual da pessoa física incidente sobre eles e, irresignado, recorreu ao Poder Judiciário.

O Relator do recurso especial, Min. Peçanha Martins, sabiamente, concluiu em seu voto, seguido pela unanimidade da C. 2ª Turma do Superior Tribunal de Justiça, que "o responsável, no caso a Assembléia Legislativa Estadual, se não reteve nem recolheu o tributo devido oportunamente, deve responder pelo seu pagamento porque a lei lhe impôs essa obrigação; porém, como em verdade não assume a condição do contribuinte, titular da disponibilidade econômica ou jurídica da renda, poderá, se assim lhe aprouver, exercer o direito de regresso".

Em nosso entendimento, nada mais fez o ilustre Magistrado que imputar o cumprimento da obrigação tributária ao seu sujeito passivo – a fonte pagadora –, corrigindo o erro em que incidiram os Julgadores de primeira instância, ao exigi-la do beneficiário dos rendimentos.

4. Conclusões

Pode-se, pois, concluir:

4.1 A competência da União para instituir o imposto sobre a renda foi exercida por meio da criação de várias regras-matrizes de incidência tributária. Entre elas estão as regras-matrizes do imposto sobre a renda na fonte incidente sobre rendimentos pagos por pessoas jurídicas a pessoas físicas – IRF/PF e do imposto sobre a renda anual da pessoa física – IRPF; cujos sujeitos passivos são, respectivamente, a fonte pagadora e o beneficiário da renda.

4.2 As relações entre essas regras-matrizes são, primordialmente, a do (i) direito de retenção do valor do tributo, pela pessoa jurídica pagadora dos rendimentos à pessoa física; (ii) direito de crédito da pessoa física, dos valores que lhe foram retidos a título de IRF/PF, na sua declaração de IRPF; (iii) exclusividade de obrigações tributárias, de forma que o beneficiário dos rendimentos não pode ser cobrado pelo imposto que deixou de ser retido e recolhido pela fonte pagadora.

4.3 Como conseqüência dessas premissas, tem-se que, se a ajuda de custo tributável for paga, por pessoa jurídica a pessoa física, sem retenção do IRF/PF, a fonte pagadora, sujeito passivo dessa obrigação tributária, deverá ser instada a pagar o imposto que deixou de ser recolhido, com reajustamento de base de cálculo.

* * *

Impressão e acabamento:
GRÁFICA PAYM
Tel. (011) 4392-3344